Mente, Consciência e Bem-estar

Publicado originalmente na língua inglesa sob o título *Mind, Consciousness and Well-Being* e publicado pela editora W. W. Norton & Company, Inc., 500 Fifth Avenue, New York, NY 10110.

Diretor Editorial e de Arte: Julio César Batista
Produção Editorial e Capa: Carlos Renato
Revisão: Rafaella de A. Vasconcellos e Alessandra Angelo e Amanda Moura
Imagem da Capa: c.r., *Imagem IX*, série Oniros. 2022, Arte digital
Editoração Eletrônica: Juliana Siberi

Dados Internacionais de Catalogação na Publicação (CIP)
(Câmara Brasileira do Livro, SP, Brasil)

Mente, consciência e bem-estar / [organização Marion Solomon, Daniel J. Siegel]. - 1. ed. - São Paulo, SP: nVersos, 2023. Tradução: Thaïs Costa

Vários autores.
ISBN 978-65-87638-84-3

1. Autoajuda 2. Bem-estar 3. Coaching 4. Consciência 5. Mindfulness 6. Psicologia I. Solomon, Marion II. Siegel, Daniel J.

23-143196 **CDD-158**

Índice para catálogo sistemático
1. Bem-estar : Psicologia aplicada 158

Henrique Ribeiro Soares – Bibliotecário – CRB 8/9317

1ª Edição, 2023
Esta obra contempla o Acordo Ortográfico da Língua Portuguesa.

Impresso no Brasil – *Printed in Brazil*
nVersos Editora – Rua Cabo Eduardo Alegre, 36 – CEP 01257-060 – São Paulo – SP
Tel.: 11 3995-5617
www.nversos.com.br / editora@nversos.com.br

Mente, Consciência e Bem-estar

Organização

Daniel J. Siegel

e Marion F. Solomon

Tradução

Thaïs Costa

nVersos

Nota para os leitores: Os padrões e protocolos da prática clínica mudam com o tempo, e nenhuma técnica ou recomendação é totalmente segura ou efetiva em todas as circunstâncias. Esta obra traz informações gerais para profissionais de psicoterapia e saúde mental, e não substitui o treinamento adequado, tampouco a revisão por pares e/ou supervisão clínica. Nem a editora nem os autores podem garantir a acuidade, eficácia ou pertinência das recomendações de qualquer natureza.

Para a nossa família humana neste planeta precioso: que EN expandam nossa consciência para que percebamos a realidade crucial da interconexão enquanto acalentamos e protegemos a vida na Terra.

Sumário

AGRADECIMENTOS

Nós, Marion e Dan, trabalhamos juntos há décadas, organizando e dando conferências sobre Neurobiologia Interpessoal (NI) para médicos, e somos gratos a todos os palestrantes que vêm compartilhando seu trabalho e sabedoria conosco ao longo dos anos. Esta obra traz a transcrição das contribuições de diversos profissionais que se reuniram para uma conferência intensiva de três dias sobre NI, palestras especialmente preparadas para a atual publicação e a compilação de extensões das apresentações, a fim de oferecer um exame aprofundado de como a mente, a consciência e o bem-estar se juntam em nossas vidas pessoais e profissionais. Foi com muito amor que organizamos esses encontros, e essa conferência e o livro não teriam sido possíveis sem o apoio de nossas equipes no Lifespan Learning Institute — Bonnie Goldstein, Matt Solomon e Ginger Garnitz — e no Mindsight Institute — Caroline Welch, Kristi Morelli, Jane Daily, Andrew Schuman e Ashish Soni. Temos orgulho de trabalhar com todos vocês.

Nós, editores, também somos gratos pela nossa parceria durante todos esses anos de colaboração. Nosso sonho coletivo era transmitir conhecimentos científicos de ponta que orientem os esforços psicoterapêuticos de clínicos e outros profissionais de saúde mental para curar o sofrimento de tantos indivíduos, casais e famílias na cultura atual. Dedicamos este trabalho para a nossa família humana maior, com a esperança de que a exploração da mente e da consciência traga mais saúde para nossas vidas individual, coletiva e planetária. Oxalá estas palavras encontrem quem possa achá-las informativas e inspiradoras, dando-lhes o conhecimento e a visão para criar um modo de viver mais regenerativo e justo na Terra, que é o nosso lar em comum.

INTRODUÇÃO

por Daniel J. Siegel, médico

Bem-vindos ao livro *Mente, Consciência e Bem-estar*! Nesta compilação de quinze apresentações de líderes nos campos da saúde mental, contemplação, ciência e exploração espiritual, você aprenderá com cientistas, clínicos e professores de *mindfulness* sobre pesquisas e aplicações práticas do treinamento da mente, a fim de trazer mais saúde e florescimento para nossas vidas.

Marion Solomon, Bonnie Goldstein e eu organizamos uma conferência sobre esse tópico para uma de nossas apresentações anuais sobre Neurobiologia Interpessoal, que já se estendem por mais de duas décadas, sob os auspícios do Lifespan Learning Institute.

Como diretor médico do instituto, tenho a honra de trabalhar com eles para promover essas conferências e, em alguns casos, transpor as atas desses eventos para o formato de livro, como é o caso desta obra. Como o fluxo de apresentações nesse evento foi muito empoderador e acessível, optamos por deixar cada um dos capítulos a seguir o mais próximo possível da transcrição literal. Isso significa que você, caro leitor, também terá a chance de acompanhar o fluxo dos exercícios, o envolvimento da plateia, as piadas e até os momentos comoventes que surgiram espontaneamente durante as apresentações ao vivo.

Há muitos livros sobre meditação, treinamento mental e consciência, então por que você escolheria dedicar seu tempo à leitura desta obra? Como editor fundador da Série da Norton sobre Neurobiologia Interpessoal, que inclui este livro, resultante de uma das nossas conferências anuais na UCLA sobre Neurobiologia Interpessoal, imagino que você possa desconfiar quando eu digo que esta obra é especialmente acessível, informativa e até divertida. Como coeditor do livro, eu sei que poderíamos ter estimulado nossos apresentadores a formalizarem todos esses capítulos, mas deixá-los em um formato fluido — em relação à sua sequência e substância — propicia uma janela singular para a ciência e arte de entender a mente e a consciência e aplicar esses conhecimentos para cultivar o bem-estar na vida pessoal e profissional.

Participe da conversa

Enquanto avança ao longo das apresentações, saiba que você está convidado a participar dessas conversas e refletir a respeito delas, bem como a conversar com quem queira sobre as falas dos apresentadores e, às vezes, sobre os comentários e perguntas dos participantes sobre a natureza da mente, da consciência e do bem-estar.

Mindfulness, compaixão e bem-estar

Os primeiros a se pronunciar são o neurocientista Amishi P. Jha, PhD, e colegas, que apresentam novidades em pesquisa a respeito da atenção, resiliência e *mindfulness* de profissionais que têm estresse alto, como aqueles que estão na linha de frente da gestão de crises, e os militares. Esse capítulo reformatado é a única exceção ao uso das transcrições, pois envolve um material posterior à conferência e ainda inédito. Suas descobertas revelam que treinar a mente para focar a atenção e a consciência aberta serve de base para formar mais resiliência e diminuir o risco de *burnout*.

A seguir, você terá o privilégio de aprender com dois queridos professores de *mindfulness*, Trudy Goodman Kornfield, PhD, e Jack Kornfield, PhD, que exploram a noção de consciência bondosa como a base para viver conscientemente.

Consciência bondosa significa uma consciência repleta de amor e a consciência do amor. Conforme veremos, os exercícios de Trudy e Jack têm o poder de aprofundar nossa capacidade para focar a atenção, manter a consciência aberta e formar a *bondade carinhosa*, que envolve ser solidário e bondoso com nossos mundos interno e interpessoal.

Shauna Shapiro, PhD, é uma especialista em *mindfulness* e psicóloga clínica cujas pesquisas importantes revelam que o treinamento de *mindfulness* pode ajudar a criar empatia e compaixão em profissionais da área da saúde, como médicos e estudantes de Medicina. Com seus colegas, Shauna nos inspira a ver que a *mindfulness* tem os componentes de atenção, intenção e atitude bondosa, que comprovam que ser consciente implica consideração positiva por si mesmo e aqueles que o cercam. Essa apresentação potente mostra que o princípio "o que nós praticamos se fortalece" acessa os modos em que a mente pode transformar um estado durante a prática em um modo duradouro de viver conscientemente.

No quarto capítulo, a pioneira da autocompaixão Kristin Neff, PhD, aborda dados científicos empolgantes e ferramentas práticas para cultivar aspectos que estudos controlados agora revelam ser importantes para trazer mais bem-estar. No importante arcabouço de Kristin, a autocompaixão inclui não só ser consciente e ter uma consideração bondosa pela própria experiência interna, mas também perceber que você faz parte da humanidade, que é muito mais ampla do que seu *self* privado isolado. A autocompaixão fomenta o bem-estar em nossas vidas, pois vai além da autoestima, que é tão dependente das nossas realizações. É esse dom da bondade que faz as pessoas continuarem se doando.

A seguir, o médico Judson Brewer, PhD, faz um mergulho profundo em seu trabalho esclarecedor sobre como estar ciente de nosso mundo interno com bondade e compaixão — estar consciente — pode dar alívio a problemas de dependência química e ao sofrimento ao longo da vida. Ao explorar os correlatos neurais da experiência do *self*, Jud nos dá insights importantes sobre os circuitos interconectados que formam a rede de modo-padrão (RMP) e seu papel na avaliação não só do que pensamos sobre nós mesmos, mas também do que os outros pensam sobre nós. É fácil imaginar que o vício em redes sociais pode preocupar a RMP e gerar FOMO (o medo de perder alguma notícia importante). Não fique por fora das últimas novidades!

No capítulo 6, o médico Gary Small mantém o foco no cérebro analisando o impacto das experiências sobre as mudanças neuroplásticas que podem nos ajudar a evitar ou a ficar propensos a disfunções neurológicas, como a demência, à medida que envelhecemos. Gary foi um dos meus primeiros professores na UCLA quando eu era residente de Psiquiatria — época em que publiquei meu primeiro trabalho com ele —, e nesta apresentação elucidadora manteve seu maravilhoso senso de humor e olhar aguçado sobre maneiras práticas para tornar nossas vidas mais saudáveis. O Centro de Longevidade de Gary na UCLA foi coanfitrião do nosso encontro.

A médica Helen Lavretsky também trabalha no Centro de Longevidade e nos guia, com seu estilo envolvente e sagacidade, pelos meandros de sua pesquisa e as implicações práticas de utilizar práticas respiratórias para cultivar o bem-estar. Seu trabalho sobre os mecanismos fisiológicos da saúde se baseia no trabalho de Elissa Epel e Elizabeth Blackburn, que demonstraram que estar conscientemente presente pode melhorar os níveis da enzima telomerase, que restaura e mantém as terminações dos cromossomos. O trabalho de Helen mostra que, com exercícios respiratórios fáceis que enfocam a plena consciência mental, podemos alterar nosso meio físico interno para reduzir a inflamação e ter mais saúde. Sim, sua mente pode mudar o estado do seu organismo para melhor!

A seguir, Elisha Goldstein, PhD, nos mostra que aprender a ser mais consciente na vida tem efeitos comprovadamente salutares, como evitar recaídas na depressão e melhorar o humor de quem se encontra em estados disfóricos. As ferramentas práticas de Elisha ajudam os clínicos a verem que o primeiro passo para tratar indivíduos sofrendo com a desconexão e a falta de pertencimento é ajudá-los a se conectarem consigo mesmos e com os outros. Como vocês verão, a consciência plena não só muda nosso estado interno, mas também é um modo de melhorar nossos relacionamentos.

O relacionamento entre o cliente e o terapeuta tem sido o foco de uma poderosa pesquisa de Shari Geller, PhD, que nos relata aqui modos práticos para entender e cultivar a *presença terapêutica*, que consiste em manter-se ciente e receptivos para nossos clientes. Estudos controlados comprovaram que esse é um ingrediente-chave para resultados terapêuticos eficazes e também uma habilidade que pode ser aprendida. O trabalho importante de Shari nos lembra que estar presente terapeuticamente deve ser uma prioridade antes de cada sessão de terapia, pois a consciência plena é fundamental, nos mantermos abertos, receptivos e sem levar nossos julgamentos demasiado a sério, caso contrário não ficamos totalmente presentes para a experiência.

As apresentações seguintes trazem mais discussões empolgantes sobre a natureza da presença e o que ela significa para o relacionamento com outras pessoas, com toda a natureza e até com toda a realidade.

Separação, integração e o senso do *self*

De várias maneiras, a visão da Ciência Cognitiva da base para o topo e do topo para a base oferece um arcabouço proveitoso para situar algumas descobertas dos nossos apresentadores. *Base para o topo* é um termo que se refere à noção de que os padrões de energia que chegam são recebidos com a mínima filtragem possível. Esses dados "crus" contrastam como processamento *do topo para a base*, no qual a aprendizagem anterior afunila rapidamente os padrões de energia que chegam em agrupamentos de padrões preestabelecidos. Ao ver alguém diante de nós, muitas vezes filtramos a percepção desse indivíduo em um conjunto de agrupamentos predeterminados que pode incluir raça, gênero, afiliação religiosa e nacionalidade. Pesquisas mostram que, devido à distinção feita rapidamente de quem é do próprio grupo/grupo estranho, tratamos os indivíduos do primeiro grupo com mais bondade e cuidado e, os do outro grupo, com mais hostilidade, desrespeito e até desumanização.

Para expandir essa noção da base para o topo *versus* do topo para a base, vamos examiná-la em um nível individual mais perceptivo, conforme o exemplo a seguir. Se você estiver familiarizado com barcos, ver um objeto na água, que entra em seus olhos como um conjunto de fótons de algo reluzindo no mar, pode ser "visto" por seu sistema perceptivo como um barco, algo que você já sabe que existe na superfície do oceano. Embora essa seja sua conclusão mental, na verdade isso pode ser uma ilusão perceptiva. Em vez de um barco, o tal objeto pode ser uma baleia, um avião que caiu ou um acúmulo de lixo. Seu cérebro do topo para a base sobrevive porque consegue prever a partir do que já conhece, detectar padrões a partir das sensações, tentar encaixá-los em seus modelos mentais preexistentes — e organizar rapidamente o fluxo de energia em "conjuntos" preexistentes.

Uma sequência sugerida desse processamento de conjuntos do topo para a base é a seguinte: presumimos que *categorias* são divisões no mundo natural. E podemos imaginar que essas categorias são aspectos inatos do mundo quando, na verdade, são observações mentais, padrões observados e presumidos, e categorias cognitivas construídas. Um exemplo são as categorias de coisas animadas ou inanimadas no mundo — algo bem natural, certo? Então, construímos *conceitos* mentais, ideias gerais que revelam as divisões categóricas que observamos e presumimos serem reais. Aqui temos o conceito de coisas vivas *versus* coisas inertes — e você pode achar normal. Por fim, temos *símbolos* para representar nossos conceitos e categorias em relação ao mundo. Há "o mundo vivo dos seres animados" e "o mundo inerte dos objetos materiais". Nós podemos pintar, dançar, tocar música e, mais diretamente, usar símbolos linguísticos, palavras, para *re-apresentar*, ou representar, esses modos de vivenciar o mundo categoricamente dividido e conceitualmente organizado (mentalmente construído). Nós temos palavras para plantas, para animais e o conceito dos reinos dos animais e dos vegetais. Você não pode me mostrar "animal" ou "planta", só dar exemplos do que quer dizer com esses símbolos linguísticos de um conceito e de uma categoria, seja animal ou planta.

A professora de Direito, Rhonda Magee, e eu exploramos esses julgamentos implícitos do topo para a base que aparecem frequentemente quando conversamos: uma mulher preta e um homem branco. O trabalho importante de Rhonda na área de justiça social tem inspirado muitos em diversas disciplinas e revela que os modos com que a mente "prejulga" aqueles que nos cercam está na raiz da marginalização e fragilização impostas pelo racismo e a desigualdade social. Com a transcrição direta das interações e da comunicação espontâneas nessas palestras, esperamos que vocês constatem que a presença é um ponto de partida para manter conversas francas sobre o que nos conecta uns com os outros. De várias maneiras, a presença — essa consciência aberta — nos permite ficar conscientes diante e sob as categorias, conceitos e símbolos que revelam os modos do topo para a base que podemos ter internalizado inadvertidamente devido à aprendizagem anterior em casa, na escola e na sociedade.

Pat Ogden, PhD, e Bonnie Goldstein, PhD, então nos levam para um mergulho profundo para sentir a presença no corpo e em nossas interações relacionais com os outros. Elas abordam certas sessões clínicas para mostrar que estar ciente das sensações e movimentos do corpo é um fundamento importante para aplicar os princípios que abordamos pela lente da Psicoterapia Sensoriomotora. Um conceito que emerge em sua discussão é o da *unidade*, da nossa profunda interconectividade. Esse foco se compara com uma noção ampla da Neurobiologia Interpessoal: quando ligamos elementos diferentes de um sistema complexo, surge o processo de *integração*. A característica-chave da integração é que a ligação não elimina nem reduz os diferentes aspectos desses componentes singulares do sistema. Por meio da integração, surge o processo sinérgico no qual o todo é maior do que a soma de suas partes. De várias maneiras, a apresentação de Pat e Bonnie traz belos exemplos de integração no trabalho na terapia.

Possivelmente, a integração é a base do bem-estar. Aliás, com dezoito estagiários me ajudando a revisar meu texto original sobre Neurobiologia Interpessoal para o livro *A Mente em Desenvolvimento*, agora na terceira edição, pude corroborar essa proposta. Independentemente de analisar o cérebro na cabeça, como na apresentação de Rudolph Tanzi, PhD, ou questões maiores relacionadas a como os humanos habitam este planeta vivo e impactam seu bem-estar, conforme será discutido nas apresentações subsequentes, conectar partes diferentes de um sistema — ou seja, integrá-las — pode ser necessário para que o bem-estar emerja em qualquer tipo de sistema sob análise.

A seguir, a apresentação do médico Deepak Chopra nos leva em uma direção importante e um tanto distinta daquela das discussões anteriores. Ao mergulhar nas visões da Física sobre a realidade e da cosmologia sobre a natureza do universo, veremos que a experiência de ser um *self* pode parecer um tanto sólida, mas que isso não é cientificamente corroborado. Embora possamos ter a percepção de que o *self* tem substância e um centro de gravidade narrativa, isso pode ser uma ilusão proveniente da substância do cérebro, não da solidez de estar aqui. Como a consciência se encaixa nessa visão maior da realidade é uma questão em aberto que Deepak nos incita a explorar.

Conforme vocês verão mais adiante, essa visão pode ser um tanto desorientadora e alguns até podem questionar sua pertinência. Por acaso não "temos certeza" de que estamos aqui e que nosso senso do *self* é "real"? A solidez do nosso corpo, o aspecto sólido da matéria, não seria a "prova" de que somos seres substantivos no mundo? A mente e a consciência seriam apenas resultantes dessa solidez?

A Física propõe que há pelo menos duas "esferas" em nossa realidade. Uma são as grandes acumulações de energia que formam a "massa" (lembra-se? energia = massa vezes velocidade da luz ao quadrado, ou $E = mc^2$). Nesse mundo do macroestado, as coisas têm a aparência de *entidades distintas que parecem substantivos* e interagem, porém são fundamentalmente separadas. A esfera do macroestado é regida pelas leis descobertas por Isaac Newton e, por isso, é linguisticamente simbolizada com os termos *macroestado* e *física clássica* ou *newtoniana*.

Na esfera do microestado de unidades básicas de energia (como elétrons ou fótons), ou *quanta* — que físicos e matemáticos chamam de *campos de probabilidade* —, o comportamento é regido por outras propriedades. Esse microestado, ou esfera quântica, é repleto de *eventos que parecem verbos* e são profundamente interconectados. Pode-se propor que nosso "senso do *self*" surge com elementos tanto do macroestado do mundo clássico newtoniano de entidades distintas que parecem substantivos quanto do microestado da esfera quântica de eventos que parecem verbos e são interconectados.

A apresentação de Rudolph Tanzi, PhD, nos mostra que o senso do "*self*" é correlacionado com o funcionamento integrado do cérebro. Com a demência na doença de Alzheimer, por exemplo, está havendo uma epidemia de desintegração no cérebro, acompanhada por uma dissolução do senso de *self* que parece começar no cérebro bem antes de os sintomas ou sinais do transtorno ficarem evidentes para os indivíduos afetados e quem os cerca. De certo modo, pode-se sugerir que é assim que nosso senso de *self* que parece um substantivo se dissolve, à medida que perdemos formas de memória e narrativas sobre quem e o que "somos". Você aprenderá sobre noções novas e importantes de como inflamações e até infecções na substância do cérebro podem estar na raiz dessa doença e como podemos evitar esses processos danosos.

A seguir, o físico Menas Kafatos, PhD, nos oferece sua visão sobre a natureza da realidade e como a presença é fundamental para nosso universo. Ao entender os princípios da Física, podemos ver como nossa consciência do mundo natural se espelha em como encaramos a vida, como "vivemos a presença viva", promovendo plenamente o bem-estar e a paz enquanto estamos aqui.

O mergulho profundo de Menas e Deepak na Física desvenda a aplicação prática que você verá no capítulo final, no qual eu me baseio nessas apresentações maravilhosas e diversificadas para explorar uma maneira de simbolizar, conceituar e categorizar a natureza da mente. A mente é o que é e usamos esse termo, mas compartilhar visões da Ciência e da prática direta facilita usar as palavras de modo proveitoso e impactante. Pode-se afirmar que qualquer coisa que dizemos com palavras já está errada ou pelo menos incompleta, pois as palavras não são "a coisa em si", sendo, no máximo, apenas parcialmente verdadeiras. Apesar dessa limitação, nós podemos usar palavras, conceitos e categorizações presumidos no mundo para explorar e aplicar princípios e descobertas científicos, e fazer as perguntas que estão no cerne das nossas apresentações, como: O que é a mente? O que é a consciência? O que é bem-estar?

Não por acaso, talvez você tenha notado que esses são os três termos simbólicos do título dessas apresentações. Caso trabalhe com saúde mental, educação, ciência, ou se estiver imerso na parentalidade ou for simplesmente um cidadão do mundo querendo saber mais sobre a vida, as ideias e habilidades que você aprenderá neste livro darão possíveis respostas a essas três perguntas.

O capítulo final se baseia em algumas dessas noções do topo para a base sobre a mente, a consciência e o bem-estar, começando com uma experiência da base para o topo mediante a prática chamada Roda da Consciência. Com base em exercícios experienciais anteriores, você fará essa jornada reflexiva integrativa — por trás, sob e além dessas palavras. Verá como distinguir entre o saber da consciência e o desconhecido e então interligá-los sistematicamente. Essa imersão na "primeira pessoa" permite que sua experiência subjetiva direta seja um ponto de partida para ir para os dados da "segunda pessoa" — os relatos dos outros sobre suas experiências subjetivas diretas. Ao cotejar dados de relatos de milhares de indivíduos fazendo a roda na "terceira pessoa", você percebe padrões que, se evocarem categorias e conceitos, podem ser articulados com palavras de um modo proveitoso para construir um amplo arcabouço para entender a mente, a consciência e o bem-estar.

Uma das perspectivas simples que surgem com a prática da Roda é que podemos viver nas duas esferas já citadas — o mundo de entidades distintas do macroestado como um substantivo e o mundo de eventos interconectados do microestado como um verbo. Você conseguirá "nadar" entre essas duas esferas na prática da Roda e aprenderá a acessar as facetas importantes de cada uma em sua vida.

Uma das lições tiradas do nosso levantamento sobre a Roda é o senso de um *self* integrado que surge quando ambas as esferas são acessadas e ligadas. Uma é o *self* como um *eu* ou *mim* distinto e singular como um substantivo que vive no corpo em que nascemos. Essa esfera tem uma "seta do tempo" ou direcionalidade da mudança. Temos cerca de um século para viver nestes corpos, e a consciência dessa limitação corporal é muito importante. A outra é a faceta do *self* que é um desenrolar de eventos profundamente interconectados como um verbo em uma esfera mais quântica, sem uma seta do tempo, sem a direcionalidade da mudança. De certo modo, é um mundo atemporal — o mundo da consciência pura. Por uma perspectiva existencial, essa pode ser a origem de nosso *self* relacional, um modo de viver em interconexões relacionais como *nós*, conectados não só com outras pessoas, mas com toda a natureza aqui e agora e na dimensão da realidade que chamamos de tempo.

Relembrando a partir da sequência mencionada de categoria-conceito-símbolo e que os termos *eu* e *nós* são símbolos linguísticos, nós podemos, com humildade e receptividade, imaginar como pode ser a integração dessas duas facetas do *self*. Como *integração* é o termo que usamos para a ligação de partes diferentes, podemos sugerir que o bem-estar resulta da integração nessas esferas distintas do *self* é com essa equação simples: *Eu + Nós = EN*.

EN estão felizes em fazer parte desta série sensacional de apresentações. Cada uma tem um sabor e um foco muito originais. Ligadas sem perder a originalidade, elas podem nos levar para um fluxo integrado de imersões experienciais e ideias esclarecedoras sobre a natureza da mente, da consciência e do bem-estar. Bem-vindo à jornada que começa agora!

1

FORTALECENDO A ATENÇÃO COM O TREINAMENTO DE *MINDFULNESS* EM AMBIENTES LABORAIS

com Ekaterina Denkova, Anthony P. Zanesco, Alexandra B. Morrison, Joshua Rooks, Scott L. Rogers e Amishi P. Jha

A todo momento, o ambiente externo inunda o cérebro humano com uma enorme variedade de estímulos sensoriais. Ao mesmo tempo, a mente pode gerar espontaneamente uma miríade de ideias, lembranças e emoções, sem qualquer *input* externo. Há uma enormidade de informações disponíveis para o cérebro a qualquer momento, mas sua capacidade de processar completamente e reagir a tudo o que está acontecendo é relativamente limitada. O sistema de atenção do cérebro humano é uma solução da evolução para esse impasse causado pelo excesso de informações e o escasso poder computacional. Os mecanismos atencionais restringem o processamento para que apenas um subconjunto de informações tenha acesso privilegiado aos recursos computacionais do cérebro para fazer mais análises. A atenção enviesa a atividade cerebral em prol do que é relevante e dispensa informações irrelevantes ou que a distraiam (Sreenivasan & Jha, 2007). A atenção faz parte de um conjunto mais amplo de processos conhecidos como funções executivas (FEs), as quais selecionam e monitoram o comportamento para que determinadas metas sejam alcançadas. Essas metas podem ser momentâneas e depender de *inputs* perceptivos do ambiente, como parar o carro no sinal vermelho, ou mais demoradas e complexas, como apresentar um relatório ou aprender a usar um novo sistema de cobrança no local de trabalho.

Ambientes profissionais, sejam corporativos, consultórios médicos, instituições educacionais ou outros cenários laborais, têm um rico contexto diário no qual a maioria dos adultos passa muitas horas envolvida no trabalho, o que exige muita atenção. Sem dúvida, a importância mais ampla da atenção e das FEs em ambientes laborais não pode ser subestimada. Mesmo assim, as falhas de atenção são ubíquas nesses ambientes (Edkins & Pollock, 1997; Hashimoto *et al.*, 2006; Wallace & Vodanovich, 2003). O pior é que a atenção é negativamente afetada por fatores como estresse, mau humor e ameaça social (Inzlicht & Kang, 2010; Lupien; Maheu; Tu; Fiocco; Schramek, 2007; Paczynski; Burton; Jha, 2015), que caracterizam muitos ambientes laborais. Por exemplo, *burnout* e estressores relacionados ao trabalho são associados a falhas de atenção (Pereira; Muller; Elfering, 2015; Van Der Linden; Keijsers; Eling; Van Schaijk, 2007).

Portanto, há um interesse crescente em determinar se é possível fortalecer a atenção e torná-la mais resiliente a esses fatores prejudiciais com a introdução de intervenções por meio de treinamento em locais de trabalho. Um treino promissor é o treinamento de *mindfulness* (TM). Mas a maior parte da literatura sobre a utilidade do TM no local de trabalho tem escopo limitado. Embora haja evidências crescentes da capacidade do TM para diminuir o estresse e melhorar o humor (para saber mais, ver Bartlett *et al.*, 2019; Good *et al.*, 2016; Lomas; Medina; Ivtzan; Rupprecht; Eiroa-Orosa, 2019), poucos estudos têm examinado o impacto do TM sobre a atenção em ambientes organizacionais (Bartlett *et al.*, 2019).

Este capítulo tem metas amplas. Primeiramente, esclarecer o que são as FEs e discutir as hipóteses atuais sobre como os exercícios do TM podem fortalecê-las. A seguir, analisamos a utilidade e eficácia do TM para fomentar a atenção e outras FEs em ambientes laborais, especialmente durante momentos de alta demanda para membros do serviço militar (para uma visão geral, ver Zanesco; Denkova; Rogers; MacNulty; Jha, 2019). Então, examinamos um estudo de caso no qual o TM abreviado foi oferecido durante o dia de trabalho em uma firma de contabilidade, a fim de determinar se o desempenho atencional nas tarefas melhorou ao longo de dez semanas. Encerramos sugerindo que mais pesquisas devem ser feitas sobre a capacidade do TM para fomentar a atenção e recomendando parâmetros no TM que podem ser cruciais para as pessoas obterem benefícios atencionais.

O que são as funções executivas e como o TM pode fortalecê-las?

Assim como a atenção, as FEs são cruciais para as pessoas se adaptarem bem a novas circunstâncias que podem ser desafiadoras em termos cognitivos, emocionais e sociais (Diamond, 2013; Jurado; Rosselli, 2007). As FEs abrangem muitos processos altamente complexos de controle cognitivo que são necessários para selecionar informações metarrelevantes e superar as reações automáticas habituais (Diamond, 2013; Jurado; Rosselli, 2007; Miyake *et al.*, 2000). Ter perspectiva, tomar decisões, resolver problemas, planejar e outros processos cognitivos dependem das FEs (Collins; Koechlin, 2012; Diamond; Ling, 2016). Há evidências crescentes de que as FEs têm um papel importante no processamento das emoções e na capacidade de regular bem as reações emocionais (Hendricks; Buchanan, 2016; Hofmann, Schmeichel; Baddely, 2012; Schmeichel; Volokhov; Demaree, 2008; Tang & Schmeichel, 2014). Há evidências também de que a "função executiva mais forte é um fator protetor" contra o humor negativo em pessoas que tendem a ruminar pensamentos ligados a preocupações (Madian; Bredemeier; Heller; Miller; Warren, 2019, p. 475), que são tipicamente associados à deterioração da saúde física e mental de funcionários (Cropley; Michalianou; Pravettoni; Millward, 2012). Além disso, a integridade das FEs parece ter um papel crucial nas habilidades sociais (Long; Horton; Rohde; Sorace, 2018; Wardlow, 2013), assim como nos resultados do desempenho na vida real, como o desempenho acadêmico (Alloway; Copello,2013; Cowan, 2014) e o profissional (Almatrooshi; Singh; Sherine, 2016; Van Iddekinge; Aguinis; Mackey; DeOrtentiis, 2018). Portanto, como as FEs impactam muitos aspectos (cognitivo, emocional, social e desempenho), há um interesse crescente em intervenções que possam melhorá-las (Diamond, 2013; Diamond & Ling, 2016).

Embora sejam cruciais para diversas atividades, processos atencionais e outros, as FEs têm capacidade limitada e são suscetíveis à deterioração (Blasiman; Was, 2018; Lupien *et al.*, 2007). Essa deterioração é especialmente notória em períodos de muito estresse/alta demanda, quando as FEs ficam constantemente sobrecarregadas para dar conta de (a) demandas cognitivas, como tomar decisões e resolver problemas; (b) regulação emocional diante de desafios emocionais; e (c) desafios sociais/interpessoais (ver mais em Jha; Morrison; Parker; Stanley, 2016). O declínio do desempenho atencional nas tarefas é relatado durante períodos de alta demanda como o semestre acadêmico para os estudantes antes de se formarem (Morrison; Goolsarran; Rogers; Jha, 2014) e o treinamento atlético de jogadores universitários de futebol americano antes dos campeonatos (Rooks; Morrison; Goolsarran; Rogers; Jha, 2017). Portanto, as FEs são crucialmente importantes, porém vulneráveis e propensas à deterioração em períodos críticos.

Uma das formas de treinamento para melhorar as FEs e promover a resiliência cognitiva é o TM. A *mindfulness* é descrita como um "modo mental que se caracteriza pela atenção à experiência em curso, sem julgamento, elaboração nem reatividade emocional" (Jha; Stanley; Kiyonaga; Wong; Gelfand, 2010, p. 54). Os programas de TM oferecem exercícios e conteúdo didático para as pessoas direcionarem e estabilizarem a atenção na experiência em curso no momento. Resta saber como os exercícios de TM conseguem acionar e fortalecer as FEs.

Uma perspectiva sobre o treinamento cognitivo propõe que as FEs-chave requeridas em uma certa atividade podem ser fortalecidas pelo envolvimento constante nessa atividade. Tudo indica, por exemplo, que o envolvimento constante da atenção durante os exercícios do TM fortalece os processos atencionais. Os programas de TM abrangem duas categorias de exercícios formais: atenção focada (AF) e monitoramento aberto (MA; Lutz; Jha; Dunne; Saron, 2015). Para a AF, os praticantes são instruídos a direcionar sua atenção para as experiências sensoriais ligadas à respiração, como o abdômen subindo e descendo. Quando notam que sua atenção se desviou para pensamentos, sentimentos ou sensações não relacionados à respiração (ou seja, divagação mental), eles são instruídos a redirecionar calmamente sua atenção para a respiração. Durante o MA, o praticante é instruído de modo a permanecer em um estado de MA receptivo, ficando atento a cada momento a qualquer coisa que surja em sua experiência consciente, sem focar nem elaborar sobre o conteúdo daquilo que surge. No MA, se a atenção se envolver demais com algum pensamento, memória ou sensação (de modo que a ocorrência de fenômenos recém-surgidos fica obscurecida), o praticante deve desligar a atenção desse conteúdo mental. Portanto, as práticas de AF e MA podem envolver repetitidamente engajamento atencional seletivo e reflexivo, desanexação, manutenção e monitoramento. Como esses processos também são necessários para realizar bem tarefas que dependam da atenção, um forte indicador pela perspectiva sobre o treinamento cognitivo é que seu envolvimento constante durante os exercícios de TM fortalecerá o desempenho atencional. Muitos estudos investigam essa hipótese (Vago; Gupta; Lazar, 2018).

Evidências dos benefícios do TM sobre a atenção em estudos sobre locais de trabalho

Foi comprovado que o TM tem um impacto benéfico sobre a atenção (por exemplo, Jensen; Vangkilde; Frokjaer; Hasselbalch, 2012; Jha; Krompinger; Baime, 2007; Zanesco *et al.*, 2019; Zanesco; King; MacLean; Saron, 2013), sobre a memória ativa (por exemplo, Jha *et al.*, 2010; Mrazek; Franklin; Phillips; Baird; Schooler; 2013; Roeser *et al.*, 2013; Zanesco *et al.*, 2019), e sobre outras FEs (por exemplo,

Allen *et al.*, 2012). Apesar da reconhecida utilidade da atenção para o êxito no local de trabalho, da utilidade mais ampla das FEs em muitas esferas (por exemplo, emocional e social), e das evidências dos efeitos salutares do TM sobre a atenção, poucos estudos examinaram se o TM no local de trabalho influencia a atenção ou outras FEs. Sem dúvida, o impacto do TM sobre o desempenho atencional objetivo em locais de trabalho foi principalmente examinado em contextos militares críticos, conforme mostrado a seguir.

A maioria dos estudos visava detectar vulnerabilidades nas capacidades cognitivas em períodos de alta demanda, como no treinamento de tropas militares na ativa antes de deslocamentos para combate e avaliar se o TM pode proteger contra a deterioração de tais capacidades. Esses estudos observaram deterioração na atenção e na memória ativa em períodos de estresse alto/demanda antes de deslocamentos para combate (Jha *et al.*, 2010, 2015, 2016; Jha; Witkin; Morrison; Rostrup; Stanley, 2017). Eles também apontaram os efeitos salutares do TM, o qual protege contra o declínio atencional (por exemplo, quando um programa de TM dura oito semanas totalizando 24 horas; Jha *et al.*, 2016). Em Jha *et al.* (2016), o curso de TM oferecido incluía instruções ao vivo e recomendava trinta minutos de exercícios diários do TM fora da aula para os participantes entre as reuniões do grupo. Participantes constantes de TM (12 ou mais minutos por dia) demonstraram desempenho atencional estável no decorrer do tempo, ao passo que o desempenho dos participantes que não receberam TM (grupo de controle sem treinamento) e dos participantes com pouca prática de TM decaiu significativamente. Esses resultados sugeriram que a realização de um programa de TM por mais de oito semanas pode proteger contra o declínio atencional quando os participantes mantêm a prática diária suficiente de TM fora da classe.

Diante da importância da prática do TM para obter resultados salutares e da urgência de oferecer TM para tropas militares antes de deslocamentos para combate, outro estudo sobre TM comparou duas variantes mais curtas do curso de TM de oito semanas totalizando oito horas (Jha *et al.*, 2015). Um curso de TM enfocou basicamente a prática (TM focado na prática) e o outro enfocou as instruções didáticas (ou seja, TM focado no conteúdo didático, incluindo informações conceituais sobre *mindfulness*, estresse e resiliência). Os participantes no TM focado na prática mantiveram o desempenho atencional no decorrer do tempo, ao passo que o desempenho atencional dos participantes no grupo de controle sem treinamento e daqueles no TM focado no conteúdo didático decaiu no período de oito semanas. Portanto, o TM mais curto pode proteger contra o declínio atencional quando o programa enfoca a prática.

Embora as evidências supracitadas destaquem o potencial protetor do TM contra o declínio atencional em períodos de alta demanda, o TM também pode gerar uma melhora no funcionamento acima da base de referência. Sem dúvida, em tropas militares de elite, por exemplo, houve melhora no desempenho atencional após a prática de TM por quatro semanas, mas não no curso presencial de duas semanas, com 15 minutos diários dedicados à prática fora da aula. Em contraste com os benefícios atencionais observados no grupo de TM de quatro semanas, o grupo de controle sem treinamento não demonstrou qualquer mudança no decorrer do tempo (Zanesco *et al.*, 2019). Essas descobertas sugerem que a realização de um curso de TM por duas semanas pode não ser ideal para gerar efeitos salutares sobre a atenção em tropas militares em períodos de alta demanda. Ainda não se sabe se um curso de TM pode ser benéfico em outros ambientes laborais em períodos sem alta demanda.

Em geral, as pesquisas sobre TM em contextos militares revelaram que um curso presencial condensado de TM por quatro semanas ou mais, aliado ao envolvimento suficiente na prática diária de TM, pode gerar efeitos salutares sobre a atenção. No entanto, ainda não está claro se o TM pode fortalecer a atenção em ambientes laborais civis nos quais pode não haver altas demandas em um período específico, embora haja situações desafiadoras diariamente. Uma das razões dessa incógnita é porque os estudos sobre TM em ambientes laborais raramente usam medições objetivas da atenção ou de outras FEs. A maioria dos estudos anteriores fazia medições relacionadas ao estresse subjetivo (ver meta-análises de Bartlett *et al.*, 2019; Lomas *et al.*, 2019).

Alguns estudos sobre TM em locais de trabalho incluíam medições objetivas das FEs. Tais estudos focaram basicamente no setor educacional e descobriram algumas evidências iniciais de que o TM pode impactar o desempenho objetivo da atenção emocional e em tarefas que envolvem a memória (Flook; Goldberg; Pinger; Bonus; Davidson, 2013; Roeser *et al.*, 2013). Essas descobertas preliminares também se alinham com um estudo recente sobre o local de trabalho que comparou o impacto de um programa mais intenso de TM com outro mais leve sobre medições atencionais subjetivas em funcionários de uma empresa de marketing (Slutsky; Chin; Raye; Creswell, 2019). O TM mais intenso consistiu em um *workshop* que durou meio dia, seguido pela prática diária recomendada de TM por seis semanas, ao passo que o programa de TM mais leve consistiu em apenas um *workshop* que durou meio dia. Somente os participantes no programa mais intenso de TM demonstraram melhoras em relatos subjetivos sobre foco atencional. Essa descoberta é consistente com a pesquisa sobre TM junto a tropas militares, destacando o papel inegável da prática de TM para as pessoas obterem benefícios atencionais. Essas descobertas também sugerem que participar só uma vez em um *workshop* de TM pode ser insuficiente para melhorar a atenção. Tais descobertas suscitam questões importantes sobre as melhores práticas para realizar o TM em ambientes laborais, já que as organizações geralmente se dispõem mais a oferecer programas de curta duração, como *workshops*, devido a limites de tempo e agendamento. Mas as evidências obtidas em pesquisas sobre treinamento cognitivo sugerem que tal treinamento espaçado no decorrer do tempo (formato espaçado) tipicamente gera maiores benefícios para o desempenho de várias tarefas em comparação com o formato mais condensado de *workshops* (Gerbier; Toppino; Koenig, 2015; Wang; Zhou; Shah, 2014).

Portanto, há evidências iniciais de que o TM em locais de trabalho civis pode aumentar as FEs. No entanto, mais pesquisas são necessárias para determinar as melhores práticas de implementação do TM em ambientes laborais. Para compensar as limitações das pesquisas anteriores, é crucial examinar (a) medições objetivas das FEs, (b) efeitos da prática de TM e (c) o impacto do formato de realização e manter a duração do curso constante. No estudo de caso descrito a seguir, consideramos essas três questões para investigar o papel do TM no desempenho atencional.

Estudo de caso: TM em uma empresa de contabilidade

Esse estudo de caso visou aprofundar nosso entendimento sobre as melhores práticas para oferecer o TM condensado em organizações. Com esse propósito, funcionários de uma empresa de contabilidade foram designados para receber um programa de TM de oito horas e foram comparados com um grupo de funcionários que não recebeu treinamento. O TM de oito horas foi realizado no formato espaçado ou de *workshop*. Ambos eram idênticos em termos de conteúdo e nas tarefas de prática de *mindfulness* fora das aulas, e tinham o mesmo instrutor. O TM espaçado consistiu em oito sessões de uma hora realizadas em duas semanas, em quatro dias consecutivos por semana. O *workshop* de TM consistiu em sessões de quatro horas ao longo de duas semanas, com uma sessão por semana. Os participantes foram testados antes (T1) e após (T2) as duas semanas do curso de TM e depois de um período de oito semanas (T3), usando a Atenção Constante à Tarefa de Resposta (ACTR). No período entre T2 e T3, os participantes não tiveram aulas formais de TM, mas tinham que manter a prática diária de *mindfulness*. Aqui nos referimos ao período entre T1 e T2 como o curso de TM e ao período entre T1 e T3 como o programa de TM.

Esse estudo fez as três perguntas a seguir:

Pergunta 1: O TM condensado em ambientes laborais civis beneficia o desempenho atencional?

Pergunta 2: Em caso afirmativo, manter a prática diária de TM impacta a magnitude dos benefícios atencionais?

Pergunta 3: O formato do programa de TM (espaçado *versus workshop*) realizado beneficiou o desempenho atencional de alguma forma diferente?

Participantes

Os participantes foram recrutados em uma firma de contabilidade na área da Grande Miami. O total de 98 participantes (44 mulheres; média de faixa etária, de 37,1 ± 10,2 anos) foi quase que aleatoriamente encaminhado para um dos três grupos: um grupo para um *workshop* de TM (n = 34), um grupo para o TM espaçado (n = 28) ou um grupo de controle sem treinamento (GCST; n = 36; Figura 1.1). O único fator não aleatório que afetou a designação para os grupos foi o horário de trabalho dos participantes. Após as devidas informações, as pessoas concordaram em participar nesse estudo, que foi aprovado pelo Conselho de Revisão Institucional da Universidade de Miami.

Protocolo de treinamento

O treinamento consistiu em sessões de TM com um instrutor e na prática de *mindfulness* fora das aulas.

Sessões de TM com um instrutor. O curso de treinamento foi codesenvolvido e aplicado pelo coautor Scott Rogers, que tem amplo conhecimento em *mindfulness* e muita experiência desenvolvendo e/ou oferecendo TM para grupos pressionados pelo tempo (por exemplo, Rogers, 2014; Rogers; McAliley; Jha, 2018). O curso apresentou aos participantes uma série de conceitos e exercícios formais e informais de *mindfulness*. Os conceitos didáticos-chave apresentados durante o curso incluíam uma visão geral sobre *mindfulness*, foco e concentração, diminuição do estresse, responder *versus* reagir, apresentação de pesquisas anteriores sobre *mindfulness* levando em conta um público leigo, trabalhar com obstáculos, impermanência, consciência imparcial e conexão/bondade em um ambiente de equipe. Os exemplos incluíam (1) "Retorno sobre o Investimento", uma discussão didática sobre o valor da prática, (2) "Apreço", uma visão sobre a experiência em curso no momento e ver claramente e (3) "Método Contábil", um termo estimulando a contagem de três respirações no início da prática. Ambos os grupos de TM receberam treinamento com um instrutor por duas semanas: o grupo do *workshop* teve duas sessões de treinamento de quatro horas e o grupo espaçado teve oito sessões de treinamento de uma hora.

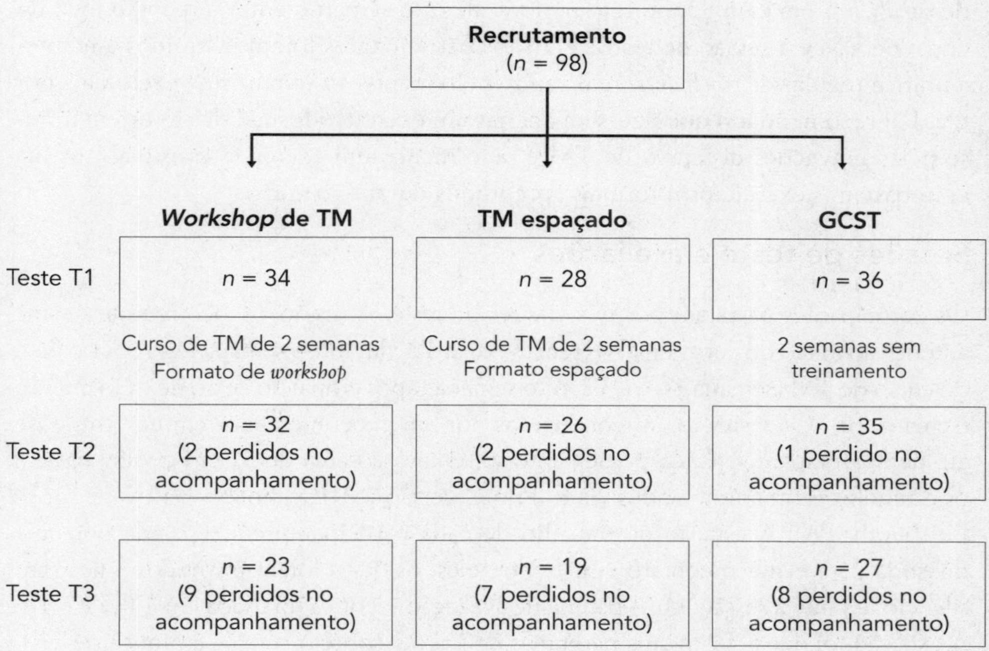

Figura 1.1

Prática de *mindfulness* fora das aulas. Além dessas sessões com o instrutor, os participantes em ambos os grupos de TM tinham de fazer exercícios formais e informais diários de fora das aulas. Nos exercícios formais, os participantes ouviam gravações designadas pelo instrutor sobre os seguintes exercícios: sentar-se com consciência, escaneamento corporal, movimentos conscientes e aumento da benevolência (ou seja, exercícios para bondade e conexão). No início do programa de treinamento, os exercícios gravados duravam cinco minutos, mas gradualmente aumentaram para 25 minutos até o fim do curso. Os exercícios informais requeriam que os participantes fizessem um exercício rápido de trinta segundos a um minuto) sem gravação. Esses exercícios informais foram desenvolvidos com base em exercícios básicos de *mindfulness* descritos por outras fontes (Kabat-Zinn *et al.*, 1992) e contextualizados em termos apropriados para o ambiente da empresa, conforme já mencionado.

Durante o curso de duas semanas de TM, os participantes foram instruídos para fazer um exercício formal e um informal de TM no trabalho e um exercício formal e um informal de TM em casa, em todos os dias úteis da semana. Nos finais de semana, os participantes faziam apenas um exercício formal e um informal diários de *mindfulness* em casa. Durante o período de oito semanas entre a reunião final do curso de TM e a sessão de teste de T3, os participantes foram instruídos a manter a prática regular de *mindfulness* realizando pelo menos 15 minutos de exercícios por dia. Foi recomendado que fizessem apenas um exercício formal diário orientando-se pelas gravações do curso de TM e pelo menos um exercício informal por dia com base nos exercícios informais aprendidos durante o curso.

Sessões de teste e avaliações

Os participantes passaram por três sessões de teste. A sessão T1 ocorreu na semana anterior ao início do curso de TM (semana 0); a T2, durante a semana logo após o final do curso de TM (semana 3); e a T3, oito semanas após o final do curso de treinamento (semana 10). Os testes foram conduzidos por um experimentador em um grupo de até dez participantes. Cada participante se sentava a cerca de 57 cm de um *laptop* e os estímulos eram apresentados via E- Prime (versão 2.0; Psychology Software Tools, Pittsburgh, PA). A estação de trabalho de cada participante era separada por uma divisória para evitar o contato visual entre eles, os quais foram instruídos a ficar em silêncio durante a sessão. Uma bateria de avaliação idêntica foi usada em T1, T2 e T3. A exceção foi que a T2 incluía perguntas de *feedback* sobre o curso e a prática de TM, e a T3 incluía perguntas relacionadas à prática de *mindfulness* fora das aulas e *feedback* sobre o curso (ver a seguir). Vale notar que a bateria também incluía uma série de outras medições secundárias que não citamos aqui, pois não fazem parte do foco deste capítulo. Já os outros resultados não geraram resultados significativos.

Avaliação do desempenho atencional. Durante cada sessão de teste, os participantes completavam uma versão modificada da ACTR (Robertson; Manly; Andrade; Baddeley; Yiend, 1997) avaliando o desempenho atencional objetivo, assim como a divagação mental e a metaconsciência autorreportadas. Nessa tarefa, um contínuo de números na cor preta (de zero a nove) era apresentado em uma tela cinza por 250 milissegundos, com cada número seguido por um intervalo entre os ensaios com um tempo fixo (900 milissegundos). Os participantes foram instruídos a ficar pressionando a tecla de espaçar em resposta ao número três (alvo) e a pressionar essa tecla para todos os outros números (não alvos) o mais rapidamente possível sem sacrificar a acuidade. Os participantes podiam responder durante a exposição ao estímulo ou o intervalo entre os ensaios. Cinco por cento dos ensaios eram com alvo e 90% eram sem alvo. A ordem dos ensaios foi quase randomizada, para que os alvos sempre ficassem separados por pelo menos um não alvo.

Além dos números, duas perguntas de sondagem eram apresentadas sucessivamente e distribuídas pela tarefa (os 5% restantes dos ensaios). A primeira pergunta, era "onde sua atenção estava focada um pouco antes da sondagem?". Os participantes responderam em uma escala Likert de seis pontos, que variava de um (*na tarefa*) a seis (*fora da tarefa*). A segunda pergunta era "até que ponto você estava ciente de onde sua atenção estava?". Os participantes responderam em uma escala que variava de um (*ciente*) a seis (*não ciente*). As perguntas de sondagem ficavam à mostra até uma resposta ser dada. A tarefa começou com um bloco prático de 163 ensaios, abrangendo seis ensaios com alvo e onze conjuntos de sondagens. Os resultados do bloco prático não foram incluídos nas análises. Durante o total de 574 ensaios experimentais, houve 27 ensaios com alvo e 28 conjuntos de sondagens.

O desempenho objetivo na ACTR foi indexado por *A'*, uma medição não paramétrica de sensibilidade, que leva em conta a taxa de ensaios corretos com alvo (não pressionar a tecla de espaçar em resposta a um alvo) e a taxa de ensaios incorretos sem alvo (não pressionar a tecla de espaçar em resposta a um não alvo), e considera a diferença na frequência de cada tipo de ensaio (para o cálculo, ver Stanislaw; Todorov, 1999). *A'* comumente varia de 0,5 (desempenho por acaso, ou seja, respondendo aleatoriamente) a um (desempenho perfeito, ou seja, sempre respondendo corretamente ao número três e sempre respondendo a todos os outros números).

Relatos subjetivos de divagação mental e metaconsciência de divagação mental foram indexados pelas avaliações médias dos participantes em cada uma das duas perguntas de sondagem apresentadas durante a tarefa.

Relatos sobre a prática de *mindfulness* fora das aulas. Os participantes receberam ficheiros semanais para registrar o quanto praticaram *mindfulness* sozinhos fora das aulas durante o período de treinamento; no entanto, as taxas de retorno dos ficheiros na T2 foram insuficientes para a realização de análises. Portanto, os participantes respondiam a um conjunto de perguntas na T3 sobre a manutenção da prática durante todo o período de estudo. Os participantes foram solicitados a fazer registros separados para a primeira e a segunda semanas do curso de TM (ou seja, T1 a T2) do quanto fizeram os exercícios de tarefa de casa, usando uma escala de quatro pontos (*zero = zero dia por semana, um = um a dois dias por semana, dois = três a quatro dias por semana, três = mais de cinco dias por semana*). Para o período de oito semanas entre T2 e T3, os participantes foram solicitados a avaliar a média de práticas que fizeram em uma semana típica. A "pontuação da prática total" foi calculada somando as avaliações para todo o programa (ou seja, T1 a T3) e convertendo esse valor em uma porcentagem, com 100% da tarefa de casa concluída correspondendo a praticar pelo menos cinco vezes por semana.

***Feedback* sobre o programa e depoimentos**. Os participantes deram *feedback* e avaliações por escrito na T2 por meio de várias perguntas sobre sua experiência ao participar no programa de TM. Foi solicitado aos participantes oferecer um *feedback* respondendo a quatro perguntas relativas à facilidade com que se envolveram em aspectos da prática formal ou informal de *mindfulness* em casa e no trabalho como parte do programa e à quinta pergunta sobre o quanto acharam o curso proveitoso:

1. Em geral, até que ponto foi fácil fazer os exercícios formais, como sentar-se com consciência no trabalho?
2. Em geral, até que ponto foi fácil fazer os exercícios informais, como lavar as mãos com consciência no trabalho?
3. Em geral, até que ponto foi fácil fazer os exercícios formais, como sentar-se com consciência fora do trabalho?
4. Em geral, até que ponto foi fácil fazer os exercícios informais, como respeitar com consciência o sinal para parar fora do trabalho?
5. Em geral, o quanto você achou o curso proveitoso?

As perguntas 1 a 5 deveriam ser respondidas com *nada fácil*, *um pouco*, *muito* e *facílimo*. Os participantes também deram respostas por escrito a quatro perguntas adicionais nas quais deviam descrever (a) como o curso influenciou sua experiência no trabalho, (b) se recomendariam o curso para outras pessoas, (c) se achavam que alguns aspectos do curso deveriam ser aperfeiçoados e (d) se tinham quaisquer comentários adicionais sobre o curso.

Análises dos dados

Dos 98 participantes recrutados, cinco (*workshop* de TM, n = 2; TM espaçado, n = 2; GCST, n = 1) não foram à sessão de teste T2 e outros 24 participantes (*workshop* de TM, n = 9; TM espaçado, n = 7; GCST, n = 8) não foram à sessão de teste T3 (ver Figura 1.1). As análises básicas utilizaram uma abordagem ligada à intenção de se tratar (IdT) e, portanto, todos os 98 participantes recrutados foram incluídos, independentemente de terem feito as sessões de teste. Os benefícios da abordagem IdT incluem minimizar os vieses nas estimativas sobre os efeitos do tratamento atribuídos às taxas de desistência e aumentar a precisão estatística preservando uma amostra maior. As análises usaram modelagem linear hierárquica (HLM, na sigla em inglês) com o *software* de estatística SAS PROC MIXED (versão 9.4). A HLM utiliza a estimativa de probabilidade máxima para calcular as estimativas do parâmetro, o que permite incluir todos os dados disponíveis dos participantes, independentemente de terem desistido ou não (Gueorguieva; Krystal, 2004).

Resultados

As análises e resultados específicos das três perguntas da pesquisa estão apresentados a seguir.

Pergunta 1: Efeitos do TM sobre a atenção. Examinamos a mudança no desempenho ao longo das avaliações em termos de uma intercepção (ou seja, o ponto de partida, semana 0) e inclinação (ou seja, taxa de mudança), com efeitos aleatórios representando a variabilidade das pessoas nesses parâmetros. Para essa análise, todos os aprendizes de TM (tanto do espaçado quanto do *workshop*) foram reunidos em um grupo (grupo de TM; n = 62) e comparados com o grupo de controle (GCST; n = 36). Mensurar o desempenho na T1 (semana 0), T2 (semana 3) e T3 (semana 10) nos permitiu descrever a mudança nos participantes ao longo das semanas do estudo. As mudanças foram modeladas em termos da taxa de mudança a cada semana, com o nível inicial de desempenho na semana 0 (T1). Portanto, o efeito da semana nas análises reflete a taxa de mudança a cada semana e de diferença entre os grupos de TM e GCST (interação entre semana e grupo), e reflete a diferença na taxa de mudança.

Os resultados do desempenho objetivo da ACTR (*A'*) não revelaram efeito significativo da semana, $F(1, 161) = 2{,}12$, $p = .147$; nem efeito significativo do grupo, $F(1, 96) = 0{,}15$, $p = .697$; mas uma interação significativa entre semana e grupo, $F(1, 161) = 4{,}66$, $p = .032$, indicando que o grupo de TM teve uma taxa significativamente diferente de mudança nas dez semanas do programa de TM comparado com o GCST.

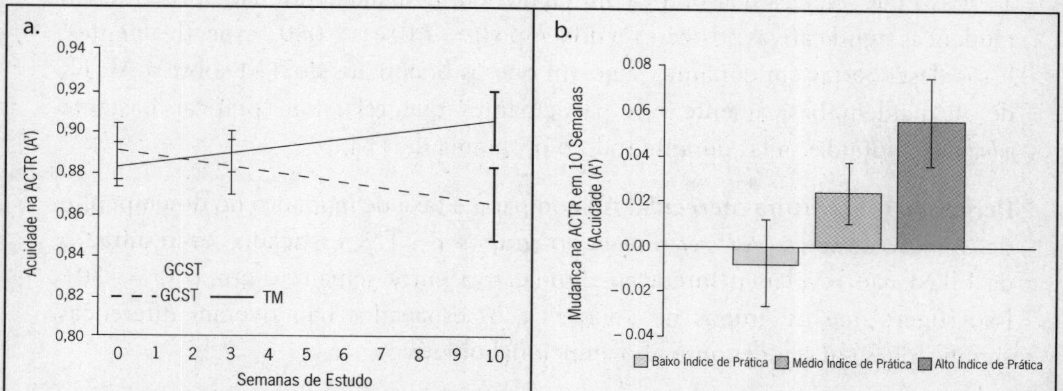

Figura 1.2

Embora a mudança no decorrer do tempo em cada grupo não fosse significativa ($p > .1$), os dois grupos mostraram padrões opostos de mudança durante o estudo.

O desempenho da ACTR do grupo de TM aumentou linearmente a cada semana do estudo, ao passo que o do GCST diminuiu linearmente (ver Figura 1.2a).

Para a divagação mental subjetiva da ACTR, os resultados não demonstraram efeitos significativos para nenhuma pergunta de sondagem. Para a primeira pergunta ("onde sua atenção estava focada um pouco antes da sondagem?"), os resultados não revelaram efeito significativo da semana, $F(1, 161) = 2.95$, $p = .088$, nem do grupo, $F(1,96) = 0,03$, $p = .856$; e nenhuma interação significativa entre semana e grupo, $F(1, 161) = 1.28$, $p = .259$. Para a segunda pergunta ("até que ponto você estava ciente de onde sua atenção estava?"), os resultados não revelaram efeito significativo da semana, $F(1, 161) = 0,15$, $p = .702$, nem do grupo, $F(1, 96) = 0.91$, $p = .342$ e nenhuma interação significativa entre semana e grupo, $F(1, 161) = 0,04$, $p = .842$.

Pergunta 2: Efeitos da prática de TM. Essa pergunta examinava como a prática total de todos os aprendizes de TM tinha relação com a taxa de mudança durante as semanas do estudo. O efeito da prática de *mindfulness* fora das aulas foi avaliado apenas para os participantes de TM na T3 (n = 41; um participante não deu informações sobre a realização da tarefa de casa). Essas análises revelaram uma interação significativa entre a prática de *mindfulness* e a taxa de mudança de A' nas dez semanas do estudo, $F(1, 80) = 5,24$, $p = .025$. Especificamente, indivíduos que praticaram tiveram uma taxa de mudança bem mais positiva em A' nas dez semanas do estudo (ver Figura 1.2b). Apenas aqueles que praticaram bastante fora das aulas tiveram um aumento significativo em A' durante o programa de TM ($p = .005$), ao passo que aqueles que praticaram menos ou medianamente não apresentaram mudanças significativas no decorrer do tempo ($p = .710$ e $p = .080$, respectivamente). Essas descobertas em conjunto sugerem que os benefícios do TM sobre a ACTR de A' incidem basicamente nos participantes que relataram praticar bastante *mindfulness* fora das aulas durante todo o programa de TM.

Pergunta 3: Estrutura oferecida. Ao comparar a taxa de mudança no desempenho da atenção objetiva no *workshop versus* grupos de TM espaçado, os resultados da HLM não revelaram interação significativa entre semana e grupo ($p = .30$). Isso sugere que os grupos no *workshop* e os espaçados não tiveram diferenças significativas em seu desempenho atencional objetivo.

Feedback sobre o programa e depoimentos qualitativos

Os participantes (n = 58) fizeram avaliações e deram *feedback* por escrito sobre o programa de TM na T2. Analisamos as opiniões dos participantes sobre a facilidade da prática formal e informal no trabalho e fora do trabalho usando o teste qui-quadrado de Pearson (ver Tabela 1.1). Os participantes acharam mais difícil manter a prática formal no trabalho do que fora do trabalho, X^2 (3) = 8.288, p = .040, mas não houve diferença significativa entre os dois contextos quando a prática informal era considerada, X^2 (3) = 6.157, p = .104. Essas comparações sugerem que é difícil incluir a prática formal, mas não a informal, no ambiente de trabalho. Esse sentimento foi compartilhado no *feedback* direto por escrito dos participantes. Um participante "gostou demais da aula. No entanto, às vezes era difícil encaixar a prática no expediente". Outro participante notou que "fazer as práticas virou um fardo como se fosse uma obrigação, mas quando eu praticava me sentia melhor depois". Todas essas descobertas sugerem que, embora às vezes seja difícil manter a prática de TM, ela é benéfica, e deve haver oportunidades para a prática informal em ambientes laborais, pois ela é mais fácil de ser incluída durante o expediente.

Em geral, os participantes também acharam o programa do curso proveitoso. Um participante escreveu que "esse curso influenciou minha experiência no trabalho porque fiquei ciente das distrações. Eu me sinto mais ativo e mais produtivo". Outro escreveu que o curso "influenciou minha capacidade para lidar com situações de muito estresse e também com pessoas difíceis. Ele ajudou e melhorar meu foco e concentração".

Pergunta	Nenhuma	Pouca	Muita	Extremamente
1. Facilidade para a prática formal no trabalho	27	26	3	2
2. Facilidade para a prática informal no trabalho	15	23	16	4
3. Facilidade para a prática formal fora do trabalho	16	28	12	2
4. Facilidade para a prática informal fora do trabalho	10	17	19	12
5. Acharam o curso proveitoso	2	21	20	15

Tabela 1.1

Resumo dos resultados do estudo de caso

Graças às perguntas a seguir, o presente estudo fez três descobertas úteis para as pesquisas sobre TM em ambientes laborais:

Pergunta 1: Comparado com o GCST, o grupo do TM mostrou uma taxa positiva de mudança no desempenho da atenção constante durante o programa de TM.

Pergunta 2: Os benefícios do TM para a atenção foram estreitamente relacionados à quantidade de prática de *mindfulness* fora das aulas.

Pergunta 3: Os formatos de TM espaçado *versus workshop* não geraram diferenças significativas nas duas semanas iniciais nem durante o programa inteiro.

Essas descobertas sugerem que fazer um curso compacto de TM e manter a prática de *mindfulness* fora das aulas por várias semanas após a conclusão do curso podem gerar benefícios para o desempenho da atenção constante. Portanto, a prática contínua de *mindfulness* parece ter um papel crucial para obter os benefícios atencionais. As análises sobre a prática de *mindfulness* fora das aulas revelaram claramente que a mudança no desempenho da ACTR foi significativamente moderada, havendo maiores benefícios para os indivíduos com prática mais intensa em comparação com aqueles com prática menos frequente. Essas descobertas são consistentes com estudos anteriores que relatam relações similares entre dose-resposta em contextos militares (Jha *et al.*, 2016).

É interessante notar que os grupos de *workshop* de TM e os espaçados não demonstraram diferenças significativas. Isso pode ter relação com o componente espaçado em comum nos dois formatos: a prática de *mindfulness* fora das aulas. Em outras palavras, as sessões do curso ao vivo foram oferecidas em um *workshop* ou no formato espaçado, e todos os participantes deviam fazer exercícios diários de *mindfulness* fora das aulas, o que introduziu um elemento de treinamento espaçado nos dois grupos e o envolvimento contínuo com a prática de TM (Slutsky *et al.*, 2019). Nossas descobertas sugerem que esse elemento espaçado na prática da tarefa de casa pode ter um papel mais importante do que a estrutura do curso ao vivo, especialmente para o desempenho atencional.

Por fim, o *feedback* qualitativo sugere que achar meios para apoiar a inclusão da prática informal de TM no trabalho pode ser um caminho frutífero para futuras pesquisas aplicadas. Além disso, é preciso haver métodos mais refinados para mensurar a prática formal e informal de *mindfulness* fora das aulas, a fim de entender melhor seu impacto sobre os resultados que interessam (Lloyd; Branco; Eames; Crane, 2018). Vale notar que o presente estudo se baseou nas medições de autorrelatos durante o teste T3, o que significa que apenas o subconjunto de indivíduos submetido ao teste T3 pôde contribuir para essas medições. Além disso, as lembranças dos participantes em T3 sobre pontos anteriores no estudo podem ter sido imprecisas. Portanto, há uma necessidade clara não só de considerar sistematicamente a prática, mas também de haver um monitoramento mais estreito da manutenção diária da prática em futuros estudos.

Recomendações e conclusões

Apesar das evidências crescentes dos efeitos salutares do TM em locais de trabalho e nas medições de bem-estar, há uma necessidade premente de haver mais pesquisas para determinar as melhores práticas para a implementação do TM em cenários aplicados mediante medições cognitivas objetivas. A seguir, damos recomendações para futuros estudos em ambientes laborais.

Diante da centralidade da atenção em processos-chave como regulação emocional, resolução de problemas e aprendizagem, programas de TM capazes de gerar benefícios para a atenção têm condições de promover outros resultados desejados (por exemplo, reduções no humor negativo; Jha *et al.*, 2019). A próxima leva de estudos sobre TM em locais de trabalho deveria incluir medições das FEs, especialmente as atencionais objetivas, por três razões: (a) a métrica de desempenho objetivo comparada com relatos subjetivos poderia ser menos suscetível a vieses (Jha *et al.*, 2016); (b) medições das FEs/ atenção poderiam ser especialmente favoráveis ao TM em relação a outros programas com intervenções em prol do bem-estar (por exemplo, treinamento para relaxamento; ver Rooks *et al.*, 2017); e (c) a integridade das FEs é importante para os resultados no local de trabalho (Almatrooshi *et al.*, 2016; Van Iddekinge *et al.*, 2018).

Diante das evidências crescentes de que o impacto do TM condensado pode depender da quantidade de engajamento na prática de TM, futuras pesquisas deveriam considerar modos para facilitar a prática formal e informal diária (Lloyd *et al.*, 2018). As práticas de *mindfulness* podem ser incluídas nas rotinas laborais diárias por meio de aplicativos para celular ou sessões rápidas de grupo em vários pontos durante o dia de trabalho. O programa de TM também deveria ser longo o suficiente para as pessoas se familiarizarem mais com as práticas diárias de TM. Além disso, é necessário melhorar o monitoramento da manutenção diária da prática.

Em suma, a introdução do TM no local de trabalho pode aumentar o bem-estar e fortalecer a atenção. Mas a maior parte da literatura sobre a utilidade do TM no local de trabalho se limita a métricas subjetivas. Portanto, futuros estudos sobre o TM em locais de trabalho deverão expandir as métricas para incluir o desempenho objetivo nas tarefas que requerem atenção e outras FEs, assim como o rastreamento diário da manutenção de sua realização, a fim de embasar as melhores práticas para a inclusão do TM em ambientes laborais.

Agradecimentos

Kaufman Rossin & Co por seu apoio e colaboração, e a Joy Batteen por sua ajuda no recrutamento e agendamento. Agradecemos a Sierra Bainter e Maria Llabre por seu *input* proveitoso em relação à estratégia de análise, e a Nicolas Ramos por sua ajuda na preparação do manuscrito. Essa pesquisa contou com o apoio do Departamento do Exército dos Estados Unidos para Pesquisas Médicas e Dotação Orçamentária (subsídio W81XWH-11-2-0044 para A.P.J.).

Referências

ALLEN, M.; DIETZ, M.; BLAIR, K. S.; VAN BEEK, M.; REES, G.; VESTERGAARD-POULSEN, P.; ROEPSTORFF, A. Cognitive-affective neural plasticity following active-controlled mindfulness intervention. *Journal of Neuroscience*, v. 32, p. 15601-15610, 2012.

ALLOWAY, T. P.; COPELLO, E. Working memory: The what, the why, and the how. *Australian Educational and Developmental Psychologist*, v. 30, n. 2, p. 105-118, 2013.

ALMATROOSHI, B.; SINGH, S.; SHERINE, F. Determinants of organizational performance: A proposed framework. *International Journal of Productivity and Performance Management*, v. 65, n. 6, p. 844-859, 2016.

BARTLETT, L.; MARTIN, A.; NEIL, A. L.; MEMISH, K.; OTAHAL, P.; KILPATRICK, M.; SANDERSON, K. A systematic review and meta-analysis of workplace mindfulness training randomized controlled trials. *Journal of Occupational Health Psychology*, v. 24, n. 1, p. 108-126, 2019. DOI: 10.1037/ocp0000146.

BLASIMAN, R. N.; WAS, C. A. Why is working memory performance unstable? A review of 21 factors. *Europe's Journal of Psychology*, v. 14, n. 1, p. 188-231, 2018. DOI: 10.5964/ejop.v14i1.1472.

COLLINS, A.; KOECHLIN, E. Reasoning, learning, and creativity: Frontal lobe function and human decision-making. *PLoS Biology*, v. 10, n. 3, e1001293, 2012. DOI: 10.1371/journal.pbio.1001293.

COWAN, N. Working memory underpins cognitive development, learning, and education. *Educational Psychology Review*, v. 26, n. 2, p. 197-223, 2014. DOI: 10.1007/s10648-013-9246-y.

CROPLEY, M.; MICHALIANOU, G.; PRAVETTONI, G.; MILLWARD, L. J. The relation of post-work ruminative thinking with eating behaviour. *Stress and Health*, v. 28, n. 1, p. 23-30, 2012. DOI: 10.1002/smi.1397.

DIAMOND, A. Executive functions. *Annual Review of Psychology*, v. 64, p. 135-168, 2013. DOI: 10.1146/annurev-psych-113011-143750.

DIAMOND, A.; LING, D. S. Conclusions about interventions, programs, and approaches for improving executive functions that appear justified and those that, despite much hype, do not. *Developmental Cognitive Neuroscience*, v. 18, p. 34-48, 2016. DOI: 10.1016/j.dcn.2015.11.005.

EDKINS, G. D.; POLLOCK, C. M. The influence of sustained attention on railway accidents. *Accident Analysis and Prevention*, v. 29, n. 4, p. 533-539, 1997.

FLOOK, L.; GOLDBERG, S. B.; PINGER, L.; BONUS, K.; DAVIDSON, R. J. Mindfulness for teachers: A pilot study to assess effects on stress, burnout and teaching efficacy. *Mind, Brain, and Education*, v. 7, n. 3, 2013. DOI: 10.1111/mbe.12026.

GERBIER, E.; TOPPINO, T. C.; KOENIG, O. Optimising retention through multiple study opportunities over days: The benefit of an expanding schedule of repetitions. *Memory*, v. 23, n. 6, p. 943-954, 2015. DOI: 10.1080/09658211.2014.944916.

GOOD, D. J.; LYDDY, C. J.; GLOMB, T. M.; BONO, J. E.; BROWN, K. W.; DUFFY, M. K.; LAZAR, S. W. Contemplating mindfulness at work: An integrative review. *Journal of Management*, v. 42, n. 1, p. 114-142, 2016. DOI: 10.1177/0149206315617003.

GUEORGUIEVA, R.; KRYSTAL, J. H. Move over ANOVA: Progress in analyzing repeated-measures data and its reflection in papers published in the Archives of General Psychiatry. *Archives of General Psychiatry*, v. 61, n. 3, p. 310-317, 2004. DOI: 10.1001/archpsyc.61.3.310.

HASHIMOTO, M.; KUWAHARA, N.; NAYA, F.; NOMA, H.; KOGURE, K.; OSUGA, M. The proposal of measurement of RNs at acute care setting cognitive process when they make cognitive error. *Studies in Health Technology and Informatics*, v. 122, p. 455-457, 2006.

HENDRICKS, M. A.; BUCHANAN, T. W. Individual differences in cognitive control processes and their relationship to emotion regulation. *Cognition and Emotion*, v. 30, n. 5, p. 912-924, 2016. DOI: 10.1080/02699931.2015.1032893.

HOFMANN, W.; SCHMEICHEL, B. J.; BADDELY, A. D. Executive functions and self-regulation. *Trends in Cognition Sciences*, v. 16, p. 174-180, 2012.

INZLICHT, M.; KANG, S. K. Stereotype threat spillover: How coping with threats to social identity affects aggression, eating, decision making, and attention. *Journal of Personality and Social Psychology*, v. 99, n. 3, p. 467-481, 2010. DOI: 10.1037/a0018951.

JENSEN, C. G.; VANGKILDE, S.; FROKJAER, V.; HASSELBALCH, S. G. Mindfulness training affects attention — or is it attentional effort? *Journal of Experimental Psychology*: General, v. 141, n. 1, p. 106-123, 2012. DOI: 10.1037/a0024931.

JHA, A. P.; DENKOVA, E.; ZANESCO, A. P.; WITKIN, J. E.; ROOKS, J.; ROGERS, S. L. Does mindfulness training help working memory "work" better? *Current Opinion in Psychology*, v. 28, p. 273-278, 2019. DOI: 10.1016/j.copsyc.2019.02.012.

JHA, A. P.; KROMPINGER, J.; BAIME, M. J. Mindfulness training modifies subsystems of attention. *Cognitive, Affective, and Behavioral Neuroscience*, v. 7, n. 2, p. 109-119. 2007.

JHA, A. P.; MORRISON, A. B.; DAINER-BEST, J.; PARKER, S.; ROSTRUP, N.; STANLEY, E. A. Minds "at attention": Mindfulness training curbs attentional lapses in military cohorts. *PLoS One*, v. 10, n. 2, e0116889, 2015. DOI: 10.1371/journal.pone.0116889.

JHA, A. P.; MORRISON, A. B.; PARKER, S. C.; STANLEY, E. A. Practice is protective: Mindfulness training promotes cognitive resilience in high-stress cohorts. *Mindfulness*, v. 7, n. 1, p. 1-13, 2016. DOI: 10.1007/s12671-015-0465-9.

JHA, A. P.; STANLEY, E. A.; KIYONAGA, A.; WONG, L.; GELFAND, L. Examining the protective effects of mindfulness training on working memory capacity and affective experience. *Emotion*, v. 10, n. 1, p. 54-64, 2010. DOI: 10.1037/a0018438.

JHA, A. P.; WITKIN, J. E.; MORRISON, A. B.; ROSTRUP, N.; STANLEY, E. A. Short-form mindfulness training protects against working memory degradation over high-demand intervals. *Journal of Cognitive Enhancement*, v. 1, n. 2, p. 154-171, 2017. DOI: 10.1007/s41465-017-0035-2.

JURADO, M. B.; ROSSELLI, M. The elusive nature of executive functions: A review of our current understanding. *Neuropsychology Review*, v. 17, p. 213-233, 2007.

KABAT-ZINN, J.; MASSION, A. O.; KRISTELLER, J.; PETERSON, L. G.; FLETCHER, K. E.; PBERT, L.; SANTORELLI, S. F. Effectiveness of a meditation-based stress reduction program in the treatment of anxiety disorders. *American Journal of Psychiatry*, v. 149, n. 7, p. 936-943, 1992. DOI: 10.1176/ajp.149.7.936.

LLOYD, A.; WHITE, R.; EAMES, C.; CRANE, R. The utility of home-practice in mindfulness-based group interventions: A systematic review. *Mindfulness*, v. 9, n. 3, p. 673-692, 2018. DOI: 10.1007/s12671-017-0813-z.

LOMAS, T.; MEDINA, J. C.; IVTZAN, I.; RUPPRECHT, S.; EIROA-OROSA, F. J. Mindfulness-based interventions in the workplace: An inclusive systematic review and meta-analysis of their impact upon wellbeing. *Journal of Positive Psychology*, v. 14, n. 5, p. 625-640, 2019. DOI: 10.1080/17439760.2018.1519588.

LONG, M. R.; HORTON, W. S.; ROHDE, H.; SORACE, A. Individual differences in switching and inhibition predict perspective-taking across the lifespan. *Cognition*, v. 170, p. 25-30, 2018. DOI: 10.1016/j.cognition.2017.09.004.

LUPIEN, S. J.; MAHEU, F.; TU, M.; FIOCCO, A.; SCHRAMEK, T. E. The effects of stress and stress hormones on human cognition: Implications for the field of brain and cognition. *Brain and Cognition*, v. 65, n. 3, p. 209-237, 2007. DOI: 10.1016/j.bandc.2007.02.007.

LUTZ, A.; JHA, A. P.; DUNNE, J. D.; SARON, C. D. Investigating the phenomenological matrix of mindfulness-related practices from a neurocognitive perspective. *American Psychologist*, v. 70, n. 7, p. 632-658, 2015. DOI: 10.1037/a0039585.

MADIAN, N.; BREDEMEIER, K.; HELLER, W.; MILLER, G. A.; WARREN, S. L. Repetitive negative thought and executive dysfunction: An interactive pathway to emotional distress. *Cognitive Therapy and Research*, v. 43, n. 2, p. 464- 480, 2019.

MIYAKE, A.; FRIEDMAN, N. P.; EMERSON, M. J.; WITZKI, A. H.; HOWERTER, A.; WAGER, T. D. The unity and diversity of executive functions and their contributions to complex "frontal lobe" tasks: A latent variable analysis. *Cognitive Psychology*, v. 41, n. 1, p. 49-100, 2000. DOI: 10.1006/cogp.1999.0734.

MORRISON, A. B.; GOOLSARRAN, M.; ROGERS, S. L.; JHA, A. P. Taming a wandering attention: Short-form mindfulness training in student cohorts. *Frontiers in Human Neuroscience*, v. 7, p. 897, 2014. DOI: 10.3389/fnhum.2013.00897.

MRAZEK, M. D.; FRANKLIN, M. S.; PHILLIPS, D. T.; BAIRD, B.; SCHOOLER, J. W. Mindfulness training improves working memory capacity and GRE performance while reducing mind wandering. *Psychological Science*, v. 24, n. 5, p. 776-781, 2013. DOI: 10.1177/0956797612459659.

PACZYNSKI, M.; BURTON, A. M.; JHA, A. P. Brief exposure to aversive stimuli impairs visual selective attention. *Journal of Cognitive Neuroscience*, v. 27, n. 6, p. 1172-1179, 2015. DOI: 10.1162/jocn_a_00768.

PEREIRA, D.; MULLER, P.; ELFERING, A. Workflow interruptions, social stressors from supervisor(s) and attention failure in surgery personnel. *Industrial Health*, v. 53, n. 5, p. 427-433, 2015. DOI: 10.2486/indhealth.2013-0219.

ROBERTSON, I. H.; MANLY, T.; ANDRADE, J.; BADDELEY, B. T.; YIEND, J. "Oops!": Performance correlates of everyday attentional failures in traumatic brain injured and normal subjects. *Neuropsychologia*, v. 35, n. 6, p. 747-758, 1997.

ROESER, R. W.; SCHONERT-REICHL, K. A.; JHA, A. P.; CULLEN, M.; WALLACE, L.; WILENSKY, R.; HARRISON, J. Mindfulness training and reductions in teacher stress and burnout: Results from two randomized, waitlist-control field trials. *Journal of Educational Psychology*, v. 105, n. 3, p. 787-804, 2013.

ROGERS, S. L. Mindfulness in law. In: IE, Amanda; NGNOUMEN, Christell T.; LANGER, Ellen J (Eds.). *Wiley-Blackwell handbook of mindfulness*. Chichester: Wiley-Blackwell, 2014, p. 478-525.

ROGERS, S. L.; MCALILEY, C.; JHA, A. P. Mindfulness training for judges: Mind wandering and the development of cognitive resilience. *Court Review*, v. 54, p. 80-89, 2018.

ROOKS, J.; MORRISON, A. B.; GOOLSARRAN, M.; ROGERS, S. L.; JHA, A. P. "We are talking about practice": The influence of mindfulness vs. relaxation training on athletes' attention and well-being over high-demand intervals. *Journal of Cognitive Enhancement*, v. 1, n. 2, p. 141-153, 2017. DOI: 10.1007/s41465-017-0016-5.

SCHMEICHEL, B. J.; VOLOKHOV, R. N.; DEMAREE, H. A. Working memory capacity and the self-regulation of emotional expression and experience. *Journal of Personality and Social Psychology*, v. 95, p. 1526-1540, 2008.

SLUTSKY, J.; CHIN, B.; RAYE, J.; CRESWELL, J. D. Mindfulness training improves employee well-being: A randomized controlled trial. *Journal of Occupational Health Psychology*, v. 24, n. 1, p. 139-149, 2019. DOI: 10.1037/ocp0000132.

SREENIVASAN, K. K.; JHA, A. P. Selective attention supports working memory maintenance by modulating perceptual processing of distractors. *Journal of Cognitive Neuroscience*, v. 19, n. 1, p. 32-41, 2007. DOI: 10.1162/jocn.2007.19.1.32.

STANISLAW, H.; TODOROV, N. Calculation of signal detection theory measures. *Behavior Research Methods, Instruments & Computers*, v. 31, n. 1, p. 137-149, 1999.

TANG, D.; SCHMEICHEL, B. J. Stopping anger and anxiety: Evidence that inhibitory ability predicts negative emotional responding. *Cognition and Emotion*, v. 28, p. 132-142, 2014.

VAGO, D. R.; GUPTA, R. S.; LAZAR, S. W. Measuring cognitive outcomes in mindfulness-based intervention research: A reflection on confounding factors and methodological limitations. *Current Opinion in Psychology*, v. 28, p. 143-150, 2018. DOI: 10.1016/j.copsyc.2018.12.015.

VAN DER LINDEN, D.; KEJISERS, G. P. J.; ELING, P.; VAN SCHAJIK, R. Work stress and attentional difficulties: An initial study on burnout and cognitive failures. *Work and Stress*, v. 19, n. 1, p. 23-26, 2007.

VAN IDDEKINGE, C. H.; AGUINIS, H.; MACKEY, J. D.; DEORTENTIIS, P. S. A meta-analysis of the interactive, additive, and relative effects of cognitive ability and motivation on performance. *Journal of Management*, v. 44, n. 1, p. 249-279, 2018. DOI: 10.1177/0149206317702220.

WALLACE, J. C.; VODANOVICH, S. J. Workplace safety performance: Conscientiousness, cognitive failure, and their interaction. *Journal of Occupational Health Psychology*, v. 8, n. 4, p. 316-327, 2003. DOI: 10.1037/1076-8998.8.4.316.

WANG, Z.; ZHOU, R.; SHAH, P. Spaced cognitive training promotes training transfer. *Frontiers in Human Neuroscience*, v. 8, p. 217, 2014. DOI: 10.3389/fnhum.2014.00217.

WARDLOW, L. Individual differences in speakers' perspective taking: The roles of executive control and working memory. *Psychonomic Bulletin and Review*, v. 20, n. 4, p. 766-772, 2013. DOI: 10.3758/s13423-013-0396-1.

ZANESCO, A. P.; DENKOVA, E.; ROGERS, S. L.; MACNULTY, W. K.; JHA, A. P. Mindfulness training as cognitive training in high-demand cohorts: An initial study in elite military service members. *Progress in Brain Research*, v. 244, p. 323-354, 2019.

ZANESCO, A. P.; KING, B. G.; MACLEAN, K. A.; SARON, C. D. Executive control and felt concentrative engagement following intensive meditation training. *Frontiers in Human Neuroscience*, v. 7, p. 566, 2013. DOI: 10.3389/fnhum.2013.00566.

2

Amor e Bem-estar

com Trudy Goodman Kornfield e Jack Kornfield

JACK KORNFIELD: Estou muito feliz por estar aqui, especialmente pelo fato de estar com minha amada Trudy. Nós nos casamos no verão passado no Havaí, no jardim de Ram Dass. O primeiro ano de casados tem sido maravilhoso. Até aqui tudo bem. É também um prazer ver todos vocês. Antes de começar, eu só quero ter ideia de quem está aqui. Quantos de vocês têm uma profissão ligada a ajudar os outros? *Okay*, quase todos e em sua maioria são terapeutas. Vejo até que vocês trouxeram alguns clientes. Quantos são educadores? Maravilhoso, obrigado. Artistas? Oba! Cientistas? Excelente. Executivos? Ótimo. Vamos ver, há políticos aqui? Não? Eu já esperava por isso! Quantos de vocês mantêm uma prática consolidada de *mindfulness* ou meditação há algum tempo? Quase metade.

Vamos começar com uma boa respirada, talvez até três, e vir para o presente nesta sala, nesta conferência. Sintam sua respiração, seu corpo e que estão vivos aqui e agora.

Como tema da nossa conferência, escolhemos *mindfulness*, consciência, bem-estar e então vamos mergulhar no amor, só para ter certeza de que cobrimos tudo o que é importante. Todos esses tópicos são profundos e um tanto misteriosos — ninguém sabe ao certo o que é a consciência nem o que é o amor, da mesma maneira que sabemos que a gravidade e todas as equações da Física existem, mas não as entendemos direito. Então, estamos reunidos em torno do mistério da nossa encarnação humana para investigar, compartilhar e de certa forma despertar para essa circunstância surpreendente em que nos encontramos. Eu quero ler agora um poema de Ellen Bass, que é uma das minhas poetas favoritas: o poema é sobre uma mulher no portão 22 de um aeroporto de Portland. O título do poema é "Gate 22", o qual está em seu livro *The Human Line* (2007).

Com essa leitura, convido todos na sala a reconhecerem suas emoções, especialmente o anseio por amor, que faz parte do mistério de estar vivo como um ser humano: um anseio por conexão e a capacidade para prestar atenção nesses modos belos e talentosos. Como todos vocês sabem... pois, em sua maioria, são dedicados à cura, terapeutas e assim por diante... lamentavelmente, nossa época é marcada pela complexidade, correria e multitarefas, e ficamos ocupados demais para nos transformar para melhor e aprimorar nossa conexão com os outros. Segundo a *Scientific American*, Albert Einstein disse, certa vez: "Se conseguir dirigir cautelosamente enquanto beija uma garota, você simplesmente não está dando ao beijo a atenção que ele merece".

Então, como nós funcionamos atualmente, como ajudamos os outros, como entendemos o amor como nesse poema, a própria consciência e o bem-estar? Com esse tipo de pergunta, após me formar na faculdade, eu fui treinar em mosteiros como um monge budista. Eu havia pedido ao Corpo de Paz para me enviar a um país budista e fui parar na Tailândia. Após ler todas aquelas histórias *zen* antigas, eu esperava achar um mestre e de fato achei alguns mestres maravilhosos por lá. Mas eu também fui para aquele lugar a fim de curar meu sofrimento. Cresci tendo um pai muito violento, abusivo e paranoico, e eu, meus três irmãos e nossa mãe vivíamos com medo e confusos. Eu não sabia como lidar com minhas emoções, com a raiva, com o medo, nem como era estar em um relacionamento saudável. Então, achei um professor sábio que me ensinou essas coisas, começando com algo mais misterioso. Mais precisamente, com questões profundas como: "Quem você é? E o que é ser humano? E qual é a natureza da sua própria consciência?". E sempre que você faz essas perguntas é óbvio que as respostas não estão no Google. É preciso fazer uma busca profunda. Como aumentar o bem-estar e o amor? E, no fundo, quem você é?

Como esta conferência é sobre a própria consciência, vou fazer algumas perguntas sobre a consciência que são difíceis e interessantes. E para quem é cientista, uma das coisas mais proveitosas é achar dados que estejam fora do paradigma atual ou da própria crença. Justamente por ter dados inusitados, Copérnico, Galileu, a Física newtoniana, a Física Quântica e as equações de Einstein puderam avançar tanto. Portanto, aqui estão alguns pontos para considerarmos.

Quando comecei a meditar intensivamente, fiz um retiro de um ano em silêncio e meditava dezoito horas por dia. Então comecei a ter experiências extracorpóreas. Há muitos relatos sobre isso. Após acidentes, pessoas relatam que, embora parecessem totalmente inconscientes, estavam flutuando acima e observando a cena. E podem até contar depois o que os socorristas e técnicos de emergência médica fizeram, muito embora fosse impossível terem visto isso. Então, lá estava eu, flutuando fora do meu corpo, olhando para fora da janela... mas meu corpo estava deitado ali e eu pensava: "Uau, a consciência não necessariamente está localizada aqui". Essa não é uma experiência incomum.

E aqui está outro dado fora da curva: eu sempre visitava minha querida cunhada Esta, casada com meu irmão mais novo, pois ela estava nos últimos estágios de um câncer de mama e prestes a morrer. Certo dia, fui para casa para dormir e, na manhã seguinte, saí apressado para vê-la, pois sabia que estava nas últimas, mas tive de parar na farmácia. De repente, todo o meu corpo relaxou e senti: "Oh, Esta morreu". De volta ao carro, peguei o celular e liguei para meu irmão Kenneth. "Como ela está?" E ele disse: "Ela morreu há cinco minutos". E eu respondi: "Eu sei". Mas isso não aconteceu só comigo, pois muita gente teve essa experiência. Quando estava viajando pela Ásia, eu me lembro de várias vezes em que amigos sabiam quando alguém de sua família havia morrido ou tido uma emergência. Como isso é possível?

Outro caso se deu com o diretor de uma clínica para doentes em estado terminal, o qual era meu colega e dirigiu por quinze anos a maior clínica desse tipo em Seattle. Certa manhã, uma família o procurou e disse: "Viemos visitar nosso pai que tem 88 anos e está prestes a morrer, mas estamos em um impasse. Nós não sabemos se contamos a ele que seu irmão mais novo morreu ontem em um acidente de carro. Devemos deixar ele ter uma morte pacífica, ao invés de perturbá-lo com essa má notícia?". O diretor da clínica disse: "Não posso responder. Mas vamos entrar no quarto e ver como seu pai está". O pai estava ali deitado bem perto de morrer, com a consciência indo e vindo, mas os viu e cumprimentou. Após olhá-los por alguns minutos, ele disse: "Vocês não têm algo para me contar?". E os filhos perguntaram: "Como assim?". Ele respondeu: "Que meu irmão morreu". Então eles indagaram: "Como o senhor sabe?". E ele disse: "Porque estou conversando com ele desde ontem à noite".

Então, como cientistas ou psicólogos, o que vocês acham dessa história? O que é a consciência? Vocês acham que se trata somente de um artefato da atividade neural no cérebro? Essa é uma explicação, mas talvez não seja suficiente.

Foi isso que eu disse quando meu pai estava morrendo e falou: "Sou cientista e sei que vou apenas virar pó outra vez". Então eu retruquei: "Sim, mas pessoas mundo afora relatam outra perspectiva. Eu também me sentei com pessoas que estão morrendo e elas falam que flutuam fora do corpo e veem uma luz. Além de toda a dor e sofrimento, a pessoa transcende nessas experiências de quase morte e vem um senso de bem-estar e totalidade, quando ela sai de seu corpo". Ele continuou balançando a cabeça. Então eu disse: "Já que você é cientista, mantenha a mente aberta, investigue e se confirmar que isso acontece, lembre-se do que eu lhe falei".

O que é a consciência? Segundo a Psicologia budista, a experiência humana é composta por três coisas: as impressões, a consciência — que é a faculdade de saber que recebe a experiência — e todo o conjunto de características mentais, que pode incluir medo, amor, ganância, generosidade, apreço, clareza ou confusão, e determina a relação da consciência, que é pura, com a experiência que surge. E um dos mistérios da consciência e da meditação profunda é como a luz, pois tem a natureza da partícula e da onda. Há momentos de consciência com a visão, a audição, o paladar ou o olfato. Mas a consciência também pode ser sentida como um campo de conhecimento, que de fato é quem você é. Você é uma consciência que nasceu neste corpo humano. Como vocês acham que foram parar aí? Nessa coisa com um buraco em uma ponta no qual você enfia plantas e animais mortos regularmente, digere e os empurra tubo abaixo? Vocês perambulam em uma direção, caem, se levantam, seguem outra direção, caem e se levantam de novo. Isso é bizarro, mas vocês estão aqui nesta encarnação humana, e a consciência e o espírito entraram em suas vidas. O que vocês são de fato é a própria consciência. Mas examinem mais de perto e vejam o que acham.

Agora vamos examinar a consciência. Meu professor Ajahn Chah andava meditando e tendo experiências como *samadhi*, luz, percepções e assim por diante, então foi visitar o maior mestre de sua época. Ele relatou sobre essas experiências, o mestre o esquadrinhou com o olhar e disse: "Chah, você não entendeu o principal. Essas coisas todas são apenas experiências". Elas são como o cinema que passa um filme de guerra, um documentário, uma história de amor ou uma comédia. E o mestre prosseguiu: "Isso é só o que está na tela. Para descobrir a liberdade e quem você é, direcione sua atenção para a própria consciência, torne-se aquele que sabe. Torne-se o presenciar, o saber, e então você verá todo o jogo subir e cair, mas permanecerá em sua verdadeira natureza".

A *mindfulness* nos incita a fazer justamente isso: focar a atenção primeiro na experiência em curso, então olhar para trás e começar a notar que você não pode escapar da própria consciência e conhecimento. É como os peixes na água. O espaço do saber está sempre presente para você. Vamos fazer um pequeno experimento: Quando eu disser "já", façam qualquer coisa que quiserem para parar de estar cientes. Fechem os olhos, tampem os ouvidos e pensem: "Eu não vou ficar ciente". Já!... Hahaha, certo? Vocês não conseguem fazer isso e começam a perceber que a consciência é digna de confiança. Ela está presente justamente onde estamos.

Com esse conhecimento, que também estou usando como sinônimo de consciência, vocês começam a sair da reatividade e da ganância por coisas, e passam a resistir a elas. Vocês se tornam testemunhas da experiência, que é ampla, graciosa, presente e, ao mesmo tempo, há equilíbrio e facilidade nessa presença. E outra característica misteriosa dela é não se identificar com as coisas. Normalmente, nós nos identificamos com o corpo como se fosse nosso *self*, com a história pessoal, "é assim que eu sou", ou com nosso ponto de vista político, gênero, etnia, papéis, "sou professor" ou seja lá o que sejamos e assim por diante. A consciência tem a capacidade de se identificar com as coisas, o que realmente é misterioso, mas elas não são quem você é. Todos esses papéis são temporários. Jules Feiffer mostra bem isso em uma caricatura: um homem sentado e muito abatido diz: "Eu herdei o estilo de me vestir do meu pai". Segundo quadro: "Eu herdei a visão política e sobre o mundo do meu pai". Terceiro: "Eu herdei as atitudes do meu pai e seu jeito de reagir às coisas". E no último quadro: "E eu herdei o desprezo da minha mãe pelo meu pai".

A questão é: quem nós somos? Todos temos sensos diferentes de quem somos, mas vou usar a citação de uma edição da *Time Magazine* sobre a natureza da consciência e da mente: "Após mais de um século de investigação, os pesquisadores do cérebro concluíram que é inconcebível o *self* estar localizado no cérebro físico e que simplesmente isso não existe". O que de fato existe é que a consciência pode se identificar com um corpo, com sentimentos ou pensamentos. Mas também pode mudar a identidade, a qual é uma função da consciência. E a *mindfulness* ou retroceder para a consciência nos incita a um estado natural de equilíbrio, resiliência, flexibilidade e bem-estar, no qual podemos ver o que é destrutivo ou doentio no *self*, e também a reagir de maneiras saudáveis. Em nosso trabalho como terapeutas e profissionais dedicados à cura precisamos ver o que Thomas Merton chamava de a "beleza secreta", a capacidade de uma pessoa de se tornar a testemunha da dança de sua vida e confiar que há um bem-estar e uma graça nisso, por trás de todos os dramas que a enredam. Como Nelson Mandela dizia: "Ver o bem em alguém jamais faz mal; em geral, as pessoas agem melhor por causa disso". E se vocês conseguirem ver a beleza no espírito inviolável e na consciência por trás daquilo que os olhos veem, tudo o mais muda.

Afinal, a ideia não é se aperfeiçoar. Certo, a pessoa faz bastante terapia, corre, come bem, vai à academia e se sente um pouco melhor, o que é positivo. Mas a questão não é se aperfeiçoar, e sim aperfeiçoar seu amor, conseguir viver neste mundo, conforme dizia aquele primeiro poema, com paixão pela própria vida e por aqueles que nos cercam, pois sabemos que todos nós somos conectados. Todos vocês tiveram a experiência de fazer amor, de andar nas montanhas, ouvir uma música surpreendente ou assistir ao nascimento de uma criança, e sabiam que estavam conectados com tudo. Aliás, a realidade de estarmos conectados é que me fez saber que Esta havia morrido, assim como aquela amiga na Ásia soube que seu irmão havia morrido. Essa não é uma história bonita. O ar que você respira foi respirado há poucos segundos por aquela pessoa sentada três fileiras atrás de você e antes disso passou por Mauna Kea e pelos pulmões de um cervo na encosta da colina. Nós estamos conectados e há uma realidade sabida na consciência que vocês podem entender. E o que vale é achar isso em si mesmo e expressá-lo como amor, conectividade, alegria, bem-estar e paz ou compaixão quando há sofrimento.

Agora eu quero fazer uma pequena prática de meditação com vocês. Por favor, virem-se em silêncio por cinco ou oito minutos para uma pessoa que esteja perto, com a qual vocês irão meditar. Virem suas cadeiras e não digam nada. E, como estamos na Califórnia, eu sei que vocês têm coragem suficiente para fazer isso. Na Inglaterra, as pessoas detestam esse tipo de coisa, mas sei que vocês conseguem.

Muito bem, agora quero que vocês... deem uma respirada em silêncio. Olhem para dentro, se aquietem, exalem qualquer tensão que estejam sentindo e então olhem nos olhos da pessoa à sua frente. E se sentirem algum desconforto ou premência para desviar o olhar ou rir, notem esse obstáculo sem se incomodar e, quando puderem, voltem a olhar para os olhos de seu parceiro ou parceira, pois talvez nunca mais você tenha a oportunidade de contemplar a singularidade dessa pessoa.

Enquanto olham nos olhos dessa pessoa, fiquem cientes da beleza, dons, pontos fortes e belo espírito por trás desses olhos. Por trás deles há reservas imensuráveis de coragem, inteligência, paciência, sagacidade, sabedoria e uma capacidade profunda para amar e compreender. Vocês observam esses olhos e sentem a beleza secreta desse ser, tudo pelo que ele passou. E nessa conexão natural, que surge espontaneamente porque é parte da própria consciência, há uma bondade amorosa natural, o cuidado com essa outra pessoa. Quando vocês olharem profundamente e verem, sintam o que está presente agora, *o grande coração da bondade amorosa*.

É surpreendente olhar tão profundamente para o interior de outro ser. E agora, enquanto continuam focando, façam uma respiração e liberem a sensação de amor e bondade amorosa. Então, olhando de novo, fiquem cientes da *quantidade de pesares que também estão por trás desses olhos*, da dor que está ali. Há pesares acumulados nesta vida, assim como em todas as vidas humanas, que vocês só podem supor. Decepções, fracassos, solidão, perda, insegurança e mágoas além da conta. Abram-se para isso, para a dor e as mágoas que são inevitáveis na vida e que essa pessoa talvez jamais tenha contado para ninguém. Vocês não podem sanar a dor dela, mas podem estar com ela e lhe infundir um espírito de coragem. E enquanto presenciam simplesmente a quantidade de lágrimas e sofrimento da outra pessoa, saibam que agora vocês estão sentindo *o grande coração da compaixão*, que é essencial para a cura do mundo.

E agora, enquanto continuam olhando, façam uma respiração profunda e liberem a compaixão. Olhem de novo nesses olhos e, por trás deles, *vocês também podem ver a alegria fundamental*. Imagine os momentos mais felizes dessa pessoa, sua maior aventura quando era uma criança pequena, sua época de correr riscos, dar risada e conspirar com os outros, fazer amizades, ver o arco-íris pela primeira vez no céu, abrir-se para a alegria da vida. Por trás desses olhos há uma possibilidade inata de imenso deleite. E enquanto se abrem para isso, vocês se abrem para o que em sânscrito se chama *mudita, a alegria compartilhada por estar vivo*. Fiquem nela. Confiem nela.

E, por fim, pela quarta vez, mantendo a conexão com esses olhos, liberem a alegria e façam uma respiração profunda. E deixem a consciência mergulhar fundo como uma pedra afundando abaixo do nível do que as palavras podem exprimir, para *ver a consciência por trás desses olhos*, a teia da vida. E vejam o ser à sua frente como se estivessem vendo o rosto de alguém que, em outro tempo e em outro lugar, foi jovem e velho, foi seu pai ou sua mãe, seu filho ou sua filha, seu amigo, seu inimigo, seu professor, seu aluno. E *fiquem na conexão atemporal da própria consciência*.

Quem é esse ser que vocês estão olhando? E quem são vocês que estão olhando? Fiquem *cientes da consciência se conhecendo*. Fiquem e mergulhem na consciência desperta, transparente e atemporal. Confiem nela, pois é sua verdadeira natureza, sua casa. Agora fechem os olhos suavemente por um momento e apenas sintam onde vocês estão. Seja lá o que os tenha tocado, sustente-o com grande ternura e compaixão. Então, abram os olhos novamente e, em silêncio, agradeçam ao seu parceiro ou parceira de uma maneira simples.

Mais tarde, vocês podem conversar e contar o que aconteceu com cada um. Eu tenho feito essa prática muitas vezes e pessoas levantam a mão e dizem coisas como "estou casada há 27 anos, mas eu e meu marido nunca nos olhamos assim". Ou "o tempo e o espaço desapareceram, e isso foi notável". Mas para algumas pessoas isso é difícil, pois elas têm medo de quebrar todas as barreiras. O intuito dessas práticas não é a pessoa se julgar, mas usá-las para explorar a questão profunda de o que a vida é e quem nós somos. E em menos de dez minutos vocês apreenderam o *amor* e a *compaixão*, que é o que acontece quando o amor se depara com o sofrimento e a dor. A consciência fica preenchida com um tipo diferente de conexão e então vem a *alegria*, a alegria da própria vida. E desvendar *o mistério profundo de quem nós somos* realmente é a base para curarmos outro ser humano.

Conforme o *lama* Kalu Rinpoche diz: "Você vive na ilusão da aparência das coisas e não se lembra da realidade. Quando entender isso profundamente, verá que você é nada. E sendo nada, você é tudo. É isso que importa". Que afirmação surpreendente: o senso comum do *self* de separatividade, esse "corpo movido pelo medo", se dissolve quando você olha profundamente com consciência. *E quando o senso do* self *se dissolve, você é nada e, sendo nada, você é tudo*.

Mas nós vivemos nesta sociedade viciada em solidão e estamos sempre correndo atrás de doses dessa droga, com a política nos metendo medo, enfim, tudo reforça esse senso do *self* pequeno e separado como se isso fosse o normal para um ser humano. Agora, quando nos reunimos para o trabalho profundo de cura que fazemos... Aliás, vocês acabaram de fazer um pequeno retiro de meditação comprimido em oito minutos compartilhando a beleza e o pesar. Então, isso se torna não sua identidade nem as especificidades de suas vidas, mas *vocês começam a ver a humanidade em comum* e o jogo em que todos estamos por nascer e existir no tempo e no espaço e, com isso, aflora o amor natural que é própria consciência.

E os benefícios desse despertar não são só para vocês individualmente, mas para o mundo todo e para as pessoas com quem vocês trabalham. Afinal, é evidente que nenhuma quantidade de tecnologia — computadores, nanotecnologia, biotecnologia, tecnologia espacial e todas as coisas surpreendentes que equivalem a ter a grande biblioteca de Alexandria no celular ou no bolso — vai impedir que as guerras, o racismo, o tribalismo e a destruição ambiental continuem. A humanidade precisa combinar esses progressos externos com o próprio desenvolvimento interior neste mundo conectado e com o que a consciência realmente dita.

Como disse Omar N. Bradley, quando era chefe do Estado-Maior Conjunto: "Nosso mundo é feito de gigantes nucleares e ética infantil". E nosso trabalho é desenvolver essa consciência na educação, nas artes, nos negócios, nos sistemas de cura e assim por diante, para que todos entendam que somos parte do tecido da própria vida, que nossa consciência está despertando. Uma só pessoa que faça isso pode fazer toda a diferença.

Conforme Thomas Jefferson disse: "Uma pessoa com coragem é uma maioria". E Lewis Hyde disse: "Uma pessoa com coragem nunca precisa de armas, mas pode precisar de fiança para sair da cadeia". Certo?

E, nessa época difícil, precisamos nos inspirar em Martin Luther King. Quando sua igreja foi bombardeada e crianças foram mortas, ele resistiu e disse: "Nós vamos enfrentar esse sofrimento com a força da alma. Nós não podemos odiá-los, mas vamos derrotá-los logo com nossa capacidade de estar presentes para o sofrimento e amá-los de qualquer maneira". Quando uma pessoa se posiciona perante as outras e vê o que a vida realmente é, o potencial de cada encontro para despertar cintila e nós nos lembramos de quem somos. Afinal, o que nasceu na pessoa é essa consciência de ser pura e ter a bondade fundamental que é o amor.

Eu encerro com um pequeno poema, um tipo de intenção de Diane Ackerman, que nos faz refletir sobre o que queremos fazer com esta encarnação humana. Esse poema, "School Prayer", está em *I Praise My Destroyer*, seu livro de 1998.

Que todos nós possamos manter nossa bela intenção. Se ouvirem seu coração e souberem profundamente quem vocês são, espalhem suas bênçãos e dádivas pelo mundo.

E que de algum modo esta conferência possa lembrá-los e inspirá-los dessa maneira.

Está bem, querida Trudy...

TRUDY GOODMAN KORNFIELD: É isso mesmo. Uau, obrigada, Jack. Vocês podem entender por que me apaixonei por ele.

JACK KORNFIELD: Obrigado, Trudy.

TRUDY GOODMAN KORNFIELD: Bonnie [Goldstein] me lembrou que dez anos atrás estivemos ensinando juntas aqui na primeira edição do evento. Foi a primeira conferência sobre *mindfulness* e psicoterapia na Califórnia e nós havíamos realizado outra em Boston antes de eu vir para Los Angeles. E cinco anos antes foi Jack que realmente me inspirou, quando me mudei para Los Angeles há quinze anos para iniciar um pequeno grupo de meditação, que na época fazia parte dos chamados "grupos sentados" e se tornou o InsightLA. O InsightLA foi o primeiro centro de meditação para *insights* em Los Angeles e o primeiro no mundo que começou a oferecer os ensinamentos da *mindfulness* secular, com os programas MBSR, MBCT e MBRP, e retiros e aulas sobre o budismo.

Conheci Jack em 1974, quando ele foi encontrar o mestre *zen* com quem eu estava estudando. Nós tínhamos vinte e poucos anos, então estamos há muito tempo juntos nesse caminho e agora estamos casados. Eu nunca imaginei que teria um segundo amor na minha vida e estou muito grata.

JACK KORNFIELD: Eu também estou realmente grato e muito feliz.

TRUDY GOODMAN KORNFIELD: Isso mesmo. Nós nos sentimos muito afortunados, especialmente a essa altura da vida. Como Jack estava dizendo, a maioria de nós, que já tem uma certa idade e uma formação educacional e profissional, realmente não foi ensinada a acessar as dimensões mais vastas e amorosas da consciência. Sou grata a Marion [Solomon] e Matt (o marido de Marion que a ajuda em seus programas de várias maneiras), e a Bonnie e Dan [Siegel], que há anos organizam essas conferências que esclarecem como podemos direcionar nossa consciência e atenção e acessar estados de amor e bem-estar. A psicoterapia de fato pode nos ajudar a funcionar no amor e no trabalho, talvez puxando as pessoas do funcionamento zero até o cinco. Mas para ir além do cinco e chegar ao dez da saúde mental e realização espiritual, nós precisamos das práticas que estamos fazendo aqui hoje. E compartilhamos nossa disposição para realizar essas práticas muitas vezes desafiadoras para que os outros possam se inspirar.

Em Cambridge, quando praticava psicoterapia em tempo integral, eu também ensinava meditação em retiros nos finais de semana com meu marido na época, meu ex. Nós meditávamos o fim de semana inteiro com as pessoas e, na segunda-feira, quando eu atendia meus clientes, era surpreendente. Após meditar tanto no final de semana, parecia que todos eles tinham algum *insight* novo, mais abertura e um avanço em sua terapia. E eu ficava indagando o porquê. Será que havia algum processo mágico e misterioso? Acho que algum dia iremos entender os mecanismos, mas por ora basta saber que o espaço interno que criamos para todas as nossas experiências e para todo o espectro de nossa humanidade de certa forma permite que outras pessoas entrem nesse espaço em si mesmas e conosco.

E agora eu quero dizer como é para este corpo estar em uma conferência por três dias, porque, independentemente do quanto seja fascinante aprender a expandir a mente e a consciência, é realmente muito difícil passar três dias praticamente só sentado na cadeira, escutando. E isso vale para corpos envelhecidos, sedentários e até atléticos. Então, nós vamos fazer uma prática que nos ajudará a passar esse tempo com graça e bem-estar incorporando as qualidades que Jack acabou de injetar nesta sala, ou seja, amor, alegria, compaixão e equanimidade, para que as conheçamos para valer e as compartilhemos uns com os outros. Como muitos aqui sabem, o primeiro fundamento para a prática de *mindfulness* é este corpo. Buda dizia que neste corpo, que habitamos mesmo sem compreendê-lo bem, podemos aprender todas as verdades da vida, tudo o que precisamos saber pode ser aprendido por meio do corpo. E a consciência está justamente neste corpo conosco, e agora pesquisadores estão comprovando que, quando estamos cientes de nossos corpos, as células estão ouvindo.

E até os cromossomos e suas terminações, os telômeros, conforme enfocado pelo trabalho de Elizabeth Blackburn e Elissa Epel e pela pesquisa de Steve Cole, demonstram como a participação consciente em uma vida compassiva afeta positivamente a dinâmica molecular do nosso corpo. Nossas células sabem se estamos nos sentindo isolados ou conectados com os outros. E um determinante-chave da nossa saúde, felicidade, bem-estar e capacidade de amar é nosso senso subjetivo de isolamento ou conexão, que — e essa é a parte miraculosa — faz a bioquímica do nosso corpo estimular ou suprimir a atividade dos genes.

Portanto, nossas células estão ouvindo e nosso genoma reage conforme sentimos e recebemos o mundo. E é extraordinário que, até com históricos de tremendas adversidades, um genoma possa ser curado. E o que é mais transformador é ter um senso real de conexão com os outros, que já estamos começando a sentir nesta manhã. Sentir essa conexão tem o poder de transformar até as células do nosso corpo.

O grande professor indiano Nisargadatta Maharaj, já falecido, expressava isso da seguinte maneira: descobrir "nossa capacidade para ter a consciência empática bondosa". E nós vamos praticar isso. Ele dizia: "Eu acho que, de alguma maneira, basta eu mudar o foco da atenção que me torno a própria coisa para a qual estou olhando e sinto o tipo de consciência que ela tem. Eu me torno a testemunha interior da coisa. E eu chamo de amor essa capacidade de mudar o ponto focal da consciência, de conseguir entrar em outros pontos focais de consciência", como o corpo. Segundo ele: "*O amor diz que eu sou tudo. A sabedoria diz que eu sou nada. E entre esses dois, minha vida flui*".

Esse é o amor pelo qual todos nós realmente ansiamos: ser enxergado, compreendido e perdoado. E ele já está aqui e o que todos nós precisamos fazer é trabalhar com nossa capacidade de mudar a atenção e direcioná-la de modos específicos. A notícia excelente é que podemos desenvolver e treinar nossa capacidade de amar e faremos isso imediatamente.

Eu aprendi essa prática com um velho monge asiático que estava ensinando em um retiro de meditação. A essa altura, todos nós já estávamos praticando em silêncio há semanas e há dias estávamos praticamente imóveis. Ele se sentou em um palco como este e começou a fazer uma meditação guiada. Eu fiquei pasma quando ele disse as primeiras palavras, e pensei: "Isso é ingênuo demais... parece coisa da escola maternal. Que tolice! É para isso que estamos meditando há semanas?". Mas, no final da prática, entendi por que ele a havia ensinado e espero que vocês também entendam.

Por favor, sentem-se de uma maneira confortável, nada de especial, para fazer dez ou quinze minutos de uma meditação. Vou dizer algumas palavras que provavelmente vocês acharão simplistas ou tolas, mas peço que tentem fazer o que eu disser. Basta que as repitam para si mesmos calma e silenciosamente. Se não se incomodarem de fechar os olhos no grupo, isso ajuda. Caso contrário, basta baixar um pouco as pálpebras, para que ainda vejam onde estão. Isso é um sinal para o corpo. Eu também tiro os sapatos para meu corpo saber que é hora de relaxar. Façam uma respiração profunda trazendo simultaneamente a mente e o corpo para o mesmo lugar.

Agora, vamos escanear todo o corpo lentamente. Direcionem a atenção para a região da cabeça e lancem com fé os seguintes desejos: "Que minha cabeça fique feliz. Que meu couro cabeludo, meu rosto, meus ouvidos e toda a minha cabeça fiquem relaxados e felizes". E então direcionem lentamente a atenção até o pescoço:

> "Que meu pescoço fique feliz. Que minha garganta e meu pescoço fiquem relaxados". E agora os ombros: "Que meus ombros relaxem e

abaixem". E agora, desviando a atenção para os braços: "Que meus braços fiquem felizes na parte superior, nos cotovelos e antebraços. Que meus braços relaxem. Que meus pulsos e mãos possam ficar felizes e em paz. Que meus dedos, polegares, palmas e dorso das mãos, os braços inteiros e as duas mãos possam ser felizes". E desviando a atenção para toda a região das costas: "Que minhas costas e minha espinha inteira relaxem, fiquem bem e fortes". E agora, direcionando a atenção para o peito: "Que meu peito se abra, relaxe e fique feliz. E também minha barriga, o abdômen inteiro e toda essa região que acumula tantas emoções. Que minha barriga fique feliz e em paz. Que minhas nádegas, literalmente a sede de consciência, fiquem relaxadas e felizes. E que meus órgãos genitais fiquem contentes e em paz. Que meus quadris e toda a região pélvica fiquem felizes e relaxados. Que minhas coxas se livrem de julgamentos, relaxem e fiquem felizes. E que meus joelhos e as articulações complexas fiquem bem e felizes. Assim como as minhas panturrilhas, canelas e tornozelos. Que minhas panturrilhas relaxem. Que minhas pernas inteiras fiquem bem e felizes. E que meus pés, os calcanhares, as solas, os dedos, os peitos dos pés e os pés inteiros, que me levam para todos os lugares, fiquem felizes e se sintam apreciados e amados".

Então, sintam o corpo inteiro da cabeça aos pés. E sintam a consciência bondosa infundindo o corpo inteiro com a intenção de apreciá-lo, respeitá-lo e cuidar dele com amor. Isso é como a sensação de voltar para casa e achar nestes corpos a base do bem-estar. Então, quando vocês estiverem prontos, abram os olhos e façam o som de um sino, "*ding*". Geralmente, terminamos as meditações com o som de um sino, então imaginem isso. E esse mergulho no próprio corpo, com amor, pode aliviar a solidão profunda. O mestre *zen* Hakuin Zenjeu do Século XVIII dizia: "Um bocado dessa realidade alivia a fome eterna".

No InsightLA, nós treinamos as pessoas para notarem seus corpos e terem mais autocompaixão por eles, pois frequentemente tratamos nossos corpos como uma "coisa" que medimos, pesamos, comparamos e até negligenciamos ou abusamos. Então precisamos aprender a tratá-los com consciência bondosa e perceber que isso é possível.

O que vocês acharam da meditação? Conseguiram relaxar? Estou vendo algumas pessoas meneando a cabeça em sinal de aprovação e ouvindo alguns murmúrios. Continuem fazendo a meditação, inclusive durante a conferência — talvez sem fechar os olhos por dez minutos, mas vocês podem se sintonizar com o corpo e desejar que ele fique bem, mesmo que pareça uma coisa da escola maternal desejar o bem para sua cabeça, mãos, calcanhares e dedos dos pés, certo? Bem, algo nela realmente funciona e essa é a magia dessas práticas tão simples que ensinamos às pessoas: elas de fato funcionam. Mas a grande desvantagem da prática de *mindfulness* e de todas as práticas para expandir a consciência — e acho que vocês sabem disso, já que em sua maioria praticam — é que elas só funcionam se forem mantidas. Sim, isso é trabalhoso e exige arranjar tempo regularmente.

Suzanne Smith, que é uma das professoras no InsightLA, me lembrou de contar a seguinte história para vocês: meu amigo David entrou em parafuso porque seu namorado, Jonathan, não havia telefonado. Sua ansiedade e mágoa estavam aumentando e, quando nós conversamos, ele estava claramente começando a buscar defeitos em Jonathan para não se sentir tão mal se eles rompessem. No entanto, Jonathan havia deixado um vasinho com violetas na varanda da frente da casa de David. Mas David, que estava tão preocupado consigo mesmo e fervendo por dentro, passou pelas flores e nem as notou durante dois dias. E quando confessou timidamente que elas estavam ali, a expressão "não reparei nas violetas" se tornou um código para toda vez que não percebemos algo de bom na vida, seja um gesto generoso, um sorriso ou um ato aleatório de bondade. Então, parte da atenção plena consiste em ver, apreciar e reparar nas violetas.

Quando David percebeu isso, tudo se dissolveu e sua mente mudou rapidamente. E um dos ensinamentos de Buda que mais aprecio é o Sutra do Estalar de Dedos. E ele dizia: "Coisa alguma muda tão rápido quanto a mente, pois ela pode mudar com um simples estalar de dedos". E quando nós cultivamos esses sentimentos e até pensamentos de calorosidade ou amor, nossa prática é boa. Estamos fazendo algo bom em nosso caminho. Nós podemos estar cientes a cada momento. Quando sentimos nossa atenção escorregando para a distração, podemos simplesmente recuperar a presença voltando-nos para essa consciência bondosa.

Nós trabalhamos nos hospitais para veteranos de guerra na área metropolitana até San Luis Obispo, e há sete anos a doutora Christiane Wolf lidera esse projeto. Quando começamos a introduzir *mindfulness* e compaixão no primeiro hospital, que realmente queria criar uma atmosfera mais compassiva para a equipe e os pacientes, ficamos desanimados porque constatamos que a equipe e os clínicos não tinham tempo para fazer um curso de treinamento de oito semanas — ninguém podia se afastar de seu posto. Então, tivemos que elaborar um menu de práticas que podiam ser feitas rapidamente enquanto as pessoas almoçavam em suas mesas. Isso foi há sete anos, e preciso confessar que duvidei que a ideia desse certo.

E foi surpreendente ver que a prática em pequenas doses pode ajudar as pessoas. Os próprios veteranos passaram a tomar menos medicamentos e a achar uma razão para viver ao descobrir que realmente podiam ajudar outras pessoas e fomentar o próprio bem-estar por meio do altruísmo e de ações compassivas. Mas aqui vai uma *advertência: os clínicos que estão ensinando a equipe precisam de muito treinamento, pois essa corporificação é palpável*. Nós temos um radar que detecta quem está prestando atenção. Assim como os bebês, eles farão bagunça se você não estiver prestando atenção. Mas isso gera humildade e também é inspirador para nós que começamos a realizar muitos processos longos de retiro para ver o que pode acontecer em um brevíssimo período de tempo e toda vez que estamos abertos e um pouco cientes sobre nós mesmos. Nós podemos criar esses momentos de consciência bondosa.

Julie Price Pinkertone tem um poema chamado "Why I Opted for the More Expensive Oil at Jiffy Lube". A primeira metade desse poema gira em torno da conversa que ela teve com o cara que trabalhava lá. Ele deu corda às tolices dela e, na parte mais sombria do texto, ela diz: "O medo de perder meus pais virou quase uma obsessão que se imiscuía até nas coisas cotidianas, como trocar o óleo no meu carro. O medo dessa perda sempre me apavorou".

Então um poema pode surgir até nos lugares mais banais, em um momento de conexão profunda que nossas células estão ouvindo. Para sermos inteiros e completos, nós precisamos respeitar todo o espectro da nossa humanidade, a escuridão e a luz. E precisamos respeitar nossos instantes de raiva espontânea em certos momentos. Nosso pesar e alegria são verdadeiros, há vida e morte, prazer e dor. Em todas essas experiências o coração pode se libertar e haver um tipo de liberdade que vem quando nós paramos de negar nossas feridas e deixamos o coração transformá-las conscientemente em compaixão. Como Nisargadatta dizia, nós podemos mudar o lócus da nossa consciência para nosso coração, corpos e uns com os outros. Aqueles entre vocês que são terapeutas, profissionais dedicados à cura e à ajuda, fazem isso todos os dias quando se sentam com outras pessoas. E a beleza disso é que o envolvimento e inspiração arrebatadora de uma pessoa para fazer isso podem realmente ondular e chegar a tantas outras pessoas cujas vidas nós influenciamos.

JACK KORNFIELD: Nós temos mais meia hora.

TRUDY GOODMAN KORNFIELD: Nós estamos decididos a partilhar o tempo de forma justa.

JACK KORNFIELD: Sim, eu sei que você lavou a louça ontem à noite e agora é minha vez.

TRUDY GOODMAN KORNFIELD: Pense bem, na verdade quem lavou a louça foi você. Bem, continuando, Jocelyn Hitter foi minha professora adjunta e está aqui em algum lugar. Levante a mão, Jocelyn. Oi! Jocelyn e eu compartilhamos uma jornada bem longa até o acampamento Goz Amer de refugiados em Darfur, no leste do Chade. Durante muito tempo eu fui assombrada pelas notícias e reportagens sobre refugiados. Uma das coisas que eu achava mais assustadoras é que hoje há setenta milhões de refugiados e pessoas deslocadas no mundo. Então, o iACT me pediu para ensinar *mindfulness*. Esse grupo antigenocida é bem pequeno, porém poderoso, e reconhece que a humanidade precisa agir em prol do bem-estar e segurança daqueles que são afetados por atrocidades e genocídio em massa. O iACT então perguntou aos refugiados em Darfur: "Do que vocês precisam?". As ONGs grandes e a ONU têm programas-padrão para esses casos, o que é fantástico — elas são as primeiras responsáveis por atendimento e intervêm —, mas não estão preparadas para apoiar comunidades nem para estar presentes em acampamentos durante anos a fio. Então, os refugiados disseram ao iACT: "Nós precisamos de futebol para nos sentirmos conectados com o resto do mundo. E precisamos de pré-escola para que as crianças comecem a ser educadas porque elas ficam tomando conta umas das outras e acabam se machucando quando seus pais saem em busca de gravetos, galhos ou coisas no Sahel que os ajudem a sobreviver". Vale dizer que o Sahel é uma sub-região árida no Saara. E como tenho uma formação em educação para a primeira infância desde a minha encarnação anterior em Cambridge e agora ensino *mindfulness*, eu decidi, *tá bem, essa é minha chance. Já que a situação dos refugiados me perturba tanto, eu vou*. Trabalhamos com professores que já tiveram treinamento em educação de ponta para a primeira infância e esse programa é comandado por refugiados. Trabalhamos com mulheres jovens que nunca tiveram um emprego nem ganharam dinheiro e agora são professoras na comunidade.

Graças à generosidade de Susan Kaiser Greenland, nós as ensinamos. Em breve, ela lançará o livro *Mindful Games*, e quero destacar que ela nos permitiu usar e adaptar alguns jogos para a cultura dos refugiados, assim como o nome "Little Ripples". O plano é que cada sala de aula da pré-escola funcione na casa de uma família, que se chama "lagoa". E eu acho que agora há nove lagoas atendendo cerca de 500 crianças. Há 30.000 pessoas no acampamento e nosso trabalho é um exemplo que está repercutindo em outros, pois essas crianças nas lagoas comprovam os resultados de ser bem cuidadas e ter uma refeição boa por dia. O cabelo delas inclusive é preto, não alaranjado como em pessoas que têm deficiência de proteínas.

Para mim, isso é um exemplo do envolvimento de Gabriel Stauring, que fundou a organização iACT, pois estava incomodado por não ter agido na crise em Ruanda. Quando a situação em Darfur aconteceu, ele foi para lá por conta própria e filmou suas visitas, que viraram uma fonte visível de alegria e educação para os refugiados. Até agora foram 26 visitas e ele está lá agora. Jocelyn e eu vamos voltar em maio. Vou encerrar daqui a pouco, Jack, e lhe dar mais tempo.

JACK KORNFIELD: Use o tempo que precisar.

TRUDY GOODMAN KORNFIELD: Nós sempre somos assim. Geralmente, quando um dia agitado acaba, estamos aos frangalhos e nos esquecemos de perguntar até que ponto nos doamos um ao outro. Demos quanto amor? Quanta presença? Quanta capacidade tivemos para só estarmos juntos calmamente por um momento? Isso é uma dádiva para nós e para todos aqueles cujas vidas nós influenciamos. Por isso, quero estimulá-los a reservar tempo para praticar de algum modo a calma. Seja meditação *mindfulness*, da qual obviamente sou a líder da torcida, ou qualquer outra prática para fomentar a consciência, realmente é fundamental manter isso em suas vidas até quando vocês não estão sentados meditando formalmente. Então, quando vocês estiverem andando, em pé, deitados, falando, comendo e todas as coisas que fazem durante o dia, fomentar essa capacidade para amar, estar presentes, se importar e ser ativos na comunidade pode estar no centro de sua intenção. Obrigada a todos. Vou ser generosa e dar um tempo a mais para Jack.

JACK KORNFIELD: Obrigado, querida.

TRUDY GOODMAN KORNFIELD: De nada.

JACK KORNFIELD: Vou acrescentar algumas coisas e talvez tenhamos tempo para alguns comentários ou perguntas. Quero falar sobre a situação política atual. Não importa em quem vocês votaram — nem vou supor qual é o ponto de vista político dos que estão presentes. Acho que quase todos concordam que esta é uma época muito polarizada e incerta. Quantos de vocês acham que as pessoas com quem trabalham estão mais ansiosas e perturbadas? Vejo que a maioria levantou a mão. Então, precisamos viver de uma maneira mais consciente, talvez mudar nossa consciência e despertar de um modo mais amplo.

Tenham em mente que a humanidade já passou por diversas épocas difíceis. Seus antepassados sabiam disso e aqueles entre nós que são de gerações mais velhas se lembram de épocas que foram especialmente difíceis ou polarizadas. Mas, custe o que custar, o importante é manter o senso de dignidade e a possibilidade de manter a humanidade consciente. Nós sabemos como fazer isso.

Muitos textos budistas começam com a frase: "Oh, nascidos nobremente, oh, vocês que são os filhos e filhas dos despertos, lembrem-se de quem vocês realmente são e vivam com a bondade original da vigília e da dignidade que é seu direito inato". Essa verdade foi incorporada 2.600 anos atrás nas primeiras comunidades budistas, que eram abertas a todos, independentemente de casta, raça ou credo. Buda dizia que a nobreza depende do coração, não do lugar onde a pessoa nasceu nem das circunstâncias de sua vida. Um exemplo disso foi a saída de Nelson

Mandela da prisão na Robben Island após 27 anos. Ele demonstrou tanta magnanimidade, amabilidade e perdão que mudou não só a África do Sul como impactou o mundo. Sem esse entendimento, podemos nos apegar ao nosso sofrimento no trabalho de cura que fazemos individualmente e como uma sociedade. E essa lealdade equivocada pelos problemas e a Psicologia medicalizada tendem a focar no que há de errado, na patologia das coisas. Obviamente, nós precisamos prestar atenção e trabalhar com o medo, o alarmismo, a ganância, a agressão e assim por diante. Essas são forças bem reais no mundo, mas não são o final da história.

Publicado recentemente, *O Livro da Alegria* é maravilhoso e gira em torno de um diálogo entre o Dalai Lama e o arcebispo Desmond Tutu durante uma semana. A premissa fundamental do livro é a pergunta: "Como é possível ser alegre?" "Você, Tutu, presenciou o *apartheid*, o assassinato de tantas pessoas que lutavam por seus direitos, a tortura e corpos queimados e assim por diante. E você, Dalai Lama, presenciou a destruição da cultura e religião tibetanas pelas mãos do exército comunista chinês, templos incendiados, a prisão de monges e monjas e assim por diante. Como vocês mantêm o ânimo elevado?". Sinceramente, eu acho que dezenas de milhares de pessoas vão ver o Dalai Lama não só por causa dos interessantes ensinamentos tibetanos, sendo que não conseguem entender nem a metade, ou porque ele é uma personalidade de renome mundial. Eu acho que as pessoas querem mesmo é ouvi-lo dando aquela risada alegre e profunda.

Como alguém que passou por tantas coisas terríveis ainda tem uma alegria tão linda? Ele explicou: "Eles usurparam tantas coisas de mim. Eles usurparam nossos textos sagrados e os queimaram, eles usurparam nossos templos, nossa cultura espiritual e nosso direito de nos reunir. Por que eu deixaria que eles usurpassem minha felicidade?". Há algo aqui de que todos nós precisamos, não perder a esperança, mas saber que estamos em um jogo realmente longo; que a consciência humana está sempre mudando, crescendo e, às vezes, se contrai e se expande, assim como o coração se abre e fecha. É impossível viver amando o tempo todo, pois não conseguiríamos respirar. O amor também se abre e fecha como flores sob o sol. E quando começam a recuar e reconhecer a vastidão do tempo e do espaço, vocês entendem que é isso que lhes cabe. Então vocês ficam centrados, se acalmam e enxergam isso verdadeiramente.

Nossa coragem interna fortalece quem está no entorno. James Baldwin explica: "Eu creio que uma das razões das pessoas se aferrarem tanto a ao ódio e ao preconceito é que elas sentem que, assim que o ódio passar, serão obrigadas a lidar com a própria dor". Como profissionais dedicados à cura, sabemos disso quando não conseguimos tolerar a vulnerabilidade e dor humanas, então apelamos para os vícios e culpamos os outros. E como uma cultura, criamos o inimigo do momento e projetamos nossos medos nele. Antes os inimigos eram os comunistas, que podem voltar a ser alvos em breve. Há também os gays, os muçulmanos, os imigrantes, os mexicanos, os pretos, os amarelos ou os marrons. Um grupo se torna a população-alvo porque não toleramos o fato de que a vida é insegura e que somos vulneráveis. Mas nós somos.

O poeta Rilke sabia disso: "Em última instância, dependemos da nossa vulnerabilidade". Nós precisamos que a pessoa que está dirigindo no sentido contrário pare no sinal vermelho e não avance em nossa pista, para que possamos avançar no sinal verde. O tempo todo nós dependemos uns dos outros para continuar vivos — como dos agricultores que cultivam nossos alimentos e das pessoas que nos abastecem de água. Nós somos vulneráveis e quando há uma visão política de que deixaremos de ser vulneráveis e assim por diante, quando não toleramos a verdade da mudança, da vulnerabilidade e da nossa condição humana, vivemos com medo. Então, nós precisamos comunicar aos outros que a nobreza e a dignidade internas podem nos amparar tanto na adversidade e em épocas difíceis e inseguras quanto em períodos frutíferos e calmos.

E quando é imbuída de nobreza e dignidade, uma pessoa realmente tem uma dádiva para oferecer. Perguntem o seguinte a si mesmos: o que vocês acham mais importante para a sociedade ao redor, para as pessoas e para esta Terra com quem se importam? Se pudessem fazer uma coisa mais intencional e realmente se posicionarem ou trazerem sua dádiva para este mundo conturbado, de modo a olhar em retrospecto e dizer: "Eu fiz minha parte, eu fiz o que me cabia", o que vocês fariam? Vocês podem achar que o despertar da consciência não é, conforme Trudy estava dizendo, uma questão individual, mas acontece que é. O arcebispo Tutu diz que, na África, quando você encontra uma pessoa e pergunta como ela está, a resposta é sempre no plural. A pessoa diz: "Nós estamos bem" ou "nós não estamos bem". Se sua avó estiver doente, ela responderá: "Nós não estamos bem". Isso se deve a um senso de comunidade e conexão, coisas que em grande parte perdemos. Mas quando vocês restauram o senso de dignidade e propósito e a capacidade de agir de outra pessoa, isso a ajuda a suportar a carga de lágrimas, de incerteza e sofrimento, e a pessoa pensa: "Já passei por isso antes e sei o que fazer". Isso faz toda a diferença, pois inspira a pessoa a agir e a cuidar de tudo como deve.

Ainda temos alguns minutos, então se vocês quiserem dizer como foram as meditações com Trudy ou comigo, ou qualquer outra coisa, nós gostaríamos muito de ouvi-los. Estou feliz com o modo com que estamos começando. Esta conferência, que reforça a importância de prestar atenção de um modo vasto e misterioso, dá uma boa base para a conversa a seguir. Por favor, vão em frente.

PESSOA 1 NA PLATEIA: Muitas experiências que você está citando são bem... familiares para mim. E, como quero ser mais humilde, eu queria sair da nuvem de saber demais e entrar em um estado de mais abertura, a fim de servir e entender melhor. Desde os dois anos de idade, eu consigo sair do meu corpo. E sei que fui trazido para cá para expandir mais meu coração e me conectar melhor com todos que estão aqui. Então, estou realmente grato e acho que estou entendendo que a fala não é necessária neste momento, pois o essencial é estar aqui com vocês, a quem agradeço muito.

TRUDY GOODMAN KORNFIELD: Obrigada.

JACK KORNFIELD: Isso foi lindo. Obrigado.

PESSOA 2 NA PLATEIA: Estou em uma jornada de sobriedade há cinco anos. Ela começou quando fui a uma conferência de Dan e fiz uma pergunta sobre a relação entre a perda da visão, como isso afeta o cérebro e como as coisas acontecem para mim, pois estou perdendo gradualmente a visão. Desde então, estou voltando lentamente a botar minha vida nos trilhos... Eu chamo isso de renascer, ficar inteiro de novo e me curar. E uma parte desse processo foi me tornar terapeuta. Mas o que achei interessante foram as muitas transições que aprendi nessa jornada de autoconhecimento. E a palavra que mais me ocorre é *vulnerabilidade*.

TRUDY GOODMAN KORNFIELD: Vulnerabilidade.

JACK KORNFIELD: Vulnerabilidade?

PESSOA 2 NA PLATEIA: Vulnerabilidade, especialmente quando você falou para nos sentarmos e encararmos uma pessoa. Isso é muito difícil na minha cultura, mas fora isso, sempre fui consciente de que não olho diretamente nos olhos das pessoas. Então, esse exercício foi horrível para mim, pois me deixou vulnerável. Mas tirou meus medos constantes do desconhecido, de ter de confiar no meu cachorro ou nos outros que me ajudam. Embora não com meus olhos, hoje vi isso. E, ao testemunhar você e sua mulher trabalhando juntos, notei sua autenticidade quando vocês falam a palavra "amor". Eu não sei qual seria a palavra mais exata para vocês, mas suponho que seria *compromisso* e *conexão*. Eu via isso e todo meu corpo também sentia. E no decorrer da minha vida venho aprendendo a usar meu corpo inteiro e a sentir o agora, sem usar os olhos. Mas a palavra que continua borbulhando em minha cabeça é *vulnerabilidade* e ela permite que eu confie novamente em mim. E só quero dizer muito obrigado por me ensinarem esse exercício e me deixarem testemunhar seu amor autêntico.

Trudy Goodman Kornfield: Obrigada.

Jack Kornfield: Muitíssimo obrigado. Você está vendo com seu corpo e com seu coração. Isso é realmente mágico.

Trudy Goodman Kornfield: É justamente isso que Nisargadatta dizia sobre mudar o ponto focal da consciência. E quando me torno a testemunha interior da sua experiência, graças à sua disposição para partilhar isso tão abertamente conosco, eu sinto muito amor por você. Então, obrigada.

Jack Kornfield: Mais uma pessoa, por favor...

Pessoa 3 na plateia: Estar aqui tem sido uma experiência surpreendente e estou muito grato por finalmente estar com vocês hoje. Há anos eu tento ir aos seus retiros em Spirit Rock, mas ainda não deu certo. Espero que vocês tenham planos de fazer outros. Tenho uma pergunta que é relacionada à sua fala sobre mudar o foco para retomar o amor. Você pode falar sobre isso em termos do drible espiritual? Quando isso é um drible espiritual ou um modo realmente significativo de ser na vida?

Jack Kornfield: Que pergunta fantástica! Você quer começar, Trudy?

Trudy Goodman Kornfield: Quero sim. Quando Nisargadatta fala sobre mudar... esse tipo de atenção que ele denomina de "amor", ele não está dizendo: "Vamos mudar isso e sentir apenas a emoção de estar amando". O que ele quer dizer é: "Vamos nos tornar dispostos a testemunhar o que realmente está acontecendo", que pode ser fúria, desilusão, enfim, algo bem difícil. Nós conseguimos encarar isso com um pouco de ternura? Vejam, isso é diferente de termos de ser sempre carinhosos e colar um sorriso no rosto diante de uma experiência ruim. A verdade é que as pessoas podem usar qualquer coisa como um drible — todos nós fazemos isso às vezes. Mas esse foco em "eu tenho de ser afável e espiritualizado" é outro modo de nos oprimirmos. A atenção plena funciona quando está realmente sintonizada com o que está acontecendo.

Jack Kornfield: O drible espiritual acontece quando você usa algum ideal ou prática espiritual para disfarçar a desilusão, a raiva e assim por diante, ou para não lidar com alguma coisa. E nós, norte-americanos, sabemos muito bem como desvirtuar qualquer coisa, inclusive a *mindfulness*, certo? Mas quando se sintoniza e presta atenção, você percebe que a *mindfulness* e a consciência o instigam a dizer: "O que é verdadeiro agora? Eu consigo estar em sua presença?". Como Baldwin diz sobre as mágoas, ou a cota de dor que nos cabe, nós, como uma sociedade, também podemos suportar isso com dignidade e compaixão. De certa maneira, eu acho que o treinamento mais importante da consciência e da *mindfulness* é o treinamento da compaixão e do amor. A autocompaixão consciente é crucial. E, estando presente dessa maneira com compaixão, você consegue encarar a vulnerabilidade, os medos e as coisas que lhe dão vontade de fugir.

TRUDY GOODMAN KORNFIELD: E até o ódio cabe na consciência bondosa. "Ah, estou espumando de cólera, mas consigo notar calmamente que isso é rancor". Vocês entendem isso?

PESSOA 3 NA PLATEIA: Sim.

TRUDY GOODMAN KORNFIELD: Obrigada.

PESSOA 3 NA PLATEIA: Obrigado.

JACK KORNFIELD: Para finalizar, se vocês quiserem continuar em contato conosco, basta ir ao InsightLA em Santa Monica, no Olympic, entrar em InsightLA.org ou em TrudyGoodman.com. Eu estou no Spirit Rock, spiritrock.org, ou entrem em JackKornfield.org. E também vou lançar um livro novo chamado *No Time Like the Present*. Tenham uma conferência maravilhosa. Foi lindo estar com todos vocês e obrigado.

TRUDY GOODMAN KORNFIELD: Obrigada!

3

O PODER DA *MINDFULNESS*

O que você pratica se fortalece

com Shauna Shapiro

SHAUNA SHAPIRO: Vamos todos nos concentrar em nós mesmos. Fechem os olhos e concentrem a atenção só no corpo. Eu adoro como Trudy enfatizou essa volta para o corpo e que todos os ensinamentos estão bem aqui. Se quiserem, meneiem os dedos dos pés e sintam os pés no chão. Conectem-se com as duas pernas. Sintam o assento na cadeira. Sintam a espinha ereta e relaxem os ombros. E deixem a consciência se irradiar pelos braços até as palmas das mãos. E não se preocupem se sua mente divagar, basta trazê-la de volta. Nós estamos chegando aqui juntos. Então, sintam as palmas das mãos, depois a barriga e a relaxem. Relaxem o peito, continuem até a garganta e depois até o rosto. Relaxem e soltem a mandíbula. Abaixem o queixo um milímetro e deixem a nuca se alongar. Sintam a nuca, as laterais e o alto do pescoço, mantendo um senso do corpo inteiro aqui até que o corpo e a mente estejam em um só lugar. E quando estiverem prontos, abram os olhos. Agora, estiquem os braços acima da cabeça — isso sempre é agradável.

Certo, muito bem. Quero falar sobre um ensinamento que ouvi de Jack Kornfield, o qual desconhecia a origem dessa lição, mas sabia que ela foi transmitida ao longo dos anos e das tradições de sabedoria. Então, eu gostaria que vocês refletissem sobre o seguinte: se, durante o horário de pico no trânsito, você consegue se manter totalmente calmo, se consegue ver seus vizinhos viajarem para lugares fantásticos sem um pingo de inveja, se consegue amar incondicionalmente todos em seu entorno o tempo todo, e se consegue achar sempre a felicidade onde você está, então provavelmente você é um cachorro.

Concordam? Nós nos aferramos a padrões irrealistas de perfeição, então nos julgamos e nos envergonhamos quando não os atingimos. O fato é que não conseguimos ser perfeitos. A perfeição é impossível, mas a transformação é viável. Todos nós temos a capacidade de mudar, aprender e crescer, sejam quais forem as circunstâncias. Então, como psicóloga clínica, professora e cientista, o que mais me interessa é: como nós mudamos? Como nos transformamos? Um dos veículos mais eficazes para isso é a *mindfulness*. Um significado interessante da palavra *mindfulness* é "ver claramente", e nós estamos justamente tentando ver com clareza o que é verdadeiro, a natureza da realidade e quem realmente somos. Para começar a fazer isso, é preciso prestar atenção. Ver claramente envolve aprender a focar a atenção no aqui e agora. Mas frequentemente quando estão definindo a *mindfulness*, as pessoas param aqui, certo? A atenção delas para neste exato momento. Mas se essa fosse a definição cabal de *mindfulness*, um atirador de elite seria a pessoa mais plenamente consciente do mundo, pois esse tipo de profissional sabe focar a atenção. Então, a *mindfulness* vai bem além da atenção. Ela também é a razão de prestarmos atenção, com intenção e atitude. A *mindfulness* envolve esses três elementos: intenção, atenção e atitude. Meus colegas e eu desenvolvemos um modelo de *mindfulness* que inclui explicitamente esse tipo de integração ou sinergia entre esses três elementos. E eu vou falar sobre cada um deles.

Primeiramente, é preciso saber por que estamos prestando atenção, certo? O que é importante? Qual é nossa visão pessoal? Qual é nossa aspiração? Eu adoro como Jack diz: "Sua intenção equivale a seguir a bússola do seu coração". Ou seja, a direção na qual você quer seguir. Não se trata necessariamente de chegar lá, mas que essa é a direção apontada pelo seu coração. Minha citação favorita sobre intenção é de Suzuki Roshi. Ele diz: "A coisa mais importante é simplesmente se lembrar da coisa mais importante". Certo? Basta se lembrar do que é mais importante. Mesmo assim, nos esquecemos disso rapidamente.

Eu vou lhes contar uma história sobre intenção. Alguns anos atrás, quando meu filho Jackson tinha 8 anos, eu fui lecionar na Europa por duas semanas. Essa foi a primeira vez que nos separamos por tanto tempo. E no voo de Copenhague de volta para casa, eu comecei a ficar muito aflita: "Será que quebrei nosso elo de apego? Eu sou uma mãe ruim? Será que fiz a escolha errada ao vir para a Europa?". Ao invés de continuar nessa espiral sem fim de culpa materna, eu firmei uma intenção clara: "Quando chegar em casa, não vou desfazer a mala nem checar os *e-mails*. Vou passar o dia inteiro só com Jackson dizendo, 'eu o amo, estou em casa e você está seguro.'"

Então, chego em casa e fico felicíssima ao vê-lo. O dia está lindo em Mill Valley, onde nós moramos e adoramos ir à praia. Então, eu pergunto: "Que tal irmos à praia?". E ele responde: "Topo sim". Aí preparo um almoço para o piquenique, pego brinquedos para ele e fico imaginando nosso dia perfeito. Então, pergunto: "Jackson, você está pronto para sairmos?". E ele diz: "Não quero mais ir, mãe". Aí eu reajo: "Como assim? Que raios, nós vamos à praia e eu vou lhe mostrar que sou uma mãe surpreendente". Certo? Então, ele veste seu calção e vai se arrastando para a porta. Eu já pus tudo no carro e estou pronta para mostrar ao mundo o quanto amo meu filho. Já estou dentro do carro e ele está sentado na varanda da frente de casa. Eu insisto: "Venha, Jackson, pare com isso". Ele nem me olha e eu noto que estou ficando impaciente. Eu sempre cumpro minha agenda, então precisamos ir à praia, mas de repente me lembro da minha intenção. Ah, sim, eu só quero me reconectar com meu filho, mostrar que estou em casa e o amo. Então, vou à varanda onde ele está sentado, olhando umas formigas. Sento-me em silêncio ao lado dele por alguns minutos, então sinto seu corpinho se apoiar no meu, nossos ombros se tocando e o sol em nossas costas. E essa foi a coisa mais importante.

Mesmo assim, nós nos esquecemos rapidamente do que realmente importa. Então, parte da *mindfulness* é simplesmente lembrar do que é mais importante. Qual é minha intenção ou aspiração mais profunda? Por isso, eu gostaria que vocês fechassem os olhos e refletissem novamente "por que estou aqui". Qual é a coisa mais importante? Notem como o corpo se reconecta com sua intenção e, quando estiverem prontos, abram os olhos. Muito bem.

A segunda parte da *mindfulness* é simplesmente focar sua atenção no aqui e agora, o que é meio difícil, como vocês podem ter notado, certo? Dizem que temos uma "mente de macaco" porque ela pula de pensamento em pensamento, como um macaco pula de galho em galho. Nós temos entre 12 mil e 50 mil pensamentos por dia. Você sabe quem é se tiver os 50 mil — 95% são sempre os mesmos e se repetem uma vez atrás da outra, certo?

Uma das citações de que mais gosto é de Emo Philips: "Eu achava que o cérebro era o órgão mais maravilhoso em meu corpo, mas então percebi quem estava me dizendo isso". Certo, vamos nessa? Vai ser divertido — tipo um sino de lembrete para a *mindfulness*.

A *mindfulness* gira em torno de focar a atenção no aqui e agora, para que possamos ver com clareza. Chris Germer diz: "Uma mente instável é como uma câmera instável: a foto sai tremida". Então, vamos estabilizar a mente neste exato momento. Quando fui ao meu primeiro retiro de meditação há cerca de 20 anos na Tailândia, eu realmente achava que a *mindfulness* consistia apenas nesse foco da atenção. Mas a única instrução que me deram no mosteiro foi para sentir minha respiração entrando e saindo pelo nariz.

Então, comecei, uma respiração, duas respirações, minha mente vagou e eu a trouxe de volta. Uma respiração, duas respirações. Mas por mais que eu tentasse, minha mente continuava divagando, perdida no futuro ou ruminando sobre o passado. Aí comecei a ficar realmente frustrada porque achava que a meditação faria eu me sentir pacificada, plena e sem pensamentos. Mas estar presente não é tão fácil. Verifiquem isso vocês mesmos. Eu estou falando há uns cinco minutos. Quantos de vocês notaram sua mente vagando? Não levantem a mão.

Uma pesquisa feita em Harvard mostra que a mente divaga em média 47% do tempo — 47%! Isso significa perder quase metade do tempo em que estamos acordados. Então, a *mindfulness* envolve treinar a mente para estar aqui onde já estamos. Portanto, voltando ao mosteiro, eu estava tentando muito manter minha mente ali, mas ela continuava vagando sem parar, pois ela vai para onde quer, e isso não é motivo para vergonha. A essa altura, comecei a me julgar. "O que há de errado comigo? Como sou péssima nisso. Por que estou aqui? Sou um engodo". Como se isso não bastasse, comecei a julgar todo mundo que estava lá, inclusive os monges ao meu redor. Por que eles estão sentados aqui, ao invés de estar fazendo alguma coisa? Esse não foi um dos meus momentos mais brilhantes. Felizmente, chegou um monge de Londres que falava inglês, então lhe contei sobre minhas dificuldades. Ele me olhou e disse: "Ah, querida, você não está praticando *mindfulness*, você está praticando julgamento, impaciência e frustração". Aí ele disse essas palavras que jamais esquecerei: "O que você pratica se fortalece".

Graças à neuroplasticidade, o que você pratica se fortalece. Como nossas experiências constantes moldam nosso cérebro, é possível esculpir e fortalecer nossas conexões sinápticas pela prática constante. Por exemplo, no famoso estudo sobre os taxistas de Londres, a parte de seus cérebros que faz o mapeamento visual/espacial era maior e mais forte, pois eles se esforçavam o dia inteiro para se orientar bem nas 25 mil ruas de Londres. Quando se examina os cérebros de meditadores, as áreas associadas a atenção, compaixão, inteligência emocional e memória são maiores e mais fortes. Isso se deve ao espessamento cortical causado pelo crescimento de novos neurônios em reação à prática constante. O que nós praticamos se fortalece.

O monge me explicou que, se eu meditasse julgando, o julgamento se fortaleceria; se eu meditasse com frustração, a frustração aumentaria. Ele me ajudou a entender que a *mindfulness* não se resume a prestar atenção — e envolve *como* prestar atenção. Então, passei a chamar isso de "nossa atitude". Aliás, era justamente sobre isso que Jack e Trudy estavam falando e ela até perguntou: "Bem, como fazemos para não driblar?". Se tentarmos ser afetuosos e bons o tempo todo, isso não é driblar? É impossível alguém ser feliz o tempo todo e sentir amor o tempo todo. A melhor atitude, o monge me explicou, é abrir os braços generosamente e acolher tudo com bondade, até as partes confusas e imperfeitas, até a tristeza, o medo e a raiva.

Então, essa é a lista de atitudes oferecida heuristicamente pela *mindfulness*. Esse tipo de aceitação, curiosidade e interesse real em estar vivo implica imparcialidade, abertura, bondade, paciência, confiança e equanimidade.

A parte superior do *kanji* japonês para *mindfulness* significa "presença", e a parte inferior, *shin*, significa "mente" ou "coração" — que são intercambiáveis. Então, *mindfulness* poderia ser traduzida como "calorosidade". Em minha experiência como psicóloga e ser humano, o que fica evidente em minha vida e na de todas as pessoas com quem trabalho é a necessidade de contar com calorosidade, pois todos nós insistimos tremendamente no autojulgamento e na vergonha achando que não somos bons o suficiente, que não estamos vivendo da maneira certa e que há algo errado conosco. E o que me surpreende muito é que todos nós sentimos essas coisas, certo? Você acha que isso acontece só com você e eu achava que isso era coisa da minha cabeça, mas todos nós sentimos essa vergonha. O pior é acreditar que, se nós nos envergonharmos e nos superarmos, de alguma maneira vamos melhorar, certo? Então, quero dizer a vocês que a vergonha nunca funciona nem pode funcionar. Fisiologicamente, ela só prejudica, pois quando sentimos vergonha, os centros do cérebro responsáveis pela aprendizagem e o crescimento se fecham. Se o cérebro fica com vergonha, a amígdala desencadeia uma cascata de norepinefrina e cortisol que inunda o organismo, fechando os centros de aprendizagem do cérebro e desorganizando nossos recursos para a sobrevivência. A vergonha literalmente rouba a energia que o cérebro precisa para mudar. E pior ainda, isso é tão doloroso que escondemos as partes de nós mesmos das quais nos envergonhamos. Mas são justamente essas partes que mais precisam da nossa atenção benevolente, embora seja tão doloroso admiti-las.

Por essa razão, tenho explorado qual seria a alternativa. Todos nós temos partes que talvez precisem de um certo polimento, mudança ou atenção, mas não devemos julgá-las. Para mim, a alternativa é a atenção bondosa, ou consciência bondosa, como Jack e Trudy a denominam. Primeiramente, porque a bondade nos dá coragem de olhar aquelas partes nossas que não queremos ver, certo? E, em segundo lugar, porque a bondade banha nosso organismo com dopamina. Com isso, os centros de aprendizagem do cérebro nos dão os recursos necessários para mudar. A transformação verdadeira e duradoura requer atenção bondosa.

Agora vou lhes dar um exemplo profissional. Eu realmente aprecio o trabalho que Trudy e Jack fazem no hospital para veteranos, onde comecei meu trabalho clínico muitos anos atrás. E a primeira coisa que me deixou chocada foi saber que os veteranos morrem mais por suicídio a cada ano do que em combate. Nossos soldados têm tanta dor e vergonha. Então, nós começamos a liderar um grupo de *mindfulness* para veteranos com a intenção explícita de manter essa atenção carinhosa e bondosa até com as partes aparentemente imperdoáveis de cada um de nós.

Havia um homem no grupo que nunca dizia uma palavra e só olhava para o chão. Dois meses se passaram e eu me lembro que o achava inatingível. Certo dia, ele levantou a mão e disse: "Eu não quero melhorar. Eu não mereço melhorar. Por tudo que vi e fiz na guerra, eu não mereço melhorar". E voltou a olhar para o chão, enquanto continuava nos contando detalhadamente tudo o que havia visto e feito. E eu ainda consigo sentir o horror daquilo que ele contou e como sua vergonha inundou a sala. Com nervosismo, dei uma olhada para ver como os outros homens estavam reagindo, mas não havia julgamento, apenas compaixão. Então, eu disse ao homem para erguer a cabeça e ver essa compaixão. Ele olhou lentamente ao redor da sala e seus músculos faciais começaram a relaxar. Em seus olhos havia esperança de que ele não se resumia apenas às suas ações passadas e de que agora poderia mudar e fazer escolhas diferentes.

E isso pode ser uma das coisas mais importantes. Eu aprendi e espero sinceramente que vocês aprendam também que, apesar dos pesares, a transformação é possível para todos nós. E ela requer atenção bondosa, a qual demanda muita prática. Então, quero partilhar com vocês uma prática simples que me dá muito apoio. Alguns anos atrás, eu estava passando por um processo de divórcio muito difícil e acordava todas as manhãs com uma pontada de vergonha no estômago, sabem, esse tipo de autorrecriminação, "arruinei minha vida, a da nossa família e a do meu filho". E eu me lembro que minha professora de meditação disse: *"Lembre-se de que o que você pratica se fortalece"*, e me ensinou essa prática: "Eu quero que você diga diariamente 'eu a amo, Shauna'". E eu disse: "Nem pensar".

Isso parecia forçado demais e nada a ver comigo. Ela disse: "Está bem. E que tal dizer 'bom dia, Shauna', todas as manhãs? E tente pôr a mão no coração ao dizer isso, pois libera oxitocina, que vai lhe fazer bem".

Então, no dia seguinte, coloquei a mão no coração, respirei fundo e disse: "Bom dia, Shauna". E de fato isso me fez bem, certo? Em vez daquela avalanche de vergonha, eu senti bondade. Então, continuei praticando todos os dias e fui sentindo um abrandamento e uma abertura em relação a mim mesma. Um mês depois, estive com a professora, contei o quanto a prática estava sendo proveitosa e ela disse: "Maravilha, você se formou. Agora é hora de partir para a prática avançada: 'Bom dia, eu a amo, Shauna'". Então, no dia seguinte, coloquei a mão no coração e disse: "Bom dia, eu a amo, Shauna". Não senti nada, mas continuei praticando porque, conforme sabemos, o que você pratica se fortalece. Então, certo dia, coloquei a mão no coração, respirei fundo e disse: "Bom dia, eu a amo, Shauna" e senti o amor da minha avó, o amor da minha mãe e amor próprio.

Desde então, todos os dias tem havido esse milagre de amor próprio e nunca mais senti julgamento, ódio ou frustração. Só que isso não é verdade. A verdade é que... Desculpem, estou muito emotiva, mas realmente senti isso esta manhã. A verdade é que esse caminho de autocompaixão e bondade se firmou em mim e está ficando mais forte todos os dias. Então, eu os convido a fechar os olhos e por a mão no coração. Felizmente, ainda é de manhã. Então, façam uma respiração e se cumprimentem silenciosamente. Digam apenas "bom dia" e seu nome. Notem o efeito disso em seu corpo.

E se tiverem coragem, digam "bom dia, eu o/a amo", talvez sentindo o coração batendo, agora mandando oxigênio e nutrientes para os trilhões de células do corpo e cuidando de vocês. Vocês não precisam controlar, pensar a respeito nem fazer isso perfeitamente. Apenas descansem e recebam esse alimento, talvez sentindo a respiração e notando que ela está funcionando sozinha. Recebam a respiração, sintam ela oxigenando seu corpo e cuidando de vocês. Neste exato momento, estamos envoltos pela consciência bondosa. E, mais uma vez, isso não tem a ver com se aperfeiçoar ou fazer isso direito. O importante é a autolibertação, sentir que vocês têm um bom coração e a pureza da sua intenção. Sempre que me sinto perdida, errada ou com vergonha, recorro ao meu bom coração, no qual eu confio, e às intenções puras. Voltem-se para sua intenção pura e reconheçam que ela está nivelada. E quando estiverem prontos, inspirem e expirem mais fundo, estiquem os braços acima da cabeça e deixem um pouco de luz entrar nos olhos. Muito bem. Eu só quero agradecer a todos por sua atenção bondosa.

PESSOA 1 NA PLATEIA: Olá. Eu quero agradece-lhe por sua palestra e dizer que fiquei muito comovido com sua história pessoal. Na verdade, eu até lacrimejei. Eu aprendi um pouco de hipnose e de auto-hipnose com o doutor David Spiegel, de Stanford. Então, minha pergunta é: qual é a diferença entre hipnose, auto-hipnose e *mindfulness*? Sei que são coisas diferentes, mas para mim parecem iguais. E desde já lhe agradeço.

SHAUNA SHAPIRO: Em primeiro lugar, seja bem-vindo e essa é uma ótima pergunta. Não sou especialista em hipnose, então não sei se sou a pessoa certa para responder, mas acho que todas essas práticas têm a ver com intenção, atitude e atenção. Aliás, esses elementos formam a base das várias práticas que eu ensino.

PESSOA 2 NA PLATEIA: Eu creio que isso é um pouco mais difícil para os homens devido ao condicionamento cultural. Mas quando ensino esse tipo de coisa para homens em minha prática, caso estejam abertos para isso, eles reagem muito bem. Quer dizer... eu ensino esses tipos de prática de várias maneiras para homens e mulheres que estejam dispostos e todos se beneficiam, mas acho que os homens são um pouco mais resistentes. Afinal, supostamente, devemos ser fortes e não ter sentimentos de vulnerabilidade e coisas desse tipo. Não que as mulheres também estejam imunes a isso, mas...

Shauna Shapiro: Concordo com seu comentário. E acho que também é muito importante saber quem é seu público. Então, quando me apresento para grupos diferentes em corporações e em ambientes acadêmicos, faço uma palestra diferente enfocando coisas diferentes e, na maioria das vezes, não choro. A linguagem que usamos com as pessoas com quem estamos trabalhando deve deixá-las seguras para explorar essas práticas e há muito tempo descobri que é a Ciência que faz as pessoas se sentirem seguras. Por isso, em minha prática clínica e em outros trabalhos que faço, eu começo pela Ciência, que afinal é minha seara.

Pessoa 3 na plateia: Você pode falar sobre a complementaridade entre vontade e capitulação? A intenção envolve vontade, um esforço consciente para alcançar algo, e capitular é simplesmente desistir e deixar as coisas se resolverem sozinhas. Acho que estamos sempre alternando entre as duas, mas há um momento de mudança. O que acontece no momento de mudança?

Shauna Shapiro: Que pergunta surpreendente! E, por sinal, estou trabalhando com isso em minha prática. Eu tenho muita vontade, muita intenção e direcionalidade, e realmente preciso aprender a capitular. Então, a questão é como realmente ter clareza, firmar sua intenção e sua direção, e depois relaxar a esse respeito? Isso é uma dança, certo? Acho que é uma espécie de *continuum*; não um botão que você liga e desliga.

O trabalho do meu pai, Deane Shapiro, que escreveu um livro sobre controle e seus diversos quadrantes, fala sobre produção, capitulação e assertivas positivas, que são: movimentar, agir e efetuar mudanças. Trata-se dessa dança entre ouvir profundamente com nossos corpos e saber quando é hora de se esforçar mais um pouco, com um pouco mais de vontade, e quando é hora de parar e deixar para trás. A *mindfulness* gira em torno dessa capacidade de ver claramente, dessa sabedoria para distinguir o que é verdadeiro.

Pessoa 3 na plateia: Apenas dando seguimento, sem que você necessariamente responda, sou muitíssimo interessado nesse momento de mudança e como reconhecê-lo, pois, obviamente, ele é intuitivo. Fico me perguntando se há uma biologia neural nisso.

Shauna Shapiro: Sim, isso é bem interessante e também sou curiosa a respeito disso. Sabe, acabei de me lembrar de Adyashanti. Certa vez, perguntei a ele: "Como você toma decisões? Eu sinto que tenho tantas escolhas em minha vida, mas como devo fazê-las?". E ele disse: "Bem, eu fecho os olhos, ouço por um momento e, se meu corpo sentir que a coisa é boa e certa, eu faço. Caso contrário, não faço". Foi uma resposta bem simples, mas então percebi que, se praticar dessa forma a cada momento, vou ficar afiada para perceber a sensação em meu corpo de que aquela coisa é verdadeira, é a direção que devo seguir ou não. Acho que é a mesma coisa quando estamos matutando: "Eu preciso ter mais vontade ou capitular mais?". Isso vem daquele lugar intuitivo no corpo que sabe tudo.

Muito obrigada a todos vocês por sua atenção bondosa.

4

A ARTE E A CIÊNCIA DA AUTOCOMPAIXÃO

com Kristin Neff

KRISTIN NEFF: Obrigada, estou muito feliz por estar aqui. Eu estudo autocompaixão e esse é o trabalho da minha vida. Mas embora seja pesquisadora, para mim a autocompaixão é basicamente uma prática pessoal. Na verdade, tomei conhecimento do assunto no meu último ano de faculdade na Universidade da Califórnia, em Berkeley. Eu estava sob muito estresse devido a um divórcio tumultuado e ao trabalho de conclusão do curso, sentindo muita vergonha, então decidi aprender a meditar. Na primeira noite que fui ao curso, a instrutora falou muito sobre a importância da autocompaixão, de ser gentil e cuidar bem de si mesma nos momentos difíceis. Era exatamente isso que eu precisava ouvir naquele momento, o que começou a fazer uma enorme diferença. Um tempo depois consegui um emprego na Universidade do Texas, em Austin, para pesquisar autocompaixão. Mas na verdade sou tão categórica sobre a importância da autocompaixão porque inúmeras vezes na minha vida comprovei seu poder.

Uma das vezes em que comprovei sobre o poder desse sentimento foi quando meu filho Rowan foi diagnosticado com autismo. No dia em que recebemos o diagnóstico, eu ia viajar para um retiro de meditação, mas disse ao meu marido: "Vou cancelar o retiro para ficarmos em casa e processarmos isso". E ele disse: "Não, vá para o retiro, pratique sua autocompaixão, trabalhe bastante nisso, então volte e me ajude a lidar com a situação". E foi isso que fiz. Naquele momento, todos esses sentimentos que os pais supostamente não devem ter — como decepção, medo, ansiedade e dúvida se irão conseguir lidar com o problema — estavam aflorando. Mas eu me inundei de autocompaixão e me permiti aceitar quaisquer sentimentos que tivesse sem julgamento nem vergonha, e achei a coragem emocional necessária para voltar para casa. E descobri que quanto mais consigo aceitar minha dificuldade de ter um filho autista, mais eu consigo amá-lo e aceitá-lo do jeito que ele é.

Isso provém basicamente da minha experiência pessoal, do fato de ensinar milhares de pessoas a serem mais autocompassivas e da minha pesquisa empírica. Também devo dizer que o livro *A Path with Heart*, de Jack Kornfield, foi uma revelação para mim e muitas das minhas ideias sobre o que é autocompaixão provêm de livros como esse e de *Lovingkindness*, de Sharon Salzberg.

Vou falar um pouco agora sobre minha definição de autocompaixão. Quando consegui a colocação na Universidade do Texas em Austin, eu decidi que queria pesquisar autocompaixão e sabia que precisava de uma definição operacional clara para poder mensurá-la. No meu ponto de vista, não há diferença entre compaixão pelos outros e compaixão pelo *self*, já que a primeira é dirigida para fora e a outra, para dentro. Então, quando se tratou de definir autocompaixão, eu comecei a pensar sobre que componentes são necessários para ter compaixão pelos outros.

Vou dar um exemplo bem conhecido de todos. Provavelmente, na cidade em que vocês vivem há pessoas em situação de rua. Em certos dias sentimos compaixão por uma mulher sem-teto na calçada, mas outros dias não, certo? Então, qual é a diferença? Obviamente, o primeiro requisito para ter compaixão por alguém é notar a pessoa, certo? Se estiver andando na rua ocupada com mensagens de texto, você não vê essa mulher na calçada e não sente compaixão. Mas você precisa não apenas notá-la mas reparar também que ela está sofrendo, não é mesmo?

Então, o primeiro passo para ter compaixão é estar disposto a olhar para a mulher e ver que ela está sofrendo. Mas nem sempre queremos fazer isso, pois é doloroso constatar que alguém está sofrendo. Às vezes, os sem-teto em Austin tentam lavar as janelas dos carros por um ou dois dólares na marra, então as pessoas os dispensam. Mas para ter compaixão é preciso estar disposto a encarar o sofrimento diante de seus olhos, embora isso incomode.

Outra coisa que acontece é que algumas pessoas notam alguém sofrendo, mas têm uma reação preconceituosa, tipo: "Que horror, provavelmente ela está bêbada e devia sumir da nossa rua". Isso não é compaixão. Obviamente, a compaixão é o sentimento de preocupação sincera que surge, o desejo de aliviar o sofrimento dessa mulher. Qual é a história de vida dela? Posso ajudar de alguma forma? Portanto, a bondade e a preocupação são essenciais para uma reação compassiva.

Por fim, é fundamental saber a diferença entre compaixão e pena. Ninguém gosta de despertar pena nos outros, mas nós adoramos contar com a compaixão alheia. Então qual é a diferença? A compaixão envolve o senso de humanidade em comum, já que todos somos vulneráveis. Não é se sentir melhor, superior ou inferior aos outros; entender que o sofrimento faz parte da condição humana e todos nós passamos por isso é um aspecto muito importante para ter compaixão, não pena.

Então, eu estava pensando nisso tudo ao tentar definir o que é compaixão pelos outros e os elementos que incluo em minha definição de autocompaixão são: o senso de *mindfulness*, estar ciente do próprio sofrimento, ter uma reação bondosa e consciência da nossa humanidade em comum. Vamos examinar melhor cada um deles.

Então, ser gentil consigo mesmo, ao invés de rigidamente preconceituoso, não é a primeira coisa que acontece ao longo do tempo, mas é o elemento mais óbvio da autocompaixão. Quando percebemos que estamos sofrendo e temos autocompaixão, nós tentamos nos consolar, confortar e cuidar como faríamos com um bom amigo. De fato, um dos modos mais fáceis para entender o que é a autocompaixão é nos tratarmos com a mesma bondade, carinho e preocupação que teríamos com um amigo querido. Lamentavelmente, a maioria de nós não se trata como trata um bom amigo. Na verdade, se você tratasse seus amigos como trata de si mesmo, provavelmente não teria amigos, certo? Há aquela regra universal: trate os outros como gostaria de ser tratado. Isso é perfeito, mas nem sempre funciona para relacionamentos saudáveis, concordam?

Então, com a autocompaixão, somos gentis, damos apoio e nos tratamos como trataríamos um bom amigo. Agora, a autocompaixão é mais do que o aspecto *yin* de acalmar, confortar e cuidar nos momentos de sofrimento. É importante perceber que também há um aspecto *yang* na autocompaixão, que dá apoio e proteção. Às vezes, a autocompaixão diz "Isso é ruim e está fazendo mal" para outras pessoas que estão tentando nos prejudicar ou para nós mesmos quando estamos tendo comportamentos danosos. Então, isso é confortante e alivia, mas também nos apoia e protege, a fim de engendrar nosso bem-estar.

E a autocompaixão também inclui o desejo inerente de aliviar o sofrimento. Diante desse sentimento, o impulso é perguntar: "O que posso fazer para ajudar? Do que eu preciso agora?". Quando ouvem a palavra "sofrimento", algumas pessoas pensam em um grande sofrimento — como se só se importassem com grandes sofrimentos. No meu ponto de vista, qualquer momento de dor ou desconforto emocional merece uma reação compassiva. Então, se você desse uma topada com o dedão do pé e dissesse a si mesmo: "Como sou idiota!", provavelmente você descarregaria essa irritação em alguém próximo, como seu filho. Mas, se em uma situação banal como essa, você dissesse: "Puxa vida, machuquei o dedão do pé", então você conseguiria se ajudar após o susto, o que é muito útil. Portanto, isso se aplica a qualquer emoção difícil, seja grande ou trivial.

Além de distinguir entre compaixão e pena, também é muito importante ter o senso de humanidade em comum — para que a autocompaixão não se torne autopiedade. Se já estiveram com alguém que se compraz com a autopiedade, vocês sabem o quanto é desagradável. Por que não gostamos disso? Porque a autopiedade é muito egocêntrica. Ironicamente, a autocompaixão, embora se refira ao eu... aliás, se alguém aqui não gosta da palavra "*self*" e se houver alguns praticantes do budismo aqui, podemos usar o termo *compaixão interna*, que significa exatamente a mesma coisa. Em suma, a autocompaixão implica reconhecer que o sofrimento, as dificuldades e a imperfeição fazem parte da condição humana.

É claro que sabemos disso logicamente. Mas se eu perguntasse a algum de vocês nesta sala: "Você conhece alguém no mundo que seja perfeito?". Provavelmente, a pessoa diria que não ou talvez se lembrasse apenas de poucos exemplos, como o papa ou o Dalai Lama, mas até eles devem ter dias ruins em suas vidas imperfeitas, certo? Os dois passaram por muitas lutas. Portanto, sabemos logicamente que ninguém é perfeito nem tem uma vida perfeita. Mesmo assim, o que acontece quando falhamos, cometemos um erro ou deparamos uma situação muito difícil? Sentimos na hora que algo deu errado e que isso não deveria estar acontecendo. É quase como se inconscientemente supuséssemos que o normal é tudo dar certo; quando eu falho, cometo um erro ou algo difícil acontece, alguma coisa deu errado. Em consequência, nos sentimos isolados das outras pessoas, não é? Mas na verdade é isso que nos conecta com os outros e não significa de forma alguma que somos anormais.

Para ilustrar o poder de humanidade em comum, vou lhes contar uma história que aconteceu com meu filho Rowan quando ele tinha cerca de cinco anos. Eu estava com ele no parque, onde havia outras mães com seus filhos pequenos. Todas as outras crianças estavam rindo, brincando e interagindo. Mas Rowan, especialmente nessa idade, em que seu autismo era bem mais grave, estava ensimesmado no alto do escorregador, batendo no brinquedo e sem interagir comigo nem com as outras crianças. Então, comecei a descer no poço da autopiedade: "Por que eu? Por que eu não posso ter um relacionamento normal, feliz e sem problemas com meu filho como todas essas mães?". Mas eu andava praticando muito a autocompaixão, então logo me reaprumei. E disse: "Kristin, um segundo, por favor. Você está supondo que essas mães têm relacionamentos perfeitamente normais e sem problemas com seus filhos. Você está brincando? Certamente, coisas acontecerão, talvez algumas dessas crianças tenham... não autismo, mas algum outro problema mental ou físico. Ou talvez essas mães e crianças tenham um relacionamento cheio de conflitos". Na verdade, o fato de termos dificuldades com os filhos e amá-los mesmo assim é justamente o que nos une como mães e pais. Isso não me separa das outras mães e só me conectou com elas. Então, assim que você para de pensar "coitadinha de mim" e reconhece que isso faz parte de sermos humanos, surge a oportunidade para conexão, ao invés de isolamento.

E o último componente da autocompaixão é a *mindfulness*. Talvez vocês já tenham ouvido falar muito nisso, mas a *mindfulness* é de fato o fundamento da autocompaixão. A fim de abrir o coração para nós mesmos, precisamos estar dispostos a ser corajosos, encarar o próprio sofrimento e estar presentes para ele. Em geral, não queremos fazer isso, certo? Preferimos evitá-lo, não pensar nele ou... até nos identificarmos demais com ele. Em outras palavras, ficamos presos no enredo do "como eu sou horrível, como minha vida péssima" e perdemos toda a perspectiva. Uma das coisas mais poderosas da autocompaixão é se tratar como você trataria um amigo. Se estiver imerso no sofrimento, você para de pensar em si mesmo e diz: "Uau, você está passando por um momento realmente difícil. Posso ajudar de alguma forma?". Esse tipo de perspectiva, que extrai a capacidade para não se identificar com o próprio sofrimento, nos permite ter uma reação mais saudável ao que está acontecendo.

Provavelmente, vocês estão pensando: "Está bem, é possível". Ou porventura, diante desta plateia, eu esteja pregando para os convertidos. Mas talvez vocês tenham mencionado a palavra "autocompaixão" para alguns amigos e eles tenham erguido a sobrancelha sinalizando: "Talvez um pouco de autocompaixão faça bem, mas não em demasia". Nossa cultura de fato tem receios bem fortes em relação à autocompaixão e não a valoriza. Então, que tal questionarmos isso: que tipos de receio nós temos em relação à autocompaixão?

Ela evoca autoindulgência e preguiça. Ser autocompassiva significa que sou preguiçosa e não vou ficar motivada para atingir minhas metas. A autocompaixão é egoísta. Afinal, não deveríamos ficar focados nas outras pessoas? Mas não, acabamos virando uns choramingões. Choramingar é reclamar, algo meio parecido com a autopiedade, que é uma fraqueza. Sim, agora vou contar uma coisa engraçada. Quando lancei um livro a respeito da minha pesquisa sobre autocompaixão e a obra foi citada em um artigo no *New York Times*, fiquei muito empolgada. E também fui muito ingênua, pois achava que todos os comentários *online* seriam positivos. Obviamente, nem todos foram no sentido de que essa era a melhor coisa desde o pão de forma fatiado, certo?

Mas cerca de um terço dos comentários foram negativos e até sarcásticos como: "Ah, que droga, viramos um país de maricas". Sabem, uma crença muito comum é de que a autocompaixão é uma fraqueza. Nós precisamos ser críticos ásperos, a fim de ser fortes. Outros conceitos errôneos lhes vêm à mente? Acho que vocês se lembraram de muitos, inclusive daqueles que surgem em todo lugar que eu dou palestras. Eles são muito comuns... e eu os chamo de mitos sobre a autocompaixão.

Afinal, agora sabemos por meio de pesquisas que esses conceitos são totalmente errôneos e distantes da verdade.

Agora vou dar uma rápida visão geral a respeito das pesquisas sobre autocompaixão. Para começar, basta dizer que as pesquisas sobre autocompaixão estão em alta. Em 2003, eu escrevi dois trabalhos, um que definia autocompaixão e outro que apresentava a escala para mensurá-la. E vejam agora a curva exponencial de crescimento: há quase mil pesquisas estudando a autocompaixão. Vocês podem argumentar que a *mindfulness* seguiu a mesma trajetória e que as pesquisas sobre autocompaixão seguem as pegadas das pesquisas sobre *mindfulness*. Então, está difícil eu me manter atualizada sobre a literatura a respeito da autocompaixão, pois ela parece dobrar a cada dois anos. Como metade das pesquisas e estudos sobre autocompaixão foi feita nos últimos anos, está mesmo havendo um *boom*. Isso é empolgante, mas um tanto estafante.

A maioria dessas pesquisas usa a escala da autocompaixão que lancei em 2003, que é uma medição bem sólida e segura dos comportamentos compassivos e não compassivos associados à autocompaixão. Mas agora as pesquisas estão ficando mais sofisticadas, analisando intervenções em prol da autocompaixão, inclusive por meio da escrita. O que acontece quando as pessoas escrevem para si mesmas com autocompaixão? Como isso muda o comportamento delas?

Então, o ponto principal é que a autocompaixão é fortemente ligada ao bem-estar. Já se sabe que quanto mais as pessoas são autocompassivas ou ajudadas a ser assim e a mudar seu comportamento, isso reduz muito estados mentais negativos como ansiedade, depressão, estresse, vergonha, ideações suicidas, autoimagem corporal distorcida e até transtornos alimentares. Ou seja, esses estados mentais negativos e desajustados tendem a diminuir. Sabe-se também que a autocompaixão é fortemente ligada ao aumento dos estados mentais positivos, como satisfação com a vida, felicidade, gratidão, confiança e apreço pelo corpo. Inclusive há um número crescente de pesquisas que aponta que ela melhora a função imunitária. Portanto, a autocompaixão parece fazer bem para a saúde física e mental, o que faz sentido diante das palestras brilhantes que acabamos de ouvir.

Então, refletindo por que há uma redução no negativo e simultaneamente um aumento no positivo, um dos meus professores adjuntos sugeriu que outro modo de descrever os três componentes da autocompaixão é a presença conectada amorosa. Essa descrição capta bem a essência do que é estar em um estado de autocompaixão, que é um estado de *presença conectada amorosa*. Quando estamos diante do sofrimento, nós o aceitamos com uma presença conectada e amorosa, o que reduz os estados mentais negativos. Ao mesmo tempo, a presença conectada amorosa é uma emoção muito positiva, que nos ensina a repousar a consciência na presença conectada amorosa que acolhe o sofrimento, e é por isso que os estados mentais positivos aumentam ao mesmo tempo que os estados mentais negativos diminuem.

Agora, vou guiá-los por algumas das minhas descobertas em pesquisas: quando introduzi a autocompaixão no campo da Psicologia, eu a posicionei como uma alternativa para a autoestima, em parte porque eu acabara de concluir dois anos de pós-doutorado com um dos principais pesquisadores do país focados em autoestima. Sabe-se que a autoestima também faz bem para o bem-estar psicológico. Afinal, pessoas com muita autoestima são muito mais felizes e menos deprimidas do que aquelas com pouca autoestima. Há, porém, muitas consequências ruins dependendo de onde baseamos a autoestima. Há modos saudáveis e doentios de ter muita autoestima, certo? Por sua vez, a autocompaixão tem os benefícios da autoestima, mas sem as ciladas.

Por exemplo, ao contrário da autoestima, a autocompaixão não é ligada à comparação social. Muitas pessoas têm autoestima porque se acham especiais e acima da média, certo? E precisam se sentir melhores do que os outros para alimentar sua autoestima. Com a autocompaixão, você admite que é imperfeito como os demais seres humanos e que não precisa ser melhor do que outros. E isso é bom. Vamos refletir: por que o *bullying* começa no início da adolescência? Por que as pessoas são preconceituosas? Uma das razões é que esses comportamentos aumentam a autoestima. Elas se sentem melhores do que os outros grupos, então intimidam aquele moleque *nerd* no corredor, a fim de fomentar doentiamente sua autoestima. Mas quem tem autocompaixão não precisa fazer isso.

Outro benefício da autocompaixão, em comparação com a autoestima, é que esta tende a ser contingente, certo? Ou seja, nós temos autoestima quando temos êxito, quando nos olhamos no espelho e gostamos do que vemos e quando outras pessoas gostam de nós. As três esferas mais comuns na base da autoestima são: a autoimagem, a popularidade e o êxito em qualquer coisa que estejamos fazendo. O problema é que, embora se alimente de nossos êxitos, a autoestima nos abandona quando fracassamos. Então, quando não passamos em um teste ou... vou lhes contar um caso que ilustra como a autoestima pode disparar e afundar em cinco segundos. Certa vez, eu estava visitando centros de equitação na Califórnia e me deparei com um velho instrutor espanhol. Ele me olhou e disse: "Você é linda". Eu achei que ele havia gostado da minha aparência mediterrânea, agradeci e minha autoestima foi lá em cima. Aí ele perguntou: "Você nunca raspa seu bigode?".

Isso realmente aconteceu e todos nós temos histórias assim, certo? Nossa autoestima sobe e desce como uma bolinha de pingue-pongue, conforme nosso êxito ou fracasso mais recente. A autocompaixão está presente quando temos êxito e continua firme quando a autoestima nos abandona após um fracasso ou humilhação.

A autocompaixão não tem ligação com o narcisismo e sempre nos ampara, ao contrário da autoestima... Os pesquisadores Keith Campbell e Jean Twenge inclusive mensuraram os níveis de narcisismo dos estudantes universitários neste país. Detesto dizer isso, mas eles descobriram que esses estudantes têm os níveis mais altos já registrados, os quais estão estáveis há cinco anos. Mas Campbell e Twenge detectaram a ligação direta entre a epidemia de narcisismo, pelo menos na sociedade norte-americana, ao movimento nas escolas para aumentar a autoestima das crianças. Portanto, essa é uma consequência péssima de fomentar a autoestima, pois, para algumas pessoas, isso desperta o narcisismo. Mais uma vez, com a autocompaixão, não é preciso ser melhor do que ninguém e basta se aceitar como um ser humano imperfeito como os demais.

Tá certo, saber lidar com as coisas e ter resiliência. Quisera eu que essa pesquisa estivesse disponível quando ouvi aquele "que droga, viramos um país de maricas". A autocompaixão não o torna um marica nem um fraco. Por sinal, as pesquisas estão mostrando que a autocompaixão é uma das fontes mais poderosas de força e resiliência disponíveis para nós. Para vocês terem ideia dos tipos de pesquisa em andamento, houve um estudo sobre casais se divorciando. Os pesquisadores diziam para as pessoas entrarem e falarem por cinco minutos num fluxo de consciência, após escutarem as seguintes perguntas: "Pelo que você está passando? Como está se sentindo?". Então, usando minha escala, eles classificaram o quanto as pessoas eram autocompassivas e descobriram que o nível de autocompaixão indicava com mais precisão como elas estariam lidando com seu divórcio um ano depois, em comparação com qualquer outra variável analisada, incluindo nível de depressão e de autoestima e tipo de apego. Então, em momentos muito difíceis, se for um bom amigo e der apoio a si mesmo, você vai lidar melhor com a situação, certo? Um estudo semelhante sobre veteranos voltando do Iraque e do Afeganistão descobriu que o nível de autocompaixão deles ao voltarem dos combates era altamente preditiva se eles iriam ou não desenvolver TEPT nove meses depois. Na verdade, era mais preditivo do que o nível de exposição aos combates.

Então, reflitam sobre isso. A lição é que não se trata apenas do que lhe acontece, mas de como você se trata quando a vida está dura: você é um aliado ou um inimigo de si mesmo? Caso se critique, se sinta isolado e se desligue de tudo, você mina sua força e se enfraquece. Mas se for um amigo gentil que dê apoio, um aliado de si mesmo, você aumenta muito sua capacidade para enfrentar os fatos.

A suposta falta de motivação é o bloqueio principal para a autocompaixão. Em nossa pesquisa, descobrimos que as pessoas realmente acreditam que se forem bondosas consigo mesmas irão ficar em desvantagem, pois não ficarão motivadas para tentar e, se falharem, desistirão. Mas acontece exatamente o oposto. Conforme mostram pesquisas e vários estudos, a autocompaixão aumenta a motivação. Por quê? Justamente porque, com ela, falhar se torna algo mais seguro. Saber que você tentou, falhou, mas continua se aceitando é o oposto de se achar um perdedor nato, então você continua motivado e com menos temor de um fracasso. Como se sabe, o medo de fracassar é um dos maiores bloqueios para a motivação. Mas as pesquisas mostram que quem teme menos o fracasso é mais propenso a continuar se esforçando para ter êxito após fracassar.

Vou dar um pequeno exemplo a esse respeito. Uma pesquisadora de Berkeley fez um ótimo estudo junto a todos os estudantes, no qual eles tinham de fazer um teste de vocabulário aparentemente fácil, mas cheio de pegadinhas, e todos se deram mal. Ela deu instruções para que a metade dos estudantes fosse autocompassiva em relação a esse fracasso. "Gente, fracassar é uma coisa humana normal. Tentem ser bondosos e apoiem a si mesmos". Para a outra metade dos estudantes, ela deu a seguinte instrução: "Não se preocupem com isso. Vocês devem ser muito inteligentes, afinal, entraram em Berkeley". Quando chegou o momento de aplicar o segundo teste, ela descobriu que as pessoas que foram ajudadas a ser autocompassivas estudaram com mais afinco e por mais tempo do que aquelas que receberam a instrução ligada à autoestima. Em outras palavras, quando falha e se trata com bondade, você não teme o fracasso. Portanto, fica mais disposto a se reerguer e tentar outra vez.

Isso não se revelou no grupo, mas muitas pessoas temem que a autocompaixão prejudique seu senso de responsabilidade. Tipo: "Eu roubei um banco, mas não esquento a cabeça, pois todo mundo tem defeitos". Certo? Elas temem ficar complacentes assim, mas é justamente o oposto: as pessoas que são mais autocompassivas ou que são estimuladas a serem dessa forma são mais dispostas a assumir a responsabilidade por seus erros, pedir desculpas e tentar consertar a situação. Na verdade, elas têm padrões morais mais altos, como comprovou um estudo recém-divulgado. Por que isso acontece? Porque quando você tem autocompaixão, é seguro se enxergar claramente. Você não culpa as outras pessoas nem se esquiva da responsabilidade. Você assume: "Realmente estraguei tudo". Você consegue encarar a dor e ser bondoso consigo mesmo, o que lhe dá capacidade para consertar a situação.

Está bem, a autocompaixão é autoindulgente? Ser autocompassivo não significa "ah, vou ser bondoso comigo mesmo e hoje não vou trabalhar. Vou mais é me jogar naquele Ben & Jerry's maneiro". Isso é autocompaixão? Não. Uma mãe diz ao seu filho: "Está certo, querido, você não precisa ir à escola hoje e pode tomar o tanto de sorvete que quiser". Isso não é ser compassiva e sim indulgente.

Com a compaixão, o prêmio é a saúde a longo prazo, mesmo que às vezes isso signifique desistir do prazer imediato. Sabe-se que pessoas mais autocompassivas são mais propensas a se exercitar, a ir regularmente ao médico e a praticar sexo seguro, e menos propensas a amortecer suas emoções incômodas tomando bebidas alcoólicas. A autocompaixão fomenta comportamentos saudáveis e relacionamentos românticos melhores. Mesmo assim, muitas pessoas temem que a autocompaixão seja egoísta. Afinal, não devemos ficar focados nos outros? E isso não significa que vou ser totalmente egocêntrico em meu relacionamento?

Imagino que alguns de vocês usem um desses aplicativos de paquera *online*, como o Match.com. Então, vocês podem entrar no meu *site*, fazer o teste de autocompaixão e ver sua pontuação. Sugiro que vocês vejam a pontuação de seus paqueras antes de combinar o primeiro café juntos, pois as pessoas mais autocompassivas são descritas por seus parceiros como muito melhores para se relacionar. Elas são muito mais altruístas, gostam de intimidade e são bem menos controladoras e agressivas verbalmente. Em outras palavras, se você se doa para si mesmo e satisfaz suas necessidades, isso significa que tem mais a dar para seu parceiro. E isso faz sentido porque, se esperar que todas as suas necessidades sejam imediatamente atendidas por seu parceiro, ele naturalmente não dará conta disso e você irá se irritar. Mas quem consegue satisfazer a maioria das próprias necessidades e dar a si mesmo o apoio e encorajamento necessários, tem mais a dar aos outros. E há diversos estudos que corroboram essa conclusão.

Isso quer dizer que a autocompaixão é ligada à compaixão pelos outros? De várias maneiras, a resposta é "sim". Afinal, as pessoas mais autocompassivas são mais propensas a ver a perspectiva geral e a perdoar os outros, de maneira que entender nossa humanidade em comum realmente nos ajuda a entender o comportamento alheio. Se vocês virem as correlações entre o quanto sou autocompassiva em minha escala e o quanto sou compassiva com os outros usando outras escalas, há um elo que aumenta com a idade. E esse elo realmente é mais forte nos meditadores, embora não tão forte quanto vocês imaginam. E foi descoberto que essa correlação inexiste em estudantes. Por que será? A princípio, fiquei espantada e pensei: "Nossa, o que isso significa?". O fato é que muitas pessoas tratam a si mesmas e os outros de modo radicalmente diferente, e sempre no sentido de tratarem melhor os outros do que a si mesmas. Eu pesquisei um pouco sobre isso e aparentemente cerca de 80% das pessoas são mais compassivas com os outros do que consigo mesmas. E você pode até ser uma dessas pessoas que de fato são muito bondosas, compassivas e preocupadas com os outros, mas que se trata mal. Então, as duas coisas não são necessariamente ligadas, mas começam a ficar mais integradas com certas experiências, como a meditação. Pessoas que aprendem a ser mais autocompassivas aumentam sua capacidade de ser compassivas com os outros. Mas isso não é tão simples e sempre depende do tipo de relacionamento.

Dito isso, sabe-se que a autocompaixão é fundamental para os cuidadores conseguirem fazer seu trabalho. Um dos problemas dos cuidadores, sejam profissionais ou da família, que são muito compassivos com os outros e que se tratam com muita aspereza é o *burnout*. Ninguém consegue apenas se doar o tempo todo. Se fizer isso e não cuidar bem de si mesmo, você ficará exausto. Sei disso porque fiz estudos com profissionais de saúde e terapeutas, e até um estudo com outros pais de crianças autistas. O fato é que pessoas mais autocompassivas são menos propensas ao *burnout*, a sentir a fadiga típica dos cuidadores, mas são mais propensas a ter satisfação com seus papéis. Então, é muito importante para um cuidador conseguir atender pelo menos parte de suas necessidades e não só focar em ajudar os outros. Isso é outro modo de dizer que a autocompaixão não é egoísta. A autocompaixão dá os recursos necessários para uma pessoa cuidar das outras.

O que vou falar certamente não irá surpreendê-los. A tendência de uma pessoa para ser autocompassiva ou autocrítica provém de seu histórico familiar inicial. Portanto, pessoas com apego seguro tendem a ser mais autocompassivas; pessoas com apego inseguro, cujos pais raramente atendiam suas necessidades, tendem a ser menos autocompassivas. Pessoas que cresceram em lares onde havia conflitos constantes e os pais eram muito críticos tendem a internalizar esses problemas e a serem mais duras consigo mesmas.

E, obviamente, não surpreende que pessoas com um histórico de trauma ou abuso possam ter dificuldade com a autocompaixão. Vocês podem dizer que, em parte, isso se deve ao contexto inicial no qual deveriam ter aprendido essa reação confortante à dor causada pelos pais, que podiam até ter um comportamento abusivo. O organismo inteiro fica desconjuntado — eu sei que essa não é uma palavra científica, mas o organismo realmente fica bagunçado. E para algumas pessoas com históricos de abuso, pode ser até assustador sentir autocompaixão devido às suas experiências passadas, pois, às vezes, quando eram bondosas consigo mesmas, seus cuidadores ficavam enfurecidos.

Então, essa é a notícia ruim, mas a boa-nova é que isso pode ser mudado. Agora, muitas pesquisas mostram que, especialmente com a ajuda de um bom terapeuta ou talvez até de um bom relacionamento, as pessoas com históricos de trauma que aprendem a ser mais autocompassivas desenvolvem uma maneira muito útil para curar essas antigas feridas. De certo modo, a autocompaixão é uma maneira de nos recriarmos, certo? Nas horas difíceis, nós reagimos com a calorosidade, bondade e apoio que não recebemos de nossos pais. Portanto, é possível curar muitas feridas com a autocompaixão, embora o caminho seja um pouco mais acidentado para quem tem um histórico de trauma. Em geral, nós recomendamos, especialmente em casos de abuso grave, que a jornada em busca da autocompaixão seja feita com o apoio de um terapeuta.

Ultimamente, estou muito interessada no seguinte: a autocompaixão pode ser ensinada? Como estou totalmente convencida de que ela funciona e é muito proveitosa, tenho grande interesse em saber como podemos ensiná-la aos outros. Agora está comprovado que é possível ensinar autocompaixão. De fato, aumentar a autocompaixão é um dos resultados benéficos de todas as abordagens baseadas na *mindfulness*, seja para a diminuição do estresse, a terapia cognitiva ou a terapia de aceitação e compromisso. Elas são tão benéficas justamente porque aumentam a autocompaixão. Ao desenvolver a habilidade de estar presente com seu sofrimento, voltar-se para dentro e ter a coragem de estar com ele, isso permite uma reação mais compassiva.

Aliás, a ioga também aumenta a autocompaixão. Sua prática envolve estar ciente de seu corpo, que às vezes dói, sofre e se machuca com algum movimento. A reação gentil ao corpo tende a aumentar a autocompaixão. E, como eu já disse, essa parece ser uma das razões, embora não a única, para que essas abordagens baseadas na *mindfulness* sejam tão úteis.

Nós também criamos um programa específico para o ensino da autocompaixão, intitulado "autocompaixão consciente". Em programas de *mindfulness*, a autocompaixão é mais implícita, embora, às vezes, os professores falem mais abertamente sobre ela. Mas meu colega Chris Germer e eu decidimos criar um programa no qual tudo gira em torno da autocompaixão: nas oito semanas de treinamento damos muitas ferramentas, exercícios, práticas informais e meditações guiadas que ajudam a desenvolver a habilidade para a autocompaixão. Devo dizer que as pesquisas sobre esse programa ainda estão engatinhando em comparação com as pesquisas sobre o treinamento de *mindfulness*.

Mas o fato é que há algumas pesquisas. Nós fizemos, por exemplo, um estudo sobre autocompaixão que comparou um grupo de controle na lista de espera. Nós descobrimos que houve um aumento de quase 50% na autocompaixão, na compaixão pelos outros, na *mindfulness* e no bem-estar em diversos marcadores. No meu ponto de vista, essa foi uma ótima descoberta: nós acompanhamos as pessoas por seis meses e, um ano depois, todas as habilidades foram mantidas. E acho que essa é a importância de ensinar autocompaixão explicitamente, pois as pessoas querem aprender práticas e ferramentas concretas que possam usar muito depois que o brilho cálido do grupo se esvaiu, certo? Nesse caso específico, as pessoas não perderam as habilidades que adquiriram, pois continuaram usando as práticas em sua vida cotidiana. Outra iniciativa recém-divulgada foi um ensaio controlado randomizado com pessoas que têm diabetes. Havia também um grupo de controle na lista de espera, o que não é o ideal, mas os pesquisadores descobriram que a autocompaixão diminuiu o estresse relacionado ao diabetes.

E outra coisa interessante foi que eles descobriram que a autocompaixão de fato ajudou a estabilizar os níveis de glicose nessas pessoas com a doença. Então, há definitivamente uma conexão entre mente e corpo ocorrendo aqui.

A Autocompaixão Consciente (AC) visa populações específicas. Por exemplo, um estudo mostrou que ela aumentou o bem-estar em participantes chineses e outro mostrou que ela diminuiu o *burnout* em profissionais de saúde. E recentemente alguns colegas adaptaram o programa de autocompaixão consciente para adolescentes e o intitularam de Making Friends With Yourself. Eles fizeram um ensaio controlado randomizado que descobriu que o programa realmente ajudou os adolescentes em diversos marcadores. Basicamente, ele é igual ao programa para adultos, mas usa mais arte e é um pouco mais divertido do que o outro programa.

Conforme já mencionado, nós sabemos que a meditação é ótima, que funciona e que muda o cérebro, mas a maioria das pessoas na sociedade atual não tem tempo nem vontade de meditar. Então, estou muito interessada em descobrir se ensinar doses menores de autocompaixão que não requeiram meditação ainda é proveitoso. Por isso, dirigi um ensaio controlado randomizado com profissionais de saúde, que consistiu em seis sessões de 60 minutos, para ver se um treinamento menor, que não passe a meditação como tarefa de casa, é útil, especialmente para reduzir o *burnout*. Os resultados foram excelentes, o que significa que até pequenas doses de autocompaixão ajudam.

Mas o que eu quero fazer agora, e depois vocês poderão fazer algumas perguntas, é ensinar uma pequena prática de autocompaixão, para que vocês entendam seu efeito. Eu quero mostrar que a autocompaixão não é um construto mental, mas uma experiência incorporada da presença conectada amorosa. Então, vou ajudá-los a terem um gostinho da autocompaixão com essa prática que vocês podem usar em sua vida cotidiana. Espero que vocês a coloquem em sua sacola de brindes após esta conferência, levem para casa e a usem.

Basicamente, essa prática chamada Pausa para a Autocompaixão faz as pessoas se lembrarem de usar os três componentes da autocompaixão no contexto do sofrimento. E ela também tem um elemento que chamamos de toque calmante. Como somos mamíferos, o toque é muito importante para transmitir o sentimento de autocompaixão. Às vezes, sua mente não consegue chegar lá, pois está tomada pela ideia do quanto você é horrível. Mas se você se tocar suavemente transmitindo apoio, da mesma forma que seguraria a mão de um amigo, isso é uma via direta para o estado de autocompaixão. Tudo isso estará aqui nessa prática.

Vocês estão prontos para fazer essa prática simples? Muito bem. Então, larguem o papel, as canetas e as xícaras de café — para deixar as mãos livres. Agora fechem os olhos e voltem-se para seu interior por um momento. Cheguem em casa em seu corpo, deixem toda a minha falação sair de sua mente e se voltem para o corpo, sentindo o assento na cadeira e os pés no chão. Muito bem. A fim de praticar a autocompaixão, é preciso evocar um pequeno sofrimento real — pois esta não é apenas uma prática abstrata. Então, peço que vocês se lembrem de alguma situação em sua vida atual que esteja lhes perturbando. Pode ser algo em que você falhou, alguma preocupação, talvez um problema no relacionamento ou no trabalho. Como vocês estão começando a aprender essa habilidade, eu realmente imploro que vocês sejam autocompassivos naquilo que escolherem — não optem pelo problema mais difícil de resolver, mas por algum que lhes faça sentir o estresse em seu corpo, algo entre três ou quatro em uma escala de um a dez. Então, tentem fazer uma boa escolha porque, se estiverem acabrunhados, vocês não conseguirão aprender a prática, mas se o problema for demasiado trivial, a prática não fará efeito. Portanto, escolham alguma situação atual que esteja lhes incomodando. Então, evoquem a situação e, apenas por um momento, entrem no enredo dela — quem disse o quê, o que aconteceu ou talvez possa acontecer, ou o que você teme que aconteça. Tornem o problema real e presente no olho de sua mente, talvez observando se vocês conseguem sentir o estresse disso em seu corpo.

Agora vou dizer uma série de frases que evocam os três componentes da autocompaixão. A primeira frase é: "Este é um momento de sofrimento". Certo? Vocês estão passando por um sofrimento e tendo consciência plena do quanto isso é doloroso. E eu peço que vocês usem sua própria linguagem para expressar isso... algo que lhe represente, talvez "isso que estou passando é muito complicado", ou "estou tendo dificuldades". Serve qualquer linguagem que os ajude a se voltar para dentro e reconhecer a dificuldade e o desafio que vocês estão enfrentando. É um tanto incômodo, mas é preciso ter coragem para voltar-se para dentro e confirmar o quanto isso é árduo.

A segunda frase é: "Sofrer faz parte da vida". Em outras palavras, isso nos lembra de que sofrer faz parte da experiência humana e é apenas uma parte da vida. Isso não é anormal nem significa que há algo errado nesse tipo de experiência. Então repito, usem qualquer linguagem que realmente os represente. Talvez algo como: "Muitas pessoas se sentem assim". Às vezes, esse tipo de fala ajuda, mas se ela menosprezar sua experiência, não use essas palavras, diga apenas que é natural coisas assim acontecerem. Como sofrer faz parte da condição humana, precisamos estar abertos para essa realidade.

Agora, refresquem rapidamente a situação em sua mente e a sintam em seu corpo. Então, tragam bondade para si mesmos por meio de palavras e também por meio do toque físico. Eu peço que vocês usem algum tipo de toque físico que traga alívio e apoio — talvez botando as mãos no coração ou na barriga, ou acariciando o rosto. Se sentirem estresse em uma determinada parte do corpo, ponham as mãos suavemente ali. Vejam se conseguem transmitir com o tato: "Estou aqui à sua disposição, pois me importo com você. Eu sei que é duro, mas estou ao seu lado". A seguir, acrescentem quaisquer palavras que realmente transmitam sua bondade e preocupação consigo mesmos. E se quiserem, usem um termo carinhoso. "Sinto muito que isso esteja sendo tão difícil para você, querida. Posso ajudar de alguma forma?". Mas pode ser que não funcione para todo mundo. Vocês podem brincar, talvez se chamarem pelo primeiro nome ou talvez algo como "estou contigo". Mas, se for preciso, usem a linguagem que realmente transmita sua bondade, apoio e proteção para si mesmos. E se estiverem com dificuldade para achar as palavras certas, frequentemente é mais proveitoso escolher uma experiência com a qual tenham mais prática, por exemplo, aquilo que vocês diriam a um amigo querido que esteja passando por uma situação igual à sua. Falar consigo mesmos como se fosse com um bom amigo pode facilitar que as palavras de apoio e bondade fluam.

Certo, agora abaixem as mãos e, antes que vocês abram os olhos, eu gostaria de dizer que algumas pessoas agora se sentirão bem, aliviadas e confortadas. Outras não sentirão mudança alguma. Afinal, essa é uma prática nova e nem sempre o resultado é imediato. E poucas pessoas sentirão o que chamamos de "ignição explosiva", que acontece quando damos amor a nós mesmos, mas surge o oposto. Mas isso é normal e faz parte da prática — então, não se preocupem de ter feito algo errado. A prática pode requerer um pouco mais de tempo para deslanchar. Então, tentem aceitar sua experiência autêntica sem julgamento, sem querer mudá-la. Está bem, agora abram os olhos.

Essa é a Pausa para a Autocompaixão. Caso queiram saber mais, ouçam o MP3 sobre o assunto em meu *site*. Essa é uma das práticas informais que são quase como uma pequena meditação e que ensinamos a professores e profissionais de saúde. Enfim, são coisas fáceis de fazer onde quer que a pessoa esteja e quando estiver a ponto de perder a cabeça. "Este é um momento de sofrimento. Sofrer faz parte da vida. Seja gentil consigo mesmo". Pode ser feito rapidamente e é quase como um mantra.

Gostaria de dizer que há muitos recursos em meu *site*. Vocês podem ver todos os PDFs originais da pesquisa e fazer o teste da autocompaixão. Aliás, muitos terapeutas e seus clientes fazem o teste em meu *site*, que também disponibiliza meditações guiadas e várias práticas. Mas eu adoraria ouvir as perguntas que lhes ocorreram durante a Pausa para a Autocompaixão ou sobre a pesquisa. Então, comecem, por favor.

PESSOA 1 NA PLATEIA: Olá, achei tudo isso lindo...

Kristin Neff: Obrigada.

Pessoa 1 na plateia: Eu gosto de me cuidar bem e acho isso maravilhoso. E quero comparar o que você disse com a tradição budista, que diz que não existe sofrimento. É isso mesmo? Não sou budista, mas ouvi falar nisso.

Kristin Neff: Sim. Eu acho que essa é uma interpretação errônea, embora eu saiba que há pessoas nessa plateia que poderiam explicar isso melhor do que eu. Basicamente, a ideia é que há dor. E algumas pessoas falam sobre o sofrimento como se fosse causado pela resistência à dor. Mas todos têm dor... e foi isso que Buda descobriu quando saiu de seu palácio. Todas as pessoas adoecem, envelhecem, têm dificuldades e morrem. Mas se resistimos e dizemos que isso não deveria estar acontecendo, geramos muito sofrimento para nós mesmos. Então, a ideia é diminuir o sofrimento mudando como nos relacionamos com a dor, mas a verdade é que ninguém tem uma vida perfeita. Pelo que sei, esse é um pilar básico do budismo. Isso esclarece um pouco? Então, a autocompaixão e a *mindfulness* mostram como nos relacionarmos com a dor, que é inevitável, de um modo que cause menos sofrimento. E como eu disse, eu uso a palavra sofrimento de uma forma genérica, não em um sentido específico. Mas se eu partisse para o lado técnico, provavelmente eu sempre chamaria isso de dor e acharia que o sofrimento acontece quando não nos relacionamos de uma maneira saudável com a nossa dor, e sim com resistência, crítica ou julgamento. Isso faz sentido?

Pessoa 1 na plateia: Faz sim, obrigado.

Kristin Neff: Certo, de nada.

Pessoa 2 na plateia: Eu queria saber sobre seu programa para adolescentes e se ele está disponível para o público. E também gostaria de saber se tem havido estudos sobre a redução de traços narcisistas, não só do narcisismo, usando a autocompaixão. Porque eu acho — e sou praticante — que muito mais pessoas que são autocríticas em situações abusivas também têm traços narcisistas bem fortes.

Kristin Neff: Sim.

Pessoa 2 na plateia: Ou só as pessoas ultranarcisistas que não têm a menor empatia. Isso é horrível. E eu queria saber se você já fez algum estudo sobre essas pessoas.

Kristin Neff: Sim, e vou responder primeiro à pergunta fácil, que é o treinamento. Então, temos treinamento para professores para o programa adulto de autocompaixão consciente e também para o programa Making Friends With Yourself. Se alguém estiver interessado, basta entrar em meu *site* e clicar no *link* do CenterforMSC.org. Basicamente, o primeiro requisito é a pessoa fazer um desses programas, que são ensinados em comunidades no mundo inteiro e também *online*. Afinal, tentar ensinar autocompaixão às pessoas sem senti-la não dá certo. Então, é preciso fazer o programa primeiro e depois o treinamento para professores na versão adolescente ou na versão adulta. Nós já treinamos mais de mil professores, então isso é muito empolgante e está disponível.

Em termos de lidar com pessoas, especialmente aquelas com transtorno de personalidade narcisista, até agora não há qualquer pesquisa a esse respeito. E quem fizer isso vai encarar uma empreitada difícil, pois é bem improvável que pessoas com narcisismo queiram fazer um curso sobre autocompaixão. Por que elas precisariam disso? E isso pode depender... Quer dizer, eu sei que a autocompaixão é eficaz para ajudar pessoas com vergonha e, muitas vezes, se argumenta que o narcisismo é um disfarce para a vergonha. Mas se alguém não consegue admitir a vergonha subjacente, o curso pode não ser eficaz. Eu só sei que essa seria uma tarefa muito desafiadora, mas talvez com a ajuda de um bom terapeuta, essas pessoas consigam admitir a vergonha por trás do narcisismo e lidar com isso.

PESSOA 2 NA PLATEIA: Obrigado.

KRISTIN NEFF: Está bem, tenho mais um minuto. Alguém mais quer fazer uma pergunta?

PESSOA 3 NA PLATEIA: Em meu trabalho clínico, atendo sempre crianças e adolescentes e seus pais perturbados.

KRISTIN NEFF: Sim.

PESSOA 3 NA PLATEIA: E fico tentando entender se posso tomar o partido da criança, da mãe ou do pai. Mas parece que há uma competição, que a mãe ou o pai deixa mais claro que quer que seu sofrimento seja compreendido. As crianças são bem mais fechadas a respeito do próprio sofrimento e é difícil se aliar com ambas as partes ao mesmo tempo.

KRISTIN NEFF: Sim, certo. Bem, para começar, quero dizer que aprecio o desafio de ser terapeuta porque esse profissional se depara com conflitos desse tipo e sabe o valor de uma reação compassiva. Isso não quer dizer que um sofrimento seja mais válido do que o outro, pois basta consultar um mapa para ver que há múltiplas causas e condições que geram sofrimento no mundo inteiro. Então, não dá para dizer que o sofrimento parental merece uma reação compassiva, mas o da criança não. Eu não sei, porém, talvez, você possa ter como regra em suas sessões que qualquer dor será tratada com compaixão.

Aliás isso é válido, inclusive, em relação à sua própria dor como terapeuta — mas essa dor nunca deve ser imposta aos seus pacientes. Mas nós estamos descobrindo que, se um terapeuta estiver em uma situação difícil, como lidar com uma família e pensar: "Não sei o que fazer, estou perdido e sobrecarregado. Isso é tão complicado", é fundamental que ele tenha autocompaixão pelas dificuldades e sobrecarga que enfrenta. Quanto mais um terapeuta conseguir incorporar a presença conectada amorosa em uma sessão, as outras coisas fluirão mais livremente. E pelo que sabemos a respeito da consonância empática, os clientes captam o que o terapeuta está sentindo, se ele consegue ter autocompaixão e estar em um estado de presença conectada amorosa. Isso ajuda os clientes a terem consonância com ele, de modo que as coisas se desenrolam mais facilmente. Mas, às vezes, há mesmo situações difíceis e não posso lhe dar uma resposta definitiva, mas posso afirmar que a autocompaixão ajuda, especialmente quando surge um dilema. É isso. Muito obrigada.

5

APRENDENDO A SER UM *SELF*

Da gratificação ao hábito

com Judson Brewer

JUDSON BREWER: Então, pessoal, vamos começar? O título aqui é bem ambicioso: "Aprendendo a ser um *self*: da gratificação ao hábito", ou seja, como a consciência plena pode aproveitar esse processo para a autotranscendência. Vou iniciar com uma pequena charada para deixar nossas mentes ruminando e ver se conseguimos decifrá-la juntos no final.

Bem, havia um chinês chamado Dazu Hoika e o último antepassado indiano de Buda, chamado Bodhidharma, que havia ido à China para meditar contemplando uma parede em uma caverna. Após ouvir falar sobre esse monge enigmático, Hoika queria estudar com ele e tentou muitas coisas para chamar sua atenção. A certa altura, movido pelo desespero, Hoika cortou um de seus braços e o mostrou para Bodhidharma. Então, Bodhidharma perguntou: "O que você quer?". Vocês podem ver essa cena aqui [aponta para um *slide*], menos o sangue e as vísceras. Hoika disse: "Minha mente não tem sossego. Por favor, apazigue a minha mente". Bodhidharma respondeu: "Traga-me sua mente e eu a apaziguarei". Hoika continuou: "Quando eu procuro minha mente, não consigo achá-la". E o monge respondeu: "É porque eu a apaziguei para você".

Mas sobre o que ele estava falando? No Center for *Mindfulness*, nosso trabalho é investigar e tentar entender a mente, para que possamos não só melhorar o bem-estar humano, mas ajudar as pessoas a realizarem seu potencial. Vou explicar como funciona. No Center for *Mindfulness*, nós temos um programa voltado ao comer consciente, que consiste em um treinamento de *mindfulness* mediante um aplicativo chamado Eat Right Now, com facilitação presencial. Após vários meses de treinamento, uma das participantes de um grupo, vamos chamá-la de Janet, começou a falar. Ela estava tendo uma crise existencial e disse: "Não sei mais quem eu sou". Mas eu diria que ela estava começando a perceber todos os hábitos que haviam formado sua autoidentidade, e é isso que vamos esmiuçar hoje. Vou usar alguns exemplos e pesquisas clínicas para mostrar como esse processo se estabelece e, se conseguirmos entender como ele funciona, poderemos começar a desmantelá-lo.

Nas palavras imortais de Lewis Carroll, Alice diz: "Quem sou eu no mundo? Ah, esse é o grande quebra-cabeça". Então, vamos tentar encaixar algumas peças do quebra-cabeça. Para começar, vou lhes contar um caso verídico. Uma moça de cerca de 30 anos foi à minha clínica, pois tinha transtorno alimentar compulsivo, ansiedade e depressão. Ela contou que seus pais haviam sobrevivido ao genocídio perpetrado pelo Khmer Vermelho no Camboja e imigrado para os Estados Unidos. Quando ela tinha cerca de oito anos, sua mãe passou a abusar dela emocionalmente. E o único jeito que ela achou para compensar a violência sofrida foi começar a comer desbragadamente. "Eu comia para abafar meus sentimentos", confessou ela. Quando me procurou, ela comia de maneira compulsiva durante 20 dias por mês, incluindo pizzas inteiras em uma sentada. Ela de fato estava tentando sufocar seus pensamentos e emoções, e preencher o buraco que sentia em seu coração. Então, como esse processo se instalou? Eu vou lhes mostrar um comercial de um minuto dos Vigilantes do Peso.

> **[vídeo]**
>
> [cantoria] Se você sentir que está feliz, coma um lanche... Se você sentir que está triste, coma um lanche... Então, seu rosto certamente irá demonstrar isso. Se você for humano, engula seus sentimentos e coma um lanche.
>
> **[após vídeo]**

Judson Brewer: Pronto. Quantos de vocês viram esse comercial? Eu vejo duas mãos levantadas. Eu não tinha visto esse comercial, então um amigo o enviou para mim. Aí, conversando com algumas pessoas no Vigilantes do Peso, eu disse: "Esse comercial é fantástico e me fisgou totalmente. Como não o vi na televisão?". E uma mulher disse timidamente: "Ele deprime as pessoas".

Mas o que ele aponta? Aponta um dos processos mais intactos de toda a evolução humana que agora é cooptado pela publicidade. Então, vamos ver do que se trata.

Isso remonta há 2.500 anos ou é até mais antigo... O cânone Pali, os ensinamentos de Buda ou do psicólogo budista descrevem lindamente esse processo. Eles dizem que esse gatilho entra em nossa mente — e achavam que a mente ficava mais ou menos por aqui [aponta para o coração]. Até hoje não sabemos realmente a localização da mente. Nós, cientistas modernos, olhamos para cá [aponta para a cabeça]; outros olham para lá — talvez devêssemos olhar mais amplamente. Mas a mente interpreta os acontecimentos como agradáveis ou desagradáveis e diz: "Ah, isso é agradável, quero mais" ou "ah, que coisa desagradável, vou me livrar disso o mais rapidamente possível". É assim que nós nos comportamos. A sabedoria antiga dizia que isso leva ao nascimento de um *self*. Nós esquadrinhamos a memória e aí começamos a pensar: "Ah é, eu sou desse jeito". E formamos hábitos em torno do *self*.

Então, se estamos estressados ou tristes e comemos um *cupcake*, nós aprendemos que "ah, sim, quando estou estressado ou triste, sou o tipo de pessoa que come um *cupcake*". Isso é interessante e estou usando óculos aqui para enxergar bem. Na antiguidade, isso se chamava ignorância, a qual perpetua o comportamento. Pelo processo de origem dependente, a ignorância perpetua o comportamento. Atualmente, todos nós temos esse viés subjetivo porque toda vez que temos algum tipo de comportamento, começamos a atualizar nossos bancos da memória que dizem: "Ah, é assim que o mundo funciona", com base em nossas experiências anteriores.

Outra coisa que o psicólogo budista apontou no processo de origem dependente é que esse ciclo se chama *samsara*, que significa "o fluxo incessante de renascimentos dos seres sencientes a partir dos mundos", o que é muito interessante. Por quê? Bem, para começar, o *cupcake* não necessariamente vai eliminar a causa do nosso estresse; ele só vai nos solapar cada vez mais à medida que começamos a ter esses hábitos. Então, na atualidade, achamos que é assim que um ciclo de hábitos se forma. E a sabedoria antiga de fato enfatizava esse senso de levar as coisas para o lado pessoal ou passar a se identificar com certos comportamentos.

Eu acho que Alan Watts explicou muito bem isso ao dizer: "O ego, o *self* que acreditava ser ele mesmo, era apenas um padrão de hábitos". Na Psicologia atual, isso é descrito como reforço positivo e negativo, algo que muitos aqui provavelmente já sabem. E de fato é interessante ver os paralelos entre esse conceito de origem dependente, que basicamente descrevia o reforço positivo e o negativo, o condicionamento operante, a aprendizagem por associação e outros termos relacionados. Tudo isso é o mesmo processo e a Ciência comprova que ele continua extremamente conservado. Eric Kandel ganhou o Prêmio Nobel por provar que esse processo também ocorre na lesma marinha, que tem apenas 20 mil neurônios. Portanto, nossos sistemas nervosos primitivos mais básicos aprendem da mesma maneira que os humanos. E exemplos disso envolvem fumar e comer. Ed Thorndike publicou algo nesse sentido no Século XIX. B. F. Skinner ficou famoso por suas caixas de Skinner, ou câmaras de condicionamento operante.

Então, de um ponto de vista comportamental da antiga Psicologia budista ou da Psicologia moderna, nós podemos entender como esses processos funcionam e começar a mudá-los. Por exemplo, nos Alcoólatras Anônimos há a frase "pessoas, lugares e coisas": se evitarmos pessoas, lugares e coisas, nós ficamos menos propensos a beber — o que faz muito sentido. Em relação a fumar, é mais difícil evitar a varanda da frente ou o carro após o trabalho, então só resta adotar outros comportamentos, como comer um doce, mascar a tampa da caneta, fazer algumas respirações profundas e outras coisas como essas. Portanto, nós podemos começar a substituir o comportamento doentio por outro. O problema é que nada disso extirpa de fato o ciclo de hábitos, conforme vocês podem ver nessas setas alaranjadas [aponta para um *slide*]. Nós podemos evitar as deixas, adotar outros comportamentos, mas o processo original continua presente.

A antiga literatura budista dizia algo interessante destacando o elo-chave nesse processo da ânsia: "Assim como uma árvore abatida pode voltar a crescer se suas raízes estiverem intactas e fortes, se as raízes da ânsia não forem totalmente arrancadas, os pesares sempre voltarão". E fazendo uma analogia com o câncer, se descobrirmos que uma certa via da enzima tirosina quinase teve uma mutação, será possível desenvolver medicamentos eficazes sob medida e com poucos efeitos colaterais.

Se esses mecanismos comportamentais forem entendidos, acho que também será possível criar tratamentos específicos e eficazes que mirem o ciclo da ânsia. A antiga teoria budista a esse respeito fala de *samsara*, o eterno retorno, mas eu gosto mais da interpretação atual. Se nós destilarmos a ideia budista até seus elementos essenciais, sobram um gatilho, um comportamento e uma gratificação. Se o gatilho for o estresse, nós comemos um *cupcake* e nos sentimos melhor, assim perpetuando esse processo. Acho que vocês já ouviram isso várias vezes antes de hoje, mas olhem de novo o cânone que descreve o que fazemos: "Aquilo que uma pessoa pensa, pondera e quer frequentemente se tornará a inclinação de sua mente". Por essa razão, entender esse processo é algo muito poderoso.

Aliás, a indústria alimentícia leva isso muito a sério e não foi por acaso que o setor do tabaco comprou muitas redes de *fast food*, pois sabe como a ânsia e a dependência funcionam. Saiu um artigo muito interessante no *New York Times* descrevendo todos os processos e a engenharia empregados na "comida". Certa vez, a publicação satírica *The Onion* estampou a seguinte manchete: "Doritos comemora seu milionésimo ingrediente". Obviamente, Doritos não é comida, e sim algo artificial projetado para ter uma certa cor, gosto, aroma e crocância, que induzem as pessoas a quererem comer mais desse salgadinho. E obviamente, o McDonald's e a Kellogg's não ficam para trás... há vários tipos de cereal Krave e se o chocolate ao leite Krave não for bom o bastante, não se preocupem, há chocolate duplo Krave. Mas que loucura é essa que eles estão fazendo?

É isso... bem-vindos à modernidade. Então, se conseguirmos entender o processo, nós podemos usá-lo para o bem ou para o mal, não é mesmo? E agora, fazemos o quê?

Hoje estamos falando muito sobre consciência, certo? Muitos aqui devem conhecer uma definição cunhada por Jon Kabat-Zinn: "Prestar atenção no agora de propósito e imparcialmente". Mas o que isso significa? Esta manhã, Jack comentou que somos constantemente sugados pelos incentivos e dissuasões da vida. Esse é o condicionamento operante: se algo for agradável, queremos mais; se algo for desagradável, queremos menos. Então, se prestarmos atenção e injetarmos equanimidade no que quer que esteja acontecendo, nós podemos de fato efetuar mudanças.

Básica ou teoricamente, a *mindfulness* funcionaria colocando uma "cunha de consciência" entre a pulsão e a ação, conforme descrevemos nos programas de DEBM [diminuição do estresse baseada na *mindfulness*], para que possamos responder, em vez de ter a reação habitual. Isso pode parecer bem complicado, mas como prestar atenção muda de fato esse processo? Eu argumento que o ponto é prestar atenção, estar atento ao que está acontecendo, antes de agir, que é o que o córtex pré-frontal da nossa mente ocidental aprendeu a fazer.

Vou lhes dar um exemplo de um de nossos estudos clínicos. Nós aceitamos aleatoriamente pessoas que queriam parar de fumar para fazerem um treinamento de *mindfulness* ou o programa Freedom From Smoking da Associação Americana de Pneumologia. Mas quando elas se inscreveram para o estudo, nós não dissemos como ele seria, então elas só sabiam que estavam vindo para um tratamento comportamental voltado a fumantes. E quando entraram em nosso grupo de *mindfulness*, nós dissemos: "Certo, fiquem à vontade e fumem". E elas ficaram confusas, tipo "será que estou no lugar errado? Eu vim aqui para parar de fumar. Por acaso, isto é um experimento psicológico?". E nós dissemos: "Não, de forma alguma. Fiquem à vontade e prestem atenção ao que acontece quando vocês fumam".

E aqui está um exemplo da reação das pessoas quando fumam prestando atenção: "Eca, isso tem cheiro de queijo podre e gosto de produto químico!". Isso *realmente é muito importante*, porque só pedimos que elas *prestassem atenção*. E quando começaram a prestar atenção, elas começaram a ver claramente quais são suas gratificações. Lembrem-se de que o condicionamento operante é a aprendizagem baseada em gratificações. Se conseguirmos ver claramente essas gratificações, podemos começar a mudar naturalmente o nosso comportamento. Conforme Yogi Berra diz: "Você pode observar muita coisa apenas ficando de olho", certo?

Então, voltando a esse processo: quais são as gratificações que de fato estou tendo? E se recorrerem à antiga Psicologia budista, vocês verão que há muitas descrições sobre explorar a fundo a gratificação, pois só assim o conhecimento e a visão afloram. E é isso que acontece com esses fumantes. Bem, até que ponto isso funciona? Na verdade, funciona surpreendentemente bem e não esperávamos ver essas descobertas: as taxas de abandono do vício no fim do tratamento foram o dobro e as taxas de abandono do vício em nosso acompanhamento por quatro meses quintuplicaram. Nós ficamos chocados com isso, pois só esperávamos ver um sinal. E esse é um sinal que vale a pena acompanhar.

Então, ficamos perplexos: "O que está havendo aqui? Qual é o mecanismo por trás disso?". Bem, nós roubamos nossa hipótese central dos budistas, mas a *mindfulness* funcionou desacoplando a ânsia e o comportamento. E a ideia é que haveria dissociação entre a ânsia e fumar antes que ambos se desvanecessem. Se imaginarmos que a ânsia é como um fogo ou um combustível para manter o fogo — a palavra literal é *upadana*—, se pararmos de alimentá-lo, ele se apagará.

Nós poderíamos até testar isso usando todas as estatísticas extravagantes feitas por alunos de doutorado e de PhD. Então, a ideia aqui é mostrar a correlação muito forte entre a ânsia e fumar no início do tratamento, que some totalmente no fim do tratamento. E se vocês fizerem todas as contas matemáticas, isso não tem a ver com a ânsia na base de referência, com a ânsia no fim do tratamento nem com o consumo de cigarro na base de referência. Mas tem tudo a ver com as práticas informais de *mindfulness*. Então, à medida que aprendem a lidar com a ânsia, as pessoas podem tê-la e não fumar.

Então, essas práticas informais de fato moderam a dissociação entre a ânsia e fumar, de maneira que esse modelo enfia uma cunha entre ambos. Já há evidências científicas de que é possível desmantelar o cerne desse ciclo, o que é muito animador. Então, quando fizemos essas descobertas, pensamos: "E o que faremos a seguir?".

Quando alguém está fumando ao ar livre, uma mão segura o cigarro e a outra segura o celular, certo? A memória dependente de contexto se forma para que nos lembremos de onde a comida está. Então, se as pessoas estiverem aprendendo a fumar em um certo contexto, nós não devemos necessariamente trazê-las para o consultório ou a clínica para ajudá-las a parar de fumar porque isso estaria fora do contexto. Será que devemos levar a clínica até elas ou colocá-la em seus celulares? Então, para testar essas possibilidades, nós começamos a desenvolver um treinamento via aplicativo. Nós pegamos nosso tratamento publicado em um manual e o comprimimos em *bites*, para que as pessoas pudessem acessá-lo sempre que precisassem. Assim, elas podiam absorver pequenos trechos de cada vez, rever as lições e aprender em seu próprio ritmo.

Nosso manual foi comprimido em *bites* e módulos que demandam cerca de dez minutos de leitura por dia ao longo de 21 dias. Vou dar um exemplo das animações que nós podemos inserir aqui e usar como exercícios, para que as pessoas comecem a aprender a lidar com suas ânsias no contexto em que estão perpetuando seu tabagismo. E, obviamente, nós podemos inserir amostras de experiências para vermos o quanto funciona bem.

Agora, nós também podemos ampliar isso para comunidades *online*. O apoio dos pares comprovadamente triplica ou quadruplica as taxas de abandono do vício. Nós podemos oferecer uma comunidade de apoio por parte de pares, para a qual as pessoas escrevam e tenham até orientação de especialistas — façam perguntas para nós etc. —, de forma que qualquer pessoa em qualquer canto do mundo possa se conectar. Mas, como pode parecer estranho colocar um tratamento presencial em um aplicativo, vou lhes mostrar um vídeo que elucida como isso funciona.

> [vídeo]
>
> [música]
>
> NARRADOR: Bem-vindos ao Craving to Quit, um programa de três semanas que irá ajudá-los a parar de fumar. Esse treinamento ao vivo na Universidade Yale comprovadamente teve o dobro da eficácia que outras terapias com o mesmo intuito. Agora vou apresentar a ideia básica sobre como os hábitos são formados. Primeiramente, reconheçam que a vontade ou a ânsia está começando e relaxem.
>
> [após vídeo]

Nós tivemos muita sorte de achar uma dupla de animadores que pararam de fumar graças à *mindfulness* e desenvolveram nossos módulos de animação. Agora vou lhes dar um exemplo disso.

> [vídeo]
>
> NARRADOR: Hoje nós vamos explicar a ânsia com a metáfora de uma criança gritando. Com certeza, todos vocês já viram uma criança, que pode até ser seu filho ou filha, tendo um acesso de birra. Essa criança está gritando porque quer alguma coisa e você só quer que ela pare de gritar. Sua filha só quer um pirulito. Então, na presente metáfora,

pensem em sua ânsia como se fosse o acesso de birra da criança. O pirulito e os cigarros são equivalentes.

Mas o que você deve fazer? Gritar com a criança? Isso pode piorar as coisas. Desviar a atenção dela? Isso interromperia um pouco a gritaria, mas a criança logo perceberia que foi enganada e voltaria a fazer birra. Então você dá o pirulito. Parabéns, você acabou de ensinar sua filha a gritar para ganhar pirulitos. Em outras palavras, você a ensinou que gritar é um bom meio para conseguir o que quer.

Mas o que mais você poderia ter feito? Aqui está um novo conceito: deixe a menina gritar até cansar. O quê? Você já viu uma criança que nunca mais parou de gritar? Às vezes, as crianças gritam tão alto por tanto tempo que você acha que a cabeça dela ou a sua vai explodir, mas isso nunca acontece. Então, o que acontece? A criança acaba se cansando e para de gritar.

[após vídeo]

Esses são conceitos simples, mas nós precisamos usar vários estratagemas para que as pessoas os entendam e adotem. E essas animações são ótimas para prender a atenção das pessoas. Uma coisa interessante é que, quando nós começamos a oferecer esse programa, as pessoas diziam que estavam mudando seu comportamento alimentar, o que foi muito esclarecedor para nós, pois uma das principais razões para continuar fumando, especialmente para as mulheres, é o medo de engordar. Quando param de fumar, as pessoas engordam em média 6,8 quilos. Ao refletir sobre o assunto, comecei a entender que esse ciclo de hábitos é um antigo processo evolucionário que se mantém até hoje.

Eu não sei se algum de vocês se identifica com isso. E, por sinal, Rufus Wainwright tem uma canção brilhante chamada *Cigarettes and Chocolate Milk*. Mas acho que ele poderia ter aprendido um pouco com Thomas Jefferson, que diz: "Não morda a isca do prazer enquanto não souber se há um anzol debaixo dela". Então nós desenvolvemos o programa *Eat Right Now*, com base no que aprendemos com o programa *Craving to Quit*. Os conceitos são semelhantes, mas nós podemos dar um treinamento mais específico de 28 dias, incluindo os módulos principais e um teste de estresse para ajudar as pessoas a distinguirem a fome do tédio ou estresse. O treinamento compacto dura 21 dias. A ABC fez esse vídeo mostrando como funciona.

[vídeo]

NARRADOR: A reação de Donna Marie Larrabee ao estresse era comer.

DONNA MARIE LARRABEE: Em uma situação estressante, eu me empanturrava de chocolate e sorvete.

NARRADOR: Mas ela não se sentia bem fisicamente e emocionalmente ao comer dessa maneira desenfreada. Então, no início de julho, ela entrou no Programa para o Comer Consciente no Center for *Mindfulness* da Faculdade de Medicina da UMass. O doutor Judd Brewer dirige o programa e criou o aplicativo que ensina aos participantes a mudarem esse ciclo alimentar movido pelo estresse.

JUDSON BREWER: Todos os dias, eles veem 10 minutos de vídeo com animações e exercícios sugeridos, para fazer um pouco de treinamento.

NARRADOR: A lição pode começar com um teste de estresse para detectar o que o participante está sentindo. Se a pessoa estiver muito estressada, o aplicativo pode recomendar exercícios de meditação, para que ela não se empanturre no lanche.

JUDSON BREWER: Nós os treinamos para começarem a prestar atenção no motivo por trás de comerem tanto, o que desencadeia isso e o tipo de comida que os atrai; e então a prestar atenção ao "como", se estão comendo de maneira consciente ou compulsiva.

NARRADOR: Donna Marie diz que o programa funcionou para ela.

[após o vídeo]

Então, tenho o prazer de relatar que recentemente fizemos em um estudo de viabilidade sob a liderança de Ashley Mason na UCSF, para ver se as pessoas usariam o programa e diminuiriam de fato sua ânsia para comer demais. E os dados obtidos nos surpreenderam de maneira positiva, pois revelaram que as pessoas estavam usando o aplicativo em média duas vezes por dia, 12 minutos por dia e há três meses estavam treinando por cerca de seis horas. Então, um aplicativo, que não é o Angry Birds ou Facebook, mas no qual as pessoas passam 12 minutos por dia, realmente é promissor. Mason também desenvolveu o programa de amostragem de experiências, com o qual podia ver a ânsia de comer das pessoas antes e depois do treinamento, e descobriu uma redução de 40% na ânsia de comer, o que é notável em um período de três meses.

Portanto, isso é encorajador, pois sugere mecanismos semelhantes aos focados em programas antitabagistas. Mas mais interessante ainda é ver como as pessoas descrevem sua relação com a comida. Eu não vou ler o depoimento inteiro, mas uma pessoa disse: "No passado, a gratificação por comer direito era emagrecer, mas isso não durava muito, pois eu não havia feito mudanças reais na minha vida cotidiana. Agora, a gratificação é diferente e emagrecer é um efeito colateral, pois o principal é ter uma vida mais equilibrada ou paz interior".

Outra pessoa, que comia muito por compulsão, disse: "Eu estava tentando descobrir o que ganhava com isso, qual era minha gratificação". Um mês depois, ela relatou: "Comer demais era minha reação emocional para abafar os sentimentos incômodos. Era ruim me sentir mal e comer me acalmava. À medida que comecei a aceitar as emoções, parei de ir o tempo todo à geladeira e à despensa. As emoções são mais reais e autênticas e podem gerar gratificação. Eu nunca me sentia bem após uma comilança. Quando eu respiro em meio a uma dor ou frustração emocional, eu me sinto realmente bem, calma e até apaziguada, e isso é que é uma verdadeira gratificação".

Em suas próprias palavras, essas pessoas estão vendo como a aprendizagem baseada em gratificação pode ser reprogramada simplesmente mediante o poder da atenção. Para ilustrar brevemente como é possível seguir em frente, eu tinha uma paciente que frequentou minha clínica por cerca de um ano, participando do Programa para o Comer Consciente. Após dois anos sumida, ela veio me ver há uns dois meses e disse que havia emagrecido 18 quilos e estava se exercitando diariamente. Mas seu comentário mais tocante foi: "Eu retomei minha vida. Consigo comer só uma fatia de pizza e ficar satisfeita". Então, houve uma mudança em alguns mecanismos neurobiológicos, pois antes ela chegou a dizer: "Não sei mais quem eu sou", mas agora não se definia mais por seus hábitos alimentares, o que a surpreendeu muito desde que abriu um espaço para explorar quem ela podia *não* ser. E nós iremos explorar um pouco mais isso.

"Quem podemos não ser"... D. T. Suzuki exprime bem isso no prefácio que escreveu para o livro *A Arte Cavalheiresca do Arqueiro Zen*: "Onde está o arqueiro?". Então, vamos mudar de marcha nos próximos minutos e falar sobre os mecanismos neurobiológicos por trás disso: como o *self* se forma, se perpetua e como podemos desmantelá-lo. Nós já exploramos como os mecanismos comportamentais se estabelecem e como formamos um senso do *self* baseado em comer e fumar, por exemplo. Vamos ver o que mais está em jogo aqui.

Para quem não conhece Lolo Jones, ela é uma corredora olímpica. Ela era a favorita para ganhar as corridas de100 metros com barreiras em 2008 em Pequim e estava na dianteira até a nona entre as dez corridas nessa modalidade. Em uma entrevista que deu à *Time Magazine*, ela disse o seguinte: "Eu estava em um ritmo surpreendente e, a uma certa altura, sabia que iria ganhar a corrida, mas não estava deslumbrada porque iria ganhar uma medalha de ouro nas Olimpíadas. Então, senti minhas pernas falhando e me esforcei mais ainda. Aí tropecei no penúltimo obstáculo e perdi a corrida". Então vale apontar aqui a relação dela com seus pensamentos — ela se distraiu pensando e literalmente tropeçou.

O conselho do mestre no livro *A Arte Cavalheiresca do Arqueiro Zen* é: "Pare de pensar no arremesso, pois isso leva ao fracasso". E, lamentavelmente, Lolo descobriu isso da maneira difícil. Ou, em outras palavras, "seu eu está interferindo". Conforme Shauna apontou hoje mais cedo, nós passamos 47% do tempo acordados perdidos em divagações mentais, ou devaneando. Então, se nós pensarmos o quanto os devaneios atrapalham vivenciar as experiências, é hora de dizer: "Ei, pare com isso!", e voltar a prestar atenção. Não seria ótimo se fizéssemos a mesma coisa com o estresse? "Ei! Para de se estressar!" Tá bem, obrigado por me fazer lembrar, mas agora chega. Então, nós podemos observar que o estresse segue um *continuum* e atrapalha nossas experiências. No extremo do espectro fica a dependência, que é o uso contínuo de substâncias psicoativas apesar das consequências nefastas. Mesmo sabendo disso, a pessoa fica tão dependente que perde o controle e continua se prejudicando.

Se esse processo acontecer muito, digamos, em 47% do nosso tempo acordados, é possível estudá-lo neurobiologicamente. Marcus Raichle da WashU e seu grupo descobriram isso por um acaso feliz quando estavam passando uma tarefa da base de referência aos participantes em seu estudo e disseram: "Deitem-se imóveis e não façam nada específico". Quando as pessoas fizeram isso, eles descobriram uma rede de regiões do cérebro que era constantemente ativada e a chamaram de "rede de modo-padrão". E nessa rede de modo-padrão há uma heurística em dois sistemas que basicamente competem entre si. Há um autorreferenciamento afetivo, ou sistema de processamento a quente, no qual a rede de modo-padrão e seus *hubs* principais, o córtex pré-frontal e o córtex cingulado posterior, se envolvem nessa avaliação autorreferencial. Isso é automático e influenciado pelos impulsos — como ver um *donut* e comer algo desse tipo. E essas regiões mediais do cérebro parecem estar muito envolvidas nisso.

Há também o processamento a frio, que requer esforço, é lógico, inibitório e envolve estruturas mais laterais do cérebro, como o córtex pré-frontal dorsolateral. Um exemplo rematado disso seria o doutor Spock, da franquia "Jornada nas Estrelas", que não tinha emoções e agia de modo totalmente cognitivo. Sem entrar nos detalhes, basta pensar nisso como "eu quero" *versus* "isso não tem a ver comigo".

À medida que essa heurística se desenvolve, como se pode melhorar o equilíbrio entre os dois sistemas? Como podemos aumentar nossa capacidade para tolerar o calor com um processamento a frio? Ou é possível diminuir esse calor para que não nos afete tanto? Vamos testar essa hipótese.

Para examinar a rede de modo padrão, nós podemos recorrer a vários estudos que ativam o córtex cingulado posterior. Quando estamos divagando, pensando sobre o passado e o futuro, fazendo julgamentos sobre nós mesmos e os outros, gostando de uma escolha que fizemos, estabelecendo metas de prevenção, mentindo, contando lorotas, sentindo culpa, processando algo emocional e tendo alguma ânsia, tudo isso ativa o córtex cingulado posterior. Mas há uma explicação convincente de como tudo isso se encaixa? Nossa hipótese central era e ainda é que isso pode ser um marcador de um *self* experiencial.

O dia todo estamos explorando o seguinte: quando nós nos expandimos em relação a alguma coisa é diferente de quando nos contraímos. Então, esse envolvimento nas experiências pode ser um marcador útil para distinguir nosso *self* do resto do mundo. Se não houver limite ou contração, é difícil distinguir onde eu paro e onde o resto do mundo começa. Isso é diferente do córtex pré-frontal medial, que pode ser mais autoconceitual, como "eu sou o Judd", como a parte de pensar nas coisas.

Então, vamos fazer juntos um experimento rápido e vou lhes dar duas opções. Pensando na contração *versus* a expansão que sentimos, o que o medo gera? Contração ou expansão? Sim, é contração porque tentamos nos encolher o máximo possível. Em um estudo que foi publicado há uns dois anos nas *Proceedings of the National Academy of Sciences*, as pessoas eram induzidas a sentir várias emoções, aí faziam exercícios em livros para colorir e respondiam à pergunta "onde vocês sentem essas emoções?". Então, foram feitos mapas térmicos com base nisso. E os pesquisadores descobriram que o medo gerava contração, assim como a raiva, a ansiedade, a tristeza e até o orgulho.

Então, qual deveria ser a tarefa do treinamento de *mindfulness*? Bem, se o problema é onde ficamos contraídos e atrapalhados, a *mindfulness* pode nos ajudar a não ficarmos tão presos a nós mesmos a ponto de perder o altruísmo. Não vou entrar em detalhes, mas nós fizemos um estudo há alguns anos comparando meditadores experientes *versus* meditadores novatos, para ver se seus cérebros se ativavam de modo diferente ao longo de vários tipos de meditação e se havia algo em comum entre todas essas meditações. Bem, a primeira coisa que vou lhes mostrar não é um *slide* porque, ao contrário do que esperávamos, não encontramos uma única região do cérebro que ficasse mais ativa durante a meditação e sobrevivesse ao nosso limiar estatístico.

Então, ao examinar o cérebro inteiro, descobrimos que havia apenas quatro regiões dele que eram diferentes e duas delas eram os *hubs* principais da rede de modo padrão. A atividade delas era menor em meditadores experientes do que nos novatos, o que aparece aqui em azul [aponta para um *slide*]. Agora, quando uma das meditações analisadas foi a meditação sobre a bondade amorosa e no que consiste o amor, vimos o quanto isso pode ser complexo, especialmente na comparação entre o amor romântico e o amor altruísta. E o interessante é que, no estado de bondade amorosa, a rede de modo padrão realmente fica calma. Bem, talvez porque o foco não esteja em nós.

Mas é importante que nossos resultados possam ser replicados. Um santo graal na Neurociência são as meta-análises, que examinam diversos estudos para ver o que sobrevive a um determinado limiar. Uma meta-análise publicada no ano passado descobriu que poucas regiões do cérebro sobreviviam a esse limiar. O córtex cingulado anterior dorsal foi uma das poucas regiões do cérebro que comprovadamente eram ativadas. Nosso laboratório descobriu isso apenas no sublimiar, mas não nos limiares estatísticos, só que isso parece ser comum em muitos estudos. Vejam aqui o cingulado posterior em azul [aponta para um *slide*], o qual sobrevive ao limiar em cerca de 80 estudos.

Quando examinamos a conversa entre regiões do cérebro, ou seja, a conectividade funcional, surgiu a pergunta: qual delas está falando com o córtex cingulado posterior? Então, plantamos uma "semente" no cingulado posterior para tentar descobrir o que é ativado ao mesmo tempo e o que é coativado. Quando o cingulado posterior sobe, o que mais sobe? Então descobrimos que, em meditadores experientes, em comparação com os controles, o córtex cingulado dorsal anterior era mais coativado. Isso mostrou conectividade funcional, como se ele estivesse conversando com o córtex cingulado posterior nos meditadores experientes, em comparação com os novatos. O que realmente nos surpreendeu, e vejam aqui em branco a nossa base de referência [aponta para um *slide*], é que há uma anticorrelação entre essas duas regiões do cérebro em meditadores novatos, a qual é mostrada no TDAH (transtorno de déficit de atenção com ou sem hiperatividade) e em muitos voluntários saudáveis, tipicamente quando o modo padrão está ativo... O cingulado anterior dorsal está envolvido na autoconsciência, no monitoramento de conflitos e coisas assim. Então, quando estamos perdidos em pensamentos, obviamente não ficamos cientes, o que comprova essa anticorrelação.

Mas o interessante é que, quando nós analisamos três meditações diferentes em relação à base de referência, os meditadores experientes mostravam um aumento na conectividade funcional, independentemente da tarefa. Então, houve uma enorme diferença nisso entre esses grupos. É interessante também examinar o córtex pré-frontal lateral dorsal, que é uma região de controle cognitivo e envolvida na memória ativa. E na base de referência vemos uma diferença entre os meditadores experientes e os novatos. Aqui vocês podem ver novamente essa anticorrelação [aponta para um *slide*].

Durante a meditação, nós não descobrimos muitas diferenças na conectividade nessa região do cérebro entre meditadores experientes e novatos. Os meditadores experientes não estavam diminuindo sua conectividade, mas os novatos estavam se aproximando mais dos experientes. Então, na base de referência *versus* meditação, há uma diferença dependente de estado nesses novatos, ao passo que não há diferença dependente de estado estatisticamente significativa em meditadores experientes.

Esse é um estudo transversal, mas sugere que, no decorrer do tempo, essas redes podem começar a se alterar e fenecer, até na conectividade funcional na base de referência. Isso foi encorajador, mas nós queríamos explorar um pouco mais. Então recorremos ao físico Richard Feynman, que ganhou o Prêmio Nobel, que diz: "Você é a pessoa mais fácil de enganar". Enquanto fazia esse trabalho, eu já meditava há mais de uma década, então, obviamente, meu desejo de descobrir diferenças entre meditadores experientes e novatos podia ter um certo viés.

Procurei, então, um dos meus colegas em Yale que havia criado um novo paradigma, para que ele desse *feedback* em tempo real às pessoas sobre seus cérebros mediante ressonância magnética funcional. Com isso, podemos localizar, observar e caracterizar regiões que nos interessam em pessoas que estão meditando, além de dar *feedback* às pessoas enquanto estiverem meditando. Também podemos fazer muitos experimentos de controle, que não vou detalhar agora. Quem tiver interesse pode ler os estudos publicados.

Basicamente, funciona assim: uma pessoa se deita no *scanner*, medita com os olhos abertos e a cada dois segundos seu cérebro inteiro é escaneado. Isso permite calcular o aumento ou diminuição relativo em sua atividade cerebral durante uma sessão de meditação, e podemos pedir às pessoas que nos digam o quanto sua experiência subjetiva se correlaciona com sua atividade cerebral. Esse é um dos primeiros estudos que ligam a experiência subjetiva à atividade cerebral, pois trata-se de uma lacuna que ainda não foi coberta a contento na Neurociência Cognitiva. Então, só pedimos às pessoas que nos dessem uma estimativa subjetiva sobre até que ponto os gráficos se correlacionavam com sua experiência. Quando elas estavam começando a mergulhar na atividade, o gráfico subia, e quando elas estavam focadas na respiração na meditação, o gráfico descia?

Os novatos relataram uma correspondência de oito em cada dez, ou seja, os gráficos revelavam bem o que se passava. Os meditadores experientes relataram praticamente o mesmo, mas eu gosto disso porque não é preciso usar estatísticas extravagantes para distinguir a diferença entre esses cérebros. Vejam a diferença entre o meditador experiente e o novato [aponta para um *slide*]. Eu não sei se vocês conseguem ver bem isso, mas o meditador experiente estava de fato aprendendo a olhar sua atividade cerebral enquanto meditava, algo impossível de fazer quando a pessoa está em uma caverna.

Então, vou lhes mostrar um exemplo da riqueza de dados que se pode extrair disso. Este é um meditador experiente e esta é uma rodada de meditação de um minuto [aponta para um *slide*]. Após cada rodada, nós pedimos que ele descreva sua experiência. O interessante é que tivemos de abreviar cada vez mais as rodadas, pois as pessoas não conseguiam se lembrar do que acontecia de fato a cada momento.

Então realizamos essas rodadas bem curtas e, mais uma vez, começando com uma tarefa da base de referência. Um sujeito relatou o seguinte:

"No início, eu percebi que estava tentando adivinhar quando as palavras iriam sumir, que era a tarefa da base de referência quando a meditação ia começar. Então, eu pensei, certo, estou pronto, vamos lá. Aí mais uma palavra surgiu e eu pensei: 'Que estorvo!', e houve um pico vermelho. Mas me recompus imediatamente e estava imergindo. Aí pensei: 'caramba, isso é surpreendente, pois está descrevendo exatamente o que estou dizendo e aparece esse pico vermelho'. E eu pensei: 'Tá bem, não se distraia, retome' e a linha no gráfico ficou azul novamente. E achei inacreditável, pois ela estava fazendo exatamente o que minha mente estava fazendo." A essa altura, ele estava rindo e disse: "Isso é muito engraçado porque é um mapa perfeito do que está se passando na minha mente".

Portanto, isso é realmente interessante. Nós podemos começar a desvendar a experiência momentânea e como ela se alinha com a atividade cerebral. Vou lhes dar exemplos de algumas descobertas incríveis feitas por acaso. Essa pessoa disse: "Eu estava preocupada de não estar usando o gráfico como um objeto de meditação, então tentei olhar mais firme para ele ou de alguma maneira prestar mais atenção". Foi aí que o gráfico ficou vermelho, certo? Você está ouvindo o som da minha voz, tente ouvi-la melhor, certo? Consciência é tudo, então essa pessoa percebeu o que estava se passando.

Aqui estão outros exemplos. "Lá pela metade eu tive alguns pensamentos que não vejo no gráfico, talvez porque deixei eles fluírem e irem embora". "Eu notei que quanto mais relaxava e parava de tentar fazer alguma coisa, mais azul ele ficava". Ah! Era sobre isso que Yoda estava falando, certo? Quem conhece Mihaly Csikszentmihalyi sabe que ele descreveu o conceito de "fluxo", o qual se caracteriza por ser altruísta, atemporal, sem esforço e pela sensação da pessoa estar totalmente fora de seu estado habitual. E de fato duas pessoas nos relataram espontaneamente que "entraram no fluxo" quando estavam no *scanner*, e pudemos obter uma foto instantânea disso. Uma dessas pessoas disse: "A sensação de fluir junto com a respiração se aprofundou no meio da meditação". Na verdade, nós nunca mencionamos fluxo durante todo esse experimento, mas duas pessoas relataram isso de maneira espontânea. E vocês podem ver essa linha acompanhando a atividade menor em seu córtex cingulado posterior.

Alguém pode dizer: "Mas esses são meditadores experientes, que em média já praticaram cerca de 10.000 horas". No entanto, foi pura coincidência o jornalista Malcolm Gladwell ter falado sobre a regra das 10.000 horas. Então muita gente pode dizer: "É melhor me esforçar e meditar pelo resto da minha vida se eu quiser mudar meu modo padrão". Neste ponto, nós podemos recorrer à sabedoria de outras pessoas. E cito o treinador Vince Lombardi, o primeiro treinador campeão do Super Bowl, vencendo-o duas vezes com o Green Bay Packers, em 1967 e 1968, que declarou: "Não se trata só da prática, e sim da prática perfeita". Então, se alguém se sentar para meditar durante 45 minutos e divagar o tempo todo, qual é o efeito desse treinamento? Talvez seja perpetuar parte da divagação mental.

Não é que sentar-se por 45 minutos não seja proveitoso, mas é possível ser acurado nisso? A tradição tibetana tem o ditado: "Momentos breves, muitas vezes". Então, podemos começar a reservar esses momentos para ver como é a experiência de fato e lhe dar um espelho mental.

Por exemplo, nós conseguimos juntar tudo isso para ver quais são os ingredientes e as condições que fomentam a consciência, em vez de nos forçarmos a ficar conscientes? Então, pensem nisso como se fosse uma "sopa de *mindfulness*" e, obviamente, prestem atenção, certo? Um ingrediente de fato necessário é o sal. Então, aqui está uma meditadora novata, que só aprendeu a meditar naquela manhã [aponta para um *slide*]. Essas são rodadas de 3, 6 e 9 minutos. Por acaso, houve um transplante cerebral? Não. Mas o que essa pessoa relatou? Ela disse: "Eu me sinto muito mais relaxada e lutando menos para impedir que minha mente divague". Isso é interessante, porque o que ela descreveu é, na literatura clássica, o quinto fator do despertar, *passati*, que literalmente significa "relaxamento" ou "tranquilidade". Portanto, ela percebeu que se não tentasse forçar sua consciência, poderia prestar atenção muito mais facilmente e seu cérebro mostrou uma mudança correspondente.

Aqui está um meditador experiente que disse: "Eu estava focando na respiração e, em especial, na sensação de interesse, assombro e alegria que surge junto com a respiração consciente". Vejam a atividade cerebral dele: *boom, boom, boom*. Ele estava descrevendo o segundo fator do despertar, que literalmente significa "curiosidade" ou "interesse". Aqui está outro meditador novato: "Pensando sobre minha respiração, surgiu o pico vermelho, então 'acho que seu *feedback* não funciona'". Mas, na rodada seguinte, ele disse: "Bem, quando eu estava focado na sensação física, ao invés de nos pensamentos indo e vindo, a atividade cerebral foi totalmente diferente". Então, aqui ele estava mergulhando na experiência real, e não em seu conceito sobre ela — algo muito potente. Então, isso equivale a parar de se atrapalhar.

Obviamente, *scanners* de ressonância magnética funcional não serão proveitosos nem úteis clinicamente, mas agora nós podemos começar a traduzir esse tipo de coisa mediante eletroencefalogramas. E o jornalista e apresentador Anderson Cooper até doou seu cérebro para nos ajudar em um experimento.

[vídeo]

JUDSON BREWER: Esta é a próxima geração de exercícios. Nós já destrinchamos os componentes dos exercícios físicos e agora estamos investigando como é possível treinar nossas mentes.

ANDERSON COOPER: O doutor Brewer está tentando entender como a *mindfulness* pode alterar o funcionamento do cérebro. Ele utiliza uma espécie de touca revestida com 128 eletrodos.

JUDSON BREWER: Nós vamos passar gel condutor nesses 128 eletrodos para fixá-los no couro cabeludo.

ANDERSON COOPER: Os eletrodos conseguem captar sinais do córtex cingulado posterior, que faz parte de uma rede cerebral ligada à memória e às emoções.

JUDSON BREWER: Eles captam apenas sinais elétricos no alto da sua cabeça.

ANDERSON COOPER: Desde que fui a um retiro de *mindfulness*, passei a meditar diariamente e estava curioso para saber se isso tem algum impacto sobre meu cérebro.

JUDSON BREWER: Para começar, pense em algo que lhe causou muita ansiedade.

ANDERSON COOPER: Certo. Quando eu pensei em algo estressante, as células no córtex cingulado posterior em meu cérebro imediatamente começaram a entrar em ignição, o que é mostrado pelas linhas vermelhas que ultrapassam o gráfico na tela do computador.

JUDSON BREWER: Mergulhe apenas na meditação.

ANDERSON COOPER: Está bem. Quando me livrei dos pensamentos estressantes e foquei de novo na minha respiração, em segundos as células do cérebro que estavam agitadas se acalmaram, conforme mostram as linhas azuis no computador. É fascinante ver isso.

O doutor Brewer acredita que qualquer pessoa pode treinar seu cérebro para chegar à zona azul da *mindfulness*, mas diz que toda a tecnologia que nos cerca dificulta isso.

[após o vídeo]

Eu acho extremamente importante usar as ferramentas tecnológicas atuais sabiamente, para que elas sejam proveitosas. Por exemplo, esse exame poderia funcionar como um espelho mental, para que possamos começar a ver o que nossa experiência real está nos dando — lembrem-se da aprendizagem baseada em gratificação. Então, como Sayadaw Pandita diz: "Nós podemos confundir empolgação com a verdadeira felicidade". E quando isso acontece, fica difícil enxergar como é nossa experiência real.

Então está na hora de começar a aproveitar nossos processos naturais de aprendizagem baseados em gratificação. Em vez de se estressar, comer um *cupcake* e se sentir um pouco melhor, que tal começarmos a aproveitar alguns dos nossos mecanismos intrínsecos de gratificação que estão sempre disponíveis, ao invés dos extrínsecos, como comer um *cupcake*? E é aqui que um trecho de *Alice no País das Maravilhas* pode nos ajudar: "Isso é muito curioso. Mas hoje tudo é curioso!". Qual é a sensação causada pela curiosidade? Ela tem mais a ver com uma empolgação contagiante ou com um temor quando estamos tentando chegar a outro lugar? Ou é mais semelhante a uma expansão da experiência? É possível aproveitar isso como uma gratificação natural? Portanto, fique estressado, curioso e sinta a alegria de se deixar levar.

Então, só para finalizar, vocês se lembram do pedido de Hoika para Bodhidharma? "Minha mente não tem sossego. Por favor, apazigue minha mente." E Bodhidharma responde: "Traga-me sua mente e eu a apaziguarei". "Quando eu procuro minha mente, não consigo achá-la". Então, se trouxermos isso para um ponto de vista neurocientífico, se começarmos a prestar atenção e a trazer nossa memória ativa de volta para procurar mergulhar em nossa experiência dando surgimento ao *self* experiencial, isso ajuda nosso sistema de processamento a frio? Mas com a diminuição desse fogo, não descobrimos qualquer evidência para diminuir nossa experiência, o que de fato faz sentido porque nós não podemos mudar o ambiente externo. No entanto, nós descobrimos algo bem diferente.

E se houver menos "*self*" para ser afetado pelo calor? "Quando eu procuro minha mente, não consigo achá-la". "Traga-me sua mente e eu a apaziguarei". "Desculpe, mas ainda não consigo achá-la". "É porque eu a apaziguei para você". Isso traz a possibilidade de começarmos a ficar abertos a perguntas como "quem eu sou?", à medida que começamos a desaprender nossos velhos padrões habituais que perpetuamos por meio dos autoconceitos ou vieses subjetivos. Conforme diz Alice: "Não adianta voltar ao ontem porque eu era uma pessoa diferente", ou como diz Suzuki: "O arqueiro e o arco deixam de ser dois objetos opostos, mas uma só realidade. O arqueiro para de estar consciente de si mesmo".

E isso fornece a capacidade de deixar esse vazio ser preenchido pelo amor. E, segundo T. S. Eliot: "O próprio desejo é movimento", de forma que incentivos, dissuasões e aquela ânsia "que não é desejável" podem se dissolver quando nós realmente vemos o que eles nos causam. "O amor é inabalável, sendo apenas a causa e o fim do movimento atemporal".

Então, paro por aqui dizendo que muitas pessoas contribuíram com esse trabalho, incluindo nossos financiadores. Por favor, escrevam para seus representantes no Congresso para que eles não façam cortes no orçamento dos Institutos Nacionais de Saúde. E vou fazer uma autopromoção descarada: se vocês quiserem ler mais sobre todo esse trabalho, meu livro foi lançado na semana passada.

Muito obrigado.

6

TREINE A MENTE PARA SALVAR O CÉREBRO

com Gary Small

Nesta apresentação, vou fazer duas perguntas e tentar respondê-las. Nossas mentes podem controlar nossa saúde cerebral à medida que envelhecemos? Em caso afirmativo, como podemos fazer isso?

Para começar a responder a essas perguntas, vamos considerar algumas diferenças entre a mente e o cérebro. A mente consiste em pensamentos, percepções, emoções, motivações, lembranças e experiências relacionadas. O cérebro é um órgão de tecido mole protegido pelo crânio. Ele perfaz apenas 2% do nosso peso corporal, mas inclui cerca de 86 bilhões de células nervosas e trilhões de conexões neuronais, e tem uma complexa anatomia funcional. Muitos pensadores notáveis, desde Sigmund Freud a Ludwig Wittgenstein, têm batalhado para desvendar a identidade da mente/cérebro. Independentemente de quaisquer definições detalhadas da mente e do cérebro, parece que nossas mentes têm potencial para proteger e salvar nosso cérebro.

Para entender como isso é possível, vale a pena mencionar as "zonas azuis", áreas geográficas onde há um grande número de pessoas que vivem até os cem anos ou mais. Nessas regiões, que incluem a Sardenha na Itália, a ilha de Okinawa no Japão e Loma Linda na Califórnia, as pessoas têm hábitos e estilos de vida semelhantes. Elas são fisicamente ativas, têm redes de apoio social fortes e consomem uma dieta rica em frutas e legumes antioxidantes, peixes anti-inflamatórios e grãos e proteínas saudáveis. Tais observações não provam uma relação causal entre longevidade saudável e estilo de vida, mas grandes estudos epidemiológicos enfatizam o elo entre estilo de vida e envelhecimento cerebral saudável.

Madame Jeanne Calment vivia no sul da França e consumia uma dieta mediterrânea saudável para o coração e para o cérebro. Ela nasceu em 1875 e morreu em 1997 aos 122 anos, sem ter tido demência nem a doença de Alzheimer. Além da sua dieta saudável, ela era física e mentalmente ativa, e bem-sucedida nos negócios. Aos 94 anos, vendeu seu apartamento para um homem de negócios francês que concordou em pagar seu aluguel em outro lugar e deixá-la morando lá pelo resto da vida. Ele morreu dez anos depois.

A saúde cerebral é imprescindível para uma longevidade com qualidade. A maioria das pessoas acha que a saúde cerebral gira em torno da memória. A memória é muito importante, pois define quem nós somos. Sem a memória, nós não temos passado, não podemos planejar o futuro nem desfrutar do presente. Mas a saúde cerebral é muito mais do que a memória, pois envolve várias funções mentais, como pensar, habilidades de linguagem e manter um humor estável. Se nossos cérebros forem saudáveis, nós podemos tomar as decisões certas sobre os hábitos cotidianos, a fim de manter a saúde cerebral.

À medida que envelhece, o cérebro tem mais inflamação. Células que normalmente combatem infecções ou reparam danos no tecido começam a atacar as células normais no cérebro. Ao examinar o tecido cerebral com Alzheimer sob o microscópio, há evidência clara de inflamação e as células inflamatórias parecem estar atacando os neurônios saudáveis. As evidências científicas indicam que vários hábitos no estilo de vida, como dormir bem à noite, consumir ácidos graxos ômega 3 presentes em peixes e nozes e fazer exercício físico combatem o envelhecimento cerebral, pois são anti-inflamatórios.

Muitas pessoas temem a doença de Alzheimer, pois ela é assunto constante nos noticiários. Celebridades a assumem como uma causa; atores, músicos, um presidente americano e outros famosos revelaram publicamente seus diagnósticos. Como muitas pessoas têm essa doença, isso não sai da nossa cabeça e ficamos confusos com todas as informações. Um dia, os médicos dizem: "Tomem vitamina E". No dia seguinte, eles dizem: "Não tomem vitamina E". Então, vou tentar colocá-los a par das informações mais recentes sobre a doença.

O maior fator de risco para o declínio da memória e a doença de Alzheimer é a idade. Graças a avanços na tecnologia médica, as pessoas estão vivendo mais tempo, mas não necessariamente bem. A partir dos 65 anos, há 10% de risco para a doença de Alzheimer, mas a partir dos 85 anos, o risco é de quase 50%. A cada 70 segundos um americano é diagnosticado com doença de Alzheimer.

Em 1906, Alois Alzheimer apresentou o primeiro caso para a comunidade médica. A mulher tinha 51 anos quando começou a ficar confusa. Ela morreu quatro anos depois e Alzheimer fez uma necropsia em seu cérebro. Ele aplicou corantes especiais no tecido cerebral e viu pela primeira vez placas amiloides e emaranhados neurofibrilares de tau, depósitos anormais de proteínas em áreas do cérebro que controlam o pensamento e a memória na região frontal, na temporal e em outras regiões. A comunidade médica achou isso interessante, mas a descoberta só causou impacto em 1968, quando patologistas publicaram um estudo sobre necropsias de pessoas mais velhas que tinham a chamada "senilidade". Anteriormente se pensava que a confusão apresentada pelas pessoas idosas era uma parte normal do envelhecimento. Mas as necropsias da série de pacientes com "senilidade" mostraram que, sob o microscópio, eles tinham as mesmas placas e emaranhados neurofibrilares descritos em 1906 por Alzheimer no caso de demência pré-senil. Isso preocupou as pessoas, pois apontou para uma nova epidemia de doença de Alzheimer de surgimento tardio. Mas essa descoberta forçou os cientistas e médicos a procurarem meios melhores para diagnosticar e tratar a doença.

Um cérebro afetado pela doença de Alzheimer é atrofiado, e sob o microscópio aparecem altas concentrações de placas e emaranhados neurofibrilares em regiões do cérebro que controlam a cognição. No entanto, em um cérebro com envelhecimento normal há placas e emaranhados ocasionais. Quando o cérebro é examinado com o uso de novas tecnologias de imagiologia como tomografia por emissão de pósitrons (PET), essas placas e emaranhados neurofibrilares parecem se acumular no cérebro ao longo de muitos anos antes do desenvolvimento dos sintomas da doença de Alzheimer.

Nossos estudos com PET na UCLA mostram evidência sutil da doença de Alzheimer nos escaneamentos de pessoas com memória normal — e elas não terão sintomas de Alzheimer por décadas (Small *et al.*, 2006). Achar que a doença de Alzheimer está crescendo silenciosamente em seus cérebros apavora as pessoas, mas eu acho que essa tecnologia nos dá a oportunidade de detectar problemas sutis e combater essa doença o mais cedo possível.

A genética de fato influencia o quanto as pessoas envelhecem bem. Há mutações genéticas raras que na verdade são erros no DNA e causam a doença. Em famílias com essas mutações genéticas, cerca de 50% dos parentes têm a doença, em geral na meia-idade. Se sua família tiver uma frequência bem alta de Alzheimer, busque aconselhamento genético e descubra se você tem uma dessas causas genéticas. Para a maioria das pessoas isso não é relevante, mas elas podem ter um "gene perigoso", que é uma variação no DNA que implica um risco um pouco mais alto para a doença de Alzheimer. O gene perigoso que tem sido mais estudado é o APOE4 (Donix; Small; Bookheimer, 2012). Uma em cada cinco pessoas tem esse risco genético que aumenta a propensão para ter a doença mais cedo. Mas isso não é infalível, então a maioria dos especialistas não recomenda testar a presença de

APOE4, embora isso seja feito em pesquisas. Ter o gene APOE4 é menos arriscado para pessoas que mantêm um estilo de vida saudável. Vários estudos mostraram que, mesmo que uma pessoa tenha esse gene perigoso, se ela se exercitar mais, há menos evidência da doença de Alzheimer em seu cérebro.

Susan Bookheimer e eu fizemos estudos sobre como é o cérebro quando pessoas com envelhecimento normal e o gene APOE4 fazem tarefas que envolvem a memória (Bookheimer *et al.*, 2000). Nós usamos imagens obtidas com ressonância magnética funcional para mostrar o que acontece no cérebro quando voluntários de meia-idade ou mais velhos, com queixas brandas sobre a memória, tentam compensar esses problemas. Nós descobrimos que os cérebros de pessoas com o gene APOE4 têm de se esforçar mais para compensar as dificuldades de memória do que aquelas sem esse risco genético. Lamentavelmente, essa compensação acaba se esvaindo, a menos que essas pessoas possam contar com ajuda especializada.

Os voluntários nesse estudo tinham o que chamamos de "envelhecimento normal", ou seja, tinham os problemas de memória dos quais a maioria das pessoas se queixa. Com o passar do tempo, a idade acaba afetando a saúde cerebral, a menos que as pessoas tomem providências concretas para protegê-la. O ritmo de declínio da saúde cerebral depende da genética e dos hábitos ligados ao estilo de vida de cada pessoa.

Os médicos descrevem três estágios principais do envelhecimento cerebral (Chen; Volle; Jalil; Wu; Small, 2019). O envelhecimento normal é o estágio em que fazemos piadas por esquecer os nomes das pessoas e não achar as chaves. Ele tende a ser estável, mas, se progredir, a pessoa apresenta declínio cognitivo brando, um estágio que requer mais esforço para compensar as dificuldades com a memória. Quando essa compensação se esvai, a pessoa parte para a demência, um declínio acentuado da memória e também cognitivo que prejudica sua independência. A causa mais comum da demência é a doença de Alzheimer, mas efeitos colaterais de medicamentos, depressão e outras condições reversíveis podem causá-la, então é importante procurar um médico quando a perda da memória se torna uma preocupação constante.

Aproximadamente 85% das pessoas que têm dificuldades com a memória se queixam de não se lembrar do nome das pessoas. Outro problema comum é se esquecer de um compromisso ou de um plano, algo ligado à memória *prospectiva*. Certas pessoas se incomodam por saber uma palavra ou nome, mas que não vem imediatamente na ponta da língua. Nosso grupo desenvolveu maneiras para compensar essas queixas comuns sobre a memória e logo mais vou demonstrar algumas delas.

Mas antes quero lhes falar sobre uma pessoa que teve um envelhecimento cerebral saudável: a avó de 104 anos da minha mulher. Vovó Ollie tinha uma personalidade forte e envolvente. Estava sempre falando no celular com os amigos e parentes. Fisicamente ativa, ela morava em Nova York em um apartamento sem elevador, então estava sempre subindo e descendo as escadas. Embora parecesse cognitivamente normal, toda vez que a visitávamos, eu me preocupava que ela tivesse um declínio cognitivo brando ou outro problema de memória devido à idade, mas ela era orgulhosa demais e não me deixava fazer um exame facial para checar seu *status* mental. Então, eu tinha que imiscuir isso sutilmente na conversa. Eu me lembro de uma visita em que iniciei a conversa perguntando: "Afinal, vovó, quantos anos a senhora tem?". Ela fez uma pausa e disse: "Cale a boca", de modo que passou com louvor no exame sobre seu *status* mental. Nem todos nós temos a mesma sorte se vivermos além de 85 anos.

Desde a época de Alois Alzheimer, os pesquisadores progrediram muito. Há, por exemplo, vários medicamentos disponíveis que estabilizam temporariamente os sintomas. Em 1993 foi lançado um tratamento sintomático com uma dose diária de medicamento para a doença de Alzheimer e desde então vários outros estão à venda nas farmácias. Os medicamentos não curam o problema, mas aliviam os sintomas, e nos últimos anos passaram por alguns ajustes para ajudar mais os pacientes e suas famílias. Para dar uma ideia de como esses medicamentos funcionam, se os pacientes de Alzheimer tomarem um placebo ou comprimido de açúcar, eles continuarão piorando, mas os tratamentos sintomáticos com medicamentos estabilizam temporariamente a perda de memória e outras queixas. E agora pesquisadores estão tentando descobrir um tratamento que modifique a doença, estabilizando-a e retardando sua progressão. Os tratamentos em desenvolvimento para a doença de Alzheimer incluem vacinas, infusões, ultrassom focado para reanimar os centros da memória no cérebro e até insulina em *spray* nasal, já que o diabetes aumenta o risco de Alzheimer.

Eu gostaria de descrever brevemente uma pesquisa que nós fizemos há alguns anos com o apoio dos Institutos Nacionais de Saúde (Small; Siddarth; Silverman *et al.*, 2008). Nós demos aos voluntários com envelhecimento normal um medicamento anti-inflamatório ou um placebo por 18 meses. Nós descobrimos que o medicamento ajudou os voluntários a melhorarem a memória e o funcionamento cerebral. Mas, lamentavelmente, medicamentos anti-inflamatórios têm muitos efeitos colaterais. Se alguém estiver tomando um medicamento anti-inflamatório para aliviar a dor nas articulações, isso pode proteger seu cérebro, mas nós precisamos aprender mais a respeito desses medicamentos antes de recomendá-los para tratamentos da saúde cerebral. Outros estudos indicam que, assim que as pessoas desenvolvem a demência, esses medicamentos podem acelerar o declínio cognitivo. Então, há um ponto de inflexão no qual esse tipo de tratamento proveitoso se torna danoso.

Nossa equipe de pesquisa tem estudado outras abordagens que possam ser mais seguras para diminuir a inflamação intensa no cérebro.

No estudo marcante de MacArthur, o envelhecimento bem-sucedido foi definido como êxito físico e cognitivo. Os pesquisadores concluíram que, para uma pessoa comum, a genética perfaz apenas um terço do que determina esse êxito. Isso significa que dois terços do que determina por quanto tempo uma pessoa envelhece bem dependem dela em termos de fatores não genéticos.

Alguns anos atrás, nós fizemos um estudo com o apoio do Instituto Gallup, que nos forneceu dados de dezoito mil pessoas com 18 a 99 anos de todas as regiões dos Estados Unidos (Chen; Volle; Jalil; Wu; Small, 2019). Nós queríamos entender a ligação entre comportamento saudável e problemas de memória. Não surpreendentemente, descobrimos que, à medida que envelheciam, as pessoas tinham mais queixas sobre a memória. E descobrimos também que pessoas idosas tinham comportamentos mais saudáveis do que as mais jovens. Além disso, quanto mais as pessoas tinham comportamentos saudáveis, melhor era sua memória. Quem não fumava tinha memória melhor do que quem fumava. Mas quem não fumava, comia frutas e legumes e se exercitava tinha uma memória ainda melhor.

Lamentavelmente, ainda não existe uma poção mágica — um comprimido que reverta o envelhecimento cerebral ou evite a doença de Alzheimer. No entanto, enquanto esperamos que a Ciência formule e disponibilize um tratamento que modifique as doenças, já existem estratégias eficazes para as pessoas envelhecerem bem.

Uma das atividades mais importantes para manter a saúde cerebral é o exercício físico, pois há evidências sólidas de que ele protege o cérebro. Qualquer coisa que faça o coração bombear oxigênio e nutrientes para as células do cérebro faz bem para a saúde cerebral. Quando você se exercita, seu corpo produz proteínas que estimulam seus neurônios a se ramificaram, o que faz os dendritos das células se comunicarem melhor. As endorfinas induzidas pelo exercício físico entram no cérebro e melhoram muito o humor. Quando estava na Universidade de Illinois, o doutor Arthur Kramer estudou sistematicamente o efeito do exercício sobre a saúde cerebral. Ele e seus colegas examinaram o tamanho do cérebro em uma área sob as têmporas chamada hipocampo, que é um centro importante da memória. No estudo, o tamanho do hipocampo de pessoas que faziam caminhadas rápidas diárias aumentou em seis meses e mais ainda em doze meses. O grupo de controle nesse estudo fez alongamentos e tonificação muscular, mas não apresentou condicionamento cardiovascular regular e o tamanho de seus hipocampos diminuiu no mesmo período de tempo. Outra pesquisa mostrou que quando os voluntários seguem um programa de caminhadas rápidas diárias, seu risco para Alzheimer diminui.

Por sua vez, pesquisadores na UCLA estudaram quantas horas por dia as pessoas ficam sentadas. E descobriram uma correlação entre o tamanho da região hipocampal e o tempo diário que as pessoas passam sentadas: quem passa muito tempo sentado tem um centro menor da memória no cérebro.

E o que dizer do exercício mental? Milhões de pessoas se entretêm com jogos do cérebro. Estudos mostram que a estimulação mental é associada a um risco menor para a doença de Alzheimer. Pessoas que se formam em uma faculdade têm um risco menor para a doença de Alzheimer. E até quem não fez uma faculdade não precisa se preocupar, pois a aprendizagem ao longo da vida é associada a um risco menor para a doença de Alzheimer. Portanto, qualquer tipo de estimulação mental pode proteger o cérebro.

E o que dizer das novas tecnologias? Os dispositivos pioram ou melhoram o funcionamento cerebral? A resposta é dupla: quando nos distraem, elas interferem na memória; no entanto, é possível escolher com o que ocupamos a memória e usar nossas engenhocas eletrônicas para pesquisar mais *online*.

Nós fizemos um estudo fascinante sobre o que acontece no cérebro quando uma pessoa faz uma busca *online* pela primeira vez (Small; Moody; Siddarth; Bookheimer, 2009). Para fazer esse estudo, nós precisávamos de voluntários que jamais haviam feito uma busca na internet e rapidamente nos demos conta de que não conseguiríamos recrutá-los *online*. Por fim, achamos um grupo de pessoas mais velhas que não usavam a internet e o comparamos com um grupo de idosos que já tinha experiência com a internet. Nós rastreamos sua atividade cerebral *online* com um *scanner* de ressonância magnética funcional.

Quando os voluntários que não usavam a internet fizeram uma busca *online*, as imagens da ressonância magnética funcional mostraram atividade cerebral mínima. Quando os voluntários experientes com a internet fizeram uma busca *online*, seus cérebros fizeram uma festa — e houve aumentos enormes na atividade cerebral. Quando as pessoas fazem uma busca *online* pela primeira vez ou qualquer nova tarefa mental, a atividade cerebral é mínima porque elas não sabem bem o que fazer. Mas assim que criam uma estratégia mental, há um aumento na ignição neural, então fazer buscas *online* pode ser um tipo de exercício cerebral.

Outros estudos mostraram que aplicativos para celulares, computadores e videogames podem treinar o cérebro, pois melhoram as capacidades para multitarefas, as habilidades para resolver problemas, a atenção e o tempo de reação. Cirurgiões que jogam videogames também cometem menos erros na sala de cirurgia, então da próxima vez que vocês precisarem passar por uma cirurgia, mais importante do que saber em que faculdade o médico se formou é saber quantas horas por semana ele joga o *World of Warcraft*.

Nosso Centro de Longevidade na UCLA elaborou aulas populares para exercitar a memória, nas quais ensinamos voluntários a treinarem grupos pequenos para aprenderem algumas técnicas mnemômicas. Eu vou lhes mostrar daqui a pouco. Essas aulas foram licenciadas em mais de doze estados nos Estados Unidos, assim como no Canadá, China e Brasil. Nós ensinamos técnicas simples como Look, Snap e Connect (Small, 2002). *Look* é um lembrete para focar a atenção — geralmente, as pessoas se esquecem só porque não estavam prestando atenção. *Snap* é um lembrete para tirar uma foto mental instantânea da informação — isso se baseia nas habilidades visuais inatas do cérebro. E *Connect* é um lembrete para ligar nossas fotos mentais instantâneas para que tenham sentido. Se algo for significativo, isso será memorável.

Vocês podem usar esse método para tarefas cotidianas que envolvam a memória, como lembrar onde estacionaram o carro. Se estacionou na vaga 3A, visualize três abelhas grandes pairando sobre seu carro. Se estacionou no andar 2S, imagine William Shakespeare ao lado do seu carro recitando "ser ou não ser". Mas será que o carro ficou na vaga 2S? Talvez esse não seja o melhor exemplo.

Esses métodos são muito úteis para nos lembrarmos de nomes e fisionomias. Você conhece um cara com muito cabelo e o sobrenome dele é Capelo — então é fácil se lembrar. Se você conhecer uma Lisa com um belo sorriso de Mona Lisa, isso o ajuda a se lembrar do nome dela. Se você conhecer a senhora Pereira, você pode gravar o sobrenome dela porque pera é sua fruta favorita. Ela diz que é advogada, o que o ajuda a se lembrar do nome dela, Leia, já que advogados se ocupam das leis.

Nós também podemos usar esses tipos de métodos para nos lembrar de palavras não relacionadas. Digamos que você sai de casa com pressa e não deu tempo de fazer a lista de tarefas do dia. Você precisa comprar ovos e buscar suas roupas na lavanderia. Então, imagine que está segurando um ovo que escorrega da sua mão e mancha suas calças, o que é um lembrete para ir à lavanderia. Agora eu quero que vocês experimentem como é fácil usar esse método mnemômico. Usem *Look*, *Snap* e *Connect* para se lembrarem de oito palavras não relacionadas. Basta visualizar mentalmente uma imagem para cada palavra e juntá-las em uma história. Eu vou ler as palavras e talvez algum voluntário nos conte sua história daqui a pouco. As palavras são "praia", "professor", "cavalo", "urso", "charuto", "freira", "árvore" e "pasta".

Enquanto vocês estão se estressando para inventar uma história, vamos falar sobre estresse. Animais com estresse crônico têm centros menores da memória no cérebro e se perdem em seus labirintos. Se pesquisadores injetarem cortisol, um hormônio do estresse, em um voluntário humano, ele terá uma piora temporária da memória. Mas meditação, ioga, *tai chi* e outros métodos de relaxamento podem diminuir o estresse, melhorar o humor e fortalecer a memória. Meditação até rebobina o cérebro e melhora as medições do comprimento dos telômeros nos cromossomos, o que prevê maior expectativa de vida. Passar tempo com amigos e dormir bem à noite são outras estratégias importantes para diminuir o estresse.

E não se esqueçam de combinar bem algumas dessas estratégias e praticar a tripla ameaça contra a doença de Alzheimer fazendo uma caminhada com um amigo. O exercício físico impulsionará sua saúde cerebral. A conversa estimulará seus circuitos neurais, e se você desabafar sobre suas preocupações, isso reduzirá seus níveis de estresse.

A espiritualidade também pode contribuir para a longevidade saudável. Um estudo muito interessante publicado no periódico *Demography* mostrou que pessoas que frequentam um lugar de culto vivem em média sete anos a mais. Talvez isso se deva ao fato de sentirem o apoio de outras pessoas ou de acreditarem em um poder superior. Se uma pessoa tiver uma personalidade do tipo A, isso pode criar uma propensão para o estresse crônico, o qual reduz a expectativa de vida. Mas se você acreditar em um poder mais alto que o ajude a se desembaraçar até certo ponto da necessidade de estar no controle, isso pode diminuir seu estresse e explicar a expectativa maior de vida de pessoas que frequentam regularmente um lugar de culto.

E o que dizer da nutrição? Os ácidos graxos ômega 3 de peixes e nozes combatem a inflamação no cérebro. Frutas e legumes controlam o estresse oxidativo ligado ao envelhecimento. Nós também precisamos evitar batatinhas fritas, *donuts* e *cookies* tentadores, pois esses açúcares refinados e comidas processadas aumentam o risco de diabetes, que dobra o risco para a doença de Alzheimer.

Há boas-novas na área de nutrição: álcool com moderação é associado à melhor saúde cerebral. Talvez aquela taça de vinho no jantar diminua o estresse e proteja nossos cérebros, ou talvez isso de deva a um ingrediente no álcool. Em laboratório, o resveratrol, um fitonutriente extraído de uvas roxas, do vinho tinto e da pele do amendoim, tem propriedades antioxidantes e anti-inflamatórias, mas não há certeza se o extrato realmente entra no cérebro. Então, por uma questão de segurança, se algum de vocês estiver tomando cápsulas ou gotas de resveratrol, engula-as com um bom vinho Bordeaux.

A cafeína com moderação também protege o cérebro, assim como os temperos. Nós acabamos de testar se uma forma biodisponível da especiaria curcumina, da cúrcuma, protela a perda da memória. A curcumina combate a inflamação e as pessoas que vivem na Índia têm um risco menor de declínio da memória. Pessoas que comem comida indiana condimentada regularmente têm desempenho melhor em testes de memória.

Controlar as porções ajuda a evitar a obesidade, que prejudica a cognição e reduz a expectativa de vida. Estudos recentes mostraram que, embora a obesidade quadruplique o risco de demência, quando pessoas obesas emagrecem, sua memória melhora rapidamente — em três ou quatro meses há uma melhora significativa da memória e os benefícios se mantêm durante anos.

Quando se trata de emagrecer, é mais fácil falar do que fazer, e neurocientistas examinaram o que acontece no cérebro quando estamos tentando controlar o peso corporal. Há diversas partes do lobo frontal que assumem o controle. O córtex pré-frontal lateral dorsal dá mais valor à saúde do que ao paladar, mas outra parte geniosa do cérebro, o córtex orbitofrontal, tenta nos convencer a seguir os impulsos, então há uma batalha no cérebro. Mas se as pessoas conseguirem resistir a seus impulsos, seus cérebros se rebobinam e fica mais fácil resistir às tentações no futuro.

Há outras coisas essenciais para viver melhor por mais tempo. Tentem evitar traumas e pancadas na cabeça, com isso você protegerá o seu cérebro. Caso fumem, livrem-se desse péssimo hábito. Tentem também ter uma perspectiva positiva — otimistas são mais longevos do que os pessimistas. Caso tenham pressão arterial alta ou colesterol alto, tomem os medicamentos para isso. Além de proteger sua saúde cerebral, isso aumentará sua expectativa de vida.

Frequentemente, as pessoas perguntam se é possível evitar a doença de Alzheimer. Mas prevenção não significa ficar livre desse risco. No entanto, é possível alcançar a meta mais modesta de retardar o início dos sintomas. Agora, para comprovar isso, seria necessário haver um estudo como o de Framingham que duraria uma ou duas décadas, envolveria um número enorme de voluntários e custaria milhões de dólares. Eu não quero esperar dez anos para alguém me dizer: "Para proteger seu cérebro, você deveria ter tido um estilo de vida saudável na década passada". Eu acho que já há evidências suficientes de que é possível ter algum controle sobre nossa futura longevidade tendo um estilo de vida saudável.

Outro argumento de que o estilo de vida pode resguardar a saúde cerebral é que o exercício físico e a dieta saudável evitam o diabetes. Afinal, ter diabetes dobra o risco para a doença de Alzheimer.

O ponto principal é que nunca é cedo ou tarde demais para adotar um estilo de vida que fomente a longevidade saudável. Nós já demos o primeiro passo ao aprender que há uma ligação entre comportamento e envelhecimento saudável. O próximo passo é adotar um programa que seja divertido e fácil. Meu livro mais recente se chama *Two Weeks to a Younger Brain* (Small; Vorgan, 2015). Se o título fosse *Two Years to a Younger Brain*, ninguém o compraria. Mas duas semanas é tempo suficiente para as pessoas darem pequenos passos e começarem gradualmente a fazer exercícios. Então, notar os benefícios iniciais e o *feedback* positivo as motiva a manter permanentemente seus hábitos saudáveis.

Lembrem-se de que seus hábitos cotidianos têm mais impacto sobre o quanto você sobrevive bem aos seus genes. Madame Calment viveu 122 anos com um cérebro saudável e vocês também podem assumir o controle de sua futura longevidade seguindo a fórmula para o envelhecimento bem-sucedido: exercite seu corpo, estimule sua mente, administre o estresse e coma corretamente, para continuar se deleitando consigo mesmo. Obrigado.

Referências

BOOKHEIMER, S. Y.; STROJWAS, M. H.; COHEN, M. S.; SAUNDERS, A. M.; PERICAK-VANCE, M. A.; MAZZIOTTA, J. C.; SMALL, G. W. Patterns of brain activation in people at risk for Alzheimer's disease. *New England Journal of Medicine*, v. 343, p. 450-456, 2000.

CHEN, G. S.; VOLLE, D.; JALIL, J.; WU, P.; SMALL, G. W. Health-promoting strategies for the aging brain. *American Journal of Geriatric Psychiatry*, v. 27, p. 213-236, 2019.

DONIX, M.; SMALL, G. W.; BOOKHEIMER, S. Y. Family history and APOE-4 genetic risk in Alzheimer's disease. *Neuropsychology Review*, v. 22, p. 298-309, 2012.

SMALL, G. *The Memory Bible*: An Innovative Strategy for Keeping Your Brain Young. Nova York: Hyperion, 2002.

SMALL, G. W.; KEPE, V.; ERCOLI, L. M.; SIDDARTH, P.; MILLER, K. et al. PET of brain amyloid and tau in mild cognitive impairment. *New England Journal of Medicine*, v. 355, p. 2652-2663, 2006.

SMALL, G. W.; VORGAN, G. *Two Weeks to a Younger Brain*. Nova York: Humanix, 2015.

SMALL, G. W.; MOODY, T. D.; SIDDARTH, P.; BOOKHEIMER, S. Y. Your brain on Google: Patterns of cerebral activation during internet searching. *American Journal of Geriatric Psychiatry*, v. 17, p. 116-126, 2009.

SMALL, G. W.; SIDDARTH, P.; ERCOLI, L. M.; CHEN, S. T.; MERRILL, D. A.; TORRES-GIL, F. Healthy behavior and memory self-reports in young, middle-aged, and older adults. *International Psychogeriatrics*, v. 25, p. 981-989, 2013.

SMALL, G. W.; SIDDARTH, P.; SILVERMAN, D. H. S.; ERCOLI, L. M.; MILLER, K. J.; LAVRETSKY, H.; BOOKHEIMER, S. Y.; HUANG, S.-C.; BARRIO, J. R.; PHELPS, M. E. Cognitive and cerebral metabolic effects of celecoxib versus placebo in people with age-related memory loss: Randomized controlled study. *American Journal of Geriatric Psychiatry*, v. 16, p. 999-1009, 2008.

7

MEDICINA PARA O CORPO E A MENTE

Consciência e saúde

com Helen Lavretsky

HELEN LAVRETSKY: É um grande prazer estar aqui. Esse é o tema da minha palestra hoje [aponta para um *slide*]. E estes são os *slides* reveladores: eu recebi financiamento do National Center for Complementary and Integrative Health (NCCIH), incluindo um Prêmio pela Carreira, e da Alzheimer's Research and Prevention Foundation que financiou os estudos que vou apresentar logo mais.

Vou mostrar as evidências da eficácia de terapias para o corpo e a mente usadas para o bem-estar psicológico e no tratamento de doenças psiquiátricas. Vou também recapitular a Neurobiologia da resposta à Medicina para o corpo e a mente. E vou descrever dois estudos que fiz e concluí recentemente sobre o uso da meditação iogue diária para diminuir o estresse de cuidadores de parentes com demência. Outro estudo comparou a ioga com o treinamento da memória usado para o declínio cognitivo brando em adultos mais velhos.

Segundo o National Center for Complementary and Integrative Health, a medicina para o corpo e a mente é um segmento de terapias complementares e integrativas. Em minha prática e na vida pessoal, eu estudo diariamente ioga, meditação, hipnoterapia, espiritualidade, *tai chi*, *qi gong* e, mais recentemente, artes expressivas. Atualmente, estou envolvida em um estudo sobre o uso de *tai chi* para tratar a depressão em adultos mais velhos; e em outro sobre ioga para mulheres a partir de 50 anos com fatores de risco cardiovascular e queixas subjetivas sobre a memória.

Como vocês sabem, a população em geral nos Estados Unidos não quer esperar pela descoberta dos mecanismos de resposta à medicina para o corpo e a mente, que inclui a meditação. E especialmente nesta época tão errática, nós queremos saber como controlar e dominar nossas reações ao ambiente externo. Graças aos professores de ioga, fui absorvida e absorvi a ioga Kundalini. E aqui está o melhor disco de *new age* em 2017, *White Sun II*. Eu o recomendo muitíssimo e o indico para quem quer se livrar da fúria dirigindo em uma estrada... e de outros problemas. É muito hipnótico e quando você ouve essas músicas no carro você não cai no sono, mas para de se importar para onde está indo e se vai chegar a algum lugar.

Garujas é o vocalista no disco e um dos amigos e professores com quem viajei para a Índia, ao passo que o mentor de todo o projeto do *White Sun* é meu professor de ioga Harijiwan. Vou citá-los mais para a frente. Sou professora certificada de ioga e passo bastante tempo pensando sobre ela e tentando entender como ela funciona. Eu me testo a fim de criar experimentos científicos e entender melhor como essas abordagens para a mente e o corpo funcionam.

Como uma imigrante da antiga União Soviética se tornou pesquisadora da medicina para o corpo e a mente e foi convidada pelo Instituto de Medicina Tibetana do Dalai Lama para apresentar uma palestra científica em outubro? Eu diria que o ritmo da minha vida tem sido bem veloz. E sem dúvida certos acontecimentos despertaram meu interesse e desejo de aprofundar ao máximo esses conhecimentos.

Em um dia ensolarado, quando eu tinha 42 anos, fui parar no pronto-socorro, onde um eletroencefalograma mostrou que eu estava à beira de um ataque cardíaco. A onda Q indicava a despolarização inicial do septo interventricular, uma situação limite na qual você não tem tempo de sobra nem poder de escolha. Então, comecei a negociar com Deus e dizia: "Vou mudar, prometo que vou mudar". A negociação continuou por cerca de duas horas e quando acabou, senti um tipo de energia que alterou o eletroencefalograma, pois a onda Q abaixou e melhorou a isquemia cardíaca. Minha família tem um histórico de doenças cardíacas, mas eu sou totalmente saudável. O fato é que onda Q foi causada por um tremendo estresse em vários aspectos da minha vida. A plateia provavelmente sabe disso — nós ficamos imprensados por múltiplos eventos e fontes de estresse e, lamentavelmente, ficamos tão distraídos que é preciso levar um susto para entender o que é importante na vida.

O estudo que vou descrever aborda a meditação Sa-Ta-Na-Ma, ou Kirtan Kriya, que estudei e ensinei pessoalmente para os participantes da pesquisa e comprovadamente tem vários efeitos benéficos para a saúde, conforme vocês verão nos próximos 40 minutos. Criada há mais de 5 mil anos e isenta de influências religiosas, essa prática contemplativa treina as pessoas para acalmarem e controlarem a mente. Práticas como ioga, meditação, *aikido*, orações, *tai chi* e *qi gong* são sistemas que visam libertar ou mudar a consciência e alterar nossa relação com o mundo. Ao cultivar a conscientização, elas nos conectam com nossa alma, nosso *self* autêntico, também conhecido como a natureza de Buda, espírito e *self* criador. Nós nos sentimos como obras de arte vivas, filhos de Deus e da Mãe Terra, e expressões singulares do universo maior. Como consequência, é possível se curar por meio dessas práticas.

No entanto, os métodos de pesquisa têm uma visão muito reducionista sobre essas práticas. Como você conta uma história? Como você estuda elementos desses processos realmente complicados? E o National Center for Complementary and Integrative Health tem suas prioridades: qual é a aplicação disso para a saúde? O que se espera dessas práticas? A melhora da saúde física e mental, a gestão da dor, o combate aos sintomas de depressão e ansiedade, insônia e assim por diante; o impacto sobre a saúde e a prevenção de doenças físicas e mentais.

Conforme descrevi, muitas dessas doenças são causadas por nossa reação ao estresse, que foi moldada por meio de evolução. Todos nós somos constituídos para nos opor e reagir ao estresse. Mas nossa reação a ele pode ser modificada por nossas experiências, genética, criação, experiências de trauma e abuso na infância, influências ambientais e até o estilo de vida, como exercitar-se, consumir bebidas alcoólicas, dieta e práticas meditativas. Tudo isso contribui para as reações fisiológicas ao estresse que tipicamente levam à adaptação. Afinal, nosso corpo é muito flexível e pode mudar para se moldar a uma situação. Mas quando é excessivo ou crônico, o estresse gera reações anormais ou desajustadas, que são detectadas na carga alostática: isso inclui obesidade, pressão arterial alta, colesterol alto e hormônios do estresse em resultado do estresse crônico excessivo.

Resiliência é outro conceito associado à adaptação ao estresse. A resiliência é definida como a capacidade para "recuperar-se rapidamente" da adversidade. Há algumas intervenções parecidas com a psicoterapia, incluindo a terapia para o bem-estar para aprender a ser otimista e o treinamento para ter mais resistência, que focam nos aspectos positivos das experiências difíceis, em percepções mais positivas sobre os desafios e na capacidade de aprender lições com os acontecimentos na vida. Para mudar sua reação ao estresse, modifique fatores de seu estilo de vida, como dieta, exercícios e espiritualidade, pois isso aumenta a resiliência e gera mais bem-estar físico e mental. A medicina integrativa alternativa complementar é uma abordagem holística e integrativa para reequilibrar a mente, o corpo e o espírito.

Esse reequilíbrio envolve o sistema nervoso central, o sistema nervoso autônomo, o sistema simpático e o parassimpático que, por sua vez, regulam os sistemas hormonal e imunológico. A uma certa altura, as intervenções para o corpo e a mente tendem a intervir nesse circuito modulando as vias imunológicas autônomas do cérebro e vias imunológicas/endócrinas que equilibram a reação ao estresse.

Os exercícios físicos conscientes que eu estudo, ioga, *qi gong* e *tai chi*, são cada vez mais utilizados para melhorar o bem-estar psicológico e combater a hipertensão, doenças cardiovasculares, a resistência à insulina, a depressão e a ansiedade — pois são feitos com um foco contemplativo profundo direcionado para dentro. E seu elemento-chave é um componente meditativo imparcial e não competitivo. O foco mental é no alinhamento muscular e na consciência sobre os movimentos, aliado a um nível baixo a moderado de atividade e respiração consciente centrada, prestando atenção só na respiração — um foco no alinhamento anatômico, espinha, tronco e pélvis, na postura física adequada e então na consciência centrada na energia. Inexistente na Medicina Ocidental, esse é o conceito de "chi", que é o fluxo de energia: *chi*, *prana*, *sekhem*, força vital ou Kundalini. Nós podemos mensurar algumas de suas manifestações, como o fluxo sanguíneo, mas até agora essa força é indetectável para o olho humano.

O *tai chi* está amplamente disponível em Los Angeles, uma cidade maravilhosa, onde todas essas experiências inacreditáveis estão concentradas no Wilshire Boulevard. O *tai chi* é um treinamento muito complexo do corpo e da mente humanos. O que treinamos fazendo *tai chi*? Forças musculares e ósseas, flexibilidade e eficiência, respiração, concentração, atenção, *mindfulness*, imaginação, visualização da intenção, toque físico, massagem, energia sutil, ter mais sintonia com sua energia, interações psicológicas, filosofias e paradigmas alternativos relativos à saúde. Ninguém entra por acaso em uma aula de *tai chi*; em geral, as pessoas estão interessadas em aprender tudo sobre *tai chi* ou *qi gong*, inclusive sobre suas origens. E nas escolas de ioga geralmente há um ícone, que é um mestre ou guru, cujos ensinamentos arrebanham seguidores que se tornam seus discípulos.

Os mecanismos putativos promovem o relaxamento e diminuem o *output* simpático; reduzem os sintomas clínicos e somáticos, a ansiedade, a depressão e a pressão arterial, e aceleram a recuperação de doenças causadas por baixa imunidade; reduzem a inflamação, a proteína reativa; melhoram a função imunitária e a reação a vacinas; reduzem os hormônios do estresse no eixo hipotálamo-pituitária-adrenal; aumentam os picos de oxigênio e a oxigenação do sangue durante a respiração; aumentam os níveis de endorfinas do sangue e a sensibilidade do barorreflexo, importantes para a regulação da pressão arterial. E estudos com eletroencefalograma (EEG) mostram uma desaceleração profunda da atividade das ondas alfa e theta, indicando mais relaxamento e atenciosidade.

Há cada vez mais estudos sobre o uso de *tai chi* e *qi gong* para transtornos mentais, como depressão, estresse, ansiedade, doença de Parkinson, distúrbios do sono e abuso de substâncias psicoativas, que afetam a cognição, o humor, o bem-estar fisiológico e psicológico, e a autoestima. E a maioria dos estudos descobre alguns aspectos positivos resultantes dessas práticas que não requerem receita médica nem envolvem custos financeiros, a menos que a pessoa se inscreva em um curso. E, ao aprender tais práticas, as pessoas podem aplicar as novas habilidades em sua vida cotidiana.

A ioga engloba filosofias, princípios e práticas existentes há mais de 5 mil anos. Suas práticas incluem o controle da respiração (*pranayama*); posturas corporais específicas (*asanas* e *mudras*); e meditação. A ioga é praticada mundialmente, pois melhora a saúde e diminui o estresse. Milhões de pessoas fazem ioga aqui nos Estados Unidos, e como mostra a tabela de um levantamento recente [aponta para um *slide*], isso inclui basicamente todas as idades, exceto talvez dos 65 anos em diante. Mas isso está mudando. *Baby boomers* têm experimentado práticas de ioga e meditação, pois sabem que elas ampliam o uso do corpo e da mente.

Em geral, as pessoas dizem que praticam ioga para o bem-estar geral, a prevenção de doenças, aumentar a energia, melhorar a função imunitária, o desempenho atlético, a memória e a concentração. E os resultados mais frequentemente relatados são a diminuição no nível de estresse e a melhora da saúde em geral, de modo que as pessoas se sentem melhor emocionalmente, dormem melhor e melhoram os relacionamentos.

Quanto aos mecanismos biológicos da ioga, Chris Streeter e colegas relataram que a ioga reverte o estresse, neutralizando os desequilíbrios, de modo que ela reequilibra o funcionamento do sistema nervoso autônomo. Isso se reflete no aumento do tônus do sistema nervoso parassimpático e da atividade do sistema nervoso simpático. Práticas baseadas na ioga aumentam a atividade do sistema nervoso periférico e o sistema GABA, aumentando o neurotransmissor químico calmante GABA no cérebro no nível do tálamo, que é correlacionado à melhora no humor. E, no eixo hipotálamo-pituitária-adrenal, há redução no cortisol no plasma sanguíneo. Uma revisão de 81 estudos sobre ioga junto a amostras saudáveis e clínicas demonstrou que ela supera os exercícios aeróbicos em numerosos resultados, como diminuir o cortisol na saliva, a glicose no sangue, a fadiga, a dor e os distúrbios no sono. Um estudo sobre ioga descobriu mais dopamina no cérebro e no corpo estriado ventral, uma área importante para o mecanismo de gratificação cerebral.

Há ensaios clínicos randomizados sobre ioga para transtornos do envelhecimento, problemas como hipertensão, osteoporose, insônia, derrame, demência, diabetes e osteoartrite, e em prol do envelhecimento saudável. Algo frustrante para nós que escrevemos sobre ioga é que diversos tipos da prática são estudados com metodologias variadas, de modo que é bem difícil comparar tais estudos. Mas esperamos que organizações como o NCCIH estabeleçam padrões para os estudos, para que possamos combiná-los e analisar os efeitos de cada intervenção.

Nós também analisamos os efeitos no cérebro da terapia baseada na *mindfulness versus* exercícios físicos conscientes. E acabamos de publicar um trabalho que compara os efeitos neuroplásticos da *mindfulness versus* práticas baseadas na ioga ou no *tai chi*. Práticas contemplativas, que são úteis para diminuir o estresse e manter o cérebro em forma ao longo da vida, viraram um novo alvo nas pesquisas. Pessoas comuns e pesquisadores estão interessados em aprender a usar essas práticas para melhorar a cognição, a atenção e o funcionamento do sistema nervoso central. Portanto, elas influenciam os sistemas cerebrais envolvidos na regulação da atenção, na conscientização, na memória, na integração sensorial e na regulação cognitiva das emoções. Ao rever vários estudos sobre regiões do cérebro que regulam a consciência corporal e as funções cognitivas mais elevadas, nós descobrimos esse recrutamento amplo feito pela *mindfulness*. Exercícios físicos conscientes como a ioga têm efeitos singulares em áreas que afetam a cognição social, como fala, linguagem, empatia e autorregulação do processamento facial. Certamente, essas áreas se sobrepõem em termos da reação ao estresse, mas há algumas diferenças entre as práticas... Na verdade, os elementos da sua meditação são importantes.

Os neuromecanismos da meditação *mindfulness* abrangem essas áreas importantes para a cognição. O córtex pré-frontal, que está na frente em roxo [aponta para um *slide*], é responsável pelo processamento cognitivo, o controle executivo e a atenção. O córtex cingulado anterior e o posterior em azul são responsáveis pela regulação do humor e a memória. A ínsula em amarelo, pela conscientização sensorial. O corpo estriado é responsável pela gratificação, aprendizagem e motivação, e está em verde. E a amígdala, pelo processamento emocional, medo e condicionamento.

Se vocês compararem os mecanismos neurais lado a lado, há uma diferença entre a *mindfulness* e os exercícios conscientes. Apenas a *mindfulness* engloba quatro regiões: a área pré-motora, o córtex cingulado medial, o giro angular e o córtex somatossensorial primário e secundário. Há áreas na ínsula e no córtex somatossensorial responsáveis pela interocepção e a conscientização interna. Isso significa que práticas para o corpo e a mente podem ser usadas em tratamentos de transtornos de humor, ansiedade, TDAH, impulsividade no caso de transtornos motores e estresse, pois aumentam a conscientização e a regulação emocional.

A prática de ioga abrange sete regiões: o córtex pré-frontal dorsolateral, o córtex frontal medial, a área temporal superior, o lobo paracentral, o giro pré-central e pós-central e o lóbulo parietal superior. Essas são áreas de julgamento, discernimento, memória, linguagem e integração visual, espacial e somatossensorial, e responsáveis pelo comportamento e cognição social. Esses tipos de habilidade podem ser usados para aperfeiçoar o julgamento e o autocontrole em ações deliberadas; e podem ser proveitosos para o sistema de justiça criminal e em casos de jovens em situação de risco, de abuso de substâncias psicoativas, de transtornos de humor, de doenças neurológicas, de declínio cognitivo e de estresse de cuidadores.

Agora vou descrever os resultados do meu estudo sobre meditação iogue para diminuir o estresse e melhorar o funcionamento de parentes ou profissionais que cuidam de pessoas com demência. Devo dizer que contei com o patrocínio da Alzheimer's Research and Prevention Foundation. O atrativo foi que essa prática requer apenas doze minutos por dia. Vocês sabem que cuidadores, especialmente aqueles que cuidam de pessoas com demência, são muito ocupados e estressados. Eles não conseguem ir a um estúdio de ioga ou se sentar por uma hora, mas conseguiam reservar doze para si mesmos. Nós recrutamos 39 cuidadores um tanto deprimidos, mas que não precisavam de medicamentos nem de qualquer outra intervenção. Então os dividimos aleatoriamente em dois grupos: um que meditava doze minutos por dia e outro que ouvia faixas de música instrumental sem letras. Nós demos CDs para os dois grupos. Em primeiro lugar, todos ficaram surpresos com a ideia de que teriam vinte minutos por dia para si mesmos. Só esse fato foi uma intervenção poderosa. A meditação envolve respirar, cantar e dar batidinhas nos dedos, que são como os pontos de acupuntura, ou *mudras*. Nós mensuramos várias coisas — estresse, sintomas depressivos, ansiedade, sobrecarga, citocinas, cortisol, catecolaminas e cognição usando tomografia por emissão de pósitrons e ressonância magnética funcional. NFkappaB é um marcador celular de inflamação no núcleo de todas as células. Telomerase é uma enzima que regula a saúde dos telômeros (as terminações dos cromossomos), que são um correlato do envelhecimento celular. Nós também examinamos a expressão gênica para ver o que as práticas meditativas podem fazer nesse sentido.

O que é Kirtan Kriya? É um exercício de canto de 11 minutos da tradicional ioga Kundalini, que as pessoas praticam há milhares de anos. A meditação envolve movimentos repetitivos com os dedos, ou *mudras*. A pessoa dá batidinhas em cada dedo, como vocês podem ver aqui [aponta para um *slide*], e canta o mantra "saa taa naa maa", enquanto os polegares de cada mão batem em cada dedo a cada sílaba sonora. Ao mesmo tempo, a pessoa imagina uma luz branca que passa pelo alto da cabeça, pelo meio do cérebro e sai por um ponto na testa. Os olhos ficam focados no ponto na testa, que é usado em várias práticas meditativas. Esses sons primais do idioma sânscrito significam "nascimento, vida, morte, renascimento". Kriya se refere a um conjunto específico de movimentos ou cantos e significa "um conjunto completo", ou seja, nada mais precisa ser feito para obter o efeito ansiado da Kriya. Os cuidadores em meu estudo não precisavam ir a um estúdio de ioga por uma hora e meia — o que era muito conveniente para eles. A sessão de Kriya dura onze minutos: cantar o mantra em voz alta com uma certa inflexão dura dois minutos, sussurrar "saa taa naa maa" dura dois minutos e então cantar baixinho dura três minutos — continuando com a visualização da luz e o *mudra* com os dedos e os olhos. Após dois minutos do sussurro do mantra, as pessoas voltam a cantar em voz alta por mais dois minutos.

No grupo de meditação, houve 23 participantes; no de relaxamento, dezesseis. Os grupos eram homogêneos em termos de faixa etária, educação e tempo de depressão. Eles estavam deprimidos há muito tempo; há quase cinco anos tinham essa ocupação e trabalhavam muitas horas por semana. Então, mensuramos sua sobrecarga, pois o estresse dos cuidadores gera declínio físico, sofrimento mental e fatores de risco cardiovascular. A taxa de mortalidade de cuidadores de pessoas com demência é 60% mais alta do que a de não cuidadores. Então, os fatores de risco vasculares e cerebrais de derrame ou doenças cardíacas aumentam por causa do estresse crônico. Mas a depressão deles era moderada.

A escala de depressão de Hamilton mensura a gravidade da depressão [aponta para um *slide*]. Vocês veem que, com a meditação, em azul, a depressão diminuiu de maneira muito mais acentuada; e isso foi estatisticamente significativo entre os grupos. A resiliência melhorou em ambos os grupos; como eu disse, os cuidadores se deleitaram por descansar de doze a quinze minutos. Então, sua resiliência aumentou, seu psicológico melhorou, mas os grupos divergiram no quesito da cognição. Quando as linhas estão assim, isso significa que os grupos se comportaram de modo diferente em cada intervenção. E com a meditação, a cognição melhorou na pontuação geral do Exame do Estado Mental, mas decaiu no relaxamento ao longo do curso de oito semanas. E este é um teste das funções executivas [aponta para um *slide*]: o fator B melhorou em uma meditação e piorou no relaxamento.

A seguir, vem o fator celular NF-kB, que regula a produção de citocina periférica, ou inflamação periférica [aponta para um *slide*]. Com a meditação, ele é reduzido e suprimido, e a inflamação é suprimida. E com o relaxamento, ele aumenta ao longo do curso de oito semanas. Elissa Epel e Elizabeth Blackburn foram responsáveis pela análise da telomerase na UCSF e, na época, não sabiam o que esperar nesse período. Elizabeth Blackburn ganhou um Prêmio Nobel por seu trabalho com telômeros durante esse estudo. Nós observamos o seguinte: com a meditação, a telomerase aumentou, o que é um efeito positivo, mas o relaxamento diminuiu um pouco. E esse gráfico mostra diferenças entre os grupos antes e depois, e que o NF-kB é suprimido, então observamos uma mudança em 63 genes.

As descobertas do estudo demonstram que o que fazemos realmente importa. Nós não somos vítimas de nossa predisposição genética e podemos alterá-la mudando nosso estilo de vida e depois a forma como ela se expressa. O NF-kB diminui, e o fator 1 de resposta ao interferon aumenta, o que é uma proteção contra vírus envolvida na reação à vacina.

Estou lhes mostrando um efeito do exercício de Kirtan Kriya [aponta para um *slide*] na área frontal direita inferior do cérebro, a qual é responsável pelas funções executivas e tomadas de decisões complexas. Quando você tiver de fazer múltiplas tarefas ao mesmo tempo, basta imaginar uma luz, bater no dedo, cantar e se concentrar. Você treina seus lobos frontais para fazerem várias coisas ao mesmo tempo, o que é muito proveitoso para as pessoas e, especialmente, para cuidadores que têm de fazer muitas tarefas o tempo todo. Nem sempre presente em outras meditações, a visualização nessa meditação treinou o córtex visual associativo esquerdo, que é responsável pela visualização.

Mediante ressonância magnética funcional, aqui estamos comparando a circuitaria em meditadores e não meditadores, e a diferença está em rosa [aponta para um *slide*]. Ela mostra que esse circuito funcional está sendo treinado no córtex cingulado anterior, no córtex orbital frontal e na ínsula, ou seja, um circuito de conscientização interoceptiva e relevância das experiências emocionais. É assim que vocês ficam cientes do que está acontecendo em seu corpo: como o canto se desenvolve, onde você bate, como o ar sai pelas suas narinas e assim por diante. Ficar ciente de seu corpo melhora a regulação emocional.

Os mecanismos neurais da meditação Kirtan Kriya ativaram regiões associadas a cada tarefa. A diferença entre meditadores e não meditadores apareceu no circuito autorreferencial, o que também foi mostrado em outros estudos sobre meditação. E a atividade da rede de modo padrão fica bem proeminente em estudos sobre meditação, mas também na doença de Alzheimer. É ali que a amiloide se acumula primeiro. E aqui, a rede de modo padrão ficou muito suprimida e inerte durante o curso de Kirtan Kriya. Claramente, a meditação não parecia um relaxamento em muitos aspectos e teve um efeito positivo no cérebro. E, além de todas as mudanças fisiológicas, os cuidadores tiveram uma mudança na consciência. Eles perceberam que precisavam mudar suas vidas. O que vou lhes mostrar no estudo seguinte resultou em uma melhora no decorrer do tempo.

O estudo seguinte sobre o uso de ioga para declínio cognitivo brando em adultos mais velhos foi publicado. Como eu disse, os pesquisadores têm grande interesse em usar isso para a cognição. E há um estudo de meta-análise abrangendo quinze ensaios clínicos randomizados e sete estudos com exposição aguda, para examinar os efeitos da ioga sobre a cognição. A prática de ioga é associada a melhoras moderadas no funcionamento cognitivo. No entanto, os estudos variaram em termos do tamanho da amostra, tipos de população e dos testes aplicados.

Nós recrutamos adultos a partir de 55 anos com queixas subjetivas sobre a memória e que se enquadravam nos critérios para declínio cognitivo brando. Nós mensuramos a cognição, a memória verbal, e visuoespacial, o funcionamento executivo, o humor, a apatia e a resiliência na base de referência de 12 e 24 semanas. Cada grupo tinha uma aula de sessenta minutos por semana. Oito a dez pessoas estavam em um grupo e praticaram Kirtan Kriya como tarefa de casa.

O grupo de comparação fez o treinamento para melhorar a memória desenvolvido pelo Centro de Longevidade da UCLA, que usa estratégias de associação verbal e visual, e estratégias práticas para a memória, sessões grupais semanais de sessenta minutos e tarefa diária de casa. O tempo de exposição às aulas e à tarefa de casa foi idêntico. Trinta e oito foram aleatoriamente para o grupo de ioga Kundalini e 41 fizeram o treinamento da memória. Essas pessoas não diferiam em termos de sexo, raça, faixa etária, educação e índice de massa corporal. E nós estávamos mensurando isso na base de referência, 12 semanas e 24 semanas — a intervenção se estende por doze semanas e nós só observamos o que acontece.

E vejam como foi. Esse é o Teste de Aprendizagem Verbal de Hopkins [aponta para um *slide*] e, à medida que a pessoa faz o treinamento da memória, a aprendizagem melhora; assim que a pessoa para de treinar, ela decai. Na ioga, ela continua indo bem e aumenta. Usando a Escala de Memória de Wechsler na mesma situação, a ioga traz uma melhora geral e o treinamento da memória a interrompe em doze semanas. Quando se trata de função executiva, o treinamento da memória basicamente não a altera e a ioga continua a aprimorando no decorrer do tempo. O Teste de Stroop de Cores e Palavras também testa a função executiva e o resultado é igual: o treinamento da memória a deixa plana, mas a ioga a aumenta continuamente. Os sintomas depressivos melhoram de maneira significativa com a ioga, mas não com o treinamento da memória. E a resiliência melhora significativamente com a ioga, mas não com o treinamento da memória.

Vale notar que este é o primeiro estudo que examina as mudanças na cognição com a ioga e o padrão-ouro (teste padrão) nessa população sob tratamento. Sempre que se toma um padrão-ouro de tratamento e ele é comparado com intervenções para o corpo e a mente, o *design* é muito potente. Então, analisamos mudanças comparáveis para ioga e memória no desempenho verbal da memória. A ioga foi superior ao treinamento da memória no teste de melhora na função executiva e ela continuou melhorando em seis meses. Portanto, a ioga teve um impacto mais amplo sobre o humor, a resiliência e o funcionamento executivo. A aceitação em relação a práticas para o corpo e a mente é notável. Eu também faço pesquisas sobre medicamentos e psicoterapia e não consigo pessoas para participar nelas. Mas as pessoas aqui em Los Angeles vêm correndo quando há recrutamentos para estudos sobre ioga, meditação ou *tai chi*.

Nós também estudamos neuroplasticidade e conectividade cerebral: 14 participantes na ioga e 11 no treinamento para melhorar a memória. Os participantes foram comparados mediante ressonância magnética funcional. Nós estamos interessados no hipocampo e no córtex cingulado anterior, pois eles têm relação com a cognição e a depressão. E aqui no subconjunto [aponta para um *slide*], um grupo de ioga também demonstrou melhora estatisticamente significativa na depressão e na memória visuoespacial. Em ambos os grupos nós observamos uma melhora no desempenho verbal da memória que é correlacionada com mais conectividade na rede de modo padrão. E o desempenho da memória verbal também foi positivamente correlacionado com mais conectividade. O treinamento da memória aumentou o volume do hipocampo, mas não do cingulado anterior, e aqui nesta subamostra, a ioga não teve um efeito sobre o hipocampo nem sobre o córtex cingulado anterior.

O amarelo é a rede de modo padrão [aponta para um *slide*] e os pontos em vermelho mostram mudanças significativas na conectividade, então o gráfico mostra a relação entre o desempenho da memória verbal e a conectividade. A ioga está em azul e então vocês veem no gráfico azul acima e no gráfico vermelho, que é o treinamento da memória, que a correlação foi mais significativa entre o desempenho da memória verbal e a conectividade nesses pontos vermelhos no gráfico. E o mesmo aconteceu com a conectividade funcional na rede da linguagem correlacionada com a memória verbal melhor. E aqui há um gráfico simples mostrando que, no treinamento da memória, os gráficos de barra [aponta para um *slide*], a base de referência e o acompanhamento sobem, então houve uma mudança no volume do hipocampo e nenhuma mudança na ioga ou no volume do córtex cingulado anterior dorsal.

Aqui está a composição química que nós mensuramos com essa ressonância magnética funcional na colina [aponta para um *slide*], que é um neurotransmissor importante para a cognição. Houve mais mudanças na colina hipocampal com a ioga, mas não com o treinamento da memória. E esse é o glutamato derivado da glutamina, outro componente químico no cérebro que no grupo da memória foi relacionado às pontuações no desempenho da linguagem. Então, este primeiro estudo muito interessante e encorajador mostra todos os tipos de efeitos neuroplásticos sobre o cérebro. Nós estamos tentando usar o mesmo *design* no estudo sobre *tai chi* para adultos mais velhos com depressão.

Eu quero agradecer ao Semel Fund que financiou muitos estudos-piloto sobre várias práticas e a todos os meus colaboradores, especialmente aos meus alunos de pós-doutorado que escreveram os trabalhos. Meus dois livros que abordam tudo que apresentei aqui são *Resilience and Aging: Research and Practice* (2014) e o mais recente, *Complementary and Integrative Therapies for Mental Health and Aging* (Lavretsky; Sajatovic; Reynolds, 2015).

Muito obrigada a todos vocês!

PESSOA 1 NA PLATEIA: Eu tenho duas perguntas. Para a primeira, basta responder com "sim" ou "não". A redução do fator NF-kB diminuiu a PCR [proteína C reativa]? E quais níveis de PCR vocês estavam analisando?

HELEN LAVRETSKY: Diminuiu sim, mas isso não foi estatisticamente significativo.

PESSOA 1 NA PLATEIA: Entendi, e vocês analisaram a expressão gênica no estudo sobre cuidadores. Mas foram incluídos os mecanismos epigenéticos? Em caso afirmativo, que testes vocês usaram, que mecanismos estudaram e o que descobriram?

HELEN LAVRETSKY: Então, o trabalho que foi publicado era sobre expressão gênica e não incluía a metilação. O estudo foi feito em 2012.

PESSOA 1 NA PLATEIA: *Okay*.

HELEN LAVRETSKY: E esses testes não estavam disponíveis naquela época.

PESSOA 1 NA PLATEIA: Certo. E vocês planejam analisar isso?

HELEN LAVRETSKY: Claro, já estamos fazendo isso.

PESSOA 1 NA PLATEIA: Está bem, obrigado.

PESSOA 2 NA PLATEIA: Bom dia. Eu gostaria de saber se há alguma diferença significativa entre fazer ioga sozinho ou com grupos.

HELEN LAVRETSKY: Você pratica ioga?

PESSOA 2 NA PLATEIA: Eu pratico ioga sozinha.

HELEN LAVRETSKY: Ah... sozinha.

PESSOA 2 NA PLATEIA: Então, há diferenças significativas?

HELEN LAVRETSKY: Conforme eu descrevi, a ioga treina diversos aspectos do cérebro. O treinamento de *mindfulness* treina principalmente circuitos envolvidos na atenção direcionada para dentro. Ao se escanear, você fica plenamente ciente do que está acontecendo em seu corpo. A meditação na ioga e na *mindfulness* fomentam a atenção direcionada para dentro. No contexto de uma aula, a atenção é externa porque você está se conectando com o professor e os outros alunos, o que treina a cognição social. E o movimento acrescenta outra dimensão ao que você treina. Eu mostrei aquele gráfico complicado do que o *tai chi* e a ioga fazem: eles treinam múltiplas esferas de cognição baseadas naquilo que você faz.

Pessoa 2 na plateia: Bem, há sempre mais potência quando se está em um grupo. Eu queria saber se as pesquisas mostraram qualquer diferença estatisticamente significativa.

Helen Lavretsky: Não, não há pesquisas que tenham comparado diferentes estilos de ioga.

Pessoa 2 na plateia: Está bem, obrigado.

Pessoa 3 na plateia: Obrigado por sua apresentação. No estudo em que vocês compararam a meditação com o relaxamento e houve resultados divergentes, os sintomas nos pacientes que fizeram o relaxamento pioraram. Então, você pode comentar mais sobre isso?

Helen Lavretsky: Não houve um grupo de controle, pois ter três grupos demandaria mais dinheiro. E o que eu acho que aconteceu, mas só posso provar quando tiver três grupos, é que o cuidado usual ou quando nada está sendo feito resultaria nisso.

Pessoa 3 na plateia: Obrigado.

Pessoa 4 na plateia: Olá, sou de uma comunidade pequena, onde só há dois professores de ioga. Como posso saber se a instrução é de boa qualidade, inclusive para indicar a ioga para outras pessoas?

Helen Lavretsky: Bem, há aulas de ioga e uma tendência crescente de terapeutas treinados que usam exercícios específicos para sanar problemas de seus pacientes. Então, dê uma olhada nos *sites* de terapeutas especializados em ioga, mas não sei se há algum em sua comunidade. Aliás, esses terapeutas me perguntam constantemente como podem se tornar praticantes reconhecidos, pois estão batalhando por isso. Estudos sobre custo-benefício e a padronização do treinamento esclareceriam melhor essa questão, mas isso ainda não se consolidou plenamente.

Pessoa 4 na plateia: *Okay*.

HELEN LAVRETSKY: Falando nisso, eu sou praticante de ioga certificada pela organização internacional de ioga Kundalini. Então, você precisa saber quem certificou esses professores e que tipo de treinamento eles tiveram. Informe-se sobre os currículos e práticas deles e fale com seus alunos. Em uma comunidade pequena, essas são as melhores referências que você pode obter.

PESSOA 4 NA PLATEIA: Obrigado.

BONNIE GOLDSTEIN: Alguém quer fazer outra pergunta? Vou fazer apenas um comentário. Peça e você conseguirá... Hoje no almoço nós teremos uma sessão de ioga e *mindfulness* liderada por Blake Shields. Eu sei que muitos de vocês na plateia gostam de ambas, então compareçam logo e evitem ficar em filas muito longas, pois temos muito tempo para almoçar. Quem for praticante de ioga, levante-se e os outros olhem ao redor! Vejam essa plateia! Isso é surpreendente, é fantástico!

HELEN LAVRETSKY: Uhu!

BONNIE GOLDSTEIN: Então, quem estiver curioso, pode perguntar a Helen: "Para onde você irá depois de Los Angeles?". Afinal, o boca a boca sempre funciona. Perguntem também como entrar em contato com ela para saber mais.

HELEN LAVRETSKY: Vou estar por aqui mais dois dias, então quem estiver interessado pode falar comigo pessoalmente.

BONNIE GOLDSTEIN: Excelente. Alguém tem outra pergunta? Se tiver, vá em frente.

PESSOA 5 NA PLATEIA: Vou fazer uma pergunta breve. Se uma pessoa mora em uma pequena comunidade pequena e não acha um instrutor de ioga que lhe agrade, você daria alguma sugestão de aulas *online*?

HELEN LAVRETSKY: Sim, a maioria dos estúdios de ioga tem aulas *online*. O RAMA Institute em meu estúdio tem todas as aulas *online* e até uma biblioteca de aulas. A 3HO, Happy, Healthy, Holy Association tem todos os tipos de ioga. O IogaWorks tem aulas *online*. A essa altura, tudo é *online*. Faço parte de três grupos internacionais de meditação, que nunca encontrei pessoalmente, mas que têm milhares de pessoas participando. Peça e você receberá.

BONNIE GOLDSTEIN: Obrigada! Agradeçam comigo... Obrigada, doutora Lavretsky!

8

PARA CRIAR UM CÉREBRO NATURALMENTE ANTIDEPRESSIVO

com Elisha Goldstein

ELISHA GOLDSTEIN: Obrigado por me receberem. Esta é a conferência mais surpreendente em que já estive e espero que vocês sintam o mesmo [a plateia bate palmas]. Há mesmo uma consonância emocional ocorrendo neste momento.

Bem, vocês podem querer saber como eu consegui isto [aponta para um *slide*]. Anos atrás eu vi na internet, achei a imagem bacana, mas demorei um pouco para entender o que era. Quantas pessoas reconheceram na hora que era um grão de pipoca? Bem, algumas pessoas são bem mais rápidas, mas outras são como eu, e há uma razão para isso. Shauna Shapiro e Judd [Judson Brewer] citaram aqui o número 47% em alusão a um estudo de Matthew Killingsworth e Dan Gilbert divulgado uns dez anos atrás, que muitos de vocês devem conhecer.

Naquela época, Matthew Killingsworth estava fazendo um estudo chamado trackyourhappiness.org para seu pós-doutorado e criou com Gilbert um aplicativo que continua funcionando. Basicamente, eles tocavam um apito e perguntavam às pessoas: "Você está acompanhando bem aquilo em que quer prestar atenção?" e "em geral, como você está se sentindo?". Foi assim que eles descobriram que as mentes das pessoas divagam 47% do tempo. E, exceto por outras condições, isso significa que não estamos no aqui e agora durante quase metade de nossas vidas. Então, durante esta apresentação, essa coisa vai aflorar. Portanto, a questão é: vocês estão prestando atenção naquilo que pretendem prestar atenção?

Se não estiverem, é isso que vamos fazer, está bem? Alguns anos atrás o grupo Improv HQ esteve aqui. Alguém se lembra dele? Certo, muitas pessoas. Esse grupo me apresentou algo impressionante que tenho usado com centenas de pessoas. É o seguinte: quando somos autocríticos ou nos recriminamos, geralmente estamos dizendo "não" para nós mesmos. Estamos nos fechando, nos contraindo, talvez até diminuindo o tônus vagal. Mas todos nós vamos fazer outra coisa. Quando essa coisa surgir e vocês notarem o devaneio em sua mente, a sensação vai ser "uhu!".

Então, todos prontos? Vamos praticar juntos por um segundo aquilo que aprendi com o Improv HQ. Então, um, dois, três, "uhu!" *Okay*, isso sempre me faz sorrir. Vai surgir de vez em quando e vocês vão ver como é engraçado. Então, as pessoas que conseguirem prestar atenção por mais tempo vão ganhar um prêmio, que já está sob suas cadeiras. Então, vão em frente e tateiem embaixo das cadeiras. Procurem e agarrem o prêmio. Vocês entenderam? Vocês vão levar para casa o *Modelo do Cérebro na Palma da Mão* de Dan. E, na verdade, todo mundo sai ganhando porque vocês estão aqui e só por estarem aqui todos nós saímos ganhando. Dan fez essa piada há uns dois anos e eu a tomei emprestada.

Então, aqui estamos nós para criar um cérebro naturalmente antidepressivo. Neste fim de semana muitas coisas foram ditas sobre a *mindfulness* e eu complementarei algumas... O que a ciência mostra sobre a *mindfulness* no sentido de ajudar as pessoas a terem autocompaixão, a saírem da depressão e a não terem recaídas? Hoje, nós também enfocaremos um pouco mais uma atitude-chave e uma prática.

Nós vamos falar sobre o que nos torna resilientes. Vamos falar sobre o que nos atrapalha. Entender melhor a depressão e o cérebro deprimido, pois isso fez parte da minha jornada como psicólogo e eu achei a Neurociência realmente proveitosa por me apontar que intervenções são boas no combate à depressão. Afinal, se souber como o cérebro deprimido funciona, eu consigo fazer certas coisas que mudam a atividade cerebral para ajudar as pessoas a ficarem mais equilibradas. E hoje em dia sabe-se que é possível fazer algumas coisas para aumentar o comprimento dos telômeros, o que é muito animador.

Portanto, nós vamos falar sobre brincar e praticar isso com antidepressivos naturais. E, acima de tudo nestas palestras, a ideia é que algumas coisas realmente têm consonância conosco e outras nem tanto. Então, se as coisas não têm consonância com vocês, mantenham apenas o que vale a pena e deixem o resto para trás, sem se preocupar nem ficar ruminando, pois isso encurta o comprimento de seus telômeros, o que não faz bem a ninguém.

Ah, sim, falaremos também sobre o fator "X" para a mudança duradoura. Então nós vamos praticar primeiro o que nos torna resilientes. Em suma, faremos uma prática de dois minutos, que irá esclarecer uma parte muito importante da nossa experiência que pode ser útil para nos tornar resilientes. Vou pedir que vocês fechem os olhos não para uma meditação, mas para uma visualização bem curta. Vocês vão fechar os olhos, eu vou conduzi-los por algo e depois vocês vão abrir os olhos e fechá-los novamente, aí vou introduzir outra coisa. Por fim, vamos comparar as experiências.

Certo, fechem então os olhos por um minuto. Se não quiserem, não tem problema. Se estiverem tendo dificuldade para fazer isso, talvez seja por autocompaixão. *Okay*. Eu quero que vocês observem, por um momento, o próprio corpo parado e façam uma respiração profunda. É maravilhoso fazer isso ao mudar de uma atividade para outra a qualquer hora do dia. Notem seus corpos aqui e fiquem cientes de qualquer nó ou ponto travado no corpo, inclusive no rosto. E ao achar esse nó ou ponto travado, tentem se desvencilhar dele, ajustar seu corpo ou até alongá-lo.

Agora, eu quero que cada um de vocês imagine que está acordando cansado e dolorido após uma noite maldormida. Você se levanta da cama e, a caminho do banheiro, bate o dedão do pé ou a canela na quina da cama. Chegando ao banheiro, você abre a torneira do chuveiro, mas não há água quente. Então, só resta tomar uma chuveirada rápida. Após o banho, você se enxuga, se veste e vai à cozinha para tomar um café, um chá, um suco ou água, mas nada cai bem nesse desjejum.

Então, vê por acaso um envelope e descobre que é da Receita Federal comunicando que você está devendo em impostos atrasados. Obviamente isso vai trazer muitos aborrecimentos. Então, você decide fazer uma caminhada na rua. E, enquanto caminha, vê uma pessoa conhecida vindo em sua direção, então você sorri e acena, mas a pessoa passa reto. Então, notem o que estão sentindo e pensando.

Agora, respirem fundo e abram os olhos. Talvez se sacudam um pouco ou façam o que for preciso para tentar se livrar de tantas sensações ruins. Fechem os olhos novamente e se imaginem em uma manhã totalmente diferente. Você dormiu bem à noite, saiu da cama, foi tomar banho e usou o sabonete novo da sua marca favorita. A loja estava com uma liquidação ou uma promoção de sabonetes excelentes de ameixa ou andiroba. Então, você toma um banho prazeroso, se enxuga e veste uma roupa nova em folha. Vai então à cozinha, prepara um café, chá, ou suco, e ele fica ótimo. Aí você vê de relance um envelope na mesa da cozinha, que é da editora que lança seus livros comunicando que você tem uma bolada de dinheiro para receber. Então, você decide fazer uma caminhada na rua. E enquanto caminha, vê uma pessoa conhecida vindo em sua direção, então você sorri e os dois se cumprimentam com acenos, mas a pessoa passa reto. Então, notem o que estão sentindo e pensando.

Está bem, respirem fundo, abram os olhos e expirem longamente, pois isso aumenta o tônus vagal. *Okay*, quantas pessoas aqui notaram que no primeiro exemplo tiveram o pensamento "o que eu fiz de errado?" Ou "o que aconteceu?", "há algo errado em nosso relacionamento?" Quantas pessoas se sentiram meio culpadas? Certo, algumas. No segundo exemplo, quantas pessoas sentiram que talvez a outra pessoa não estivesse bem? Ou ficaram preocupadas com ela? Bem, a conclusão é que tudo depende do nosso humor.

Isso não é novidade, mas quando estamos nos sentindo bem... Eu usava isso com os clientes para lhes proporcionar uma experiência e então uma certa compreensão cognitiva sobre a importância das emoções positivas para a resiliência. Hoje em dia, sabe-se muito sobre emoções positivas. Barbara Fredrickson realizou diversas pesquisas a esse respeito e Jaak Panksepp também é muito interessado nesse tema. Afinal, está comprovado que as emoções positivas nos ajudam a ter uma postura mais aberta para a vida, aumentam a esperança e o otimismo, e atenuam os pensamentos depressivos. Além disso, fortalecem o sistema imunológico e aumentam a resiliência, o que fomenta conexões sociais positivas.

Portanto, as emoções positivas também fomentam conexões sociais positivas. Um exemplo é essa foto do meu pai [aponta para um *slide*] com meu filho do meio há alguns anos. Barbara Fredrickson e Bethany Kok fizeram um estudo de seis semanas divulgado alguns anos atrás, no qual as pessoas que participaram tinham que expressar desejos benignos. Um grupo expressou seus desejos e o outro, que era de controle randomizado, não. Fredrickson e Kok mensuraram o tônus vagal das pessoas antes e depois do estudo de seis semanas. Então, elas descobriram que as pessoas que fizeram a prática da bondade amorosa tiveram um aumento em suas emoções positivas, o que aumentou seu senso de conexões sociais positivas e isso aumentou seu tônus vagal. O tônus vagal mais firme tornou as pessoas mais propensas a sentirem emoções positivas e, em consequência, conexões sociais positivas. Houve de fato uma espiral ascendente. E os participantes que iniciaram o estudo com tônus vagal mais alto tiveram mais benefícios com a experiência.

Agora vou guiá-los em outro experimento. Primeiro, façam uma respiração profunda e se acalmem. Agora, vou lhes mostrar uma foto [pessoas em uma montanha-russa]. Notem o que estão pensando e sentindo. Fechem os olhos. Abram os olhos [foto de uma pessoa com hematomas no rosto]. Notem o que estão sentindo agora. Fechem os olhos. Abram os olhos [foto de um prato vazio]. *Okay*, quantas pessoas sentiram uma valência maior da atividade física com a segunda foto? Certo, algumas pessoas.

Isso fez parte de um estudo feito por John Cacioppo, da Universidade de Chicago, que mostrou que há muito mais atividade no cérebro durante a exposição a estímulos negativos. Ou seja, a Neurociência aponta o viés de negatividade do qual muitos aqui certamente estão a par. Basicamente, nossos cérebros e sistemas nervosos foram constituídos há milhares de anos para prestar atenção ao que é perigoso *versus* o que é belo e maravilhoso a fim de sobrevivermos, pois obviamente nós somos programados para sobreviver, não só para ser felizes. Se nossos antepassados estivessem felizes, porém não cientes dos perigos no entorno, nós não teríamos herdado esses genes. Vou dar um exemplo: se houver um ruído alto ao mesmo tempo que eu lhes mostro a foto mais linda de todos os tempos, vocês só prestarão atenção no ruído alto. Esse é o viés de negatividade em ação.

E há uma razão evolucionária para tal viés. Faz quase 20 anos que John Cacioppo fez o estudo que citei. John Gottman esteve nesse palco muitas vezes falando sobre relacionamentos e da proporção de cinco para um no sentido de que um relacionamento precisa ter cinco experiências positivas para cada uma negativa, pois uma experiência negativa tem muito mais valência. Agora pensem sobre seus relacionamentos e em que aspecto é necessário reforçar as experiências positivas. Isso não significa que ter uma discussão acirrada com alguém é uma experiência negativa. Se você tiver uma discussão acirrada com um amigo, cônjuge ou parceiro e conseguir transformá-la em uma experiência autocompassiva ou compassiva, e fazer as pazes, isso entra na categoria positiva, não na categoria negativa. Mesmo que pareça negativa, essa interação pode ser positiva.

Barbara Fredrickson tomou de empréstimo uma proporção do mundo corporativo e escreveu bastante sobre ela. Essa proporção de três para um significa que todos precisam ter três experiências positivas para contrabalançar uma negativa. Como coisas negativas impactam muito mais nossos cérebros e nossas experiências, elas simplesmente são mais persistentes. Uma experiência negativa desperta um tipo de sentimento mais persistente, como aquele em seu corpo ao ver a foto negativa *versus* a foto positiva, dependendo inclusive de sua formação e do trabalho que você faz.

Tudo isso é para dizer o seguinte: as emoções positivas nos ajudam a criar resiliência e podem até fazer coisas maravilhosas em prol do corpo e do sistema nervoso, mas infelizmente são difíceis de fabricar. Não basta dizer: "Vá em frente e tenha um momento maravilhoso. Tente e viva momentos maravilhosos". É preciso entender como nosso cérebro funciona.

Agora, vamos falar sobre a depressão. O que é depressão? Gandhi, que sofreu de depressão a vida inteira, dizia: "Ela é uma secura no coração que às vezes me fazia querer sair correndo do mundo". O Dalai Lama disse que a depressão consiste "em pensamentos e emoções que minam a paz interior". Por sua vez, o escritor John Keats disse: "Se estivesse me afogando, eu mal me esforçaria para vir à tona". Às vezes, citações como essas ou a poesia nos ajudam a entender melhor o que é a depressão. E, estatisticamente, eu sei que alguns de vocês nesta sala também podem entrar e sair da depressão ao longo de suas vidas. Essa é uma caricatura feita por Leah Pearlman [aponta para um *slide*], que Dan usou em seu livro *Cérebro*

Adolescente (2013). Assim que a vi, quis ter algo assim para *Uncovering Happiness* (2015), por isso liguei para ela e combinamos tudo... Então, essas caricaturas maravilhosas em ambos os livros mostram a estratégia radical de evitação. O cérebro ou a experiência dita: "Isso é avassalador demais. Eu preciso me fechar". "Neste momento, a vida é insuportável. Eu preciso me fechar". Dá vontade de evitar tudo, então passamos a usar máscaras.

Algumas pessoas acham que a depressão é uma doença, como a pneumonia que ataca os pulmões. A depressão pode atacar o cérebro e logo mais abordaremos isso. William Styron escreveu em *Visível Escuridão: Memórias da Loucura* (1990): "Agora a morte era uma presença diária. Soprando em rajadas frias sobre mim, misteriosamente e de modos totalmente fora do normal. A garoa cinza do horror induzida pela depressão vira uma dor física. Um desespero devido a algum estratagema maligno da psique contra o cérebro doente, que é como a aflição diabólica de estar preso em uma sala insuportavelmente quente". Isso dá uma ideia clara do que é a depressão grave.

Okay, existe a distimia, uma depressão branda, porém de longa duração, que se parece com algumas alergias. Algumas pessoas usam o modelo médico para analisá-la. Agora, vamos abordar o cérebro deprimido. Então, aqui vai uma pergunta no estilo do programa de televisão *Jeopardy* para vocês. O córtex pré-frontal [aponta para um *slide*] — bem, já dei cliques demais nisso e deve ser por causa do chá gelado que tomei agora há pouco —, bem, o córtex pré-frontal, a amígdala e o hipocampo são associados ao transtorno de estresse pós-traumático e ao estresse no decorrer do tempo. Segundo as pesquisas, os telômeros também encurtam quando a depressão dura mais de nove meses.

Um dado interessante é que a depressão também afeta três áreas-chave. Ao olhar um cérebro deprimido, às vezes de alguém que passou a ter depressão grave no decorrer do tempo, vocês verão que o córtex pré-frontal encolheu ou que há muito mais atividade no lado direito do córtex pré-frontal do que no lado esquerdo. O lado direito do córtex pré-frontal é associado a emoções negativas e incômodas. E evitar coisas também é muito importante na vida. Por sua vez, o lado esquerdo é mais associado a encarar as coisas na vida e a mais emoções positivas. No caso da depressão, vocês verão a amígdala aumentada ou às vezes excessivamente ativa. Conforme aprendemos com Gary Small, o hipocampo encolhe ou há atrito entre os dendritos. Isso também acontece com alguém com TEPT ou uma doença crônica relacionada ao estresse no decorrer do tempo. Felizmente, agora já se sabe que é possível haver crescimento neuronal na área do hipocampo por meio de exercícios e também por meio da meditação *mindfulness*, conforme Sara Lazar descobriu.

Portanto, essas são as três áreas impactadas e, para a Neurociência, a depressão é um trauma. Quando alguém tem um episódio de depressão, isso é um trauma. E, obviamente, o cérebro da pessoa diz: "Eu não quero sentir isso de novo". Então, ela tenta resolver esse problema, se fecha ou faz algo parecido. Aí qualquer pensamento, movimento, sensação ou comportamento associado àquele episódio de depressão pode inflamar imediatamente o organismo inteiro e fazer a pessoa cair em depressão, sem entender "de onde surgiu".

Quando eu estava pesquisando para o livro *Uncovering Happiness*, fui ao consultório de Dan para ter certeza de que estava indo pelo caminho certo. Aí, eu estava verificando os dados neurobiológicos que tinha sobre depressão e você, Dan, me mostrou uma referência que usou em *A Mente em Desenvolvimento* de que mães com depressão pré e pós-parto podem transferir essa atividade neurológica para seus bebês.

Então, aqui está um estudo divulgado pela Universidade de Calgary, que teve a participação de 52 mulheres. Os pesquisadores mensuraram a depressão delas antes do parto, no segundo trimestre da gravidez e também após o parto. Então, eles fizeram um acompanhamento das crianças delas entre dois anos e meio e cinco anos, mensurando-as com imagens de ressonância magnética funcional. Eles descobriram que as crianças das mães deprimidas tinham menos espessura cortical no lado pré-frontal direito do cérebro e eram mais suscetíveis a ter ansiedade e depressão posteriormente na vida. Isso também mostra o tipo de transmissão materna para as crianças que pode acontecer no decorrer do tempo. Agora já se sabe que é possível fazer coisas para trabalhar com crianças nessa condição e também o quanto é importante tratar da saúde mental de mulheres grávidas propensas a ter depressão antes ou depois do parto.

Já está comprovado que a depressão causa vergonha. Shauna, Kristin [Neff] e outras pessoas já falaram sobre a vergonha, e Allan Schore escreveu sobre ela. Assim como o estresse, a vergonha afeta o cérebro e sempre gera suor, consciência corporal, tremor, atividade descoordenada e outras coisas desagradáveis. Em suma, se estiver deprimida, a pessoa sente uma vergonha cultural e pensa "eu não posso falar sobre isso". Então, ela mergulha nesse estresse maior por causa dessa transmissão interpessoal que acontece culturalmente. E, ao analisar o sistema de evitação desencadeado pela vergonha, o qual estimula mais a ativação pré-frontal direita da pessoa já deprimida, cria-se um ciclo que força o lado pré-frontal direito, que é associado à depressão. É bem difícil sair desse ciclo neurobiologicamente e também experiencialmente, quando há esse tipo de experiência cultural que muitos aqui e muitos no mundo dos negócios estão se esforçando para mudar, no sentido de não haver vergonha por expor a depressão.

Não vou me estender muito, mas devo dizer que a depressão também é associada a menos tônus vagal e à inflamação celular. E como a depressão afeta o sistema nervoso e o cérebro? Como muitos aqui sabem, o nervo vago conecta o tronco cerebral com o coração e quase todos os órgãos essenciais. Se ele diminui o tônus vagal, é possível fazer alguma coisa para ativá-lo? É possível implantar um estimulador do nervo vago (VNS, na sigla em inglês) sob a pele de pessoas com depressão resistente a tratamentos para ajudá-las a sair desse estado deprimido ou utilizar maneiras naturais. Quem está com a mente divagando?

PLATEIA: Uhu!

ELISHA GOLDSTEIN: Caramba, quantas divagações mentais! Tá bem. Aliás, qual é a sensação que isso dá? Muito boa, não é? Daqui a pouco nós vamos fazer algo que também será relacional.

O que se sabe sobre um cérebro antidepressivo? Nós queremos ver se é possível aumentar a ativação pré-frontal esquerda, diminuir a ativação da amígdala, fortalecer o hipocampo, aumentar o tônus vagal, reduzir a inflamação celular, aumentar a dopamina e, conforme Gary mencionou, aumentar o fator neurotrófico derivado do cérebro (BDNF, na sigla em inglês). Enfim, estamos tentando saber se é possível aumentar algumas dessas coisas ou fazer coisas que apoiem a expressão gênica da proteína GABA, da oxitocina e talvez até aumentar os telômeros. Mas, por ora, o veredicto é negativo, já que não há pesquisas nesse sentido... Aliás, qualquer estudante de pós-graduação aqui poderia explorar a ligação entre a brincadeira até com animais e o aumento no comprimento dos telômeros, ou a telomerase. E eu aposto que há um artigo sobre isso no *New York Times* — basta procurar.

Voltando aos antidepressivos naturais, devo dizer que a *mindfulness* pode ser um antidepressivo natural, assim como a autocompaixão e o trabalho baseado na compaixão. Mas se vocês conhecem meu trabalho, desde o início há sempre uma linha de brincadeira. Para mim, brincar é a atitude central que nos permite ir em frente, pois faz bem para o cérebro e otimiza a aprendizagem e a integração.

Okay, vamos falar primeiro da área terapêutica, que tem uma certa escassez de ludicidade. Aqui estão alguns precursores da nossa área [aponta para um *slide*]. Vejamos se vocês conseguem identificar as pessoas nessas fotos. Quem é esse senhor tão sério? Freud, é claro. Este é Jung, também muito sério, certo? Afinal, quem trabalha nessa área precisa aparentar ter muita seriedade. Aqui está Mary Ainsworth esboçando um sorriso e um pouco mais de calorosidade nesta foto. Temos aqui a caixa de Skinner. Agora, temos Erik Erikson, que parece deprimido. Nossa área é mesmo um tanto deprimente. Aqui, Alfred Adler, que influenciou Maslow e Frankel. Piaget: como a psicoterapia é desagradável [risos na plateia]. Então, estamos começando o aquecimento com alguns terapeutas mais evoluídos [a plateia aplaude]. Posso afirmar que há muito mais calorosidade nessa foto.

Carl Jung dizia que "a criação de algo novo não é feita pelo intelecto, mas pelo instinto lúdico". E já se sabe que a novidade é essencial para a neuroplasticidade. Portanto, o instinto lúdico cria novidade — assim como a *mindfulness* é uma das atitudes centrais para a mente do iniciante. Além de criar coisas em nossa vida que parecem rotineiras e habituais, nós podemos criar novidade ao aprender a adotar certas atitudes.

Então, o que significa lúdico? Vamos examinar um pouco isso. Notem o que acontece quando vocês veem essa foto de dois gatos brincando. O que vocês veem? Há abertura e envolvimento social. Os gatos estão se olhando com abertura e espontaneidade. Já nesta foto de dois pandas se olhando também há uma conexão social. O tônus vagal deles está aumentando nesse momento. Então, vejam essa mãe e seu bebê. Mais uma vez, há abertura, um sorriso e um movimento ascendente. Há algo lúdico aqui.

Isso também ocorre em grupos. Aqui nesta foto, estou com minha mulher e dois de nossos três filhos na Costa Rica. No verão, nós sempre fazemos um retiro em algum país diferente. Nesta outra foto estávamos no Havaí. Integrar a ludicidade com a *mindfulness* é essencial quando se trata de crianças ou adolescentes. Aliás, se vocês pensarem sobre muitos programas para adultos e para crianças, os programas para a meninada são bem divertidos, mas aqueles para adultos nem tanto — embora eles também precisem brincar. Portanto, seria benéfico injetar ludicidade nos programas para adultos. Nós estamos montando aulas de improvisação consciente, que são as minhas favoritas. Se quiser, a pessoa pode brincar sozinha, pois não é obrigatório socializar com outras pessoas. Este é o meu filho caçula brincando de ir ao banheiro, mas não tenho certeza.

Então, aqui está minha definição de ludicidade no livro *Uncovering Happiness*: "É um estado mental flexível no qual você se envolve em uma atividade que escolheu livremente, que pode ou não ser de propósito, pois a acha interessante, agradável e satisfatória". E a ludicidade também é contagiante.

Um ótimo exemplo disso é o vídeo *Laughing Tram Man*, que vocês podem ver no YouTube. Basicamente, um homem sentado no ponto de bonde começa a rir e de repente as pessoas que estão ali sentadas ou olhando em volta começam a rir — e não conseguem parar. Seja por causa da consonância emocional, dos neurônios-espelho ou por qualquer outro motivo — e há diversas teorias a esse respeito —, quando você está rindo, seu corpo se abre. Muita gente está rindo aí na plateia [risos na plateia] [gargalhadas]... Realmente, depois que vocês começam, é difícil parar. Então rir é muito saudável, pois o corpo se abre.

Agora pensem no seguinte: o que acontece com o corpo quando vocês estão deprimidos? Vamos nos lembrar do que Pat [Ogden] e Bonnie [Goldstein] falaram antes em um de seus vídeos: que a contração das cordas vocais faz parte do sistema de envolvimento e desengate social. A depressão causa uma contração, um fechamento. Ao fazer coisas fisicamente, seja gritar "uhu!" ou rir, abrimos o corpo e ocorre a comunicação bidirecional. E enviamos a mensagem ao nosso cérebro de que podemos nos abrir mais, ao invés de nos fechar. Isso é dizer "sim", ao invés de "não". E é a partir dessa experiência que se alcança uma certa compreensão cognitiva de que há um contágio.

Gary Small se referiu ao estudo longitudinal sobre doenças cardíacas feito em Framingham, Massachusetts, que foi tema de um artigo no *New York Times* anos atrás. A princípio, os pesquisadores vasculharam dados e apontaram que a obesidade é contagiosa até três graus, então descobriram que a felicidade também é contagiante. Aí eles se juntaram com John Cacioppo e descobriram que a solidão também é contagiosa. Vejam algumas estatísticas aqui [aponta para um *slide*]. Se você estiver a uma certa distância inabitual de um amigo, cônjuge, vizinho ou até dos irmãos, há uma certa probabilidade percentual de que essa distância irá aumentar. Então, o contágio emocional é uma realidade. Portanto, a felicidade e a ludicidade podem ser contagiantes.

Neurotrofinas são basicamente proteínas que promovem a sobrevivência dos neurônios e fomentam a neurogênese, ou neuroplasticidade. E o BDNF é um dos principais fatores neurotróficos derivados do cérebro que fomentam isso. Jaak Panksepp e seus colegas puseram ratos nascidos há 32 dias para brincarem desbragadamente por trinta minutos, para ver se haveria quaisquer mudanças em seus cérebros. E descobriram que houve um aumento na expressão gênica da proteína do BDNF. Portanto, há uma conexão entre brincar e o desenvolvimento cerebral saudável.

Em um estudo antigo feito por Marian Diamond, uma pioneira das pesquisas de neuroplasticidade, camundongos foram postos em três gaiolas diferentes: em uma havia companheiros de brincadeiras e brinquedos, em outra, companheiros de brincadeiras sem brinquedos, e na terceira, não havia companhia nem brinquedos. Não seria ótimo se houvesse apenas brinquedos e ausência de companheiros como acontece muito atualmente? Afinal, as pessoas só querem se entreter com o celular... Os resultados desse estudo foram os seguintes: o grupo 1, que tinha os companheiros de brincadeiras e os brinquedos, ficou com o córtex cerebral bem mais espesso. Os camundongos também foram postos para correr em um labirinto duas vezes, então os pesquisadores checaram seus cérebros. Eles descobriram que o córtex cerebral dos animais ficou mais espesso e que estes também correram muito mais rápido no labirinto do que os camundongos nos outros grupos. E aqueles animais do grupo 3 que ficaram sozinhos tiveram muito mais estresse e uma diminuição na espessura cortical: a neuroplasticidade ocorria em ambas as direções.

Portanto, o córtex cerebral comprovadamente também está envolvido no processamento cognitivo. Até que ponto uma pessoa deprimida processa bem as coisas por meio da cognição? Não muito bem. Então, se nós pudermos fazer coisas que realmente aumentem o processamento cognitivo, sem mencionar a Neurociência por trás disso, isso traz benefícios reais no combate à depressão. Então, vejam um camundongo do grupo 1 [sorrindo], que comprova isso. Amigos, envolvimento social, brinquedos e novidade são indicadores importantes. E devemos aprender isso para o bem das nossas vidas.

Imaginem só que Ellen Langer fez um estudo em 1981 no qual levou oito homens septuagenários para passarem cinco dias em um mosteiro em New Hampshire, onde tudo evocava os Estados Unidos em 1959. Um grupo de controle foi levado antes ao mosteiro e incentivado a se imaginar mais jovem, ao passo que o outro grupo não contou com a ajuda de outras pessoas e pôde viver como no passado. Havia fotos desses homens mais jovens em 1959; Perry Como estava tocando no rádio e Ed Sullivan recebia convidados em uma TV preto e branco. Essa volta ao passado estava acontecendo para valer. Após o período de cinco dias, os septuagenários foram retirados do mosteiro. Alguns abandonaram suas bengalas e ficaram com a visão melhor porque haviam se virado sozinhos, jogado futebol americano no gramado e ninguém os tratara como idosos.

Quando se trata de envelhecimento consciente, e agora temos aqui o centro de longevidade, brincar é muito importante para se manter mais ativo na vida, o que é um antidepressivo natural. Afinal, o envelhecimento causa muita depressão. E, pelo que me lembro, a taxa mais alta de suicídio é de homens com cerca de 55 anos, sobretudo homens brancos. Então, é possível fomentar o envelhecimento consciente integrando as brincadeiras.

"O oposto de brincar não é trabalhar, é depressão". Quem disse isso foi Brian Sutton-Smith, um dos principais pesquisadores de jogos. Vamos então analisar melhor como brincar é o oposto da depressão. Por um lado, as brincadeiras e jogos geram envolvimento. Quanto mais uma pessoa se envolve e tem emoções positivas, há mais ativação pré-frontal esquerda. A depressão produz desinteresse e tipicamente mais ativação pré-frontal direita. E não estou falando do envolvimento em comportamentos de risco. Brincar implica a ausência de autocrítica e uma mente flexível; a depressão implica autojulgamento e pensamento rígido ou caótico, conforme Dan aponta. Brincar desperta emoções positivas; a depressão desperta emoções negativas. Brincar é sinônimo de tônus vagal forte e envolvimento social, como nas fotos de animais engraçadinhos e da família; a depressão enfraquece o tônus vagal. Brincar aumenta o BDNF; e a depressão e muito estresse diminuem o BDNF, o que não é bom para a manutenção das redes neurais em nossa cabeça. E brincar deixa a pessoa aberta às possibilidades e pode até aumentar o comprimento dos telômeros; ao passo que a depressão dá sensação de desamparo e pode até encurtar os telômeros.

Então, nós vamos fazer uma atividade juntos para estimular as brincadeiras. Quem inventou isso foi Stuart Brown, e eu quero que vocês visualizem como funciona e usem com seus clientes individualmente. Por favor, fechem os olhos e visualizem uma coisa. Façam uma respiração profunda. Relaxem os ombros e o corpo, e visualizem sua infância por um momento. Lembrem-se da primeira vez que brincaram. Vocês estavam com outras pessoas ou sozinhos? Vocês estavam ao ar livre ou em casa? Vocês estavam construindo coisas com suas mãos? Usando a imaginação, brincando com bonecas? Imaginem e visualizem isso em sua mente como se fosse um filme, notando como se sentiam, o que estavam fazendo, tornando as lembranças vívidas. Se vocês não brincavam quando eram pequenos, tentem se lembrar se faziam isso na adolescência ou posteriormente, notando a sensação em seu corpo agora. Que emoções estão presentes? E qual é o grau da sua atenção enquanto refletem sobre isso?

Certo, façam uma respiração profunda e a prolonguem mais um pouco ou não. Abram os olhos. Quantas pessoas sentiram quaisquer emoções positivas? Muito bem, quase todas. Se houvesse tempo de sobra, eu pediria para vocês se virarem para a pessoa a seu lado e partilharem sua experiência. E vocês provavelmente descobririam que houve uma consonância emocional de alegria devido a esse compartilhamento. Mas vocês podem fazer isso no intervalo.

E agora eu peço que a pessoa que esteja ouvindo a outra tente evocar a visão da criança dentro desse ser e a sensação de alegria por vê-lo alegre. Uma pesquisa descobriu que sentir alegria por causa da alegria alheia reduz o estresse no próprio corpo e aumenta exponencialmente o poder da emoção positiva, o que reduz a atividade na amígdala, aumenta a atividade pré-frontal esquerda e tem um efeito antidepressivo natural — pois a depressão tem a ver com estar desconectado. Nós estamos procurando modos para nos conectar, mas em geral nos esquecemos de sentir alegria pela alegria alheia ou de achar maneiras de introduzir isso em nossas vidas. Então, ao repensar sobre nossa história pregressa e notar o que estamos fazendo atualmente, devemos indagar a nós mesmos: há alguma correlação entre o que descubro que estava fazendo quando era criança e o que faço agora como adulto? Se eu trabalhava com minhas mãos, há alguma coisa que eu possa fazer com elas? Se eu brincava com outras pessoas, como é minha vida social agora? Se aos seis anos eu fazia caminhadas para refletir com meu pacote de germe de trigo — como contei a outros professores ontem à noite no jantar —, eu poderia retomar as caminhadas para refletir? É possível recriar tudo isso agora para si mesmo e melhorar desde já sua vida futura.

Afinal, do que estamos precisando? A conexão humana é o fator "X" para a mudança duradoura, mas está em falta nos tempos atuais. Nós somos uma espécie social desde o início e continuamos assim, pois isso é vital para a sobrevivência. Portanto, a modernidade tem um custo alto e cria ambientes desconectados, que eu chamo de "ambientes exauridos". Segundo a pesquisa de James Coan, o toque humano acalma o hipotálamo. Volto a enfatizar que as conexões sociais positivas têm muitos benefícios. Tônus vagal mais firme, BDNF mais alto e córtex cerebral mais espesso — a Ciência comprova a existência do contágio emocional e comportamental. Isso se aplica à obesidade, à solidão e à felicidade. Quando nós compartilhamos o bem e a alegria, isso fomenta nosso senso de bem-estar.

E como somos implicitamente impactados por nossos relacionamentos, vale a pena saná-los. Considerem as pessoas com as quais vocês passam a maior parte do tempo e perguntem a si mesmos: "O que essa pessoa me inspira?". Se for algo positivo e extrair seu melhor *self*, façam esforços para manter a conexão. Se for algo esgotante, passem menos tempo com essa pessoa ou mudem o modo de se relacionar com ela, para que vocês possam construir forças antidepressivas como *mindfulness*, autocompaixão e/ou compaixão.

Façam o mesmo com seus ambientes físicos. As "coisas" em casa e no trabalho lhes inspiram a se envolver com a vida de uma maneira que fomente sua saúde e bem-estar? Vale a pena refletir como seu ambiente lhes energiza ou esgota implicitamente e começar a organizar melhor os espaços em que vocês passam mais tempo. Talvez seja hora de se desapegar de coisas que vocês mantinham, mas que não lhes faziam bem. Afinal, a Ciência mostra que o acúmulo e a bagunça geram ansiedade. Perguntem a si mesmos: "Essa coisa ainda é útil ou traz felicidade para minha vida?". Em caso negativo, talvez seja hora de se desfazer dela. Ou talvez seja preciso passar mais tempo em lugares que lhes façam bem, como a natureza.

Vou encerrar agora. Uma das coisas relativas à conexão social que estou tentando fazer é montar comunidades, ajudar as pessoas a montarem comunidades. Estou reunindo pessoas do mundo inteiro em torno de um programa de *coaching online* de seis meses chamado *A Course in Mindful Living*. No decorrer do programa, as pessoas dividem experiências e se relacionam com outras que compartilham seus valores e interesses e dão deixas sociais positivas para viver conscientemente. Em última instância, sanar nossos ambientes sociais para inspirar nosso cérebro a tomar decisões implícitas e criar conexões sociais positivas torna a felicidade sustentável e facilita a resiliência.

Obrigado a todos.

9

PRESENÇA RELACIONAL TERAPÊUTICA

Cultivando a consciência compartilhada para o bem-estar positivo

com Shari Geller

É maravilhoso estar aqui. Que manhã repleta de palestras surpreendentes! Enquanto eu acalmo meus nervos, vejo que o conselho tradicional "olhe para a plateia e imagine todo mundo nu" é desnecessário em uma conferência como esta. Olho para esse grupo maravilhoso e sinto conexão com cada um de vocês. Uma das práticas que faço frequentemente com a presença é sentir minhas raízes sob a terra se interligando com as raízes de todos aqui e de todos que nos apoiam. Eu os convido para se juntarem a mim para sentir nossa conexão.

[pausa]

As sementes para passar 30 anos estudando a presença

Maya Angelou sabiamente nos inspirou quando disse: "Eu aprendi que as pessoas se esquecerão do que você disse e fez, mas nunca se esquecerão daquilo que as fez sentir". Essa citação é a essência do trabalho da minha vida com a presença. E quero lhes contar uma história que provavelmente deu origem aos meus últimos trinta anos pesquisando, escrevendo e treinando a presença terapêutica. Tudo começou quando eu tinha 19 anos e voltei tarde da noite para casa após ir ao interior do estado de Nova York para ver James Taylor se apresentando em uma pequena escola. Jamais vou me esquecer de ter estado tão perto dele [junta as mãos]! Aos 19 anos, isso era muito empolgante. Entrei em casa às duas horas da manhã tentando me esgueirar silenciosamente, então me deparei com minha irmã com o rosto pálido e a boca aberta. Minha mãe estava tendo dores de cabeça há duas semanas, mas durante as horas em que estive ausente suas dores de cabeça e sofrimento pioraram muito. Ela estava confusa e balbuciando de forma ininteligível. E achamos o relógio de diamante dela que estávamos procurando em uma tigela com gelatina. Nós sabíamos que algo grave estava acontecendo. Horas após levá-la ao hospital, ficamos sabendo que ela tinha um câncer já avançado no cérebro. Nos oito meses seguintes, ela passou por duas cirurgias no cérebro e teve parte de um dos pulmões removida. Todas as vezes havia a promessa e a esperança de que ela iria se recuperar, mas, apesar dessas cirurgias, ela só piorou desde o diagnóstico inicial e acabou morrendo.

A perda de minha mãe me afundou em um pesar bem complicado. Na minha adolescência, nossa relação não era boa; meus pais se separaram e meses depois selaram o divórcio. Nos meses logo após sua morte, eu comecei a ter sintomas de ansiedade, que em parte eram de origem somática. Eu tinha dor de garganta e achava que era um câncer na garganta, pois minha mãe tinha dor de cabeça e desenvolveu um câncer no cérebro. Eu tinha dor no peito e no intestino, então ia a prontos-socorros, consultórios médicos, especialistas e passei por laparotomias exploradoras para descobrir a causa das dores. No entanto, os médicos não conseguiam descobrir nada, mas constataram que meu intestino estava ficando irritável e inflamado. Um médico muito gentil sugeriu: "Talvez você deva falar com alguém, pois é possível que seus problemas de saúde tenham um fundo emocional".

Fui me consultar com o doutor W. e essa foi minha estreia como cliente de terapia. Eu me sentei e ele parecia desligado e indiferente. Ficava ouvindo sentado, com os olhos meio vidrados e, às vezes, rabiscava no bloco de notas. E eu me senti ainda mais sozinha naquele consultório. Mas como sou persistente, pensei: "Vou insistir nisso, pois talvez eu aprenda o que NÃO devo fazer futuramente como psicóloga". Mas após uma sessão em que suas pálpebras ficaram pesadas e ele cochilou um pouco, eu decidi abandonar a terapia.

Então, me senti pior, mais sozinha e desconectada. Alguns meses depois, comecei a me tratar com a pessoa ideal, uma terapeuta maravilhosa chamada

Beverly e a experiência foi totalmente diferente. Como ela era calorosa, sintonizada e presente, eu me senti segura. Ela entendia meus sentimentos e conseguia nomeá-los antes que eu mesma me desse conta. Isso permitiu que eu tivesse uma cura muito mais profunda que me ajudou a atravessar os meses e anos seguintes. Beverly também era professora de *mindfulness*, uma das primeiras em Toronto naquela época.

Esse relacionamento na terapia plantou as sementes que me fizeram buscar o ingrediente que faltava na psicoterapia: a presença terapêutica. E nos últimos trinta anos venho tentando entender melhor o que é essa presença e como estudá-la, cultivá-la e treiná-la. Em suma, é o que compartilharei hoje com vocês.

Uma prática breve da presença

Uma parte importante de cultivar a presença é fazer uma pausa. Peço que vocês façam uma pausa agora e convidem a presença.

A. Comecem a sentir seu interior. Se quiser, leve uma mão ao coração. Achem sua respiração em seus corpos e foquem sua atenção nela. Façam algumas respirações profundas e completas, com expirações longas. Sintam sua respiração se movimentando pelo corpo e notem sua experiência com aceitação e compaixão.

B. Agora, conectem-se com uma pessoa ou ser em sua vida que realmente estava a seu lado quando vocês precisavam. Pode ser alguém que morreu ou que ainda está aqui, um animal, um ser espiritual ou um lugar na natureza. Se for difícil pensar em uma pessoa, imaginem como seria ter alguém tão sintonizado a seu lado. E não importa se tiverem dúvida entre "essa ou aquela pessoa", pois não há certo nem errado. Basta escolher uma e deixar essa pessoa se incorporar em sua mão quando vocês tocarem seu coração. Sintam-se sintonizados e amparados nos braços seguros desse ser. E inspirem absorvendo a sensação e sabendo que podem voltar a essa conexão sempre que precisarem.

C. Eu gostaria de melhorar essa experiência com música. Eu os convido para mudarem um pouco sua conscientização e serem receptivos ao som que vou tocar para abrir seus sentidos e vocês estarem juntos no aqui e agora. Fiquem à vontade para manter a mão no coração ou abaixá-la. O instrumento de percussão que vou tocar se chama PANArt Hang e foi desenvolvido com o intuito de invocar a presença. Frequentemente, eu facilito a presença e a presença relacional usando percussão e *mindfulness* em grupo, para sintonizar meus ritmos com os dos outros.

Recebam o som com seus corpos e sintam-no tocando seu coração. Sintam o som que é tocado para invocar a presença, enquanto vocês se conectam com sua respiração. E fiquem especialmente cientes de que estão compartilhando essa experiência com centenas de outras pessoas na sala, de que estamos cultivando juntos a presença.

[música]

D. Eu os convido a absorverem esse som enquanto voltam para a sala. Absorvam a conexão criada pela prática hoje não só comigo, mas também com setecentos ou oitocentos pessoas na sala. Nós estamos aqui para cultivar a presença e o bem-estar, e aprender mais sobre elas para o nosso próprio bem e o de milhares de pessoas que todos nós tocamos. Sintam a interconexão entre nós aqui e milhares de pessoas que nós tocamos e com as quais estamos conectados em nosso trabalho e na vida cotidiana. Quando vocês estiverem prontos, abram os olhos em seu próprio ritmo e reconectem-se juntos com o aqui e agora na sala.

Treinando a presença

Quero falar sobre a formação atual em terapia. Em grande parte, ela é focada no que *fazemos* com as pessoas, as intervenções que oferecemos, como fazer uma tarefa cognitiva, emocional ou experiencial, como fazer o registro de um pensamento e uma intervenção. E embora a presença e o relacionamento na terapia sejam mencionados, há um entendimento limitado sobre a profundidade da presença no relacionamento e como treiná-la e cultivá-la. Imaginem como seria se a atenção e a formação em terapia e em educação, os relacionamentos entre pais e filhos e as organizações priorizassem o modo certo de estarmos uns com os outros e o cultivo desse tipo de presença relacional, no qual estamos focados aqui.

Presença no relacionamento

Os focos da pesquisa que faço há alguns anos são a presença e a transformação no relacionamento. Nós abordamos esta manhã o quanto a *mindfulness* nos ajuda. Sua prática me dá muitas oportunidades para crescer e me desenvolver, incluindo ter mais calma, foco e autorregulação. Ela envolve trazer intencionalmente nossa conscientização para o momento e ajuda a cultivar as qualidades da presença para si mesmo. Mas a presença terapêutica é um tipo de conscientização a cada momento no relacionamento com os outros, e envolve compaixão e sintonia consigo mesmo, com os outros e nos relacionamentos.

Eu creio que a mudança e a transformação acontecem no relacionamento com os outros. Nós somos seres relacionais e relacionamentos saudáveis centrados no presente são necessários para o bem-estar. Muitas injúrias sentidas por todas as pessoas, inclusive os clientes que vão ao meu consultório, acontecem nos relacionamentos. Portanto, reparar esses danos e restaurar a conexão também acontecem no relacionamento e, com intenção e prática, é possível relacionar-se com presença plena. Conforme sabemos, "aquilo em que prestamos atenção e que praticamos se fortalece".

O que é presença terapêutica?

Há cerca de 25 anos, fiz um estudo com terapeutas experientes que escreviam sobre a presença ou eram considerados autoridades nesse assunto. Posteriormente, fiz uma análise qualitativa e extraí de milhares de páginas e entrevistas alguns temas predominantes acerca do nível de presença no relacionamento. Uma definição simplificada é estar inteiramente no momento com outra pessoa ou pessoas, em múltiplos níveis: física, emocional, cognitiva, relacional e espiritualmente. A partir desses estudos, extraí um modelo com diversas categorias que, em conjunto, enfatizavam toda a experiência da presença terapêutica em um senso relacional.

A primeira categoria abrangente que nossa pesquisa descobriu é que a **presença é incorporada**. Ela vive no corpo, do pescoço para baixo. Pensamentos relacionados a esse lugar incorporado da presença são muito mais sintonizados. Conforme nossa pesquisa sugere, quatro aspectos são necessários para que a presença totalmente incorporada aconteça. Um é estar assentado e centrado em si mesmo. O segundo é o senso de *imersão* nos detalhes desse momento com a outra pessoa. O terceiro é que, por estar assentado e imerso, há um senso maior de amplitude ou *expansão*, pois até nos detalhes de estar com você reconhecendo sua dor e sofrimento, há um sentimento de fundo de que tudo está bem, de que nós estamos interconectados e também com algo maior. Isso inclui o nível de consciência compartilhada. O quarto é que, ao estar assentado, imerso e amplo, a intenção é estar *compassivamente com e pelo outro*, a serviço da cura dos clientes. Essas quatro categorias — assentamento, imersão, expansão e estar compassivamente com e pelo outro — perfazem toda a experiência incorporada da presença terapêutica.

A segunda categoria abrangente no modelo de presença terapêutica que surgiu com a pesquisa é que a *presença é um processo*. O que nós fazemos quando estamos realmente presentes em um relacionamento? Há três subqualidades no processo de presença. Eu fico *receptiva* e aberta, sem nada agendado. Absorvo em meu corpo aquilo que a outra pessoa está compartilhando e expressando verbalmente e até não verbalmente. Eu também me *sintonizo interiormente* para saber como estou. Em um nível interoceptivo, sei o que estou sentindo agora por estar com essa pessoa. E há extensão e contato. A partir desse lugar de sintonia comigo mesma e o outro, estou me estendendo e fazendo contato com ele, e minhas respostas são guiadas por esse momento de união.

A terceira categoria abrangente é que a *presença é intencional*. A presença no relacionamento requer compromisso. Há um compromisso em nossas vidas de cultivar a presença em nós mesmos e em nossos relacionamentos. Antes de eu receber alguém no consultório, tenho o compromisso de me envolver nessa experiência da presença em mim, de manter essa intenção e transmiti-la.

Após alguns anos, eu percebi que a *presença também é relacional*. Ela não está só em mim; ela vive entre nós. Ao estar presente comigo mesma e com o outro, há uma experiência maior, um encontro profundo. O filósofo Martin Buber chama isso de um momento ou encontro de *eu-você*. Isso envolve um *encontro* mais profundo entre pessoas e dá acesso a uma experiência maior de conexão e consciência, pois é um compartilhamento coletivo dessa consciência que, em última instância, propicia a cura.

A presença como base para uma terapia eficaz: a pesquisa

Qual é a função da presença na terapia? Por que eu insisto há tanto tempo para que ela seja um treinamento fundamental para todas as abordagens de terapia? Eu reconheço que algumas abordagens já treinam a presença, mas a maioria delas não treina esse elemento fundamental.

Há pesquisas que corroboram essa noção de que a presença é fundamental para relacionamentos terapêuticos eficazes e bons resultados. Por uma perspectiva geral, a presença é saudável para o terapeuta e o cliente, pois promove o crescimento e fortalece o sistema imunológico. Conforme o trabalho de Elissa Epel e Elizabeth Blackburn aponta, a presença fortalece os telômeros, as terminações dos cromossomos que são relacionadas ao envelhecimento saudável.

Em termos do encontro na psicoterapia, parte da pesquisa que fizemos inclui o modelo empiricamente validado que já citamos. A partir desse modelo, nós desenvolvemos uma medição do processo de psicoterapia, o Inventário da Presença Terapêutica (IPT), para entender melhor o que acontece com as pessoas no consultório e o que a presença faz pelos clientes e terapeutas. Uma das descobertas resultantes é que a presença é um pré-requisito para a empatia. Nós não podemos absorver inteiramente a experiência de outra pessoa, a menos que estejamos presentes. Eu posso estar presente sem ser empática, posso estar assentada, centrada e conectada no momento, mas não posso ser empática sem antes estar presente.

Nossa pesquisa também examinou a presença na psicoterapia comparando a terapia focada nas emoções (TFE), a terapia comportamental cognitiva (TCC) e a terapia centrada na pessoa (TCP). Aliança terapêutica é um conceito importante na psicoterapia. Nós descobrimos que a presença gera uma aliança e resultados positivos. Há milhares de estudos sobre terapia que comparam diversas abordagens, e as descobertas variam. Mas a descoberta mais consistente nas pesquisas sobre psicoterapia é que uma forte aliança terapêutica leva a bons resultados. A aliança terapêutica não é só sobre o *elo*, ou como nos sentimos próximos ou conectados um com o outro. Uma aliança significa trabalhar juntos por uma meta que faça sentido para o meu cliente, e a *tarefa*, ou seja, trabalhar por essas metas na terapia, de uma maneira que faça sentido para o meu cliente e que nós dois fiquemos conectados fazendo isso juntos.

Uma das descobertas mais interessantes resultantes da pesquisa foi que terapeutas que se achavam presentes (conforme a classificação no Inventário da Presença Terapêutica-Terapeuta, IPT-T) na verdade não eram assim. Parte disso significa que nem sempre nós, como terapeutas, sabemos o que está acontecendo no consultório. Nós podemos encerrar uma sessão achando que ela foi "surpreendente", mas o cliente chega na sessão seguinte furioso conosco, ou vice-versa. Ao analisar melhor essa descoberta, notamos que eram os terapeutas mais jovens que faziam avaliações equivocadas da própria presença e ficavam dizendo: "Ah, claro, eu estava presente ali. Eu realmente estava ali". Mas eles não entendiam direito o conceito. Já os terapeutas mais avançados distinguiam a sutileza e a diferença quando estavam presentes ou se desligavam do momento.

Outra descoberta poderosa e importante foi que clientes que sentiam seu terapeuta presente (conforme a classificação no Inventário da Presença Terapêutica-Cliente, IPT-C) demonstravam efeitos fortes em termos de aliança e resultados. Essa descoberta foi consistente em todas as terapias (TFE, TCC e TCP). E isso significa que clientes que se sentem "sentidos" por seu terapeuta e sentem que ele está inteiramente presente na sessão têm resultados melhores na terapia. A maior lição disso é que nós precisamos aprender a incorporar a presença e expressá-la no relacionamento com os clientes e também em outros relacionamentos, para que ela seja plenamente sentida e recebida.

Como a presença melhora a terapia: as escoras neurológicas da segurança

Nós vimos que a presença gera uma forte aliança terapêutica e resultados melhores. Mas como isso acontece? Como a presença evoca mudança? Grande parte do meu entendimento é inspirada pelo trabalho de Dan Siegel com a Neurobiologia Interpessoal e sobre a presença no relacionamento, incluindo as diversas partes do cérebro que são ativadas com a presença. Stephen Porges e a teoria polivagal também embasam e inspiram meu entendimento. Aliás, um dos artigos sobre presença e a teoria polivagal que escrevi com o doutor Porges está incluso em seu pacote.

Vou descrever sucintamente a teoria polivagal. Alguém já ouviu falar sobre a teoria polivagal? Ótimo, muitas pessoas já estão a par. Mas alguém realmente a entende? Ah, agora a resposta é diferente! Trata-se de uma teoria densa e rica. De forma simplificada, parte dela é baseada no entendimento sobre o sistema nervoso autônomo. O antigo sistema nervoso tinha duas partes: o sistema nervoso simpático, que determina a reação de lutar ou fugir, e o sistema nervoso parassimpático ou calmante. A teoria polivagal nos ensina que o novo sistema nervoso na verdade tem três partes, e um sistema adicional de envolvimento social que se desenvolveu enquanto evoluíamos como mamíferos.

No ramo parassimpático do sistema nervoso, duas vias percorrem o nervo vago, que se divide em duas partes. O sistema polivagal tem uma via vagal dorsal e uma via vagal ventral. A via vagal dorsal reflete quando nós nos fechamos. Como não é mielinizado, o sistema polivagal transmite suas mensagens lentamente. Quando eu me sinto acabrunhada, ansiosa ou em perigo sozinha ou no relacionamento, meu sistema se fecha e fica paralisado. Isso é equivalente à dissociação de alguém que se sente acabrunhado (o sistema nervoso simpático ou o sistema de lutar ou fugir) e então se fecha. E eu acho que muita gente tem pequenos momentos dissociativos durante o dia, quando está caindo no sono ou se fecha para o que está acontecendo em seu interior ou ao redor.

A via vagal ventral responde a deixas de segurança no relacionamento. Por ser mielinizada, ela transmite mensagens mais rapidamente e tem um sistema de envolvimento social. Nós somos seres sociais e relacionais, que nos regulamos nos relacionamentos. Quando o sistema vagal ventral é ativado por meio de uma conexão e um relacionamento seguros, nós nos acalmamos e conseguimos regular nosso sistema nervoso. Então, ativar a segurança no relacionamento e a presença terapêutica otimizam a via vagal ventral.

A teoria polivagal do doutor Porges também aponta que há uma neurocepção de segurança, ou seja, como incorporamos no cérebro o senso de segurança ou insegurança. Nós temos uma sensação visceral quando algo ou alguém é confiável ou representa perigo. Às vezes, essa sensação é acurada, mas quando tivemos um trauma, dificuldade ou uma sintonia equivocada na infância, essa neurocepção de insegurança pode surgir até em situações seguras e influi bastante no que acontece nos relacionamentos. É importante entender a potencial neurocepção de insegurança que o sobrevivente de um trauma pode ter. Como terapeuta, devo refletir que se uma pessoa tiver um sistema inseguro, ela pode se sentir abandonada naquele momento. Com a presença, eu realmente tenho mais chance de entender e me sintonizar com a neurocepção de segurança ou insegurança do meu cliente. Isso ajuda a ler seu estado no momento e a notar quando ele fica paralisado ou entra em um lugar inseguro, então procuro ativar a segurança por meio da conexão ventral vagal.

Conforme a teoria polivagal e muitas teorias da Neurociência atual confirmam, o cérebro e os órgãos viscerais estão em comunicação direta. Se eu acalmar meu corpo, minha mente e meu cérebro entram em alinhamento. Com a prática da *mindfulness*, meu corpo se acalma e consigo me regular. Mas também há uma comunicação bidirecional entre as pessoas. Nós estamos constantemente em comunicação no nível da expressão não verbal. E isso é de fato imperativo no relacionamento, porque se eu estiver assentada, calma e presente, isso instiga o sistema nervoso do meu cliente para acalmar meu sistema nervoso. E com essa comunicação bidirecional, ou consciência compartilhada, eu consigo captar e entender prontamente o que está acontecendo com a outra pessoa no momento, sintonizando-me com meu corpo, que é o elemento no processo da presença terapêutica sobre o qual falei antes.

Regular-se para se relacionar

Nós precisamos nos regular para nos relacionarmos. É preciso entrar em um senso interno de presença e nos centrar antes de receber um cliente na terapia, nos relacionamentos com os filhos e em todos os tipos de relacionamentos. E se nos conectamos com alguém quando estamos em um estado desregulado, a interação pode ser danosa. Todos nós sabemos como é péssimo conversar com alguém de um modo reativo ou enviar um *e-mail* estando de cabeça quente. Alguém já fez isso? Vejo duas mãos levantadas. Isso acaba gerando outra dificuldade e um estado reativo de desconexão. Antes de fazer qualquer tipo de conexão, dar uma pausa para se regular pode fazer toda a diferença.

Relacionar-se para se regular

Nós também precisamos nos relacionar para nos regularmos. E, graças ao senso de corregulação, estamos constantemente nos regulando por meio de relacionamentos positivos, seguros e centrados no presente. Isso é possível porque os reguladores emocionais e a fisiologia estão incorporados nos relacionamentos. É fundamental entender esse aspecto-chave quando nós cultivamos a intenção de nos relacionar e sintonizar no momento, sabendo o impacto que isso pode ter.

Como a presença terapêutica funciona em uma sessão: um modelo de mudança

Vou apresentar um modelo de mudança que pode ocorrer para os clientes quando seu terapeuta está imbuído e oferece presença. Notem que estou me referindo à presença no relacionamento entre o terapeuta e o cliente. No entanto, eu creio que essa experiência relacional ideal pode ocorrer em vários relacionamentos importantes, como entre professor e aluno, médico, enfermeiro e paciente, e pais e filhos. Esse modo de estar nos permite ficar receptivos e sintonizados com a outra pessoa, o que ativa a segurança e o crescimento.

Como se pode criar esses tipos de experiências relacionais e momentos de presença? No relacionamento com os clientes, cabe ao terapeuta preparar as condições para cultivar a presença em si mesmo, antes de entrar no consultório. Isso lhe permite ser receptivo e sintonizado com seus clientes. Quando estes se sentem sintonizados, a sensação é semelhante àquela quando você põe a mão em seu peito, ou como Dan Siegel diz, quando você "se sente sentido" por outra pessoa. Quando "se sentem sentidos", os clientes têm um senso neurofisiológico de segurança. E à medida que se sentem seguros, eles ficam mais presentes em si mesmos e com o terapeuta. Essa presença bidirecional aprofunda os sentidos da presença e há uma presença relacional maior do que as duas pessoas, mas falarei mais sobre isso daqui a pouco.

Esse modelo de presença na sessão tem quatro resultados principais. Primeiro, *o relacionamento se aprofunda*, e já falamos sobre o quanto um relacionamento forte na terapia afeta os resultados. Segundo, as *defesas dos clientes se desfazem*. Eles se desarmam e um portal ideal se abre para o trabalho terapêutico, pois eles estão em um lugar mais seguro. Terceiro, *minhas respostas, como terapeuta, ficam mais sintonizadas*. Isso vale não só em abordagens relacionais, mas também em abordagens técnicas e cognitivas. As respostas e intervenções ficam sintonizadas com meu cliente, que se sente seguro, aberto e entende o sentido do que está acontecendo naquele momento. Quarto, as experiências constantes dos clientes de estarem relacionalmente presentes, de sentirem que alguém está a seu lado *exercitando os músculos neurais para a segurança*, faz com que eles comecem a se envolver em relacionamentos seguros com outras pessoas em suas vidas e, no decorrer do tempo, abandonem suas defesas nesses relacionamentos.

Como é uma sessão ideal com presença?

As habilidades para ter presença podem ser treinadas no decorrer do tempo, mas agora darei uma noção de como uma sessão pode ser otimizada com a presença. A presença não pode ser forçada, mas é possível criar as condições para que ela emerja. Assim como oferecemos as condições para uma planta crescer, ou seja, solo rico, luz solar, água e oxigênio, as condições para a presença também podem ser cultivadas. Aqui estão as cinco fases intencionais de uma sessão que ajudam a cultivar as sementes para a presença.

1. Preparação para a presença

Ela inclui (a) *um compromisso permanente* com a presença nos relacionamentos diários consigo mesmos e com os outros, incluindo superar as barreiras e interferências contra a presença. Isso significa ter um compromisso com o próprio autocuidado e com a prática de *mindfulness*, dedicar tempo aos próprios relacionamentos e resolver os problemas internos que vão surgindo. Há também (b) *a preparação antes de entrar no consultório com um cliente*. Uma pesquisa feita por Dunn *et al.* em 2013, usando o Inventário da Presença Terapêutica (IPT; Geller *et al.*, 2010), descobriu que se um terapeuta dedica cinco minutos para se centrar e treinar a presença antes de uma sessão, o resultado é melhor para os clientes. Dunn *et al.* pediram a um grupo de terapeutas que fizesse uma prática de presença antes de uma sessão e a outro grupo de terapeutas que entrasse na sessão sem a prática. Os cinco minutos que os terapeutas praticaram presença antes da sessão mudaram totalmente o resultado do encontro. Os clientes se sentiram melhor, seus sintomas diminuíram e eles acharam quatro resultados principais que a aliança com seu terapeuta ficou mais forte.

Eu faço muita supervisão e tive essa experiência com uma supervisionanda, Lisa. Certo dia, Lisa veio à nossa sessão de supervisão e disse: "Não quero mais atender o cliente X, pois ele é difícil demais e reage mal ao que eu digo. Eu não sei como ajudá-lo e fico pensando nisso quando volto para casa à noite. Acho que sou a pessoa errada para ele e que é melhor outra pessoa atendê-lo". Nós exploramos a questão, então perguntei a ela: "O que você faz antes da sessão?". Ela disse: "Bem, eu verifico meus *e-mails*, resolvo pendências e faço as ligações necessárias no celular". Então, eu a estimulei a tentar outra coisa. "Antes do próximo encontro com ele, faça um exercício para se centrar". E ensinei a ela o exercício de sentir suas raízes sob o solo, imaginar sua tensão se esvaindo até sumir, então se abrir e imaginar/visualizar esse belo ser que entrará no consultório para encontrá-la.

Na semana seguinte, Lisa voltou para a supervisão e disse: "A sessão de ontem foi a melhor de todas". Então, perguntei: "O que aconteceu?". E ela respondeu:

> "Desta vez, ele se abriu sobre sua época no orfanato e o abuso físico que as freiras lhe impingiam. Ele até chorou e nós nos sentimos conectados, o que foi muito impactante". E eu indaguei: "Você fez algo diferente das outras vezes?". Ela disse: "Fiz aquele exercício que você ensinou e quando entrei na sessão, percebi que antes eu entrava com um cronograma relativo ao que deveríamos fazer, no que precisávamos trabalhar e outras ideias. Mas desta vez eu estava muito mais aberta e sem nada programado. Eu consegui ouvi-lo de outro modo e me sintonizar realmente com ele pela primeira vez. Ele sentiu nossa conexão, relaxou e contou suas experiências com uma franqueza inédita".

Portanto, esses cinco a dez minutos antes da sessão podem mudar todo o resultado do encontro.

2. Começando a sessão partilhando um momento para a presença

Em geral, no início da sessão, eu e o cliente partilhamos um momento para a presença, passando alguns minutos respirando e entrando juntos no momento. Eu peço ao cliente que ouça em seu interior o que é relevante explorarmos hoje e a essência do que ele deseja falar. E eu acho que esses três ou quatro minutos poupam os quinze minutos de bate-papo superficial que geralmente aconteciam na sessão antes do cliente acessar um material e sentimentos mais profundos.

3. Processo de presença

Durante a sessão, eu passo por um processo gradual de presença no qual estou *recebendo o cliente*; *sintonizando-me comigo mesma*, notando em meu corpo o que estou sentindo e o que está ressoando com aquilo que estou recebendo do cliente; e *faço contato* com ele de um modo humano. Estou também me oferecendo e me sintonizando com ele no momento em um nível não verbal e por meio da empatia, compreensão e *insights* que podem ocorrer. O que estou entoando para dentro quando me volto para o meu interior? Nem sempre sinto ou ouço coisas boas quando não estou presente nem prestando atenção... quando me fecho ou bloqueio o que pode acontecer. E uma das habilidades requeridas é conseguir reconhecer o que pode ser.

Há poucas semanas, eu tive uma sessão com um cliente que estava me falando sobre o estresse no trabalho. Ele é um executivo de alto escalão e estava muito estressado com as dificuldades no trabalho. Enquanto ele falava, notei que estava cansada e comecei a me fechar. Então as vozes da autocrítica surgiram: "Você deveria estar presente, mas está cansada, pois não dormiu o suficiente". Aí percebi:

"É isso mesmo. Presença, o que está acontecendo aqui?". E perguntei para mim mesma: "O que está acontecendo para eu me fechar?".

E percebi rapidamente o que estava acontecendo, assim que parei de me julgar: a sintonia bidirecional estava indicando que meu cliente não estava conectado. Então, disse a ele: "Eu notei que comecei a ficar um pouco cansada e distante, e questiono se isso está acontecendo porque captei que você não está conectado". Ele abaixou a cabeça, depois olhou para cima e uma lágrima rolou em seu rosto. Então contou como as sessões anteriores haviam sido difíceis, pois pela primeira vez em 26 anos começara a relatar que fora abusado sexualmente quando era pequeno e depois foi alvo de brutalidade policial, vitimização e *bullying*. E disse: "Acabei de descobrir o quanto é difícil falar sobre essas coisas, mas sei que é necessário. Eu só falava sobre o estresse no trabalho porque é mais fácil e comum". Então, nós conseguimos retomar o que realmente estava se passando com ele e continuar a fazer esse trabalho importante.

4. Encerrando a sessão

Intencionalmente, eu vou me afastando pouco a pouco do trabalho mais profundo nos cinco ou dez minutos antes do término da sessão, então introduzo uma prática breve de *mindfulness* no final e pergunto ao cliente com o que ele quer sair. E eu o ajudo se ainda houver muita emoção à flor da pele. Tento não abafar nada, apenas conter suas emoções incômodas, antes que ele encare a etapa seguinte do dia no mundo exterior. Posso fazer uma visualização e pedir que ele se imagine pondo sua emoção residual em uma bela tigela ou caixa e colocando-a em um lugar seguro ao qual podemos voltar em outra ocasião. E isso é muito importante porque quando saíam muito fragilizadas de alguma sessão por falta de tempo ou intenção de encerrá-la bem, as pessoas acabavam cancelando a sessão seguinte ou se fechando. Nós somos responsáveis por ajudar nesse processo.

5. Transição após a sessão

É importante me cuidar após as sessões reservando tempo para desanuviar — seja imaginando a energia emocional nos meus pés, terminando de fazer anotações ou fazendo uma caminhada no quarteirão — antes de entrar na sessão seguinte com alguém ou no momento seguinte do meu dia. Assim, fico livre, aberta e zerada para qualquer coisa que surja no momento seguinte. Eu acho que geralmente não damos tempo suficiente para transições — que considero muito importantes —, para dar uma pausa, notar e processar o que acabou de ocorrer, antes de entrar no próximo momento ou sessão.

Essência da presença

Qual é a essência da presença? Eu falei sobre a pausa, que é fundamental para a presença. No encontro terapêutico, a presença faz parte da sessão e a pausa para realmente estar ali e ouvir profundamente faz com que nossas respostas se sintonizem — é a esse processo que eu estava me referindo — com o que está acontecendo naquele momento. Mas, acima de tudo, a essência da presença é *como* estamos com os outros. Conforme Maya Angelou disse na citação anterior, o que fazemos os outros sentirem é que é lembrado.

A prosódia vocal é um dos meios para ativar o sistema vagal ventral no relacionamento. Se eu falar de modo sincopado, vocês podem achar que estou sendo brusca e talvez até tensa. Dependendo do que está acontecendo com alguém, a prosódia vocal é tão importante quanto as expressões faciais e o olhar. Às vezes, ser direto é contraproducente e é preciso usar outra abordagem mais sintonizada com o momento, conforme o grau de segurança ou insegurança da outra pessoa. Até em conversas difíceis, como abordamos os outros faz toda a diferença. Por exemplo, ter de confrontar minha cliente porque ela enviou dez mensagens de voz de vinte minutos ontem à noite, o que me irritou e estressou. Mesmo assim, encarei o desafio de atendê-la mantendo meu corpo aberto, minha voz inalterada, aproximando-me dela verbalmente e não verbalmente, com aceitação e bondade.

E isso se aplica a todos os nossos relacionamentos. Como revelamos nossas dificuldades com uma postura aberta, um senso de conexão e presença até em conversas sobre coisas difíceis? Como Allan Schore diz, nessa comunicação entre dois cérebros direitos, eu uso meu corpo para me comunicar com o corpo do outro. Aliás, recentemente vi uma pesquisa que dizia que 30% daquilo de que nos lembramos em uma sessão de terapia é conteúdo; 70% são como nos relacionamos no modo não verbal.

Vídeo da AAP sobre presença terapêutica

Eu quero mostrar para vocês um vídeo curto de terapia que fez parte de um treinamento educacional da Associação Americana de Psicologia. Peço a vocês que prestem menos atenção nas palavras e mais na interação. A cliente Nancy está em uma sessão há uns quinze minutos. Nós nos conhecemos há poucos minutos e ela já estava contando que seu irmão morreu recentemente em um acidente de carro, dez anos após seu pai também ter morrido em um acidente parecido no Dia dos Pais. Esse tipo de pesar é muito profundo e complicado. Ela também contou que sua mãe não a apoiou e, uns dez minutos depois — e eu acho que isso demonstra a confiança dela em nossa conexão —, passou a relatar que foi abusada por um tio quando era criança, algo que mantinha em segredo. Sua mãe também não a apoiou nessa situação, então ela se sentia muito abandonada nos relacionamentos.

Eu quero que vocês notem as expressões não verbais e o senso mútuo de sincronicidade corporal que acontece nesse momento. Nas palavras, nos tons vocais, há uma pausa, há um momento em que damos uma respirada juntas e isso não é planejado. Há uma sintonia bidirecional entre nós. Mas, nesse vídeo, ela está falando sobre o quanto compartilhou e foi ouvida nos últimos quinze minutos.

[vídeo]

NANCY: Espiritualmente, eu não queria perder meu pai e meu irmão desse jeito, mas...

SHARI GELLER: A morte de seu irmão foi outra perda devastadora, certo?

NANCY: Sim, sempre será, mas parte do meu irmão permanece em seu filho e no meu filho.

SHARI GELLER: Sim, é como se eles incorporassem seu espírito, sua energia e seu...

NANCY: Eles dizem que ele os marcou.

SHARI GELLER: Sim, claro.

NANCY: Sim, então é um alívio poder me expressar e falar coisas diferentes com alguém que não é preconceituosa nem me julga.

SHARI GELLER: Sim.

NANCY: Conseguir falar com alguém e desabafar tudo o que está entalado dá um grande alívio.

SHARI GELLER: Sim, eu vi você fazer aquela respiração mais profunda.

NANCY: Sim.

SHARI GELLER: Isso denota que você conseguiu se expressar e ser ouvida sem ser julgada ou mal interpretada, e é extremamente importante desabafar...

NANCY: Sim, sim.

SHARI GELLER: ... falar sobre a profundidade da sua perda e de seu pesar sem ser julgada ou mal interpretada. Sim... [pausa] Fico realmente grata por você ter se sentido à vontade para compartilhar tudo isso aqui, e sinto isso bem aqui [toca o peito].

NANCY: Sim, é algo profundo.

SHARI GELLER: Muito profundo.

NANCY: É realmente profundo.

[após o vídeo]

Quantas pessoas notaram que eu respirei com ela quando ela disse "alívio"? Na verdade, eu respirei antes de ela dizer isso. É como se eu estivesse sentindo seus sentimentos e incorporando-os. Eu também noto que gesticulei muito e, em parte, faço isso para meus clientes foquem em seus corpos. "É aqui que eu sinto isso. Bem aqui". E também tem a questão do olhar. Uma pesquisa feita por Marci *et al.* em 2006 e 2007 mostra a sincronicidade que ocorre quando há um olhar mútuo no encontro terapêutico. Eles fizeram testes de condutância dérmica em clientes e terapeutas, e constataram que seus ritmos fisiológicos e nível de excitação entravam em sincronicidade nesses momentos e que a conexão relacional transmite um senso de segurança. Foi isso que senti com Nancy. A partir de certo momento, ela se abriu muito mais durante a nossa sessão.

A presença como um portal para a integração

Conforme Dan diz, a presença é um portal para a integração. Ela permite a integração em cada um de nós, sentir melhor o que se passa em meu interior como terapeuta e no interior do meu cliente. Essa integração gera a integração relacional, um senso de junção mútua, ao mesmo tempo que mantenho o senso de mim mesma. Afinal, no processo de terapia estou constantemente harmonizando e alternando minha conscientização entre mim mesma, o outro e o que há entre nós.

Consciência compartilhada: a presença terapêutica relacional

Após anos de estudo e treinamento, descobri que a presença terapêutica é uma experiência mais profunda quando as pessoas estão presentes uma para a outra, o que denomino de presença terapêutica relacional, ou presença relacional. Nesses momentos especiais as duas pessoas entram em sincronia. Como mostrei no modelo, o terapeuta e o cliente estão presentes, mas há uma presença ou senso maior entre ambos. Isso é quase como uma tríade da relação entre eu, o outro e um senso maior de espiritualidade. Conforme Carl Rogers disse, há uma energia transcendental maior, ou acesso à informação, à intuição ou à própria sabedoria e a do outro. E nesses momentos de presença relacional, a consciência compartilhada se funde.

Isso tem a ver com o que Daniel Stern chama de *consciência intersubjetiva*, na qual a consciência de mim mesma se sobrepõe com a do outro. Nesse momento eu-você, conforme cunhou Martin Buber, há um senso de "nós" maior do que cada pessoa. E há uma consciência compartilhada na qual a experiência do cliente ativa a mesma experiência em mim. E a minha presença centrada ativa a calma e o senso de segurança nele.

Sincronia entre cérebros

Na consciência compartilhada há um encadeamento no nível do corpo, do cérebro e da respiração entre duas ou mais pessoas. O termo *sincronia entre cérebros* se refere ao encadeamento de ritmos sincrônicos entre as pessoas quando há conexões profundas. Isso acontece, por exemplo, com músicos de *jazz* que estão tocando de improviso juntos. Suas ondas cerebrais começam a se espelhar e a se sincronizar. Crianças que andam juntas no mesmo ritmo também começam a ser mais compassivas umas com as outras. Quando pessoas sentadas em cadeiras de balanço balançam juntas, suas ondas cerebrais começam a entrar em sincronia.

Em parte, isso se deve ao senso de consciência sobreposta. Há um novo entendimento em formulação sobre o que acontece, já que o que sabemos sobre o cérebro evolui constantemente. Os neurônios-espelho e motores e os osciladores adaptativos ativam em mim a sensação da experiência dos meus clientes quando estou presente com eles. Meus neurônios motores são ativados da mesma maneira (espelhados) que nos meus clientes, o que me permite senti-los e estar com eles nessa experiência. E nesses momentos há uma leitura e um compartilhamento da experiência de cada um, como duas pessoas dançando salsa em sincronia.

Embora a presença e os momentos mais profundos de presença relacional possam ocorrer de forma espontânea, eu estou interessada na criação de oportunidades para que a presença aflore com intencionalidade. Como se pode treinar as pessoas para cultivarem a presença e abrir possibilidades para que ela aflore com mais frequência? Minha resposta para isso é: a prática faz a presença. O que nós fazemos e praticamos se fortalece. Isso inclui práticas para os clientes e terapeutas que abrangem a *mindfulness*, algo que eu não preciso definir em uma conferência como esta. A *mindfulness* comprovadamente aumenta o foco, a atenção e o funcionamento cerebral. Práticas de autocompaixão também fazem parte da presença terapêutica e ajudam a cultivar a presença. Kristin Neff nos contou mais sobre a autocompaixão consciente. Eu descobri que essas práticas são muito potentes para cultivar a presença, como a meditação Metta Bhavana de bondade amorosa. A jovialidade é outro aspecto importante para o cultivo da presença. Parte da pesquisa sobre a teoria polivagal sugere que a jovialidade ativa o sistema nervoso vagal ventral dos adultos e também no consultório de terapia. Às vezes, um cliente está sofrendo muito, eu sinto sua dor, então algo inusitado acontece e rimos muito. E conseguir brincar juntos abre uma perspectiva maior de que, embora haja uma dor intensa ali, também há espaço para desopilar. A jovialidade na vida também ativa a experiência de estar no momento.

Prática experiencial

Há exercícios neurais específicos para ativar tanto a experiência da presença quanto o sistema vagal ventral. Um exemplo apontado por Stephen Porges são as expirações longas. Eu gostaria de fazer agora uma prática breve, para vocês entenderem como é uma inspiração longa e uma expiração longa. Idealmente essa prática é feita por duplas.

Eu peço a vocês que se virem para a pessoa a seu lado e pratiquem isso juntos, para ver o que acontece em uma expiração longa. Quem quiser praticar sozinho, fique conectado comigo olhando meus padrões respiratórios durante toda a prática. Tentem harmonizar seu corpo em direção a alguém. Após formarem as duplas:

- Decidam silenciosamente quem vai ser a pessoa A e a pessoa B. Se houver mais de duas pessoas no grupo, as outras podem ter o papel de observador.
- Pessoa A, você vai fazer algumas rodadas de inspirações longas e expirações curtas. Elas serão assim [Shari demonstra]. Continuem até ouvirem o sino. Agora aguardem as instruções.
- Pessoa B, você vai se harmonizar com seu parceiro enquanto ele está respirando e notar a expressão facial dele. Permita-se sentir seja lá o que for e o que a outra pessoa está sentindo enquanto respira. O observador pode fazer o mesmo enquanto está olhando a pessoa A ou me olhando.
- Pessoa A, comece suas inspirações agora. Pessoa B, você está notando conscientemente o que acontece com ela e com você.

[sino]

- Agora desacelerem, fechem os olhos e retomem sua respiração natural. Notem o que é verdadeiro em vocês (tanto quem respira quanto o observador). Agora, abram os olhos e olhem ao redor da sala.

Mantendo os mesmos papéis, vocês vão tentar fazer o mesmo exercício com expirações longas. As instruções são:

- Pessoa A, você vai respirar na direção oposta, com inspirações curtas e expirações longas. Elas serão assim [Shari demonstra]. As expirações devem durar o dobro das inspirações.
- Pessoa B e observador, olhando seu parceiro ou para mim, notem o que acontece na expressão facial dele, o que vocês sentem no corpo enquanto sentem o outro, e notem e sintam novamente o que surge em seu parceiro e em vocês. Comecem agora.

[sino]

- Agora desacelerem e notem conscientemente o que é verdadeiro em vocês (tanto quem respira quanto o observador).
- Abram os olhos e se conectem com seu parceiro. Digam uma palavra ou uma frase que reflita o que vocês notaram nessa prática ou alguma diferença entre os dois tipos de respiração.

[sino]

Vamos retornar como um grupo. Quantas pessoas notaram a diferença entre os dois tipos de respiração? Por favor, levantem a mão. Pelo jeito, a maioria de vocês. E quantas pessoas notaram um pouco mais de tensão e ansiedade com as inspirações mais longas? Quantas pessoas notaram que ficaram um pouco mais calmas com as expirações mais longas? [A maioria dos participantes levanta as mãos.] Isso é muito forte. Realizar essa atividade sozinhos e ensiná-la aos clientes pode ativar o sistema nervoso vagal ventral. Quantas pessoas notaram que sua respiração, especialmente na expiração mais longa, começou a se sincronizar com a respiração da pessoa com quem estavam? Certo, alguns de vocês.

Às vezes, na terapia há respiração diafragmática intencional, na qual você começa a espelhar sua respiração na respiração da outra pessoa. Esse é um modo poderoso de ficar intencionalmente em sincronicidade com alguém. Isso permite uma consonância (graças aos neurônios-espelhos e aos motores) e nós podemos começar a captar a experiência dos nossos clientes e fundi-la nesses momentos de presença relacional juntos.

Como se cultiva esses momentos quando eles não surgem de modo espontâneo? Quando estou em um estado calmo e assentado e me sintonizo com a respiração do meu cliente, a sintonia bidirecional instiga o sistema nervoso do meu cliente a se acalmar em consonância com minha presença assentada. Eu também posso sentir consonância com sua experiência — mas, às vezes, isso é incômodo. Eu posso começar a sentir ansiedade ou tensão se for isso que ele está sentindo, o que me ajuda a entender o que ele está passando no momento, contudo tenho de retomar minhas expirações longas para me livrar do incômodo. Parte da presença terapêutica é usar habilmente essa conscientização e intencionalidade com a respiração.

Práticas de presença relacional

Há outros meios para cultivar a presença relacional? A *respiração diafragmática* é um deles. Outros são a percussão e a *mindfulness* em grupo, como no programa *Therapeutic Rhythm and Mindfulness* (TRM), de minha autoria. Esse meio poderoso de entrar no próprio ritmo e no ritmo dos outros desperta um senso maior do grupo ou do todo. *Práticas relacionais de* mindfulness, como o Insight Dialogue de Gregory Kramer, também são proveitosas. *A dose diária de presença no relacionamento*: Shauna Shapiro falou sobre voltar para casa e Trudy Goodman também falou sobre passar um pouco de tempo em silêncio com alguém que você ama. Eu recomendo que, ao chegar em casa, antes do jantar e de todas as outras tarefas da noite, vocês reservem um tempo para uma pausa e estar presentes com um ente querido ou com o próprio lar. Práticas relacionais não são fáceis porque demandam demolir as próprias barreiras e as da outra pessoa para haver intimidade. *Estar junto à natureza* e se harmonizar com o ritmo dela nos ensinam muito sobre a presença relacional.

O chamado para a ação

Por meio da palestra de hoje, faço um chamado para que vocês ajam primeiramente no sentido de *adicionar mais práticas* de *presença relacional* às suas práticas individuais de *mindfulness* e de estarem presentes nos momentos íntimos com a experiência e a dor de outra pessoa. Conforme Rumeu dizia: "Sua tarefa não é buscar amor, mas buscar e encontrar todas as barreiras que você construiu contra ele". O mesmo se aplica à presença. Remover as barreiras para a presença relacional faz parte do processo de cultivar essa experiência importante.

Em segundo lugar, convido vocês para o *treinamento formal na presença terapêutica*, como parte da formação em psicoterapia, na educação, em ambientes laborais e em famílias — criando um foco em *como* estar com os outros, pois isso otimiza o bem-estar nos relacionamentos.

O bem-estar ideal nos relacionamentos

Estou enfocando bastante os relacionamentos na terapia, mas a importância da presença relacional se estende a todos os relacionamentos. Estudos mostram, por exemplo, que há um aumento no sistema imunológico quando os pacientes sentem que seu médico está presente, é empático e realmente os escuta. Pacientes cujo médico era presente e empático se curavam de um resfriado comum um dia antes do que outros cujo médico era brusco e indiferente. Outros estudos confirmam que os diagnósticos dos médicos realmente presentes são mais acurados. Eles observam e notam as hesitações e as mínimas expressões dos pacientes, desvendando melhor os sintomas deles e fazendo diagnósticos certeiros.

Os relacionamentos entre professores e alunos caracterizados pela presença criam ambientes melhores para a aprendizagem. Portanto, é imperativo haver treinamento de presença para professores que atuam em escolas. A presença dos professores promove uma sala de aula segura, na qual os alunos se sentem ouvidos e valorizados, o que faz seu funcionamento cerebral melhorar e eles se envolverem mais na aprendizagem. Professores inteiramente presentes também reconhecem os momentos mais oportunos para ensinar.

Os relacionamentos entre pais e filhos também se beneficiam com a presença: ao conhecer melhor os filhos, os pais conseguem se manter assentados em situações caóticas que acontecem nas famílias. As crianças que se sentem ouvidas e compreendidas pelos pais que são presentes tendem a florescer.

Em organizações, a presença também é proveitosa. Aliás, Peter Senge ensina cinco disciplinas de aprendizagem para o pensamento estratégico e o trabalho em equipe. Isso inclui reuniões focadas em trazer as pessoas para o momento e escutar o que surge de repente, ao invés de seguir uma agenda inflexível.

A sociedade seria muito mais harmoniosa se nós mantivéssemos relacionamentos que cultivassem a presença compartilhada. E se nós déssemos uma pausa e ensinássemos as pessoas a estarem presentes com aquilo que colocam em seus corpos e como usam os recursos naturais, haveria mais sustentabilidade em nosso planeta e a desaceleração da crise ambiental.

Encerramento

Eu gostaria de encerrar falando sobre *kairós*, que é a noção grega de um momento oportuno no qual uma conjunção de eventos leva a pessoa a agir ou responder de um modo que pode mudar o próprio destino, seja para o momento seguinte ou para toda a vida. Estar plenamente no aqui e agora, sabendo ouvir e se adaptar, pode mudar o desenrolar dos próximos acontecimentos. Aprender a se sintonizar com o terreno fértil do aqui e agora pode ter um grande efeito duradouro.

Por exemplo, se saísse daqui de Los Angeles e voltasse a pé para Toronto, eu levaria uns dois meses para chegar lá. No entanto, se eu mudasse minha direção inicial por 7,6 centímetros um pouco mais à direita, em dois meses eu estaria em um lugar totalmente diferente. Talvez eu fosse parar em Boston! Portanto, uma pequena mudança agora nos levar a uma mudança maior. Começar com apenas um momento de presença no relacionamento pode mudar o desenrolar de muitos momentos futuros.

Minha esperança é que vocês partilhem minha visão de que a prática faz a presença, de que nós precisamos nos regular para nos relacionar e nos relacionar para nos regular, e de que a essência da presença, conforme Maya Angelou nos ensinou, é como estamos com as pessoas — não o que fazemos com elas.

Vocês podem aprender mais práticas nos livros *Therapeutic Presence: A Mindful Approach to Effective Therapy* (2012) e *A Practical Guide to Cultivating Therapeutic Presence* (2017), que é baseado na Neurociência e tem um estilo prático e envolvente.

Muito obrigada por me receberem e por sua atenção e presença.

10

A CIÊNCIA DA PRESENÇA

Consciência da identidade social incorporada como um caminho para a interconectividade

com Rhonda Magee e Daniel J. Siegel

BONNIE GOLDSTEIN: O tema do diálogo neste fim de semana, entre os nossos dois maravilhosos apresentadores, o doutor Dan Siegel e a professora Rhonda Magee, é justiça social. Aliás, ela disse que sua paixão e meta é ver toda nossa comunidade entrando em ação. O título da conversa de hoje é: "A ciência da presença: consciência da identidade social incorporada como um caminho para a interconectividade". Bem-vindos e, por favor, juntem-se a mim para lhes dar as boas-vindas.

RHONDA MAGEE: Obrigada. Então, aqui estamos nós.

DAN SIEGEL: Aqui estamos nós. Obrigado, Rhonda, por estar aqui. É realmente empolgante para nós estarmos aqui com vocês. O título da nossa palestra...

RHONDA MAGEE: Sim, o título da palestra é: "A ciência da presença: conscientização da identidade social incorporada como um caminho para a interconectividade", que obviamente está no contexto do título da nossa conferência "Mente, consciência e o cultivo do bem-estar". Então, a partir dessa reflexão ampla sobre as práticas que ajudam a cultivar o bem-estar, nos próximos cinquenta minutos vamos partir para uma conversa que esperamos que lhes interesse. E, em última instância, nós queremos que todos vocês se envolvam nessa conversa.

Nós vamos falar sobre o fato de sermos seres incorporados como membros da sociedade e que nossas corporificações específicas nos levam a certos pontos de partida em uma conversa como esta, certo? Determinadas posições nos preparam para saber muito sobre certas coisas e ter pontos cegos sobre outras. E nós queremos discutir nossas ideias e também os *insights* resultantes da minha prática ao longo de muitos anos sobre como ser consciente dessa dimensão da nossa experiência pode ser um caminho para a interconectividade.

DAN SIEGEL: Rhonda e eu pensamos em começar falando um pouco sobre o básico e a ciência da conscientização, portanto vamos refletir sobre o significado de conscientização incorporada, explorar alguns pontos juntos e depois convidar todos vocês para também experimentarem algumas coisas. O que acham disso? Espero que estejam de acordo, pois esta é a primeira vez que nós dois ensinamos juntos.

RHONDA MAGEE: Exato, isso é uma novidade. Então, por favor, sejam gentis conosco enquanto treinamos essa perfeita imperfeição juntos em tempo real.

DAN SIEGEL: Aproveitando as sugestões de Kristin Neff para sermos gentis consigo mesmos, nós vamos tentar...

RHONDA MAGEE: Sim, exatamente.

DAN SIEGEL: ...e quando nós pensamos sobre todas as palestras surpreendentes que ouvimos hoje... Elas não foram incríveis?

[a plateia aplaude]

RHONDA MAGEE: Uhu!

DAN SIEGEL: Muito surpreendentes. Com base nas apresentações poderosas de ontem também, vou falar um pouco sobre a ciência da conscientização e levantar algumas questões sobre a própria consciência.

RHONDA MAGEE: Sim.

DAN SIEGEL: Uma das descobertas surpreendentes é que, enquanto neurocientistas tentam descobrir os chamados correlatos neurais da consciência, há duas correntes teóricas. A teoria das informações integradas afirma que, de certo modo, as coisas no cérebro se combinam de uma maneira muita complexa. Diversas regiões se ligam criando integração. E quando você alcança um certo nível de integração, você se torna ciente de alguma coisa. Essa é uma visão.

A outra corrente teórica se refere ao cérebro social e aponta algumas descobertas surpreendentes. Em nossa evolução, provavelmente entendemos primeiro a mente de outra pessoa antes de entender a nossa própria mente. E digamos que eu esteja observando você, Rhonda, e querendo saber "para onde sua atenção está indo?". Além disso, eu gostaria de saber onde você está focando a atenção, como Amishi [Jha] nos ensina, e perguntaria: "Onde está sua intenção?". Porque aí eu saberia se posso ou não confiar em você. Então, eu até diria: "Qual é o seu estado de conscientização?". Segundo um trabalho poderoso de Elissa Epel, todas essas coisas têm origem evolucionariamente no relacionamento social. E esses teóricos dizem que se uma pessoa tiver um derrame em uma área do cérebro como a junção temporoparietal ou o sulco temporal superior — duas áreas relacionadas a ler as mentes dos outros —, sua consciência também é removida de alguns modos bem interessantes. Esses teóricos dizem ainda que a conscientização interna e a social são mediadas pelas mesmas estruturas. Isso se encaixa às mil maravilhas com a Neurobiologia Interpessoal, que aponta que a mente é relacional e incorporada. E amanhã nós vamos ouvir tudo sobre a ideia baseada na Física Quântica de que a consciência é fundamental para o universo e que nossos corpos examinam superficialmente essa qualidade universal.

RHONDA MAGEE: Sim.

DAN SIEGEL: Rhonda e eu nos conhecemos há cerca de nove meses em uma conferência sobre *mindfulness* em Washington, e é ótimo estarmos juntos agora. E descobri que, quando olho para você e para dentro de mim, essa experiência interna e externa me dá um senso da sua mente e também da minha mente. Agora, *minha* e *sua* se tornam termos linguísticos problemáticos e eu realmente gostei quando Kristin Neff disse que é possível substituir a palavra *autocompaixão* por *compaixão interna*.

RHONDA MAGEE: Interna.

DAN SIEGEL: Então, você pode ter compaixão interna ou externa, aquela "dirigida ao outro", mas há uma mente em ação não só dentro, mas também entre nós. E nessa experiência interna minha com você, eu sempre fico perplexo, conforme falamos anteriormente, com o fato de que a mente é diferente do corpo, mas usa o corpo para se expressar. E há sugestões de todos os tipos de que a mente está além do cérebro e até do corpo.

RHONDA MAGEE: Exatamente.

DAN SIEGEL: Mas quando se trata de questões raciais, e eu tenho essa pele branca...

RHONDA MAGEE: E a minha é marrom...

DAN SIEGEL: Caso as pessoas não tenham notado... vamos pedir para a câmera nos mostrar...

RHONDA MAGEE: ...caso vocês ainda não tenham notado isso em nós...

DAN SIEGEL: Sim, é isso que eu estava dizendo...

RHONDA MAGEE: ...algumas diferenças leves em nossas corporificações.

DAN SIEGEL: E você tem um corpo feminino, e eu, um corpo masculino.

RHONDA MAGEE: Mulher cisgênero, como dizem hoje em dia.

DAN SIEGEL: Para começar, é interessante olhar em volta e ver que a maioria das pessoas aqui tem a pele branca, não é mesmo?

RHONDA MAGEE: É isso que parece vendo daqui.

DAN SIEGEL: Sim.

RHONDA MAGEE: Sim. Basta dar uma pausa e uma olhada, certo? Afinal, somos privilegiados por conseguir fazer isso aqui neste momento. Nós vemos seus lindos rostos e realmente sentimos o campo de conscientização representado em suas corporificações. Mas se todos vocês reservarem um momento para olhar em volta... Tenho certeza de que vocês se olharam e notaram uns aos outros, mas acho que, ao falarmos sobre essa investigação interpessoal da atenção plena, é extremamente importante verificar aqui quem nós somos, ficar cientes de quem está na sala, quem está conversando e fazer perguntas sobre quem não pôde estar aqui e por que é assim. Então, eu gostaria de desviar um pouco do que Dan mencionou há pouco, se ele me der licença.

DAN SIEGEL: Claro.

RHONDA MAGEE: Você quer finalizar algum raciocínio?

DAN SIEGEL: Só a última coisa que eu estava dizendo. Sinto que minha mente não tem uma pele. Embora eu saiba que há questões importantes ligadas à cor da pele e à exclusão e tudo isso seja relevante para a cultura...

RHONDA MAGEE: Certamente.

DAN SIEGEL: ...e eu sei que isso faz as pessoas se sentirem terrivelmente desincorporadas e privadas de seus direitos. E sei muito bem o quanto isso importa.

RHONDA MAGEE: Sim! Vamos falar um pouco sobre isso.

DAN SIEGEL: Nós temos um corpo, mas também temos uma mente. São coisas diferentes, o que sempre me confunde. Quando era criança, eu me sentava perto de um riacho e pensava que podia ser a salamandra, a árvore e o riacho.

RHONDA MAGEE: Certo e, conforme nós dois já falamos, eu me deitava no campo ou no trepa-trepa nos parques, ficava olhando as nuvens e me fundia com elas. Então, acho que o ponto em questão é a multidimensionalidade das experiências. E muito do que eu digo realmente é mais baseado em minha própria experiência. Devo dizer que sou professora de Direito e aplico as pesquisas de pessoas como o doutor Jha e outros aqui que estão apresentando tantas ciências maravilhosas. Eu as uso para conversar com pessoas que estão trabalhando ativamente no mundo. Eu ensino para estudantes de Direito, para juízes e promotores públicos, e ajudo a facilitar conversas sobre como a justiça e a injustiça social tendem a se replicar com formas mutantes. Elas aparecem continuamente com certos tipos de padrões identificáveis, mesmo que um pouco diferentes em relação a identidades e grupos que são sempre privilegiados ou explorados.

Então, há identidades baseadas em etnia, imigração, gênero, orientação sexual, religião — e me esforço para ajudar a introduzir essas lindas tecnologias que são as práticas de *mindfulness* e conscientização para aprofundar nossa consciência sobre esses aspectos multidimensionais da nossa experiência no mundo e colocá-la em um contexto concreto. Porque para quem está ciente da justiça e da injustiça social, o contexto importa muito. Onde nós estamos em um determinado tempo, espaço e cultura importa muito, assim como quem está ali e quem, francamente, pode preparar o terreno para a conversa, selecionar quem participa nela e quais são seus termos. Em outras palavras, é importante saber quem está no poder em relação às identidades sociais e como podemos usar o poder que temos em prol de mais igualdade e justiça. Então, olhar em específico para essas dimensões da nossa experiência é uma particularidade do trabalho que faço.

E, ao focar nas dimensões da nossa experiência, vemos que, de certa forma, ela é construída por circunstâncias que não criamos e nas quais fomos atirados.

DAN SIEGEL: Você nasce em um corpo.

RHONDA MAGEE: Nasce em um corpo e é atirado em um mundo engajado em todos os tipos do que teóricos raciais e sociais denominam de projetos para criar coisas como raça e racismo, ou seja, ideologias e estruturas que privilegiam claramente certos grupos... que sabemos bem quais são. Há muito tempo, os seres humanos de várias culturas identificam rapidamente grupos diferentes. Não se trata apenas de distinguir nem de notar 10.000 tipos de flores, mas sim de um apego pelo significado e valor de diferentes tipos de corporificações, certo? Então, esse é o desafio.

Certo, essa é a dinâmica geral sobre a qual estamos falando. Como seres sociais incorporados em um mundo que não criamos, encontramos no mundo esses projetos em torno de diferenciação e identidade social que resultam em discriminação e acesso privilegiado a poder e recursos. E é a conexão entre esses fatores que determina que alguns grupos tenham mais poder e oportunidade para acessar recursos do que os outros, e que define o que chamamos de *injustiça* ou *desigualdade social*. É preciso ter disposição para olhar onde há distribuição desigual de poder, onde somos ludibriados ou comandamos estruturas que, talvez sem aviso, porém efetivamente, criam oportunidades constantes para alguns e desvantagens para outros, e injetar isso em nossa experiência pessoal e nossa consciência. É isso que investigo desde 1993, quando passei a praticar *mindfulness* com frequência. Vale dizer que eu nasci em uma família em Kinston, Carolina do Norte, onde minha avó era pastora cristã. Então, eu sentia que tinha uma oportunidade para refletir de um modo disciplinado, mas adotei a prática de *mindfulness* para valer em 1993.

Meu lugar de fala é o de uma mulher preta em uma sociedade na qual a etnia e o gênero têm tanta importância que muitas vezes eu me sentia uma estranha repudiada, que tinha de entender que não fazia parte da etnia e do gênero dominantes. Essas coisas foram se tornando mais salientes em minha vida, então quando nós falamos sobre essas questões, eu sei que nosso lugar de fala envolve diferenças no que nós vivenciamos. Nós dois temos experiências e formações diferentes que fazem com que tenhamos percepções divergentes sobre o mundo. Isso acontece historicamente, como no caso de Rodney King, que foi espancado brutalmente dezenas de vezes pela polícia de Los Angeles.

DAN SIEGEL: Justo aqui em Los Angeles.

RHONDA MAGEE: Exato. E as percepções variam se o espancamento foi justificável, se a polícia tinha ou não motivo para isso. Nós vimos divisões, não é? Você se lembra desse tipo de embate racial? Hoje em dia, quando se trata da discussão sobre o movimento Black Lives Matter [Vidas Negras Importam] e a violência policial, há uma polarização frequente quanto à questão racial. O que quero dizer é que nossas corporificações específicas nos fazem ver certas coisas e outras não. E como a raça branca é a dominante, até aqui há muito mais estudos e investigações sob a lente da experiência dos brancos. Então, meu questionamento é o que estamos perdendo de vista, já que a maioria dos pesquisadores, a maioria das populações que estudamos e a maioria das normas baseadas em pesquisas enfocam um recorte relativamente estreito da população norte-americana?

Em primeiro lugar, o que está faltando nas pesquisas? Eu as valorizo muito, mas é fundamental que sejam feitas com integridade e rigor, pois geralmente enfocam apenas um recorte limitado da população. Ainda bem que pessoas como Helen Weng, que é neurocientista e membro da comunidade Mind & Life da qual tenho o privilégio de fazer parte, têm falado sobre a necessidade das pesquisas de Neurociência explorarem e examinarem a mente e a experiência em diversos grupos da população e pararem de sempre normalizar tudo o que se refere aos brancos, e especialmente o homem branco. Esse é apenas um exemplo do que eu acho que pode ser relevante para esta conversa, mas há muito mais.

DAN SIEGEL: Ainda a respeito disso, quando digo que minha mente não tem pele, posso dizer isso porque sou um homem branco e tenho o que as pessoas chamam de daltonismo...

RHONDA MAGEE: Esse é um privilégio branco.

DAN SIEGEL: ...certamente...

RHONDA MAGEE: Isso mesmo.

DAN SIEGEL: Então, posso dizer isso, mas...

RHONDA MAGEE: Espere, vamos esmiuçar melhor o que você disse, já que não foi algo comum. Seria ótimo se você, como um homem branco, falasse um pouco mais a esse respeito. Pesquisadores do privilégio branco dizem frequentemente que falar sobre a branquitude para os brancos é como tentar explicar a um peixe o que é a água. Em geral, quando você faz parte da maioria que não é "uma etnia problemática" ou quando as pessoas falam sobre raça, isso implica falar sobre outra pessoa. Isso pode se esvair em sua consciência a ponto de ficar invisível.

DAN SIEGEL: Bem, quando você estava falando sobre sua avó, eu me dei conta de que estava sentado a seu lado e pude ver atrás de você todas as gerações de pessoas que passaram por algo que você conhece bem. E vou contar um pouco a meu respeito. Eu posso ser um homem branco, mas esta manhã, Helen Lavretsky disse: "Dan e eu nos encontramos mais cedo e descobrimos que nossos parentes eram da mesma cidadezinha"...

RHONDA MAGEE: É verdade.

DAN SIEGEL: ...de uma cidadezinha na Rússia. E nós estávamos falando que, quando me sento aqui neste corpo, embora possa dizer que minha mente em parte está se manifestando por meio dele, eu sinto isso agora entre nós dois e com todos nós. Há também uma história que se passou há muito tempo, quando meus antepassados, cujo DNA foi transmitido por seus espermas e óvulos, eram proibidos de morar em cidades maiores porque eram judeus. E minha avó estava no útero quando os cossacos chegaram e assassinaram seu pai diante de sua mulher grávida.

RHONDA MAGEE: Sim, nós falamos sobre isso.

DAN SIEGEL: Os parentes despacharam minha avó, que tinha só 12 anos, em um barco, para salvá-la, e nunca mais a encontraram. Então, ela sofria muito com essas perdas e sempre me dizia que queria saber como seu pai era e que ele fora assassinado por ser judeu, embora tivesse a pele branca. Isso aconteceu em 1902 e, depois disso, milhões de pessoas, não só judeus, foram mortas pelos nazistas por serem quem eram, não só pela cor da pele. Então eu fui criado aqui nos Estados Unidos vendo pessoas que são os sacos de pancada, que são sempre desrespeitadas, e me identifico com elas. Minha família pode ter me criado de um jeito incomum, mas eu percebo todas essas coisas agora enquanto estamos aqui conversando. Quando penso em sua avó e você pode contar a história das origens da sua família, tudo isso não desemboca em você? Afinal, não estamos apenas nestes corpos — nós somos tudo que veio antes e o potencial para o futuro.

RHONDA MAGEE: Sim, exatamente, cada um de nós. Obrigada por dizer tudo isso... Para começar, acho que parte da sua história revela de um modo profundo que você é o legado e a manifestação incorporados de um saber que quase não ousamos nomear e tem tudo a ver com o que estamos falando aqui. O que você sabe é muito mais profundo do que geralmente nós revelamos. Mas eu toco nesse ponto com humildade, pois reconheço e respeito a profundidade do que estamos abordando aqui.

Francamente, toda essa noção de identidade é fabricada, certo? Você descreveu que sua família era chamada de *judia* — e não menosprezo de jeito nenhum o valor dessa identidade que é profundamente significativa para muita gente, mas também quero apontar que a ideia de ser judeu surgiu de algum lugar — e sua história descreve como isso se esvaiu para outro lugar onde a identificação com a branquitude se tornou mais dominante para você. Como isso aconteceu e ainda acontece? Se essas identidades de fato não são reais, como um judeu vira branco ou um branco judeu, ou seja lá o que for?

Não fiz exame de DNA, mas pesquisei a árvore genealógica da minha família e vi que ela inclui brancos, pessoas que podem ter sido "racializadas" como brancas, racializadas como indígenas, racializadas como pretas... Eu uso a palavra *racializar* para frisar a falta de embasamento biológico por trás dessas ideias. Esses conceitos que estou apontando podem ter um significado mais profundo para alguns de nós do que para outras pessoas. Eu acho que as práticas de conscientização e compaixão que faço em minha vida me ajudam a ter um senso crescente da natureza multifacetada dessas coisas que chamamos de identidade e que elas tendem a captar algo importante e significativo no mundo, em nossa própria experiência, na história da sua família e da minha, que nós não queremos atenuar. Eu não quero nem preciso minimizar sua humanidade plena, pois vejo que você é um legado dessa história e muito mais. E espero que todos nós possamos enxergar a vasta complexidade de uma pessoa parecida comigo ser rotulada pela sociedade por um certo conjunto de caixinhas e lentes, certo? A ideia é que, com as práticas de consciência, possamos manter a conscientização a respeito de todos...

DAN SIEGEL: Todos.

RHONDA MAGEE: ...a respeito de quem somos, do que sabemos e do sofrimento que passamos e ao qual sobrevivemos. Afinal, nenhum de nós estaria aqui se não fôssemos filhos de sobreviventes, certo? Nenhum de nós.

DAN SIEGEL: É verdade.

RHONDA MAGEE: Vamos nos voltar para o grupo?

DAN SIEGEL: Sim, claro, vá em frente.

RHONDA MAGEE: Dan e eu queremos convidar todos vocês para se envolverem conosco em um pouco de prática e investigação. Nós estamos falando sobre questões tão delicadas que nas palavras e mentes de muitas pessoas deveriam ser evitadas, certo? Eu ouço isso muitas vezes. "O quê? Vocês vão falar sobre raça? Então, não vou". A primeira vez que eu ouvi isso foi na nossa amada comunidade espiritual Spirit Rock. Eu estava liderando e ajudando nas aulas em um retiro de meditação para advogados por lá e uma sessão que eu ia liderar foi anunciada como sendo sobre *mindfulness* e diversidade. Pessoas — mais uma vez, de um grupo predominantemente branco — estavam espalhando que ela ia ser tão ruim que não valia a pena comparecer, pois esse tipo de conversa não desperta o menor interesse. Mas qual está sendo sua experiência estando aqui e captando o que está acontecendo entre nós? Que pensamentos, emoções, sensações estão aflorando em vocês?

Então, por favor, fechem os olhos por alguns momentos, caso se sintam confortáveis para fazer isso. Caso contrário, apenas mirem o olhar em algum ponto à sua frente e sintam sua corporificação profunda. Sintam também a medida de algum sofrimento seu por serem maltratados ou porque pessoas em sua família foram vexadas historicamente, ou talvez porque pessoas de sua comunidade são maltratadas devido à sua aparência, à aparência de sua família, ao seu país de origem, à língua que falavam ou não e às suas normas culturais. Apenas sintam o que vocês sabem e o que está aflorando, talvez alguma história ou um certo incidente que causou vergonha, dor ou frustração por serem tratados como o "outro". Talvez vocês fiquem cientes de que têm estado à beira de realmente encarar aquilo que sabem a respeito disso. Não lutem com o que quer que aflore.

Enquanto inspiram e expiram, tentem aceitar compassivamente o que estiver aflorando. Talvez haja uma certa alegria aflorando em vocês, assim como em mim, por essa bela oportunidade de estarmos refletindo juntos sobre essas questões profundas. Nós conseguimos aceitar tudo isso que está aflorando com bondade, com amor e com abertura?

E agora eu peço que vocês desviem um pouco da prática de se voltar para dentro e sentir a própria experiência subjetiva neste momento, a particularidade daquilo que sabemos, do portal e das próprias posições. Tentem sentir que há um ser humano à sua direita, caso vocês estejam sentados ou em pé ao lado de alguém, como muitos estão. Talvez também haja um ser humano à sua esquerda. E se estiverem dispostos, vocês podem se virar na direção desse precioso foco interno tão belo. Se estiverem dispostos, estendam a mão para a pessoa sentada ao seu lado. E se houver alguém nos dois lados, estendam a mão para sentir um pouco o que sabemos sobre essas questões. Agora sintam que não estão sozinhos e que todos nós sofremos. Isso não significa que nosso sofrimento seja igual — obviamente não é. Ele é complexo e diferente de um jeito que não conseguimos expressar, mas é um portal para a conexão. Vocês conseguem sentir isso? Ele é um portal mais direto para sentirmos a nós mesmos e uns aos outros. Nós conseguimos sentir isso?

Então, se houver um jeito do desejo por bem-estar também aflorar agora em vocês, ou se conseguirem se imaginar enviando um desejo bondoso para se apoiarem neste momento, se alguma dificuldade estiver surgindo, ou se o que estiver surgindo for leveza e alegria, se conseguirem ter uma aceitação compassiva e um desejo pelo bem, repousem em seu coração, expandam-se sob os limites de seus corpos neste espaço, estendendo-se para a pessoa à sua esquerda, à sua direita, diante e atrás de você. Tentem internalizar os versos tradicionais sobre a bondade amorosa: "Que nós possamos estar repletos de bondade amorosa. Que nós possamos estar bem no corpo e na mente. Que nós possamos estar seguros em nossas jornadas internas e externas. Que todos nós possamos ser verdadeiramente felizes e livres". E quando estiverem prontos, podem abrir os olhos, se eles ainda estiverem fechados.

Dan Siegel: E vocês podem ficar de mãos dadas. Com base na ideia de jovialidade de Elisha [Goldstein], Rhonda e eu achamos que seria bom tentar fazer algo divertido, pois o que acabamos de fazer foi uma experiência interna diferente e então incorporamos a experiência vivida.

RHONDA MAGEE: Sim.

DAN SIEGEL: E ela é repleta da ideia de sofrimento e bondade amorosa — o que é ótimo. Mas agora nós vamos adicionar um elemento de jovialidade nisso.

RHONDA MAGEE: Vamos brincar.

DAN SIEGEL: Embora essas questões sejam graves, é extremamente importante não deixar o sofrimento destruir o potencial para ter alegria e jovialidade. Então, fiquem de novo de mãos dadas para um tipo de jogo diferente. Por favor, fiquem em pé.

RHONDA MAGEE: Todos em pé.

DAN SIEGEL: E vamos andar pelas passagens entre as cadeiras.

RHONDA MAGEE: Andem pelas passagens entre as cadeiras!

DAN SIEGEL: Era isso que esperávamos fazer em Washington D.C.

RHONDA MAGEE: Isso pode ser feito em qualquer lugar!

DAN SIEGEL: Andem pelas passagens entre as cadeiras e nós vamos fazer uma brincadeira engraçada. Vamos começar pelo lado perto das janelas e vocês vão tentar chegar lá.

RHONDA MAGEE: Ou ao redor ou mais abaixo. No entanto, façam o máximo de conexão possível! Totalmente conectados!

DAN SIEGEL: Quando nós dissermos "já", a pessoa ao lado da janela vai dar um pequeno aperto na mão da pessoa que estiver mais próxima. E essa pessoa cuja mão foi apertada vai se sentar com você e dar um aperto na mão da pessoa que estiver mais próxima...

RHONDA MAGEE: Vocês estão apenas tentando enviar um pouco de energia por meio dos apertos.

DAN SIEGEL: ...assim, a pessoa em uma ponta sabe que está conectada com a outra. Todos entenderam as instruções?

RHONDA MAGEE: Vamos começar já.

DAN SIEGEL: Vamos lá? Todos prontos? A pessoa ao lado da janela dá um aperto carinhoso na mão mais próxima a ela.

RHONDA MAGEE: Aperte e deixe ondular.

DAN SIEGEL: Você pode fechar os olhos e deixar a ondulação passar.

RHONDA MAGEE: Deixem a ondulação passar. E também para trás?

DAN SIEGEL: E quando ela chegar até a ponta...

RHONDA MAGEE: Quando vocês sentirem aqui, enviem-na de volta.

DAN SIEGEL: ...a pessoa na ponta a envia de volta.

RHONDA MAGEE: Continuem deixando a ondulação fluir [risadas]. Eu sei. Nós também podemos dançar enquanto fazemos isso? E cantar? Alguém quer cantar [risos]? Obrigada por estarem dispostos a brincar um pouco [a plateia aplaude]. Uhu! E por sentir a conexão que está havendo em todo o espaço, inclusive antes de fazermos esse exercício. Como vocês estão se sentindo agora por estar juntos? Vamos nos sentar um pouco. Para mim, esse tipo de prática serve para que as pessoas se deem conta de certos tipos de injustiça. Sou professora de Direito, então os convido a pensar no preconceito constante contra os muçulmanos ou qualquer outra minoria. Por que atualmente alguns grupos estão mais vulneráveis do que outros? Como nós podemos parar de negar isso e criar a capacidade de enxergar com clareza o que está acontecendo e fazer o melhor possível para ajudar a aliviar tanto sofrimento? Seguindo o caminho do *bodhisattva* das tradições budistas, mas acho que, em última instância, essas práticas — que nos ajudam a viver por mais tempo, com mais energia, mais foco e menos estresse — são para o nosso florescimento juntos como a família humana. É por isso que estou aqui.

DAN SIEGEL: ...a gravação menciona isso.

RHONDA MAGEE: Sim, ainda consigo ouvir.

DAN SIEGEL: O que nós temos é um corpo...

RHONDA MAGEE: Aqui está o meu [risos na plateia].

DAN SIEGEL: Obrigado, Rhonda.

RHONDA MAGEE: De nada.

DAN SIEGEL: É tão bom estar aqui com você.

RHONDA MAGEE: E com você também, querido [risos na plateia].

DAN SIEGEL: Então, nós nascemos em um corpo. Provavelmente há uns 50 milhões de anos, antes de haver seres humanos, o problema da sobrevivência já existia. Por isso, o cérebro mamífero, seguido pelo cérebro primata e depois do *Homo sapiens*, passou a fazer distinções entre o próprio grupo e o grupo estranho. Essas distinções entre o próprio grupo e o grupo estranho são reveladas em estudos sobre causas de mortalidade, que também são chamados de estudos sobre a gestão do pavor. Quando as pessoas se sentem ameaçadas, a circuitaria que herdamos nestes corpos em que nascemos aumenta a distinção entre o próprio grupo e o grupo estranho. E essa característica discriminatória pode mirar a cor da pele, a formação religiosa, o gênero e várias outras coisas. Mas, sob ameaça, você trata melhor as pessoas em seu grupo e trata as pessoas do grupo estranho com mais hostilidade — a ponto de tratá-las como objetos, não como seres vivos. E então você as destrói — as joga fora como um objeto, como lixo. Os seres humanos são muito capazes de usar suas capacidades intelectuais construtivas para ser profundamente destrutivos de propósito para um grupo que eles definiram como estranho.

RHONDA MAGEE: Como vocês bem sabem.

DAN SIEGEL: Sob ameaça, isso piora. Então, parte do grande desafio e parte da razão de eu estar tão feliz por todos nós estarmos fazendo isso juntos hoje é que, embora o cérebro humano seja muito capaz, a consciência usa o cérebro para se criar e sair do piloto automático. Eu disse isso de propósito, embora seja um pesadelo para o neurocientista dizer que a consciência, ou a mente, usa o cérebro para se criar. Perspectivas comuns da Neurociência dizem que o cérebro cria a consciência, mas não há provas disso. Então, quero perguntar algo a você.

RHONDA MAGEE: O quê?

DAN SIEGEL: Como encaramos as descobertas de que, por exemplo, a prática de *mindfulness*, o treinamento de *mindfulness* e o treinamento da compaixão, diminuem o viés racial implícito, o que é fantástico...

RHONDA MAGEE: Certo.

DAN SIEGEL: ...como nós entendemos esse tipo de coisa e podemos usá-lo nas escolas, nas famílias, na sociedade e nos governos para fazer as pessoas entenderem de uma vez por todas que a mente, incluindo a consciência, pode se elevar acima das vulnerabilidades do cérebro que o levam a fazer distinções entre o próprio grupo e o grupo estranho, e a achar que o *self* é separado? E eu acho que é preciso ter muito cuidado, por exemplo, com a linguística que iguala o *self* com o corpo.

RHONDA MAGEE: Certo.

DAN SIEGEL: Por que o *self* não pode ser toda a nossa família humana?

RHONDA MAGEE: Pode sim.

DAN SIEGEL: Você entende o que quero dizer?

RHONDA MAGEE: Até certo ponto. Mas talvez eles possam ser até ambos.

DAN SIEGEL: Bem, há um *self* interior e um *self* físico.

RHONDA MAGEE: Sim.

DAN SIEGEL: Existe até um *self* racial.

RHONDA MAGEE: Exatamente. Complexidade.

DAN SIEGEL: É esse o problema do *self* limitado.

RHONDA MAGEE: Complexidade. Sim, sim. Dan está se referindo a algumas descobertas de pesquisas que apontam que essas práticas servem para que tenhamos envolvimento, uma conexão mais profunda e o senso de não ser apenas "eu" ou "eles", mas "EN" ou nós, certo? O tipo de senso da nossa interdependência da qual não estamos realmente conscientes. Ao ouvir Amishi, o doutor Jha, o próprio doutor Siegel e outros falarem sobre todas as descobertas que estão sendo feitas sobre tantas outras dimensões da *mindfulness*, eu diria que algumas ainda estão nos estágios iniciais e nós precisamos de mais. Bem, se algumas descobertas básicas sobre *mindfulness* e atenção forem exponencialmente verdadeiras, sobretudo em relação à *mindfulness* interpessoal e de modo específico em relação à *mindfulness* como uma ferramenta ou tecnologia para nos ajudar a *minimizar* os vieses, isso já é formidável e o mínimo que podemos fazer. Mas, além disso, devemos enxergar que os vieses provêm de um certo conjunto de noções preexistentes sobre o que podemos ser e como podemos estar juntos, e que é preciso ter mais tolerância uns com os outros. Espero que nós possamos ter uma aspiração mais positiva: por meio dessas práticas que demonstramos um pouco hoje, superar os preconceitos, minimizar os vieses e formar uma comunidade engajada plena de amor e bondade. Afinal, é isso que queremos fazer, certo?

[a plateia aplaude]

DAN SIEGEL: Então...

RHONDA MAGEE: Uma pesquisa recente mostra que as práticas de *mindfulness* e bondade amorosa de fato ajudam a diminuir os vieses e aumentam o comportamento não discriminatório. E há estudos analisando diversas comunidades, o que já é um avanço. Olhem em volta: essa população é tão bela de várias maneiras, mas como todos nós sabemos: a Califórnia é um estado minoritário. Então parte do nosso desafio é fazer com que a *mindfulness*, a Neurociência e as comunidades com esse tipo de conhecimento acolham mais a diversidade. Devido a preconceitos estruturais, nossas comunidades continuam sendo excluídas em vários aspectos, então essas práticas devem abarcar um recorte muito mais amplo da população. Durante muito tempo, as pessoas diziam: "Bem, as pessoas negras não estão interessadas em *mindfulness*". Mas dois estudos divulgados no ano passado confirmaram o que vejo em meu trabalho para introduzir a *mindfulness* para a comunidade negra de San Francisco: que pessoas negras também estão sedentas por essas práticas pela mesma razão que outros interessados: elas nos ajudam a florescer.

Então, como podemos tornar essas práticas mais baratas e disponíveis? Como ensiná-las onde as pessoas estão? Precisamos resolver essas questões para que nossa área avance.

[a plateia aplaude]

DAN SIEGEL: Isso mesmo. Bravo! Daqui a pouco estaremos juntos em um painel, mas ainda nos restam cinco minutos.

RHONDA MAGEE: Ah, temos só cinco minutos.

DAN SIEGEL: Mas eu tenho uma pergunta para lhe fazer.

RHONDA MAGEE: Está bem.

DAN SIEGEL: Talvez a pergunta tenha a ver com o privilégio branco, então peço a sua orientação. É sério. Sinto dentro de mim que um problema fundamental na sociedade contemporânea é achar que o *self* é separado. Fazendo uma analogia, se você fosse uma vela e eu também fosse uma vela, eu tentaria manter seu pavio apagado e o meu pavio aceso, para circular com minha luz.

RHONDA MAGEE: Sim.

DAN SIEGEL: Se pudesse viver de outro modo, eu perceberia que fundamentalmente todos nós somos velas diferentes no mundo, mas que fazemos parte de uma iluminação interligada.

RHONDA MAGEE: E ambos somos parte dessa iluminação interligada.

DAN SIEGEL: E que se eu me debruçar, acender seu pavio, e você brilhar para o mundo, isso não apaga minha vela.

RHONDA MAGEE: Sim, sim.

DAN SIEGEL: Correto?

RHONDA MAGEE: Sim.

[a plateia aplaude]

DAN SIEGEL: E você sente que se nós, EN, começássemos a viver assim, o mundo seria muito mais radiante?

RHONDA MAGEE: Sim.

DAN SIEGEL: O que você sente em relação a isso?

RHONDA MAGEE: Eu não estaria aqui se não pensasse dessa forma e não teria esta conversa se não achasse essencial estarmos aqui. Em outras palavras, eu acho que a questão da raça, essa ficção que se tornou tão real, só nos divide, faz a vida parecer uma torta pequena que alguns querem abocanhar sozinhos e gera um pensamento tacanho. É preciso resolver essa grave distorção que causa tantos males, com o apoio das práticas de conscientização e compaixão. Nós poderíamos estar na vanguarda de um movimento para produzir esse tipo tão necessário de estar no mundo. No entanto, basta olhar ao nosso redor para constatar que a sociedade ainda não reconsiderou profundamente o que significa ser humano, abrindo espaço para todos, já que todos nós estamos realmente juntos nisso.

DAN SIEGEL: Sim.

RHONDA MAGEE: Nós temos de criar essa conscientização aqui nos Estados Unidos, onde o racismo é tão... Obviamente há outras dimensões da identidade, mas é preciso enfrentar o problema do racismo, que é uma parte importante do que somos desde os primórdios do país... Eu poderia falar mais sobre as leis a esse respeito, mas não o farei. Nos Estados Unidos, nós precisamos apontá-lo, nos unir e dizer: "Basta! Vamos recriar tudo de outra maneira. Eu vejo e nomeio o racismo e quero oferecer uma alternativa". Mas isso não acontecerá tão cedo, por mais que eu ache que essas práticas abrem nossos corações. Nós precisamos e podemos combater esses tipos de vieses e injustiças.

DAN SIEGEL: Bem, nomear o racismo inclui, por exemplo, reconhecer que a escravidão arrancou brutalmente pessoas da África.

RHONDA MAGEE: Sim.

DAN SIEGEL: Isso também significou...

RHONDA MAGEE: Usurpar a terra dos povos indígenas americanos para que pudéssemos estar aqui e assim por diante...

DAN SIEGEL: Foi o maior genocídio na história da humanidade...

RHONDA MAGEE: Exatamente.

DAN SIEGEL: ...o que os americanos fizeram aos povos indígenas do país, certo?

RHONDA MAGEE: Exatamente.

DAN SIEGEL: E nós não falamos sobre isso.

RHONDA MAGEE: Lamentavelmente, não.

DAN SIEGEL: Embora o *self* autobiográfico seja real.

RHONDA MAGEE: Sim.

DAN SIEGEL: Mas nós o ignoramos, não é?

RHONDA MAGEE: Totalmente...

DAN SIEGEL: E embora haja alguma preocupação com tanta separação, tentamos evitar quase intencionalmente nossas interconexões profundas...

RHONDA MAGEE: Sim, sim.

DAN SIEGEL: ...mas isso tem de mudar ou o mundo todo vai implodir, como já está acontecendo.

RHONDA MAGEE: Exato. Por muitas razões descritas por outros painelistas com muito mais eloquência do que eu, se nós não tocarmos no assunto da compaixão nessa conversa, continuaremos recuando para nossos redutos polarizados, para os espaços "seguros" que conhecemos. Então, assim como podemos lutar em prol da compaixão no trabalho da justiça, vamos achar um meio para que ela realmente seja parte do que essa comunidade pode oferecer como apoio para esse trabalho. Obrigada.

[a plateia aplaude]

PESSOA 1 NA PLATEIA: Como podemos admitir o que você falou de um modo que seja construtivo e não desencadeie a fúria justificada que existe sob a superfície?

RHONDA MAGEE: Obrigada pela pergunta. Eu sempre penso nisso em termos de um trabalho sistemático pessoal e interpessoal. Todos nós precisamos nos curar. O ideal é que todos nós tenhamos algum tipo de prática básica para entrar nessas conversas. E uma das razões de eu praticar e ensinar práticas básicas é que eu precisava ajudar as pessoas a lidarem com sua fúria e dor. Quantos aqui sentiram algum sofrimento e sabiam que precisavam de cura? Então, parte do projeto é: como apoiamos todo mundo para que se cure? Todos temos feridas. E se não nos apoiarmos mutuamente, obviamente haverá fúria e nem todos irão se curar em igual medida. Então, se tivermos a coragem de criar espaços para isso, se estivermos curados o suficiente quando a raiva surgir, poderemos enfrentá-la sem expulsar alguém transtornado da comunidade humana, já que é previsível que as pessoas fiquem assim. Tudo isso faz parte da jornada. Eu venho ensinando e mantendo espaços para esses tipos de conversa há cerca de 20 anos, então houve milhares de conversas ao longo dos anos. E essa jornada começa com uma compaixão sincera pelo *self* e então se estende aos outros.

PESSOA 1 NA PLATEIA: A segunda parte da pergunta é: como ter compaixão e bondade amorosa com aqueles indivíduos que, como você, Dan, mencionou, usam sua energia vital e suas mentes em prol da destruição?

DAN SIEGEL: Rhonda falou de uma maneira tão linda sobre estarmos em contato com o sofrimento. Muitos palestrantes falaram também sobre isso e certamente Jack [Kornfield] e Trudy [Goodman] tocaram nesse assunto. Sabe, um sofrimento profundo e reprimido pode acabar desencadeando fúria e violência, então é preciso abrir espaço para admitir tudo o que há em nosso interior e saber que é natural. Podemos falar no painel como isso acontece. Mas o ponto fundamental é que, quando têm um trauma não resolvido, as pessoas relutam muito para admitir suas vulnerabilidades e sua dor. Então, em vez de ficar ofendidos, nós precisamos apoiá-las e entender o que está por trás de seus comportamentos ultrajantes. Ao perceber que essas pessoas estão sofrendo, devemos tentar ver a essência de quem elas são, além da fúria que projetam. Mas, obviamente, não é fácil fazer isso.

RHONDA MAGEE: Nem um pouco.

DAN SIEGEL: Mas é isso que precisamos fazer.

RHONDA MAGEE: Ter uma compaixão forte.

Dan Siegel: Acima de tudo, uma compaixão forte.

Pessoa 2 na plateia: Metade da minha família é preta e nós sempre conversamos abertamente sobre raça. Mas isso nunca acontece com a parte branca. Isso me incomoda, pois acho que se as pessoas brancas tivessem mais abertura para falar sobre isso, nós ficaríamos mais à vontade. Mas acho que elas têm muita culpa misturada com ingenuidade e não sabem como tocar no assunto. Então, por causa da minha família preta nós mal falamos nisso e não sei bem como introduzir o assunto. Então, você poderia me dar alguma orientação sobre como falar sobre etnia na casa de famílias brancas?

Rhonda Magee: Obrigada pela pergunta e pelo comentário. Eu escrevi sobre isso no artigo intitulado "The Way of Color Insight", que analisa profundamente o apoio dado por nossas práticas nesse sentido. Aí alguns dos meus amigos brancos pegaram meu artigo e o adaptaram para uma espécie de afinidade branca e em grupos políticos brancos que meio que perceberam a necessidade de ter um tipo específico de lugar seguro e mais inclusivo. Então, há recursos.

E também quero afirmar o valor do que você está dizendo, pois se a maioria da nossa população é racializada como branca, entender como a branquitude opera nisso tudo de fato é um passo muito importante para trabalhar mais efetivamente e avançar na questão racial. E podemos nos beneficiar com o trabalho que todos vocês já estão fazendo para aprofundar suas capacidades para lidar com complexidades. Portanto, precisa haver um projeto que ajude os brancos a terem mais capacidade para lidar com essa questão. Esse projeto poderia emergir dessa conversa ou em projetos de estudantes de pós-graduação. Alguns estudantes que entraram em contato comigo estão interessados nesse tipo de conversa. Vamos apoiar nossos alunos quando eles dizem "estamos interessados". Eu acho que a hora está chegando e que agora as pessoas estão muito mais preparadas para se engajar nessa questão para valer do que eu vi até hoje em minha vida. Portanto, vamos ao encontro do que está surgindo ao nosso redor, com recursos, apoio, conhecimento científico e outras oportunidades. Vamos dar bolsas de estudos para pessoas que estão seguindo esses caminhos de pesquisa. Afinal, nós precisamos de apoios estruturais concretos para o trabalho que você descreveu tão bem. Mais uma vez, obrigada por isso.

Pessoa 3 na plateia: Eu gostaria de agradecer por sua coragem de estar aqui e por sua preocupação com essa questão. E também peço à plateia que se junte a mim para aplaudi-la de pé.

[a plateia aplaude]

11

ESTAR PRESENTE

Princípios filosóficos e espirituais para orientar a prática

com Pat Ogden e Bonnie Goldstein

PAT OGDEN: Bonnie e eu estamos empolgadas por estar aqui com vocês e especialmente empolgadas com nosso tema! Nós vamos falar sobre um conjunto de conceitos ou princípios que são proveitosos para incorporar um estado de consciência e presença propício para a atmosfera de cura. E iremos mostrar excertos de vídeos de minhas sessões e de Bonnie com clientes para ilustrar como esses princípios afetam a prática clínica.

A psicoterapia pode ser conceituada em três níveis: o *técnico*, que é o que *fazemos* na prática; *mapas* ou *lentes* que utilizamos para determinar a estratégia terapêutica; e, ainda mais importante, é o *contexto*, que nos dá a orientação geral como profissionais de saúde mental. O contexto tem a ver com suposições que consideramos precisas, embora não possamos comprová-las. São esses os princípios filosóficos e espirituais que criam o clima ou a atmosfera em que a terapia ocorre. Geralmente, essas crenças fundamentais não são conscientes, mas influenciam muito a abordagem geral e as intervenções utilizadas, seja restringindo ou ampliando o potencial de cura. Por exemplo, durante minha formação para ser terapeuta, fui ensinada que deveria saber o que é melhor para os meus clientes. Eu aprendi que bons terapeutas deveriam ter as respostas para os clientes. Supostamente, os terapeutas têm mais sabedoria devido à sua formação e experiência. No entanto, essa suposição faz o cliente achar que o terapeuta é uma espécie de autoridade, o que gera uma dinâmica interpessoal que eu não considero propícia para a cura nem para a presença, pois fragiliza o cliente.

Os princípios que buscamos incorporar na Psicoterapia Sensoriomotora formam a base para um modo de se relacionar com nossos clientes que cria o melhor clima geral para reforçar a possibilidade de cura. Eles refletem nossas crenças sobre a conectividade e potencial humanos e definem a qualidade do relacionamento terapêutico. Esta apresentação examina o contexto implícito no qual a terapia é feita e elucida os princípios que guiam a prática da Psicoterapia Sensoriomotora.

Meu mentor há quarenta anos, Ron Kurtz, que tive a sorte de conhecer quando eu tinha vinte e poucos anos e trabalhava em um hospital psiquiátrico, mudou minha vida de várias maneiras. Uma de suas maiores contribuições foi enfatizar a importância da presença amorosa, que ele descrevia da seguinte maneira: "Meu primeiro impulso [como terapeuta] é achar algo para amar, algo que me inspire, algo heroico, algo reconhecível como a dádiva e o fardo da condição humana, a dor e a graça que posso descobrir em todos que venha a conhecer". Essa era a orientação de Ron na década de 1970, quando ninguém falava sobre estados de consciência e presença na psicoterapia. Eu aprendi com ele que não é preciso ter as respostas para os clientes e que nem sempre se sabe o que é melhor para a outra pessoa. Cada indivíduo tem uma inteligência e sabedoria singulares. Portanto, cabe ao terapeuta ajudar os clientes a mergulharem profundamente em seu interior para se sentirem e acharem as próprias respostas.

Esses conceitos se expandiram ao longo dos anos e tornaram-se os princípios fundamentais que criam o contexto e guiam a prática da Psicoterapia Sensoriomotora. Nós vamos apresentá-los sucintamente e explorar mais sua aplicação por meio de casos gravados em vídeos.

Vamos examinar a *organicidade*. Segundo Gregory Bateson, esse princípio significa que todo sistema vivo tem um desdobramento e criatividade próprios que nem sempre nós entendemos, pois são específicos daquele organismo ou ser humano. A organicidade reconhece que cada cultura tem sua sabedoria e que a organicidade de cada pessoa é filtrada pelas experiências e moldada pela posição social e a cultura. Ao admitir esse princípio, é fácil aceitar também o segundo princípio, a *não violência*, que significa que o terapeuta não deve pressionar, entrar em conflito nem usar a força. A não violência operacionaliza a organicidade pela criação ativa de um contexto no qual a sabedoria interna do cliente possa emergir. Nós reconhecemos e aproveitamos o impulso natural por um nível mais alto de organização em prol da integração e crescimento em nossos clientes; em vez de forçar alguma coisa, nós seguimos esse veio observando a sabedoria interna do cliente e extraindo naturalmente o potencial de cura para que ele se realize.

Unidade é um conceito semelhante à palavra "EN" sobre a qual Daniel Siegel falou anteriormente descrevendo a conexão entre todos nós. A cultura maia cunhou a palavra *inlakesh*, que significa aproximadamente "eu sou outro você" e elucida o conceito por trás de unidade, de que realmente não há separação entre nós. Ao mesmo tempo, o princípio da unidade acolhe as diferenças. Embora sejamos afins e interconectados, nós também somos únicos, não nos parecemos com ninguém e também somos como certos grupos aos quais nos afiliamos devido à etnia, e assim por diante.

O *holismo mente-corpo-espírito* basicamente significa que mente, corpo e espírito estão sempre entrelaçados, como os lados diferentes da mesma moeda. Nós reconhecemos que mente, corpo e espírito são aspectos essenciais do organismo humano; cada um deles só pode ser entendido em relação ao todo que eles formam. Esse princípio respeita as diferentes visões, relações e tradições referentes ao corpo, à mente e ao espírito de várias culturas e indivíduos.

Nossa comunidade está cada vez mais ciente das muitas variações e modos de conceituar a *mindfulness*. Eu quero frisar que nós, ocidentais, frequentemente esquecemos que nos apropriamos das práticas de *mindfulness* de tradições orientais e falamos de *mindfulness* e presença como se fossem a mesma coisa, mas discordo disso. Eu acho que *mindfulness* e presença consistem sobretudo em notar o que está acontecendo neste exato momento na minha experiência interna, em meu corpo, pensamentos e emoções. Na *mindfulness*, porém, há uma separação distinta, pois há o observador e aquilo que é observado.

Portanto, a *mindfulness* é um estado duplo de consciência que abrange um observador e aquilo que é observado. Presença, por outro lado, é um estado unificado de consciência, um estado participativo de "estar com" e se envolver. Na prática da terapia, eu não estou observando minha experiência interna de maneira consciente, pois me sinto totalmente presente com meu cliente. Graças à nossa presença, o cliente sente que estamos "com" ele e agindo sem premeditação. Eu adoro essa caricatura [mostra uma caricatura] na qual uma personagem diz: "Sinto muito, não ouvi o que você estava falando porque eu estava escutando meu corpo" [risos na plateia]. Ela ilustra que, se nós estivermos cientes em um estado duplo de consciência, não participamos plenamente na dança relacional. Eu sinto que a *mindfulness* e a presença ocorrem em um *continuum* — nós podemos estar totalmente cientes ou presentes, ou incorporar graus das duas coisas ao mesmo tempo. Podemos estar mais presentes e menos cientes, ou mais cientes e menos presentes. Mas se nossa consciência ficar sempre em um estado duplo (demasiado ciente e não muito presente), corremos o risco de atrapalhar a dança dupla da participação, da sincronicidade e de "estar com" nosso cliente.

Bonnie Goldstein: Muitos aqui começaram sua formação como terapeutas com a abordagem psicodinâmica, na qual as narrativas verbais e a interpretação são destacadas como merecedoras de mais atenção. Mas na Psicoterapia Sensoriomotora nós visamos ir além do conteúdo terapêutico, prezando a experiência baseada no corpo que transpira a cada momento durante a sessão. Ter em nós a presença terapêutica concomitante é fundamental para desenvolver um relacionamento eficaz. Nossa meta é estar totalmente presentes com os clientes, envolvidos e imersos em cada momento e, ao mesmo tempo, cientes nos níveis físico, emocional, cognitivo e espiritual.

Os casos que iremos abordar ilustram dificuldades sensoriais que comprometem a capacidade para interagir com os outros e se autorregular. Esses problemas são comuns no contexto terapêutico. Por exemplo, um cliente pode achar que não há espaço suficiente entre ele e o terapeuta ou no consultório de terapia. Ou o cliente pode ter dificuldades olfativas no consultório (por exemplo, reatividade ao aroma no local ou ao próprio odor corporal, que pode aumentar quando ele fica transtornado ou agitado durante a sessão). Ou pode ter dificuldades auditivas no consultório (por exemplo, reatividade a ruídos, vozes agudas ou tom ou volume vocal, ou o tiquetaquear de um relógio), ou misofonia. Ou dificuldades visuais, com luzes muito fortes acima da sua cabeça ou muita luz entrando pela janela. Por fim, pode ter dificuldades táteis, como a irritação com roupas que pinicam, o divã, a cadeira ou uma almofada áspera.

Nós podemos usar a presença terapêutica na prática da Psicoterapia Sensoriomotora para focar nossa atenção nesses e em outros obstáculos que surjam em uma sessão. Conforme Jack Kornfield mencionou nesta manhã, nós podemos observar nossa própria experiência e a dos clientes, então explorar com eles seus pensamentos, percepções, sentimentos e emoções, mantendo a curiosidade sobre o que está aflorando. Dizer coisas como: "Note o que seu corpo está sentindo enquanto você pensa sobre aquele momento doloroso", instiga a exploração ciente da experiência do cliente naquele exato instante. Conforme vocês verão nos casos a seguir, os clientes reagem de várias formas no decorrer das sessões, inclusive com agressividade impulsiva, raiva, apreensão, medo e comportamento esquivo. Ao invés de achar que esses desafios são obstáculos que podem atrapalhar as metas do tratamento, nós podemos focar nossa atenção diretamente neles. Em nossas interações a cada momento com o cliente, podemos considerá-los reações adaptativas resultantes de experiências anteriores e que talvez tenham sido necessárias para o cliente tolerar situações traumáticas. Praticar psicoterapia dessa maneira requer a conscientização máxima de que nossa presença no meio terapêutico esteja totalmente sintonizada com o que aflora.

Para elucidar esses conceitos, vamos apresentar o caso de Alan, de dez anos, que tinha muita dificuldade para se autorregular e modular sua excitação. Seus rompantes e hiperexcitação frequentes (gritando, batendo e fazendo birra) causavam disrupção em casa e na escola, e comprometiam demais sua capacidade para se comunicar de modo eficaz com os amigos e seu pai. Alan entrara recentemente em um orfanato, pois sua mãe consumia substância psicoativas. Por intervenção do Serviço de Proteção às Crianças e Adolescentes, o pai biológico teve de assumir repentinamente o papel de cuidador desse menino cuja existência ele desconhecia. Essa é a segunda sessão de Alan e a primeira junto com seu pai desde que ambos passaram a viver juntos. Ela ocorreu na tarde em que a diretoria da escola primária o mandou ir para casa devido ao seu comportamento problemático.

PAT OGDEN: Esse segmento do vídeo ilustra como os princípios que eu mencionei estão incorporados de modos bem específicos na prática da Psicoterapia Sensoriomotora. Bonnie convoca a inteligência interna desse menino. Vocês notarão que ela não é violenta nem faz pressão, e cria oportunidades usando a *mindfulness* e a presença. Vamos ver um pouco dessa sessão, que ilustra os princípios que orientam a prática que estamos abordando hoje.

BONNIE GOLDSTEIN: O que eu gosto desde o início é como Alan descreve seu problema e por que estava na terapia.

> **[vídeo]**
>
> BONNIE GOLDSTEIN: O que aconteceu?
>
> ALAN: Eu cometi um erro na aula.
>
> PAI: Por favor, olhe para ela enquanto você fala.
>
> ALAN: Eu cometi um pequeno erro na minha sala de aula [com a cabeça baixa, ele me espia envergonhado].
>
> BONNIE GOLDSTEIN: Um pequeno erro em sua sala de aula... O que aconteceu?
>
> ALAN: Eu empurrei e dei um soco em alguém.
>
> BONNIE GOLDSTEIN: Você empurrou e deu um soco em alguém? Você se lembra que ontem falamos sobre essas reações fisiológicas baseadas no corpo e o quão rapidamente você pode perder a calma e ficar furioso, como o sinal verde que fica vermelho no semáforo na rua?

ALAN: Sim.

BONNIE GOLDSTEIN: E agora você está segurando uma bola verde de apertar. Você se lembra para que essas bolas servem?

ALAN: Para pensar sobre as coisas [aperta com força a bola verde antiestresse que ele está segurando].

BONNIE GOLDSTEIN: Isso mesmo, elas o ajudam a pensar sobre as coisas. O que você está fazendo agora, apertando essa bola antiestresse enquanto conversamos, é justamente a finalidade dessas bolas.

[pausa no vídeo]

PAT OGDEN: Achei isso lindo. Bonnie viu que o menino estava muito envergonhado, então citou algo positivo que ele estava fazendo naquele momento, aí ele se sentiu melhor. Ela continua validando e dando oportunidades para o menino e, conforme vocês verão no segmento a seguir, também mostra ao pai como se relacionar com o filho.

[**vídeo**]

[**Quando Bonnie toca no assunto do "pequeno erro" na escola, Alan começa a atirar a bola no chão.**]

PAI: Você está atirando a bola no chão de propósito, então se levante. Você não me perguntou se podia se levantar, certo? Dá para você pegar a bola, por favor?

[pausa no vídeo]

PAT OGDEN: A linguagem corporal do menino mostra seu desconforto — os ombros estão curvados e o corpo, contraído. Ele acabou de perder sua figura de apego (a mãe) e mudou-se para a casa de um homem estranho, que afinal é seu pai. Nós podemos sentir a dor desse menino com as críticas. E o homem está aprendendo agora a ser pai e tentando controlar o comportamento do filho, como os pais costumam fazer.

[**vídeo**]

PAI: Apanhe a bola no chão.

BONNIE GOLDSTEIN: Eu acho difícil falar sobre os nossos erros.

[pausa no vídeo]

PAT OGDEN: Aqui Bonnie toca no nível implícito do que está realmente perturbando esse menino. "É difícil falar sobre os nossos erros", diz ela. E cria unidade com o menino ao falar "nossos" ao invés de "seus". "Todos nós cometemos erros" é a mensagem que ela transmite para ele.

BONNIE GOLDSTEIN: E essa mensagem também é para o pai.

PAT OGDEN: E isso ajuda o menino a se regular. Bonnie usa almofadas, mantas e outros acessórios que estão disponíveis no consultório para fomentar a regulação.

[vídeo]

BONNIE GOLDSTEIN: É mesmo muito difícil falar sobre essas coisas, né?

ALAN: É sim [balança a cabeça assentindo].

BONNIE GOLDSTEIN: Vou lhe ensinar um truque. Em momentos difíceis, como quando seu pai lhe pedir para se sentar e falar sobre alguma coisa, você pode pegar almofadas e montar um casulo para se aninhar. Vamos fazer isso agora [pega uma almofada e a estende para Alan, que balança a cabeça em sinal de encorajamento]? Onde podemos pôr esta almofada? Esse lugar é bom [enfia a almofada no espaço entre Alan e a beira da cadeira]. Às vezes, faço isso quando estou com outras crianças que eu queria que você conhecesse, Alan.

[pausa no vídeo]

PAT OGDEN: Bonnie também atende grupos pequenos de pares da mesma idade. Seus clientes podem optar por terapia individual, familiar e em grupo.

BONNIE GOLDSTEIN: Nós vamos falar um pouco sobre esses princípios que embasam a terapia de grupo. Nessa sessão, nós estamos trabalhando colaborativamente para fomentar a regulação e a segurança no consultório, ajudando Alan a achar maneiras de acalmar sua agitação constante e a vontade de sair da cadeira. Esse comportamento se exacerbou quando discutimos o problema dele na escola. Agora ele está começando a sentir o efeito calmante da pressão profunda das almofadas empilhadas em cima e ao seu redor. Ele pede que mais almofadas sejam postas ao seu redor, para criar um cubículo seguro na cadeira. A abundância de almofadas de todos os tamanhos em nossos consultórios possibilita isso.

[vídeo]

Bonnie Goldstein: Vou pôr outra almofada bem aqui. Você gostou?

Alan: Mais uma por cima, por favor!

Bonnie Goldstein: Note o que acontece dentro do seu corpo quando eu ponho essa aqui.

[pausa no vídeo]

Pat Ogden: Com o comando "note o que acontece dentro do seu corpo", Bonnie está começando a ensinar *mindfulness* para essa criança. Alan presta atenção ao seu interior para atender Bonnie. Ela está dizendo: "Vamos notar o que acontece dentro de você e achar palavras para essas coisas".

Bonnie Goldstein: Eu estou rastreando o corpo dele e notando suas reações. Vejo que ele sente prazer e está mais calmo com a pressão profunda que ajuda a regulação. Obviamente, nós não continuaríamos nessa direção se ele não gostasse. Alguns clientes não reagem bem a essa regulação profunda. Certos clientes acham que a pressão profunda dá alívio ou conforta, mas quando eu digo: "Note o que está acontecendo agora", sua expressão facial ou postura mostra que eles estão sentindo desconforto ou se sentindo restringidos. O conforto e aconchego regulatórios que Alan expressa são semelhantes à sensação que temos quando nos atiramos na cama: os lençóis bem esticados e as mantas pesadas geram um senso de segurança e podem ser calmantes. Nós podemos criar junto com nossos clientes um espaço seguro em um ambiente estranho como o consultório de terapia, para que se sintam em um ambiente mais confortável e, portanto, terapêutico. Essa mudança provém da sensação física que, nas palavras de Alan, está lhe fornecendo conforto. Como seu *feedback* é positivo, eu mantenho essa pressão profunda.

Pat Ogden: Por isso e porque Bonnie está o ajudando a sair do estado de muita excitação e entrar em um mais regulado, Alan consegue estar mais presente.

Bonnie Goldstein: Nossos clientes apontam o caminho com suas respostas ao que perguntamos, como "qual é a sensação que isso causa?" ou "que tal a pressão dessa almofada?". Nós estamos sempre atentos aos relatos dos nossos clientes, à medida que o fluxo de informações vai e vem.

Pat Ogden: A Psicoterapia Sensoriomotora se baseia em diversos experimentos terapêuticos menos focados no conteúdo e mais no que está sob ou motivando o conteúdo. Esse menino tem problemas com proximidade, distância e limites — e bate nos colegas de escola que se aproximam demais ou pegam seu brinquedo —, então Bonnie está o ajudando a sentir seu interior e explorando o que acontece quando alguém se aproxima demais dele, como vocês verão no pequeno experimento a seguir.

[vídeo]

Bonnie Goldstein: Eu vou pegar essa almofada grande e levá-la até você. Aí você me mostra quando ela estiver perto demais, combinado [aproxima lentamente a almofada grande do rosto de Alan]?

Alan: [ri de nervoso quando a almofada se aproxima] Você está perto demais.

Bonnie Goldstein: *Okay* [afasta a almofada e então sugere mais uma tentativa].

Alan: [ri de nervoso quando a almofada começa a se aproximar e, quando ela chega mais perto, ele vira o corpo, abaixa a cabeça e desvia o olhar] Você está perto demais.

Bonnie Goldstein: [afastando lentamente a almofada e notando que o corpo dele relaxa] O que acontece dentro do seu corpo quando eu me afasto?

Alan: Eu fico feliz.

Bonnie Goldstein: Ah, algo fica diferente. Em que ponto do seu corpo você se sente feliz? Na cabeça, na barriga ou no peito?

Alan: Na barriga!

Bonnie Goldstein: *Okay*, então vamos notar o que está acontecendo na sua barriga.

Alan: Eu sinto isso na minha barriga.

Bonnie Goldstein: Você sente isso na sua barriga!

[pausa no vídeo]

Bonnie Goldstein: Colaborativamente, nós ficamos curiosos em relação a afeto, excitação e mudanças na energia. Nós tateamos com perguntas como "qual é a sensação?", "o que você nota?", "onde você sente isso agora?" e "o que está acontecendo agora/que sensações você está tendo?". Usando a sigla SISP de Dan Siegel —

"que sensações, imagens, sentimentos ou pensamentos estão surgindo agora?" —, nós ajudamos os clientes a terem curiosidade sobre si mesmos. Nós colaboramos com eles para examinar e superar o que aconteceu em sua história, e focar no que está acontecendo no aqui e agora. Muitas vezes, os clientes não têm certeza ou não sabem responder a essas perguntas. Então, nós oferecemos um cardápio de possibilidades, como "você sente isso na sua barriga?", "onde você sente uma comichão?", "você sente uma comichão, um tremor ou um batimento?" ou "sua mão está pousada em seu coração".

PAT OGDEN: Esse é um exemplo do uso da *mindfulness* na terapia. Para responder a essas perguntas, os clientes devem ficar cientes do que estão sentindo no momento e achar as palavras para descrever isso. Os terapeutas também nomeiam a experiência em curso no momento, conforme Bonnie faz, com afirmações como "sua mão está pousada em seu coração" ou "você parece triste", ou "parece que seu corpo se enrijeceu". A *mindfulness* está incrustada no relacionamento, à medida que Bonnie ajuda essa criança a ficar ciente de suas emoções e de seu corpo e acha as palavras para descrever sua experiência. A seguir, ela propõe o mesmo exercício, mas desta vez para descobrir como ele se organiza internamente quando ocorre uma violação do limite.

BONNIE GOLDSTEIN: As coisas parecem estar indo bem para Alan, que está todo refestelado nas almofadas. E então nós introduzimos um tópico que o perturba e representa um desafio.

> [**vídeo**]
>
> BONNIE GOLDSTEIN: Vamos fazer de novo o experimento com a almofada, mas desta vez, quando você disser "perto demais", eu não serei uma boa ouvinte. Combinado? Você está pronto?
>
> ALAN: Sim.
>
> BONNIE GOLDSTEIN: Note o que acontece dentro da sua barriga quando a almofada chega bem perto.
>
> ALAN: [inicialmente, ri quando a almofada fica bem perto de seu rosto, então fica visivelmente incomodado, desvia o corpo e abaixa a cabeça] É muito perto. Você está perto demais.
>
> BONNIE GOLDSTEIN: Estou perto demais? *Okay*, vou recuar. Mas você riu quando a almofada foi perto demais. O que mais você poderia ter feito?

ALAN: Ir embora!

BONNIE GOLDSTEIN: Você pode fazer isso quando as crianças se aproximam demais ou o incomodam no *playground*, certo? Mas o que você fez hoje na escola?

ALAN: Empurrei [olha para o chão, dá uma pausa, então pula e começa a dar saltos mortais no consultório].

[pausa no vídeo]

PAT OGDEN: Dá para ver a excitação do menino aumentando cada vez mais enquanto Bonnie continua a falar da agressão que ocorreu na escola. Vamos ver então o que acontece à medida que Bonnie segue as deixas do menino e o ajuda a apreender o sentido do que houve.

[vídeo]

BONNIE GOLDSTEIN: Você tem tanta energia!

ALAN: Estou com muita energia! E tenho muito mais energia do que parece [fala ofegante após uma série de saltos mortais].

BONNIE GOLDSTEIN: Com certeza. E também acho que essa energia toda é porque hoje a escola o mandou de volta para casa.

ALAN: Sim.

[pausa no vídeo]

BONNIE GOLDSTEIN: Nessa sessão, estou trazendo à baila essa atitude da escola porque Alan foi agressivo e é visível que isso aumenta a excitação dele.

PAT OGDEN: Como Alan está sem fôlego após uma série de saltos mortais e fazendo respirações profundas, Bonnie tenta fazê-lo prestar atenção em sua respiração e usar isso como um recurso para se acalmar.

[vídeo]

BONNIE GOLDSTEIN: Vamos notar o que está acontecendo com sua respiração após tantos saltos mortais.

ALAN: [faz uma respiração ainda mais profunda e outra na sequência]

BONNIE GOLDSTEIN: Eu tenho um truque. Percebi que suas mãos estão se mexendo. Que tal você levantar as mãos juntas, abri-las bem, fazer um círculo enorme e abaixá-las em posição de prece sobre seu peito? [Bonnie demonstra esse movimento.]

ALAN: Que maneiro [faz uma respiração profunda, com as mãos circulando amplamente imitando Bonnie]!

BONNIE GOLDSTEIN: Então, você notou algo mudar em seu corpo enquanto fazia a respiração profunda? Eu noto que você está mais parado e calmo e que está respirando mais profundamente.

ALAM: [balança a cabeça sorrindo]

[pausa no vídeo]

PAT OGDEN: Eles focaram juntos na respiração e fizeram uma respiração profunda aliada a um movimento agradável com os braços que abre o peito e desfaz a tensão que pode restringir a respiração. Então Bonnie trabalha com o pai e o filho para aumentar sua conexão direta e empoderar o menino como um professor para o pai. Dessa maneira, Bonnie cria uma oportunidade para Alan se orgulhar do que está aprendendo e conseguindo ensinar.

[vídeo]

BONNIE GOLDSTEIN: Vamos ver se nós conseguimos ensinar o papai a fazer isso. Papai, você topa tentar esse truque de respiração?

ALAN E PAI: Sim.

ALAN: Faça uma respiração profunda, solte o ar pelo nariz e faça isso [Alan está sentado de pernas cruzadas e suas mãos fazem um círculo no ar e pousam em seu peito em posição de prece].

PAI: [expira ruidosamente e imita o movimento corporal]

BONNIE GOLDSTEIN: Papai, o que você nota em seu corpo quando faz isso?

PAI: Calma.

BONNIE GOLDSTEIN: Ótimo! Você é um bom professor, Alan, e ensinou seu pai direitinho.

[pausa no vídeo]

PAT OGDEN: Agora vem o grande desafio: ligar o uso do recurso da respiração com os incidentes problemáticos devido à invasão dos limites, para que Alan possa fazer algo pacífico, ao invés de revidar impulsivamente. Bonnie vai pedir ao menino que use sua respiração para dar uma pausa que iniba o impulso de ser agressivo quando se lembra do incidente na escola.

[vídeo]

BONNIE GOLDSTEIN: Vamos então imaginar que esta almofada é o menino com quem você brigou na escola hoje de manhã.

ALAN: Uhum...

BONNIE GOLDSTEIN: *Okay*, a almofada é ele vindo. Em vez de empurrá-lo e bater nele, o que você vai fazer?

ALAN: Vou gritar.

BONNIE GOLDSTEIN: Eu ia dizer: "Vamos fazer a respiração".

PAI: Sim.

ALAN: Eu pensei em gritar, pois isso também me acalma.

BONNIE GOLDSTEIN: Gritar também o acalma?

ALAN: Sim, e brincar com meu ioiô também [pega um dos cordões da bola de apertar e começa a brincar com ele como se fosse um ioiô].

BONNIE GOLDSTEIN: Certo, você está brincando com seu ioiô e faz de conta que o menino da escola tenta pegar seu ioiô e...

ALAN: Dá para você parar de tentar pegar meu ioiô enquanto estou brincando? Quando eu acabar, posso emprestá-lo para você.

BONNIE GOLDSTEIN: Ótimo! O que você acha disso, papai?

PAI: É excelente.

BONNIE GOLDSTEIN: Realmente parece excelente. Vale a pena tentar fazer isso na escola, para que você não seja mandado de volta para casa.

[pausa no vídeo]

PAT OGDEN: Esses pequenos passos são cruciais. O menino consegue não revidar fisicamente e usa palavras para impor seu limite. Bonnie utiliza essa técnica para que o pai parabenize o filho e, com isso, fortaleça o relacionamento deles. A seguir, Bonnie pede a Alan que faça agora o exercício com o pai tentando pegar seus *pretzels*. O pai e o filho também podem praticar isso em casa.

[vídeo]

ALAN: [primeiro, respira profundamente, então levanta os braços e os abre] Por favor, não pegue meus *pretzels* porque vou comê-los mais tarde.

BONNIE GOLDSTEIN: O que você nota que acontece em seu corpo quando faz a respiração profunda e levanta as mãos?

ALAN: Eu me sinto um pouco melhor.

BONNIE GOLDSTEIN: Você se sente um pouco melhor. E isso desacelera as coisas, faz você se lembrar de dar uma pausa e respirar antes de partir para a briga. Vamos praticar de novo com o papai. Desta vez, você está brincando com sua bola e ele vem lentamente.

ALAN: Por favor, não pegue minha bola [pés plantados no chão, visivelmente mais assertivo e com a voz mais forte].

BONNIE GOLDSTEIN: Você também pareceu muito mais forte e confiante.

ALAN: Eu me sinto bem.

[pausa no vídeo]

PAT OGDEN: Portanto, o foco no uso de um recurso para regular sua excitação está dando certo.

BONNIE GOLDSTEIN: A unidade entre nós e nossos clientes se desenvolve colaborativamente, pois seguimos as deixas deles, reforçando o que funciona e notando o que não dá certo. Por meio de pequenos exercícios, nós destacamos o contraste entre o que funciona e o que não funciona. Retomamos os "EN" que Dan Siegel mencionou anteriormente.

PAT OGDEN: Bonnie, o que você diz sobre o resultado do trabalho com Alan e seu pai?

BONNIE GOLDSTEIN: Foi uma jornada e tanto [risos na plateia]. Eu adoraria dizer que tudo melhorou na sessão seguinte, mas a verdade é que nós estávamos desenvolvendo mais ferramentas para ter êxito, fomentando a resiliência interna e estreitando o campo da consciência selecionando deixas relevantes, redirecionando a atenção e injetando curiosidade sobre o comportamento. Estou sempre curiosa e buscando sinais se a resiliência deles aumentou, apesar das experiências extremamente difíceis de Alan na primeira infância.

PAT OGDEN: *Okay*, agora vamos retomar os princípios fundamentais que guiam nossa prática, que o trabalho de Bonnie ilustrou tão bem. A unidade está lá constantemente. Como terapeutas, nós a sentimos e a demonstramos mediante a colaboração e o intercâmbio que vocês viram entre Bonnie, esse pai e seu filho. Vocês a ouviram pensando em voz alta sobre eles com frases como: "Eu me pergunto o que aconteceria. Eu me pergunto se...", o que promoveu o senso de unidade. Dessa maneira, Bonnie também ganhou a confiança da família para eles trabalharem juntos, o que geralmente não é fácil.

BONNIE GOLDSTEIN: Sim, especialmente nas sessões iniciais com um cliente ou uma família, quando há muita ansiedade devido à novidade ou medo do desconhecido, ou dúvidas sobre a eficácia da terapia. Sempre que estamos trabalhando com famílias, muitas coisas podem servir de gatilho para desregular qualquer um dos membros. Ao mesmo tempo, a mera quantidade de estimulação sensorial a qualquer momento também pode ser avassaladora. Portanto, como nossa meta é assegurar a sensação de segurança para todos, é fundamental que cada membro da família sinta nosso respeito implícito ou explícito por ele e nosso desejo que ele se sinta mais à vontade. Nossa crença de que eles têm sabedoria, competência e perspicácia é essencial para o êxito. Portanto, nosso trabalho como profissionais de saúde mental é ajudar os clientes a acharem as próprias respostas tirando proveito de seus pontos fortes, capacidades e sabedoria. E isso salienta uma vez mais o valor de unidade e da colaboração.

PAT OGDEN: Admitir que Alan tem sabedoria dentro dele reflete nossa confiança na organicidade. E quero acrescentar uma coisa sobre a unidade. Dan Siegel fala bastante sobre ligações e diferenciação. Eu achava que a unidade só girava em torno das ligações, mas ela também envolve respeitar e valorizar as diferenças, o que é crucial, especialmente no mundo polarizado em que vivemos. A unidade inclui ligações e diferenciação, validando as diferenças entre nós, inclusive as culturais.

Agora vamos apresentar outro caso. Uma das maneiras de despertar o senso de unidade e de que estamos nisso juntos é assegurar que o cliente entenda por que estamos fazendo certas coisas e o propósito das nossas intervenções. Usar a psicoeducação ajuda a atingir essa meta e foi importante para o cliente em questão, um rapaz que não entendia por que trabalhar com o corpo podia ser proveitoso. Então, conversamos a esse respeito e eu demonstrei várias posturas para que ele visse como cada uma tinha correlação com diversas emoções e palavras. "Michael" é um jovem gay cisgênero que teve uma infância sofrida: foi abandonado ao nascer, em meio à pobreza, tinha síndrome alcoólica fetal, fez várias cirurgias para corrigir um pé torto, sofreu abuso físico, aos 7 anos foi mandado para um orfanato e aos 8 anos foi internado em um hospital devido à depressão e a uma tentativa de suicídio. Na terapia, ele afirmou: "Ninguém jamais me respeitou". Na época dessa sessão, ele estava em um relacionamento abusivo e violento com um homem mais velho.

O excerto a seguir mostra que aproveitamos o surgimento da organicidade de Michael e trabalhamos com seu corpo para ajudá-lo a mudar sua consciência e ter autoestima. Sua postura revela seu histórico doloroso. Seu peito escavado e tenso, e seus ombros pontudos refletem seu passado traumático e a insegurança e baixa autoestima atuais.

Após me contar sobre sua infância, ele disse espontaneamente: "O que eu fiz de errado? Eu não pedi para viver". E a seguir: "Eu mereço respeito como qualquer pessoa". Portanto, ele usou essas palavras para mudar como carrega sua história em seu corpo.

> **[vídeo]**
>
> PAT OGDEN: O fato de você dizer "eu mereço respeito", parece importante.
>
> MICHAEL: Sim.
>
> PAT OGDEN: *Okay*, vamos explorar esse assunto. Se você pudesse dizer "eu não fiz nada de errado e mereço respeito" com seu corpo, seu peito se abriria, você se sentaria um pouco mais ereto ou daria uma boa respirada...?
>
> **[pausa no vídeo]**

PAT OGDEN: Sua postura é abatida e tensa, o que não reflete uma afirmação positiva como "eu mereço respeito". Essas palavras emergiram espontaneamente de sua sabedoria interna ou organicidade, a parte dele que sabe que merece respeito. Se incorporar essas palavras, sua postura deve mudar para ser congruente com "eu mereço respeito".

> **[vídeo]**

MICHAEL: Sim, eu mereço respeito [planta bem os pés no chão e endireita a espinha]...

PAT OGDEN: Você ficou um pouco mais alto.

MICHAEL: É mesmo?

PAT OGDEN: Sim. Consegue sentir isso?

MICHAEL: Consigo. Estou um pouco mais confiante.

PAT OGDEN: Um pouco mais confiante. E como é a sensação interna? "Eu mereço respeito".

MICHAEL: É boa [sorri levemente].

PAT OGDEN: Você a sente em algum lugar específico?

MICHAEL: Acho que no coração.

PAT OGDEN: Ah, em seu coração.

[pausa no vídeo]

PAT OGDEN: Vocês podem ver que a postura usual dele e a postura que incorpora "eu mereço respeito" são bem diferentes. A consciência dele muda ao incorporar essas palavras — e é uma maneira nova de viver em seu corpo. E é significativo ele dizer que a sensação boa era no coração, pois havia dito que seu coração estava muito ferido por jamais ter recebido amor nem respeito. Essa mudança na postura afetou seu coração que, segundo ele, ficou mais forte e menos "partido".

Na Psicoterapia Sensoriomotora, nem sempre trabalhamos sentados em cadeiras e usamos maneiras variadas de estar em movimento para que as mudanças sejam sentidas de maneira mais plena. Eu queria que Michael descobrisse como essas palavras e postura novas afetavam seus movimentos, especialmente o modo de andar, então nós encerramos a sessão andando juntos usando a afirmação "eu mereço respeito" e sua postura mais ereta. Eu perguntei se ele toparia ficar em pé e andar pelo consultório comigo para descobrir como suas palavras afetaram seus movimentos.

[vídeo]

[Cliente e terapeuta andam juntos no consultório, observando como ele anda.]

PAT OGDEN: Enquanto estamos andando, você topa dizer de novo "eu mereço respeito"? Caso concorde, vamos ver o que acontece com seu modo de andar.

MICHAEL: *Okay*.

PAT OGDEN: Você pode dizer isso para si mesmo ou em voz alta. Deixe a frase "eu mereço respeito" afetar sua postura e movimentos.

MICHAEL: Eu mereço respeito.

PAT OGDEN: Você sente uma abertura em seu peito?

MICHAEL: Sim, eu fiz uma respiração profunda e meu coração está mais aberto [sorri].

PAT OGDEN: Sim, você deu uma boa respirada. Vamos andar um pouco com essa abertura obtida com a respiração mais profunda, para curtir essa sensação nova.

[pausa no vídeo]

PAT OGDEN: Dessa maneira, Michael aprende mais ferramentas para integrar essa frase enquanto anda — e pode praticar dizendo as palavras e/ou fazendo uma respiração profunda e endireitando a espinha. Para ajudar Michael a ficar mais ciente das deixas físicas que podem levá-lo a se sentir menos digno de respeito, eu pedi que ele comparasse as novas afirmações com as palavras opostas.

[vídeo]

PAT OGDEN: Antes de pararmos, eu quero lhe propor um pequeno experimento. Como esse senso de "eu não mereço ser amado" repercute em seu corpo?

MICHAEL: *Okay*.

PAT OGDEN: Vamos ver como isso muda seu corpo e seu modo de andar. Você consegue sentir o que acontece?

MICHAEL: Sim, minhas costas ficam tensas.

PAT OGDEN: Exatamente. Além disso, seus ombros se deslocam um pouco para a frente e sua respiração fica um pouco mais curta.

MICHAEL: Isso mesmo [sorri e mexe os ombros para a frente e então para trás].

[pausa no vídeo]

Pat Ogden: Eu acho que Michael está sorrindo aqui porque está aprendendo sobre si mesmo, gostando disso e está curioso. À medida que pensa na velha crença por um momento e voluntariamente incorpora a nova, Michael está aprendendo sobre os indicadores físicos de seu passado traumático e como pode mudar sua postura e respiração para incorporar de outro jeito sua história de vida. Esse é um exemplo do uso da conscientização e da *mindfulness* para mudar sua consciência. Sua tarefa de casa era notar conscientemente as deixas somáticas de "eu não mereço respeito": os ombros encurvados, a tensão nas costas e a respiração ofegante, então retomar "eu mereço respeito".

Bonnie Goldstein: Pat trabalha muito bem com esse cliente, que expressa seu desespero, histórico suicida e traumas profundos. Como profissionais de saúde mental, nós reconhecemos nossa impotência para prever e impedir efetivamente o aumento nas ideações suicidas e tentativas de suicídio em todo o país; sem dúvida, esse aumento constante no número de crianças, adolescentes e adultos que pensam em se suicidar requer que os profissionais de saúde mental descubram novas maneiras de fazer o tratamento colaborativamente, por meio da escuta sensível e hábil, da investigação e do diálogo sobre a experiência interna do cliente, e do acolhimento das emoções espontâneas que, por vezes, são incômodas.

O caso a seguir é o de um jovem adulto desesperado que pensou em se suicidar há alguns anos, em consequência da morte de seu pai. No último ano do Ensino Médio, Max assumiu o papel de "homem da casa" após a morte do pai. Sua vida gira em torno dos três pedidos que o pai fez um pouco antes de morrer no hospital: "Termine seus estudos, seja um exemplo para seus irmãos e cuide da sua mãe porque agora você é o chefe da casa". Além de apoiar a mãe e os irmãos mais novos emocionalmente, ele abafou a própria dor pela perda do pai estudando à exaustão e sentindo que devia servir de modelo ético para os irmãos. Algum tempo depois, achou que conseguira o que queria — ir para uma faculdade de elite. Mas logo após receber a carta de aceitação da faculdade dos seus sonhos, a mesma que seu pai frequentara, ele admitiu que sentia obrigação de ficar com a família, pois temia que algo catastrófico pudesse acontecer se não estivesse lá dando apoio emocional para sua mãe e estabilidade aos irmãos. Ao mesmo tempo, ele sabia que, se desistisse de seu sonho e resolvesse ficar em Los Angeles, estaria abrindo mão de suas metas na vida. A escolha entre partir e ficar lhe dava uma sensação de perda e remorso.

Pat Ogden: Na sessão anterior, o cliente achou as novas palavras primeiro e as usou para manter uma postura mais empoderada. Nesta sessão, Max acha uma nova postura e então descobre as palavras que combinam com ela. A postura de Max é bem semelhante à do cliente anterior: ombros encurvados como se carregasse uma carga pesada. No decorrer da sessão, Bonnie o ajuda a incorporar uma nova postura, então eles descobrem o sentido dessa mudança, algo que o cliente chama de uma postura "mais potente".

[vídeo]

Bonnie Goldstein: [após trabalharem juntos notando mudanças na postura, direcionando a atenção dele para sua experiência e procurando o sentido de como ele se porta] Eu gostaria que nós fizéssemos outro experimento com sua postura. Desta vez, enquanto você fica em pé nessa nova posição, desacelere um pouco e observe a mudança que está ocorrendo. Veja como seu corpo recebe essa nova atitude.

Max: [fica bem ereto e alto] É assim que eu gostaria de andar se estivesse indo a uma entrevista de emprego ou a outro compromisso importante.

Bonnie Goldstein: E se seu corpo pudesse falar, o que ele diria sobre você andar desse jeito?

Max: Que eu devia sentir orgulho, imagino.

Bonnie Goldstein: Orgulho? Onde você sente o orgulho?

Max: Internamente. Acho que é aqui [aponta para o coração] ou nessa parte do meu estômago.

Bonnie Goldstein: "Orgulho" é uma ótima palavra. Tente andar com esse novo orgulho e veja como ele se ajeita em seu corpo. [Ele começa a andar lentamente e bem altaneiro pelo consultório.]

[pausa no vídeo]

Pat Ogden: A mudança de consciência é notória.

Bonnie Goldstein: Ao desacelerar o exercício e notar o que realmente estava acontecendo a cada momento, a palavra "orgulho" veio à mente dele. Achei o máximo, pois foi totalmente espontâneo e prosseguimos nessa linha. Esse é um exemplo claro do princípio de que o terapeuta deve seguir o comando do cliente.

A organicidade e a unidade se aprofundaram enquanto considerávamos como era sentir esse orgulho. A uma certa altura, eu experimentei uma nova postura junto com ele e o imitei colaborativamente. E, graças a ele, também senti o poder e a força que a postura corporal pode nos dar. A dádiva desse modelo de colaboração é que o cliente consegue ter um novo senso interno, então podemos nos aprofundar juntos na experiência. Esses experimentos resultaram em novas experiências e, em consequência, novas descobertas que pesaram em sua deliberação se devia aceitar o convite da faculdade e se mudar para o outro lado do país.

PAT OGDEN: Acho que era Aristóteles que dizia "nós somos aquilo que fazemos repetidamente". Nossa esperança é que esses dois clientes façam algo diferente, que pratiquem uma postura mais alinhada, uma nova maneira de viver no corpo que transforme como eles organizam sua experiência internamente e como lidam com a própria história. Mudar essas tendências físicas aprendidas em um ambiente traumático permite que nossos clientes fiquem mais presentes, para que sua sabedoria interna se manifeste com mais facilidade e eles possam se envolver com mais plenitude nos relacionamentos. Mas eles devem praticar de maneira consciente a nova postura até ela se tornar habitual.

BONNIE GOLDSTEIN: E a prática é baseada em nosso trabalho em conjunto, conforme vimos com Max, que usou a palavra "orgulho" para descrever sua sensação interna e sua experiência vivida. Nós também abordamos seu senso de responsabilidade com sua família, essa dualidade de querer partir e se sentir obrigado a ficar para cuidar da mãe e dos irmãos — um grande dilema que requeria que nosso trabalho também envolvesse a autocompaixão. Conforme Jack Kornfield falou mais cedo esta manhã, se sua compaixão não incluir você mesmo, ela é incompleta. Então nosso trabalho envolveu o senso nascente de autocompaixão de Max pela decisão dificílima que precisa tomar, e direcionamos seletivamente a atenção dele para a consciência de sua postura corporal, assim como para o significado e os *insights* atrelados a essa nova conscientização.

PAT OGDEN: Agora vamos fazer um pequeno experimento para que vocês sintam o que estamos exemplificando: fechem os olhos por um momento e fiquem cientes de sua postura e de seu corpo enquanto estão sentados, sem mudar nada. Fiquem cientes enquanto sentem sua postura e sua espinha. Notem se sua espinha está ereta ou se parece comprimida ou desmoronada.

Notem se estão sentados sobre o cóccix esmagando o sacro, o osso sagrado, ou se seu peso está diretamente apoiado sobre seus ossos sentados, para que o sacro tenha espaço para respirar. Talvez seja preciso vocês se ajeitarem melhor na cadeira para sentir seus ossos sentados. Então ponham suave e lentamente os pés no chão e os empurrem de leve com as solas dos pés e alonguem a espinha. Vejam se conseguem tomar espaço em seu corpo e em sua respiração preenchendo o torso na frente e atrás. Agora tentem crescer o máximo possível em seu corpo, sem força, preenchendo suavemente sua pele e além. E notem a sensação que isso dá. Vocês estão estendendo e expandindo seus corpos para frente, para trás e para os lados, tomando espaço. Talvez haja frases que combinem com essa expansão, como "eu mereço espaço" ou "eu posso me orgulhar de mim mesmo", ou "tenho o direito de estar aqui". Vejam que palavras são mais apropriadas para essa tomada de espaço em seu corpo, como se ele pudesse falar com essa postura e expansão. Permaneçam assim mais um momento e então abram os olhos.

Bonnie Goldstein: Esse exercício breve que Pat mostrou pode ajudar alguns de nossos clientes mais jovens a aprenderem a habilidade de focar a atenção para terem consciência plena de seus corpos. A *mindfulness* aproveita a neuroplasticidade inata do cérebro. Como Dan Siegel mencionou em sua apresentação, a neuroplasticidade requer atenção focada e direção. Em outras palavras, essa prática tem menos a ver com o terapeuta dar instruções corretas e mais com os clientes examinarem conscientemente sua experiência interna.

Pat Ogden: Sim, nós podemos aproveitar a neuroplasticidade para ajudar nossos clientes a incorporarem novas experiências e entenderem que o corpo é um grande veículo para isso, pois mudar conscientemente como vivemos em nossos corpos cria imediatamente uma nova experiência. Vamos então falar sobre a *mindfulness*. Ron Kurtz, que eu já mencionei, me ensinou que a terapia não se limita a conversas com os clientes; cabe ao terapeuta descobrir sob a conversa o que está impulsionando o conteúdo das vidas deles. Segundo ele, nós precisamos ajudar nossos clientes a ficarem cientes de sua experiência atual em um relacionamento terapêutico sintonizado, para que possamos descobrir como eles estão organizando sua experiência interna — não o conteúdo de sua experiência, mas os hábitos de organização que influenciam e impulsionam o conteúdo. Isso remete a Moshe Feldenkrais, que dizia: "Você não pode fazer o que quer enquanto não souber o que está fazendo". Por meio da *mindfulness*, nós aprendemos o que estamos fazendo internamente para perpetuar velhos padrões de pensar, sentir e agir, e a partir daí podemos mudar tais padrões.

Os três casos apresentados mostram que certos estímulos afetam a organização das experiências de alguns modos. Por exemplo, quando aquele menino pensou que a escola o mandou de volta para casa, ele ficou excessivamente excitado, ativo e assim por diante, então os exercícios conscientes o ajudaram a mudar essa organização. Aprender sobre a *mindfulness* logo no início da minha carreira foi uma enorme mudança de paradigma, pois eu havia aprendido que a terapia girava em torno da conversa, não da consciência plena. Mas agora, quatro décadas depois, a *mindfulness* está em todas. Parece que quase todas as metodologias atuais de terapia usam a *mindfulness* de diversas maneiras. É como aquela caricatura na qual um líder grita: "O que nós queremos?". E a galera grita: "*Mindfulness*". "Quando a queremos?" "Agora!" [risos na plateia] Mas na Psicoterapia Sensoriomotora, nós a usamos de um modo diferente da meditação *mindfulness*.

Dan Siegel diz que a *mindfulness* apoia a autossintonia e eu amo isso, pois a *mindfulness* é uma maneira de alterar nossa relação com o *self*. Como Dan diz, por meio da *mindfulness* nós podemos criar novos estados no fluxo de informações, que potencializam a neuroplasticidade, e mudar velhos padrões por meio da conscientização. Nós também usamos a *mindfulness* na Psicoterapia Sensoriomotora para aprofundar o envolvimento entre o terapeuta e o cliente. A *mindfulness* está incrustada no relacionamento e integrada no que aflora entre o terapeuta e o cliente. Quando ficam cientes da própria experiência interna — seus pensamentos, sensações, movimentos, imagens e emoções —, os clientes partilham isso com o terapeuta, como se estivessem conduzindo-o pela mão pela paisagem de seu mundo interno. Quando o terapeuta pergunta o que estão sentindo naquele momento, eles dizem: "É isso que estou sentindo agora". Eu cunhei a expressão "*mindfulness* relacional incrustada" para descrever esse modo de usar a *mindfulness*. A *mindfulness* relacional incrustada não só aumenta o envolvimento com o *self*, como na prática solitária de meditação, mas também aumenta o envolvimento entre o terapeuta e o cliente. Nós vamos destrinchar isso melhor no exemplo seguinte, com um grupo.

Bonnie Goldstein: Vamos examinar uma sessão de psicoterapia em grupo, na qual há um foco nas palavras prestem atenção. Os membros do grupo descrevem o quanto é difícil receber atenção de seus pais. A maioria de nós já se viu obrigada a dizer: "Eu quero sua atenção! Largue o celular!" [risos na plateia] Vejam como esse grupo de crianças de 8 a 11 anos incorpora seu senso de autoridade e presença, e se comporta quando pede atenção. Na Psicoterapia Sensoriomotora, nós ajudamos cada um dos membros a desenvolver a consciência corporal e a entender seus movimentos em reação aos outros, explorando a propriocepção etc. Além disso, nós estamos trabalhando como um grupo para explorar diversas maneiras de nos sentirmos grandes, altos, fortes, entre outros aspectos.

Pat Ogden: É preciso ter em mente que Bonnie está ensinando essas crianças a terem consciência corporal para aumentar a presença e ficarem centradas. Isso é importante porque elas tendem a desmoronar fisicamente e a se retrair quando seus pais não lhes dão a atenção desejada, em vez de endireitar a espinha, o que pode fomentar a presença.

Bonnie Goldstein: E, por meio da prática com todos os nossos clientes, nós visamos programar pontos fortes internos duradouros no sistema nervoso, a fim de fomentar mais resiliência e bem-estar. Para criar um ambiente coletivo ainda mais coeso, geralmente temos assistentes adolescentes que, com sua vitalidade juvenil, podem servir de modelos de comportamentos, movimentos e gestos, e nos ajudam a atingir nossas metas. No vídeo a seguir, vocês verão Maddi Siegel, que estava concluindo seu estágio no Ensino Médio, trazer sua presença e capacidade para se envolver por completo e mergulhar na experiência, qualidades que fomentam um ambiente coletivo seguro. Essa segurança é muito importante para formar a base para a presença que Pat tem salientado. Ouçam como as crianças descrevem o desejo de que seus pais prestem atenção no que elas querem.

[vídeo]

Cliente 1: Eles nunca conversam comigo, pois estão sempre ocupados com mensagens de texto. Meu pai está sempre em ligações de negócios ou ocupado com mensagens de texto e eu só posso falar com ele quando ele não está usando o celular, mas parece que isso nunca acontece.

[pausa no vídeo]

Bonnie Goldstein: Eu amo ver o quanto Maddi está presente. Seu som "mmhmm", outros sinais não verbais seu jeito de balançar a cabeça transmitem encorajamento e presença.

[vídeo]

Membro do grupo 1: Geralmente só fico com meu pai quando vou ao seu quarto ou, às vezes, no café da manhã.

Bonnie Goldstein: Então, você não consegue ver seu pai tanto quanto gostaria. Mesmo que esteja ali, geralmente ele está ocupado com mensagens de texto [dirige-se aos membros do grupo]. Parece que ele não passa muito tempo com o pai como gostaria. O que vocês acham disso?

Maddi Siegel: Isso não é legal.

Membros 2 e 3 do grupo: Não mesmo.

Bonnie Goldstein: Outros aqui também sentem a mesma coisa? [Todos os membros do grupo assentem com a cabeça.]

[pausa no vídeo]

BONNIE GOLDSTEIN: Nós estamos explorando essas questões com todos os membros do grupo. Estamos trabalhando de maneira colaborativa, identificando e chegando a um acordo de que vale a pena examinar tudo isso.

[vídeo]

BONNIE GOLDSTEIN: Vamos tentar uma coisa. Vocês topam ficar em pé? [Membro 1 do grupo se levanta.] Pronto. Agora todo mundo. O que vocês acham que ele está dizendo com seu corpo?

MEMBRO 4 DO GRUPO: Todo mundo está olhando para ele.

MEMBRO 3 DO GRUPO: Olhem para mim. Eu vou dizer uma coisa.

MEMBRO 2 DO GRUPO: Escutem.

BONNIE GOLDSTEIN: Pode ser! Você consegue ficar ainda mais alto? Vamos ver se você consegue ficar realmente com a coluna ereta. Notem que quando ele fica com postura ereta, todos nós prestamos atenção. Agora, mais alto ainda.

MADDI SIEGEL: Ah, vejam como o rosto dele parece sério.

[Membros do grupo riem de nervosismo.]

BONNIE GOLDSTEIN: O que o rosto dele está dizendo? O que ele está dizendo só com a linguagem corporal e sem palavras?

MEMBRO 5 DO GRUPO: Que ele está bravo ou que não gosta de ninguém.

MEMBRO 1 DO GRUPO: Não é verdade.

BONNIE GOLDSTEIN: Não é verdade que você está bravo ou não é verdade que você não gosta de nós?

MEMBRO 1 DO GRUPO: As duas coisas.

BONNIE GOLDSTEIN: Que bom que perguntamos e esclarecemos isso, não é?

[pausa no vídeo]

BONNIE GOLDSTEIN: Em geral, há mal-entendidos devido a interpretações errôneas da linguagem corporal. Conforme vimos durante esse exercício, os membros interpretaram erroneamente ou tentaram adivinhar algo que não era acurado nem provável. Por isso, é preciso refazer esse exercício e também demonstrar a habilidade que queremos estimular em nossos clientes.

[vídeo]

BONNIE GOLDSTEIN: Vamos ver o que seu corpo diz quando você olha agora para ele. O que seu corpo está dizendo neste momento?

MEMBRO 4 DO GRUPO: Que ele queria poder falar.

BONNIE GOLDSTEIN: Ótimo [dirige-se ao membro 1 do grupo]. O que você acha? É isso que seu corpo estava dizendo?

MEMBRO 1 DO GRUPO: Não, eu estava me sentindo envergonhado porque as pessoas estavam me olhando e julgando. Eu não fiquei à vontade ficando tão alto.

BONNIE GOLDSTEIN: Ah. Não é interessante que até quando nós não temos intenção, nossos corpos podem passar uma mensagem para as outras pessoas?

[pausa no vídeo]

BONNIE GOLDSTEIN: Esse é outro exemplo da dificuldade de crianças traumatizadas para fazer avaliações corretas. Até na segurança de um grupo de pares conhecidos, esse membro teve dificuldade para detectar com precisão se estava seguro com os outros na sala. De forma semelhante ao Alan, o primeiro menino que apresentamos, ele geralmente reagia com hiperexcitação do ramo simpático (tendo muita energia física e dificuldade para se autorregular e se acalmar) ou com embotamento do ramo parassimpático (fechando-se e ficando apático). Ao direcionar a atenção dos membros do grupo para entender suas reações baseadas no corpo junto com o que acontece em seu sistema nervoso, eles começam a notar como se sentem. Cada membro desse grupo teve a oportunidade de fazer o exercício de ficar em pé com uma postura altaneira, com o apoio dos outros. Algumas crianças preferiram que outras tomassem a dianteira, para se familiarizar com o exercício e se sentir mais à vontade na vez delas. Os membros do grupo então falaram de suas reações à experiência em curso no momento (desde gostar de receber atenção, se sentir poderoso ou orgulhoso até sentimentos de vergonha, julgamento ou ansiedade).

[vídeo]

Bonnie Goldstein: [Antes da sessão com uma família que seria realizada na sequência, nós adicionamos outra dimensão a esse exercício em grupo convidando o membro 1 para fica parado no alto da bola grande, com o apoio dos outros, a fim de aumentar seu senso de altura.] Como foi essa sensação?

Membro 1 do grupo: Uau. [Muitas risadas alegres.]

Membro 2 do grupo: Ah, agora ele parece bem grande.

Bonnie Goldstein: Eu aposto que, por ficar tão alto e com a cabeça erguida, ele vai começar a fazer seu pai ouvi-lo mais. Olhem como a postura dele está poderosa.

Maddi Siegel: Eu me sinto pronta para lhe ouvir quando você fica assim tão poderoso.

Bonnie Goldstein: Maddi está notando como você parece poderoso quando mantém a cabeça erguida [Então, ele alinha ainda mais a cabeça, aprofundando sua experiência e aumentando seu senso de alongamento e altura sobre a bola, apoiado pelos outros membros do grupo.] Quando está assim, que palavras você pode dizer ao seu pai?

Membro do grupo 1: Atenção. Atenção. Atenção.

Bonnie Goldstein: Sim, concordo. Preste atenção. Essas são mesmo palavras poderosas quando o pai não presta atenção, não é mesmo?

Membro 1 do grupo: Sim.

[pausa no vídeo]

Bonnie Goldstein: Adorei ver como ele foi ponderado. Sua capacidade para autorreflexão está aumentando. Nós estamos mesclando o trabalho em relação à sua postura e alinhamento corporal com o trabalho para que ele dê uma pausa e pense antes de agir — ao invés de só reagir por impulso. No passado, o comportamento problemático desse menino parecia chamar a atenção, embora negativamente, de seu pai. Nós estamos promovendo um comportamento mais adaptativo, ajudando-o a inibir respostas desajustadas e repetindo outras mais coerentes.

Pela lente da Psicoterapia Sensoriomotora de grupo, cada participante tem a oportunidade de tentar novos movimentos físicos e comportamentos, e de explorar seu significado. Essa é a beleza de uma comunidade, na qual cada membro consegue refletir, falar, integrar e notar o que está acontecendo neste exato momento, enquanto o terapeuta reflete sobre essas interações a cada momento.

Há uma organicidade nisso. Por exemplo, eu não iniciei o grupo com a intenção de fazer esse exercício específico. Mas, ao tomar consciência do perfil do grupo e da abertura para o que aflorava no fluxo a cada momento, de repente me lembrei desse exercício. Nossos consultórios têm muitos acessórios; bolas, almofadas, cordas, faixas e espaço que os membros do grupo podem explorar. Muitos trabalhos que Pat e eu escrevemos, dando ideias sobre o uso de acessórios e do espaço em consultórios, estarão reunidos em nosso próximo livro sobre Psicoterapia Sensoriomotora para crianças, adolescentes, famílias e grupos.

PAT OGDEN: Eu espero que vocês estejam captando como esses princípios funcionam na prática. Quando Bonnie descreve a organicidade da experiência do grupo, é a sabedoria dele que define a técnica e a intervenção usadas, não o contrário. E a colaboração, o trabalho conjunto com os membros do grupo, também fomenta o senso de unidade, pois estamos nisso juntos. As mudanças na sessão de terapia não cabem apenas ao terapeuta, pois essa responsabilidade também é dos clientes individuais ou dos membros do grupo. Eu acho que o princípio do holismo mente-corpo-espírito é por si só evidente. A visão do Sensorimotor Psycotherapy Institute é "aproveitar a sabedoria do corpo para liberar o potencial humano". É isso que Bonnie está fazendo: ela aproveita a inteligência do corpo e as crianças aprendem sobre essa inteligência ficando conscientes das mudanças que emergem quando elas incorporam outro modo de estar em seus corpos. Esse é um exemplo claro da aplicação do holismo mente-corpo-espírito e da organicidade na prática. Conforme Bonnie mostrou, o terapeuta deve admitir que não sabe tudo e não ter programações inflexíveis para que essa inteligência possa emergir dos próprios clientes.

BONNIE GOLDSTEIN: Na dinâmica em família, especialmente quando os pais ou a escola têm uma ideia fixa de como lidar com comportamentos inapropriados, expectativas frustradas etc., nós temos de ignorar essa ideia para estar plenamente na experiência. Nós instigamos nossos clientes a estarem com o que quer que surja naturalmente e a brincarem com as possibilidades.

PAT OGDEN: A citação de Hermann Hesse exemplifica os princípios da Psicoterapia Sensoriomotora, especialmente a organicidade. Ele diz:

> *Nada posso lhe dar que já não exista em você mesmo.*

Tudo o que podemos fazer em nossas sessões de terapia é ajudar os clientes a tornarem visível seu mundo interno. Sinto aversão quando as pessoas me chamam de curandeira, pois nunca me achei capaz de curar alguém e, na verdade, quem realiza a cura é o cliente. Mas, mediante a incorporação e uso desses princípios para guiar minhas intervenções, posso ajudar a criar um recipiente relacional propício para a cura, o crescimento e o bem-estar dos clientes.

Agora vamos examinar o caso de uma mulher de origem jamaicana com quase 50 anos, de classe média e cisgênero, que não consegue trabalhar devido ao TEPT, então seu marido é o provedor. Sua ansiedade, depressão e ideações suicidas se devem não só ao seu histórico de trauma individual, mas também de trauma racial. Macy contou sobre vários incidentes recentes de assédio e trauma racial, como presenciar a brutalidade policial com pessoas pretas em sua comunidade e o pouco caso da mídia com as agressões raciais, mas não conseguia se lembrar bem de sua infância, exceto pelo abuso. Como nós a ajudamos a abrir uma galeria de fotografias se ela se vê cercada de horror e abuso? Ela também tem alexitimia e queria sentir seu corpo e suas emoções. Uma maneira de mudar a consciência e os padrões comportamentais é incorporar uma época em que a pessoa se sentia bem ou conectada de certa maneira. Então, nós duas conversamos e decidimos começar vendo se ela conseguia se lembrar de algum momento positivo em sua infância. E ela se lembrou de uma ocasião em que estava correndo atrás de borboletas com seus irmãos.

[vídeo]

PAT OGDEN: Evoque aquela lembrança de correr atrás de borboletas com seus irmãos e irmãs. Você estava descendo a colina atrás deles e tinha sensações boas em seu corpo. [Macy demorou para evocar essa experiência, mas finalmente se sentiu "lá".]

MACY: Eu não sei bem, mas acho que me senti livre.

PAT OGDEN: Sim, livre.

MACY: Sim. E achei que isso não era tão errado...

PAT OGDEN: Certo.

MACY: ...se é que isso faz sentido.

PAT OGDEN: Sim, faz sentido. Então, por um momento, vamos retomar aquela sensação, certo? Lembre-se da sensação de liberdade correndo colina abaixo atrás das borboletas. Provavelmente o vento está batendo em seu cabelo e em seu rosto. Talvez você possa sentir o Sol e ver a borboleta que está perseguindo.

MACY: Sim.

PAT OGDEN: E o que você sente agora ao se lembrar daquela sensação de liberdade enquanto corria atrás das borboletas? Como você se lembra disso em seu corpo?

MACY: Eu não sei se isso faz sentido, mas um levantamento nos meus ombros. É como... [Cliente mexe os ombros e olha para mim como se pedisse ajuda para definir a sensação.]

PAT OGDEN: Ah, um levantamento.

MACY: Sim, se é que isso faz sentido.

PAT OGDEN: Sim, é como se algo erguesse seus ombros?

MACY: Sim.

PAT OGDEN: Certo, como se algo tivesse se desprendido e agora você sente essa liberdade.

MACY: Sim. Sim. Sim.

PAT OGDEN: Continue com isso... como é se lembrar da liberdade em seu corpo?

MACY: Na verdade, isso me deixa muito triste.

PAT OGDEN: Por quê?

MACY: Porque essa é uma das poucas lembranças boas que tenho.

PAT OGDEN: Sim. Você fica triste por não ter mais lembranças como essa.

MACY: Sim. É triste só me lembrar dessa... Eu não me lembro de outras coisas que foram positivas.

PAT OGDEN: Bem, isso é mesmo triste. [A consonância empática é palpável e a cliente parece chorosa.]

[pausa no vídeo]

PAT OGDEN: A consciência e a organização das experiências estão sempre mudando a cada segundo. Macy teve um momento em que sentiu liberdade, mas então a sensação boa despertou tristeza e depois desregulação, conforme vocês verão.

[vídeo]

PAT OGDEN: Onde você está agora?

MACY: Estou aqui sentada pensando: "Respire, pois você não vai voltar lá".

PAT OGDEN: Não vai voltar?

MACY: Para as lembranças. Às vezes, é difícil evitar as más lembranças.

PAT OGDEN: Sim, isso é mesmo difícil.

MACY: Sim. O pensamento me leva para o que provavelmente aconteceria a seguir na fazenda...

[pausa no vídeo]

PAT OGDEN: Vocês conseguem ouvir o retesamento em sua voz? Os músculos ao redor da sua laringe estão se retesando e sua voz está mais tensa. Stephen Porges diz que esse é um dos primeiros sinais de que o sistema de envolvimento social está se desligando, pois o complexo ventral vagal governa a laringe. E quando ela começa a retesar, a excitação está ultrapassando a janela de tolerância e Macy está ficando desregulada.

[vídeo]

MACY: ...e a gritaria e tudo o mais na sequência. Então, é difícil evitar ir lá.

PAT OGDEN: Você retoma [as lembranças negativas] automaticamente. [Macy assente com a cabeça.] Isso mesmo. Posso lhe fazer uma pergunta a esse respeito?

MACY: Claro.

PAT OGDEN: Eu gostaria de saber se, quando você vai lá automaticamente, algo acontece em seu corpo.

[pausa no vídeo]

PAT OGDEN: Estou curiosa porque se ela conseguir identificar como seu corpo participou na excitação, nós teremos algo físico concreto que sirva de recurso para podermos mudar sua consciência e a organização das experiências. Se ela se encolher, recuar ou parar de respirar, nós podemos descobrir a partir de seu corpo um movimento ou ação que vá contra esse padrão e que ela possa usar agora para mudar sua consciência e se regular. Seu corpo tem a sabedoria e a chave para mudar.

[vídeo]

PAT OGDEN: Há algo que seu corpo queira fazer, como se retesar, se afastar ou fugir?

MACY: Eu só quero me curvar e me esconder...

PAT OGDEN: Ah, escapar da situação.

MACY: Sim. Eu não queria aquilo... Eu não quero ver e sentir aquilo.

PAT OGDEN: Entendi. Isso acontece nesse lado ou é só minha imaginação?

[pausa no vídeo]

PAT OGDEN: Vi que o corpo de Macy está quase que imperceptivelmente se inclinando para a direita, mas no espírito de unidade e colaboração, eu queria checar se se ela também nota isso.

[vídeo]

MACY: Não, é...

PAT OGDEN: A sensação é mais nesse lado [aponta para o lado esquerdo de Macy]?

MACY: Sim, é sempre nesse lado da minha cabeça.

PAT OGDEN: *Okay*. E seu impulso seria se curvar e escapar daquilo. [Macy balança a cabeça.] Eu gostaria de lhe pedir para tentar outra coisa, é só um experimento. Faça esse movimento com as mãos para empurrar o que não quer. [Pat demonstra com as mãos e os braços um empurrão para a esquerda.] O que você sente dando o empurrão?

MACY: Algo estranho.

PAT OGDEN: Estranho, é? Faça isso de novo algumas vezes. Só para...

[pausa no vídeo]

PAT OGDEN: Isso parece estranho porque ela está no que Onno van der Hart chama de *época do trauma*. Ela está tendo mais implicitamente todas aquelas lembranças do abuso terrível do qual obviamente não pôde se defender. Então, estamos incitando-a a agir de um jeito que desafie o que ela aprendeu antes no contexto do trauma, para mantê-la segura. Nesse contexto, ela apenas se curvaria. E há organicidade nessa reação à situação abusiva na família da qual não havia escape. Essa era a melhor opção na época. Mas agora ela pode, sem pestanejar, agir de maneira mais empoderada. No entanto, é claro, essa nova atitude parece estranha, pois vai contra o padrão usual com que ela reage fisicamente a ameaças.

[vídeo]

PAT OGDEN: Continue empurrando... mantendo a coisa ruim longe. O que acontece? Eu notei que você deu uma respirada.

MACY: Sim.

PAT OGDEN: Você sentiu isso?

MACY: Sim.

PAT OGDEN: Sim. Após essa respirada, como você está?

MACY: Estou bem.

PAT OGDEN: Você ficou bem.

MACY: Sim, estou bem.

PAT OGDEN: A sensação é que as lembranças do trauma agora se distanciaram? Ou...

MACY: Um pouco [sua voz denota surpresa].

PAT OGDEN: Certo, um pouco. Como você sabe? Você sente seu corpo mais relaxado ou outra coisa?

MACY: Sim. Ele parou de se sentir forçado e tão impulsivo, parece que...

[Ela para e me olha.]

PAT OGDEN: Uhum. Como a lembrança ruim não está tão presente, a impulsividade diminuiu.

MACY: Sim. Parece que a coisa não vai mais me inundar.

PAT OGDEN: Isso é ótimo.

[pausa no vídeo]

PAT OGDEN: Mudar como vivemos em nossos corpos para expandir a consciência não acontece de uma hora para outra. Esse é um começo para Macy, mas ela terá de praticar muito para se regular e incorporar aquela liberdade que sentiu brevemente no passado.

[Pat mostra à plateia duas fotos contrastantes: a primeira mostra a postura acanhada de Macy no início da sessão, com o queixo para baixo e os ombros encurvados, e a segunda, com o queixo erguido, o pescoço e a coluna retos e os ombros soltos quando ela incorpora a sensação de correr atrás de borboletas e relata a liberdade que sentiu.]

Vocês podem ver a mudança em seu corpo quando ela disse "liberdade": tudo mudou. A diferença é enorme! A mudança em seu corpo pode parecer ínfima, mas a mudança na consciência é enorme. Além de mudar sua postura, isso muda como ela participa com outros. Se seus ombros estiverem assim [demonstra ombros tensos e elevados], é difícil se aproximar de outra pessoa, pois não dá nem para estender os braços. Testem isso: ergam e tensionem os ombros e tentem se aproximar. [A plateia imita a postura e o movimento que Pat demonstra.] Isso é difícil. Mas quando os ombros estão relaxados, é mais fácil se aproximar e se relacionar. Testem isso e sintam a diferença, está bem? Aproximar-se e fazer contato visual são ações instintivas que buscam proximidade e conexão com os outros. Essas e todas as ações, incluindo empurrar, segurar, puxar e se desprender, requerem que a coluna vertebral esteja saudável, flexível e alinhada.

É preciso salientar que cada postura incorpora uma parte do *self* que tem sua ilha de verdade, a exemplo da postura dessa cliente [mostra foto de outra cliente], cuja realidade se baseia no trauma do passado. Essa parte dela precisa ser reconhecida e ajudada. Embora seu corpo esteja muito contraído e encolhido, ela achou um jeito de se abrir e se expandir fisicamente, a fim de estar em outro estado de consciência. Mas aí a parte dela que foi ferida e abusada se sentiu demasiado exposta e desprotegida. Então é preciso integrar a parte dela que se sentiu exposta e insegura com a parte mais aberta e expansiva. E ela integrou essas partes descobrindo que, ao passar o braço ao redor do corpo, podia manter a expansão e a abertura, e também proteger a parte apavorada por ser exposta. É preciso lembrar que, à medida que mudamos a postura e tentamos agir de outro modo para integrar essas partes no corpo, devemos ter cuidado para não burlar uma parte do *self* que possa achar a nova postura ameaçadora.

Agora vamos mostrar os princípios com outra sessão de grupo marcado por um conflito. Muitas vezes, é durante a negociação do conflito na sessão individual ou de grupo que ocorrem resultados significativos do tratamento. Nesse grupo, Danni pegou uma carta íntima escrita por outra menina, que ficou muito envergonhada. Bonnie usa essa sessão de grupo para ensinar como impor e respeitar limites. Desde o início, o transtorno de Danni é evidente e ela não quer contato com ninguém no grupo (evita olhar para os outros, mantém a cabeça baixa e o corpo virado). Agora, há uma oportunidade para reparar seu erro.

BONNIE GOLDSTEIN: Na dinâmica de grupo, muitas vezes a quantidade de estimulação sensorial disponível a qualquer momento é um gatilho ou sobrecarrega uma criança. Todos nós temos clientes que acham que seus corpos sempre estão na outra pessoa: seus pés, suas mãos ou outra parte. Eles ficam desregulados e ultrapassam limites. Respeitar os limites alheios é uma das coisas mais difíceis de ensinar para crianças pequenas e a terapia de grupo dá muitas oportunidades para explorar a experiência em curso no momento de violações de limite, pois todo momento tem potencial para disrupção e reparação.

Esse grupo ilustra um exercício na Psicoterapia Sensoriomotora no qual os clientes usam cordas ou cordões para formar um círculo que significa seu limite (grande ou pequeno conforme determinado pelo cliente e o espaço no consultório).

[vídeo]

BONNIE GOLDSTEIN: [pergunta a Danni, que está sentada dentro do círculo grande que demarcou com uma longa corda prateada que é um enfeite de Natal] Esse é o tamanho certo para seu círculo?

[pausa no vídeo]

BONNIE GOLDSTEIN: Conforme Pat mencionou, dá para ver pelo corpo como ela está se sentindo.

PAT OGDEN: Bonnie inicia o vídeo fazendo um experimento com Danni, que desrespeitou o limite de outra menina, para que ela sinta como é ter o próprio limite demarcado pelo enfeite prateado. Se Danni sentir seu limite e a segurança que ele dá internamente, espera-se que ela aprenda a respeitar os limites dos outros.

[vídeo]

DANNI: [Ela demarca o limite, o ajusta e balança a cabeça.] Agora ficou no tamanho certo.

BONNIE GOLDSTEIN: Muito bem. Agora note como é ficar dentro do seu círculo. Todos nós vamos afastar as mãos e os pés do seu círculo, e ninguém vai invadir seu limite. [Os membros do grupo se afastam do círculo.]

DANNI: Ninguém pode ultrapassar meu limite [sorri contente, sentada ereta e com os braços cruzados].

BONNIE GOLDSTEIN: Olhe em volta. De que modo você nos diria "afastem-se do meu limite"?

DANNI: [vocifera raivosamente] Afastem-se do meu limite!

BONNIE GOLDSTEIN: *Okay*. Olhe para o grupo à sua volta. Alguém está encostando em seu limite?

DANNI: [suavemente] Por favor, não invadam meu limite.

BONNIE GOLDSTEIN: Você disse isso de dois modos bem diferentes.

[pausa no vídeo]

BONNIE GOLDSTEIN: Ela descobriu isso na segunda vez e conseguiu falar de modo mais gentil.

PAT OGDEN: Sim, porque seu primeiro impulso é ser agressiva.

[vídeo]

BONNIE GOLDSTEIN: Houve uma grande diferença, Danni. O que acontece quando você diz isso de outro modo?

DANNI: Eu me sinto bem.

BONNIE GOLDSTEIN: Onde em seu corpo você se sente bem?

DANNI: Bem, a primeira vez que eu falei foi da boca para fora e na outra vez as palavras vieram do meu coração.

[pausa no vídeo]

PAT OGDEN: "Na outra vez as palavras vieram do meu coração", disse ela. Que coisa meiga, não é? Por meio do nosso trabalho, ela está descobrindo a capacidade para se relacionar. A atitude ainda não se consolidou, mas ela está progredindo.

[vídeo]

BONNIE GOLDSTEIN: Fale de novo conosco do fundo do seu coração.

DANNI: Por favor, não ultrapassem meu limite.

BONNIE GOLDSTEIN: Vamos fazer esse exercício de novo. Volte para o meio do seu limite.

DANNI: *Okay*.

BONNIE GOLDSTEIN: Agora, você pode se sentar ereta, olhar ao redor e falar "não ultrapassem meu limite" para nós?

DANNI: [olha para cada membro] Por favor, não ultrapassem meu limite. Por favor, não ultrapassem meu limite. Por favor, não ultrapassem meu limite. Por favor, não ultrapassem meu limite. Por favor, não ultrapassem meu limite. Por favor, não ultrapassem meu limite. Por favor, não ultrapassem meu limite. Por favor, não ultrapassem meu limite.

BONNIE GOLDSTEIN: Maravilhoso. Você pediu de um jeito muito bom.

[pausa no vídeo]

PAT OGDEN: "Você pediu de um jeito muito bom" foi um reforço positivo e a expressão satisfeita no rosto de Danni é evidente. Agora vem o desafio: os membros mudam de papéis e a garota cujo limite foi invadido pela Danni agora define o próprio limite e então diz a Danni para respeitá-lo.

[Vídeo mostra Laurie, a menina que foi desrespeitada, sentada dentro do limite que ela montou com almofadas ao seu redor.]

BONNIE GOLDSTEIN: Tudo está seguro dentro seu limite. Agora vamos pensar sobre o que aconteceu na semana passada. [Danni está sentada no sofá e, ao escutar isso, imediatamente fica curvada e com a cabeça baixa.]

[pausa no vídeo]

PAT OGDEN: A postura da Danni muda rapidamente. Ao se curvar e abaixar a cabeça, parece que ela está com vergonha.

BONNIE GOLDSTEIN: Ela mudou mesmo rapidamente, quando mencionamos o problema ocorrido na semana passada. Ela abaixou os olhos, os ombros e a cabeça porque já sentia vergonha.

[vídeo]

BONNIE GOLDSTEIN: Esse é seu limite. Quando nós estávamos falando sobre sua carta que as pessoas pegaram e começaram a ler, você ficou transtornada.

Agora, o que você quer dizer se as pessoas invadirem seu espaço? Pense um pouco sobre isso. [Bonnie faz uma respiração profunda, demonstrando para os membros do grupo como dar uma pausa curta.] Agora, preciso de um voluntário. Quem se dispõe? [Danni levanta a mão.] Certo, todos se levantem, pois vamos fazer um experimento no qual Danni se encaminha para o espaço da Laurie e quando entra nele, vocês sinalizam com as mãos que ela pare [Bonnie ergue as mãos para sinalizar "pare"]. Está bem, prontos? Deem primeiro um passo pequeno. Muito bem.

[pausa no vídeo]

Bonnie Goldstein: Vocês gostaram disso? Dá para ver que ela está praticando.

[vídeo]

Bonnie Goldstein: Devagar, mais devagar [falando com Danni, que está se movimentando rapidamente]. Assim está bem. Agora vamos para trás. Por que não tentamos isso outra vez e você [falando com Laurie] diz para a Danni parar? Você pode usar palavras, sua voz ou as mãos para fazê-la parar. Há palavras que você queira usar?

[pausa no vídeo]

Pat Ogden: Foi ótimo a Danni se oferecer como voluntária, pois isso mostrou claramente que ela queria reparar seu erro e resolver o conflito. Agora, Bonnie está ajudando a Laurie e a Danni a resolverem de vez o delas. Ela está ajudando a Danni a achar uma saída tocando-a suavemente para impedi-la de entrar no espaço da Laurie e comunicar que ela precisa desacelerar. Ao mesmo tempo, está ensinando a Laurie a impor um limite claro mediante sua ação física para achar as palavras adequadas.

[vídeo mostra Laurie fazendo um movimento amplo com a mão para indicar seu limite e comunicar que Danni deve se afastar mais]

Bonnie Goldstein: Qual é o sentido dessa mão?

Laurie: Por favor, não entre em meu espaço.

Bonnie Goldstein: Vamos tomar nota disso.

[pausa no vídeo]

Pat Ogden: Esse é um exercício que usamos na Psicoterapia Sensoriomotora. O cliente pensa nas palavras que gostaria de dizer para que os outros saibam de alguma coisa ou em mensagens que gostaria de passar a respeito de seu limite. Essas palavras podem ser escritas em um pedaço de papel, que depois é dobrado para que o lado visível do papel mostre o recado para os outros.

Aqui, Bonnie anotou as palavras de Laurie em um papel, "por favor, não entre em meu espaço", e Laurie o coloca na beira de seu limite.

[vídeo]

BONNIE GOLDSTEIN: Seu espaço é só seu [falando com Laurie].

LAURIE: Parece que tenho tudo só para mim [sorrindo].

BONNIE GOLDSTEIN: Parece que você tem tudo que quer e isso é muito bom. Mostre isso com seu corpo, por favor. Quais são as palavras?

LAURIE: Por favor, não entre em meu espaço porque eu não gosto.

DANNI: *Okay*.

[pausa no vídeo]

BONNIE GOLDSTEIN: Durante o conflito, enquanto buscamos uma solução, nós notamos que aquilo que está aflorando se reflete na postura corporal das meninas: como vocês podem ver, as duas sentem uma mudança e seus corpos ficam mais alinhados. O que surgiu durante o conflito e nossas tentativas para chegar a uma solução se transformaram em outras questões que precisam ser identificadas, nomeadas e enquadradas, abrindo oportunidades para outros experimentos ou como algo a ser analisado no processo do grupo e na negociação relacional do conflito.

PAT OGDEN: Tudo isso foi lindo. Laurie está aprendendo a impor claramente seu limite e Danni está aprendendo a refrear sua impulsividade e a respeitar limites. É difícil lidar com crianças em conflito. Na Psicoterapia Sensoriomotora, em vez ou além de falar diretamente a esse respeito e processar isso por meio de palavras, nós montamos experimentos para as crianças aprenderem como é ter o próprio limite e fazerem os outros respeitá-lo.

Dan Siegel cunhou o termo "janela de tolerância", que é perfeitamente descritivo. Para ajudar os clientes a alargarem sua janela, nós devemos trabalhar nas beiradas que, como Philip Bromberg salienta, são "seguras, porém não demasiado seguras". Incorporar os princípios da organicidade, não violência, unidade, holismo mente-corpo-espírito, *mindfulness* e presença nos permite criar um contexto no qual os clientes sintam segurança suficiente para topar os desafios de trabalhar nas beiradas de suas janelas. Usar a *mindfulness* ajuda os clientes a ficarem cientes de como organizam a experiência e então mudem essa organização em prol da integração e expansão, para que mais opções fiquem disponíveis. Isso expande a janela. Cada um dos clientes aqui ficou com uma janela um pouco mais ampla de tolerância.

BONNIE GOLDSTEIN: Eu agradeço a todos pelo apoio gentil que nos deram hoje, enquanto exploramos modos de trabalhar com conceitos como *mindfulness*, presença e conscientização pela lente da Psicoterapia Sensoriomotora. Nós acalentamos a conscientização que desabrocha em nossos clientes usando nossa presença terapêutica para ficarmos mais cientes de nós mesmos e do que aflora em nós e entre nós. Nós trabalhamos colaborativamente para fomentar a compaixão (por nossos clientes e no relacionamento terapêutico). Aliás, a apresentação de Deepak Chopra destacou o conceito de que a *mindfulness* realmente é o fundamento da autocompaixão — na presença conectada amorosa. No espírito de ajudar nossos clientes a cultivarem a *mindfulness*, nós começamos com o processo de notar coisas novas no que é familiar. Essa observação ativa aumenta a sensibilidade a pequenas mudanças, que muitas vezes passam despercebidas, a menos que foquemos a atenção nelas. Nós visamos desenvolver a consciência sobre mudanças sutis baseadas no corpo e melhoras, então explorar por que elas ocorreram. Ao abordar áreas com hipersensibilidade — talvez o tato, a audição, a visão, o olfato ou o paladar — e fomentar a consciência corporal notando gestos e movimentos, nós aproveitamos as experiências a cada momento.

PAT OGDEN: Outro princípio mais recente que eu ainda não mencionei é a *alquimia relacional*, que estava presente em todos os excertos que mostramos. A alquimia relacional se refere às forças enigmáticas subjacentes às mudanças e transformações que acontecem quando duas ou mais pessoas ou coisas se juntam. Há um mistério e uma sabedoria inerentes ao impacto do relacionamento sobre as partes envolvidas que a mente racional não consegue entender; diversos aspectos de uma pessoa surgem em diferentes relacionamentos, pontos fortes, dificuldades e possibilidades de crescimento. A alquimia relacional remete às qualidades e elementos distintivos que emergem em cada relacionamento, sendo que as características singulares dessa junção desembocam em algo maior do que a soma das partes. A alquimia relacional abrange o prodígio da cura que ocorre naturalmente aproveitando a organicidade, o estresse das representações terapêuticas que surgem, em especial em relacionamentos terapêuticos longos, e as representações singulares que podem surgir de uma colisão entre culturas e posições sociais.

A verdadeira magia e poder de cura da prática clínica em geral acontecem devido ao impacto inconsciente e inesperado exercido mutuamente pelo terapeuta e o paciente, que inclui a influência da cultura, da posição social e das histórias pessoais de ambas as partes. O que vocês acabaram de ver no vídeo de Bonnie foi a resolução de uma representação entre as duas crianças. A corporificação da alquimia relacional significa que o terapeuta aceita as representações terapêuticas e se empenha para negociá-las a nível relacional, como Bonnie fez. Ao reconhecer o poder das representações terapêuticas para gerar crescimento, a alquimia relacional assenta os princípios e o trabalho em uma realidade paradoxal da imperfeição da condição humana e da inteligência por trás da interação dos *selves* implícitos que levam ao embate das representações.

Para resumir, esses princípios essenciais de Psicoterapia Sensoriomotora dão uma base filosófica/espiritual para a prática clínica, pois moldam a natureza do relacionamento e o clima geral no qual a terapia ocorre. Todas as nossas estratégias, mapas, intervenções e técnicas terapêuticas partem dessa base fundamental. Juntos, esses princípios criam um paradigma que maximiza a possibilidade de cura e capacitam o cliente a dar o próximo passo em sua evolução.

Muito obrigada por sua atenção.

12

O CÉREBRO ILUMINADO

com Deepak Chopra

DEEPAK CHOPRA: Esta manhã vou me esforçar ao máximo para fazer uma ponte entre ciência e espiritualidade, mas devo avisar a vocês que tudo o que eu ou qualquer outra pessoa disser não desvenda por completo o mistério da existência. O poeta, mestre espiritual e teólogo *sufi* persa Rumi dizia que "o silêncio é a linguagem de Deus. Todo o resto é má tradução". Então, aqui vem a tradução ruim. Eu gostaria de começar com um vídeo dos três minutos iniciais de um programa que está passando em um canal público de televisão. Se pesquisarem a programação local, vocês o acharão. Esse programa é baseado no livro *Você é o Universo* que escrevi com Menas Kafatos, que está aqui na plateia e falará em breve. Vejamos agora o vídeo.

[vídeo]

[música]

DEEPAK CHOPRA: Eu sou o doutor Deepak Chopra. Nos próximos 60 minutos, espero que todos vocês possam começar a desvendar o mistério de nossa existência, com um pouco de ajuda e *insights* da minha parte.

[música]

DEEPAK CHOPRA: Eu estava viajando pelo país e Los Angeles fazia parte da minha turnê. Então meu filho Gotham e meu neto Krishan — cujo apelido é Krishu e na época tinha cinco anos — foram me buscar no aeroporto. Ele é um menininho muito esperto e tem uma mente bem aguçada. Assim que saímos do aeroporto, ele me olhou e perguntou: "Dada, o que é a energia escura?". *Dada* é a palavra indiana para avô paterno. Que pergunta inesperada feita por um menino de apenas cinco anos! Então perguntei: "O que você sabe sobre a energia escura?". E ele disse: "Que ela flui pelo céu à noite". Muito lindo e poético. Aí indaguei: "O que mais você sabe sobre ela?". Ele disse: "Que ela é 70% do universo". Fiquei matutando como ele sabia tudo isso...

Quando estávamos passando de carro por Santa Monica, eu abaixei o vidro da janela para vermos o oceano e sentir o seu cheiro. Krishu me olhou de novo e perguntou: "Como eles fizeram isso?". Não entendi e perguntei: "Fizeram o quê?". Ele respondeu: "O oceano." Então indaguei: "Quem fez o oceano?". E ele disse novamente: "Eles!". Eu o corrigi: "Essa pergunta não é acurada. Você precisa me dizer o significado de 'eles'". Então, ele ficou pensando um pouco como reformularia a pergunta e disse: "Como o oceano foi feito?".

Eu disse: "O oceano foi feito da mesma maneira que a Terra foi feita. Uma estrela gigantesca explodiu e virou o sistema solar. A Terra onde vivemos é um planeta, mas há muitos planetas. O oceano faz parte dos elementos deste planeta". Então perguntei: "Você sabe quantos planetas existem no sistema solar?" E ele disse: "Bem, contando Plutão, há nove. Mas se a gente não contar Plutão, pois algumas pessoas acham que Plutão não é um planeta, então há oito". Aí perguntei: "E de onde veio o sistema solar?". Ele disse: "Da galáxia". E indaguei: "De onde veio a galáxia?". Ele respondeu: "Do universo". E fiz outra pergunta: "E de onde veio o universo?" Sem pestanejar, ele disse: "De outra dimensão".

Vocês sabem que nós indianos acreditamos em reencarnação e em várias outras coisas, mas fiquei intrigado, quem é essa criança? Então fiquei pensando em Galileu, Copérnico e talvez até em Einstein. E perguntei: "Krishu, como você sabe tudo isso?" Ele explicou: "Por causa do meu *Pokémon*".

[risos na plateia]

[após o vídeo]

DEEPAK CHOPRA: Certo. Se vocês entrarem na internet e digitarem "perguntas que a Ciência ainda não respondeu", vai aparecer uma lista que foi publicada pela primeira vez em 2005 na revista científica *American Science* e desde então é constantemente atualizada. Há umas 150 perguntas em aberto na Ciência. O que há exatamente no centro da Terra? Como a primeira vida começou? Etc. Mas a principal pergunta em aberto na Ciência até hoje é: de que é feito o universo? E a pergunta número dois em aberto na Ciência é: qual é a base biológica da consciência? *Okay*, então, de que é feito o universo? E como nós sabemos que há um universo ou algo chamado *existência*? Porque se você não for um ser consciente, a existência não importa. Não há experiência do universo nem tampouco a experiência de uma mente nem de um corpo. Você precisa de ambos e precisa entender o que é existência. Aí a pergunta seguinte é: quem quer saber? Há milhares de anos a humanidade busca as respostas a essas indagações.

E o motivo da primeira pergunta continuar em aberto é justamente o que foi mencionado por Krishu quando tinha cinco anos: 70% do universo é energia escura. E nós não podemos pensar na energia escura da mesma maneira que pensamos na energia comum, que é $E = mc^2$, ou seja, massa e energia. *Energia escura* é um termo usado para explicar o que Einstein chamava de *constante cosmológica*. Em geral, as teorias dos cosmólogos são matemáticas. Então eles inventam experimentos que podem ser grandes como o Grande Colisor de Hádrons, que é o maior acelerador de partículas e de energia do mundo, e outros que vasculham o cosmo por meio de satélites espaciais ou com o Telescópio Hubble etc. E basicamente há um ciclo necessário que envolve três elementos: observação, experimentação e teoria.

A cosmologia atual explica a energia escura como uma entidade matemática antigravidade ou o que diríamos ser um construto matemático, a constante cosmológica que é responsável pela observação de que atualmente a distância entre as galáxias está aumentando mais rapidamente do que a velocidade da luz. Segundo observações cosmológicas, o que está se fragmentando é o próprio espaço. Ninguém sabe de fato o que é essa energia, mas pode-se pensar nela como o oposto da gravidade. E embora o universo supostamente tenha nascido há 13,8 bilhões de anos no chamado "*big bang*", que não foi grande nem uma explosão, continuamos empacados com essa expressão. Desde então, o universo vem se expandindo e neste momento o horizonte cósmico está a 47 bilhões de anos-luz de distância de nós. Ao olhar o universo no horizonte cósmico, galáxias estão desaparecendo e provavelmente há algo que nunca saberemos que existe além, pois o próprio espaço está se expandindo. Basicamente, nós não sabemos o que é a energia escura, então só nos resta explicar os 30% restantes do universo, dos quais 26% são outra entidade misteriosa ou um conceito chamado *matéria escura*. A matéria escura tem esse nome porque é invisível para nós. E, segundo os físicos, ela é invisível porque não é feita de matéria comum nem de átomos. Você e eu somos feitos de átomos, sobretudo de carbono, hidrogênio, oxigênio, nitrogênio, fósforo e súlfur. Provavelmente, esses átomos perfazem 98% do nosso corpo e obviamente também são manufaturados no cadinho das estrelas. Mas nós não sabemos o que é a matéria escura, pois ela parece não ser atômica. Entre as pessoas que têm ideias ou construtos sobre o que a matéria escura pode ser, um candidato atual é algo chamado *wimp*: W- I- M- P, a sigla em inglês para partículas massivas que interagem fracamente. Mas nós não podemos interagir com elas, pois somos feitos de átomos. A matéria escura não reflete, emite, absorve nem refrata luz, enfim, não tem qualquer interação com a luz. Talvez ela seja incognoscível, pois o corpo humano é feito essencialmente de átomos, elétrons, fótons e todas as coisas que os cientistas chamam de *partículas subatômicas*. Mas se a matéria escura não for atômica, ela pode ser incognoscível.

Sobram então 4% do universo, que é atômico. E 99,99% disso é poeira interestelar invisível, talvez de hidrogênio e hélio, criada no universo após o chamado *big bang*. Estimativas recentes apontam que, no universo visível, teoricamente pode haver dois trilhões de galáxias, setecentos sextilhões de estrelas e trilhões de planetas. E, segundo os cosmólogos, há uma probabilidade bem alta de que muitos planetas sejam habitáveis. Quem acompanha as notícias já ouviu falar no Trappist-1, um sistema solar detectado a quarenta anos-luz de distância de nós, que tem pelo menos sete planetas rochosos possivelmente habitáveis. Mas todo esse universo visível é apenas .01% do que existe. O restante é desconhecido e, possivelmente, incognoscível.

Portanto, o universo visível é .01% e composto por átomos. Mas aí até leigos que entendem um pouco sobre estrutura atômica podem dizer que os átomos são feitos de partículas como nêutrons, prótons, elétrons, bósons etc. E quando examinamos essas partículas, vemos que elas têm uma natureza dupla. Quando estão sendo observadas, medidas ou se relacionando com outras partículas, elas são entidades materiais feitas de unidades de massa e energia. A Ciência tenta entender melhor as partículas subatômicas e mensurá-las em unidades de massa e energia.

Mas as partículas também são ondas. E quando não estão sendo mensuradas nem interagindo com outras partículas, elas se expandem em ondas. E quando você pergunta a cientistas, do que essas ondas são feitas? Aliás, esse é o tipo de pergunta que meu netinho faz o tempo todo: "De que isso é feito?" Bem, as ondas do mar são feitas de água. Por sua vez, as ondas de ar que presumivelmente conduzem os sons são feitas pela vibração de moléculas de ar. Mas quais são as ondas que dão origem às entidades materiais chamadas partículas, que são os blocos de construção do universo, incluindo os corpos e cérebros humanos? De que essas partículas são feitas? De que as ondas são feitas? E a melhor resposta que se consegue arrancar dos cientistas é que elas são feitas de possibilidades.

Hoje há um tipo muito interessante de entendimento sobre o universo, segundo o qual tudo é feito de nada, pois o .01% visível também provém do nada. Desde minha parceria com Menas Kafatos, fico mais à vontade para perguntar a matemáticos e físicos: "Onde estão essas ondas de possibilidade?". E eles dizem no máximo que elas existem no "espaço de Hilbert". Aí eu pergunto: "O que é o espaço de Hilbert?" Hilbert é o nome de um matemático, mas o que é esse espaço que ele descreveu? É um espaço matemático — que não está no espaço. O espaço de Hilbert é um espaço multidimensional, ou seja, um vetor espacial para todas as possíveis flutuações quânticas. Em outras palavras, ele abriga a chamada onda e todas as ondas de possibilidade que, em última instância, dão origem ao universo.

Mas onde ele fica? Onde está esse espaço de Hilbert? E a melhor resposta que a Ciência atual dará é: "Por favor, cale a boca e calcule porque nós não podemos lhe dizer onde ele está". E então você tem de pressionar os físicos para que admitam que o espaço de Hilbert existe na imaginação matemática. E ponto final. *Okay*, é um conceito matemático. É um espaço vetorial para todas as possíveis flutuações quânticas causadas pela função de onda. E até o espaço e o tempo emergem desse não espaço, pois ele é sem dimensão, está bem? Embora seja chamado de espaço de Hilbert, ele não é esse tipo de espaço, pois na verdade é uma experiência que temos e há objetos, certo? Se não houver objetos, até o espaço desaparece, conforme Einstein também disse. Se você retirar todos os objetos no universo, o espaço e o tempo também desaparecem. Então, de que é feito o universo? De nada. Qual é a natureza desse nada do qual todos nós emergimos? Eu sempre recorro à poesia quando tento entender um conceito bem difícil. Rumi tem lindos poemas sobre o nada, inclusive um no qual diz: "Nós viemos girando do nada, espalhando as estrelas como pó. Olhem esses mundos girando do nada. Eles podiam ser você ou podiam ser eu". E obviamente, seu poema mais famoso: "Para além das ideias de certo e errado, existe um jardim. Eu encontrarei você lá".

Eu vou conduzi-los em uma breve jornada de como os seres humanos pensam sobre a natureza da existência e a natureza do universo. A primeira versão presente em quase todas as religiões é que há uma entidade chamada Deus. É difícil defini-lo porque ele é omnisciente, omnipresente e omnipotente, porém criou intencionalmente o que chamamos de universo. Em última instância, essa é a base de todas as doutrinas religiosas e conceitos teológicos. Mas as diferentes interpretações do que é essa entidade chamada *Deus* geram muitos problemas, inclusive guerras e terrorismo mundo afora.

Era assim que estavam as coisas até que Isaac Newton, que por acaso era uma pessoa religiosa, criou o modelo do chamado *universo mecânico*, que abrange a lei da inércia, o princípio fundamental da dinâmica e a lei da ação e reação. As leis de Newton embasaram a teoria da gravitação universal. Como vocês sabem, Deus criou as leis da natureza e as leis do movimento dos corpos, que o raciocínio e a lógica humanos conseguem compreender. Essas leis, que incluem as leis da termodinâmica e as leis de Kepler sobre o movimento planetário, basicamente explicam tudo sobre o mundo clássico que observamos e deram origem à era industrial. Nós ainda usamos a Matemática dessas leis para criar aviões a jato, automóveis, locomotivas e tudo o que originou a era industrial.

Na época de Newton havia outros grandes pensadores. E quem se interessa pela história do pensamento humano sobre a existência conhece alguns desses pensadores. Obviamente, René Descartes, que deu origem ao chamado dualismo cartesiano: a mente e o espírito pertencem ao reino imaterial e o mundo físico pertence ao reino físico-material. Em suma, o mundo é composto por duas entidades, mas esse modelo não funciona mais, pois não explica a interação entre o mundo mental e o mundo físico. Como uma intenção pode liberar um neurotransmissor? Se eu levantar meu braço assim, o dualismo cartesiano não explica como isso acontece, pois esse movimento começa com uma intenção ou um pensamento impossível de localizar no espaço-tempo. Afinal, ele não tem unidades de massa e energia, mas tudo que a seguir é mensurável. Então, se esses dois mundos são diferentes, como eles interagem? Além disso, a visão dualista do mundo viola as leis da termodinâmica. De onde vem a energia que transforma o pensamento em uma ação ou libera um neuropeptídeo?

Vou retomar isso logo mais, mas, por ora, saliento que, na parte inicial do Século passado, Albert Einstein deu grandes contribuições para a Ciência. Eu acabei de voltar de Israel, onde fui ao Einstein Museum e vi suas anotações manuscritas que foram a base de seus trabalhos sobre a teoria geral da relatividade e a teoria especial da relatividade. O museu tinha todas as suas anotações manuscritas, com parágrafos riscados e outros inseridos novamente. Foi surpreendente ver o que se passava na mente dele naquela época. Na teoria especial da relatividade, só é preciso entender que a velocidade da luz é uma constante para todos os quadros de referência, não importa onde você esteja no universo. E não importa como você esteja se movimentando, a velocidade da luz permanece constante. A derivação de $E = mc^2$ também permanece constante, então massa/energia são a mesma coisa.

Assim como massa/energia são uma entidade, espaço/tempo são uma entidade, onda/partícula são uma entidade, sugiro também que devemos começar a pensar sobre corpo/mente como uma entidade. *Okay*? É o pensamento dualista que cria a confusão de que mente e cérebro ou que mente e corpo são duas coisas diferentes, ou até que o organismo biológico e o universo são duas entidades diferentes. Eles são apenas complementaridades de uma realidade mais profunda. A equação $E = mc^2$ foi uma contribuição de Einstein, que também sugeriu enredos muito interessantes a esse respeito: se você viajar com a rapidez da velocidade da luz e voltar daqui a alguns anos, talvez a próxima geração ou dois seres humanos já tenham completado seus ciclos de vida.

Em 1915, Einstein propôs a teoria geral da relatividade, dizendo basicamente que espaço-tempo é massa com formas diferentes e que a curvatura do espaço-tempo dá origem à gravidade. Quando eu pergunto a físicos "como visualizo a curvatura do espaço-tempo?", eles respondem "é impossível visualizar a curvatura do espaço-tempo, pois trata-se de um conceito matemático. Mas seja lá o que for espaço-tempo, ele se curva por causa da gravidade". Um enunciado comum da Física é a *massa diz ao tecido do espaço/tempo como se curvar*. E o espaço-tempo diz à massa como se movimentar. E, no nível mais profundo, espaço-tempo e matéria são interdependentes e talvez até a mesma entidade.

Não obstante, essa teoria é surpreendente. Caso tenham visto o filme *Interestelar*, vocês sabem todas as implicações da teoria geral da relatividade, incluindo buracos negros, buracos de minhocas, multiuniversos, universos infinitos e todos os novos conceitos da Matemática que eu abordarei sucintamente. Mas as teorias de Einstein têm sido corroboradas por outras observações e, como vocês devem saber, cientistas conseguiram detectar ondas de gravidade que se propagaram pelo universo 200 milhões de anos atrás quando dois buracos negros colidiram. Há cerca de 100 anos, grandes pensadores científicos fizeram os cálculos da chamada mecânica quântica. Einstein também era um membro relutante desse grupo. Eu disse "relutante" por causa das questões levantadas pela mecânica quântica, como não localidade, sobreposição e emaranhado quântico. De certa forma, tais questões lançaram dúvidas sobre os fundamentos de todo o pensamento clássico, e até o conceito de Einstein sobre o *realismo local* aponta que há uma realidade no espaço e no tempo na qual o intercâmbio de energia e informações ocorre mediante interações locais. Embora se incomodasse bastante com isso, ele contribuiu muito para o entendimento da mecânica quântica.

Um modo extravagante de entender a correlação não local é imaginar Einstein se revirando em seu túmulo em Nova Jersey e Niels Bohr se revirando simultaneamente para o outro lado em seu túmulo em Copenhagen. Os dois jamais concordaram enquanto estavam vivos, mas o fato é que eram quanticamente emaranhados.

Este não é o momento para nos aprofundarmos na mecânica quântica e em seus conceitos sobre a dualidade da onda/partícula, o princípio da incerteza de Heisenberg, o emaranhado quântico e a não localidade. Mas se vocês entrarem na Wikipedia e digitarem "interpretações sobre a mecânica quântica", vão surgir explicações sobre o que está acontecendo além do "cale a boca e calcule", pois os cálculos funcionam. Os computadores, transistores e tantas tecnologias atuais são baseadas na supercondutividade, e até coisas simples, como enviar uma mensagem de texto ou um *emoticon* a alguém, ou baixar um filme ou uma canção, se baseiam nesses cálculos. Nós sabemos que a mecânica quântica funciona, mas o que de fato ela é? Só na Wikipedia há mais de vinte interpretações sobre a mecânica quântica, o que mostra que não há um consenso a esse respeito. E provavelmente nós não sabemos o que está acontecendo, certo?

Até recentemente a Interpretação de Copenhagen era a mais aceita, pois era a interpretação dos pioneiros Max Planck, Heisenberg, Paul Dirac e até Einstein. Talvez Menas possa elucidar melhor a interpretação de von Neumann sobre a mecânica quântica, mas basicamente a Interpretação de Copenhagen diz que é o ato de observar que provoca o colapso da função de onda. Obviamente, isso é muito incômodo para os cientistas, pois traz à tona a questão do observador consciente. Quem é e onde está o observador consciente? Até pouco tempo atrás essa era a interpretação mais difundida sobre a mecânica quântica, mas recentemente, devido aos jogos de adivinhação matemáticos de alguns físicos proeminentes, o conceito de *inflação caótica* se popularizou mais. Em suma, é nesse ponto que estamos e não podemos afirmar com todas as letras o que é o tecido da natureza.

Vou lhes falar brevemente sobre o que é a inflação caótica quântica porque ela está ligada às teorias das supercordas, dos universos múltiplos e dos universos infinitos, e tenta evitar ou nos desviar do enigma do que é a consciência. Eu perguntei a Joel Primack, que é um dos coautores da teoria da matéria escura: "Por favor, você pode me explicar o que é a inflação eterna?". Agora, acompanhem meu raciocínio nessa metáfora. Imaginem que há uma Las Vegas cósmica e um cassino cósmico por lá cujo tamanho é infinito. Ele não está no espaço-tempo e tem máquinas caça-níquel que arremessam moedas de maneira aleatória, então uma moeda tanto pode cair com a cara ou a coroa para cima. Mas agora imaginem uma série de moedas que cai com a coroa para cima por quase uma eternidade, e uma vai ficando cada vez menor e, finalmente, entra na escala de Planck ficando do tamanho de uma flutuação quântica ou um pouco maior. E há um buraco no cassino cósmico. A minúscula moeda quântica escapa do buraco e rodopia em um universo. Uau! Nós tiramos a sorte grande, certo? Mas isso também evita o chamado princípio antrópico, ou a sintonia fina do universo, ou várias outras explicações difíceis sobre um universo tão afinado com a existência da vida e da mente.

Recentemente mantive correspondência com Freeman Dyson, que era um físico eminente em Princeton e foi colega de Einstein. Ele disse: "Três coisas... três charadas ocupam minha vida". A primeira é o movimento imprevisível dos átomos. Ele não disse "aleatório", e sim "imprevisível" — o que é diferente. *Aleatório* implica aleatoriedade inerente e *imprevisibilidade* significa que não se pode prever o movimento seguinte dos átomos. A segunda charada é um universo afinado com a mente e a vida, e a terceira charada é a própria consciência humana. O movimento imprevisível dos átomos, um universo afinado com a mente e a vida, e nossa consciência. Eu guardei esse *e-mail* para a posteridade porque Dyson encerra dizendo: "Eu não tenho as respostas para essas charadas, mas sinto que elas são conectadas", o que é uma afirmação humilde e muito sábia por parte de um físico tão respeitado.

Agora vou sugerir algo bem diferente de todas essas teorias, pois nenhuma delas explica nossa experiência do universo e nos deixaram em um impasse. Nós não sabemos o que é o tecido da natureza. Então, a primeira pergunta que continua em aberto é de que é feito o universo? Por isso, vou falar sobre uma ideia bem radical. Na verdade, ela não é tão radical, pois faz parte das tradições de sabedoria perene não só do Oriente, onde era ensinada pelos sábios das Upanishads, pelos budistas e os grandes mestres, mas do mundo inteiro, passando por Platão, Immanuel Kant, Schrödinger, até a atualidade, e obviamente por grandes pensadores ocidentais como Walt Whitman, Aldous Huxley, Emerson e Thoreau. O fato é que essa visão de mundo de certa forma resolve o impasse científico ao qual chegamos.

Para começar, gostaria que vocês participassem comigo em um experimento simples. Qual é o seu nome, senhor?

ADAM: Adam.

DEEPAK CHOPRA: Adam?

ADAM: Adam.

DEEPAK CHOPRA: Adam, que objeto é esse?

ADAM: Um sapato.

DEEPAK CHOPRA: Sapato. Mais alguém? Todos vocês concordam que isto é um sapato? Digamos que você seja um bebê e desconheça o conceito de sapato, *okay*? Ou então é um roedor, um camundongo ou um esquilo, e está vendo esse objeto. Então, o que é isso? Afinal, *sapato* é um construto humano. Qual é sua experiência? A experiência de um formato e de uma cor, certo? Como é um bebê, você ainda não sabe essas palavras — formato, cor —, mas está vendo uma forma e uma cor. Agora, se um roedor ou um cachorro estiver olhando essa forma, a experiência pode ser totalmente diferente, pois ele pode tentar comê-la, cheirá-la ou prová-la, pois não tem o conceito de *sapato*.

Você concorda que a natureza fundamental dessa experiência visual chamada *ver* é apenas uma forma, e na falta de uma palavra melhor, uma sensação chamada *cor* ou *formato*? Você então concordaria que a palavra *sapato* é um conceito humano? Certo, então o que é isso? Mas você vê isso da mesma maneira que vê aquilo, certo? Então a palavra *mão* é um construto ou conceito humano em torno da experiência visual chamada *ver*. Todos concordam? Agora, podemos transferir esse ato de ver para ouvir, provar e cheirar, e sentir a dureza ou maciez. Eu aprendi um truque mnemônico de conscientização com Dan Siegel, a sigla *SISP*: sensações, imagens, sentimentos e pensamentos. *Okay*, quando nós dizemos *sensações*, sentir as experiências, ver, ouvir, a experiência da textura, a experiência da forma, a experiência da cor, a experiência do som, isso significa as *características da conscientização*, pois a conscientização não pode ter uma experiência, a menos que se transforme nessas características. Talvez a natureza fundamental da realidade seja a consciência ou conscientização, que se transforma na experiência. E o que chamamos de *experiência* é essencialmente a consciência se sentindo como SISP: sensações, sentir experiências, imagens, sentimentos e pensamentos.

Assim sendo, o sapato é um construto humano, uma ideia em torno da experiência. Um inseto com cem olhos não chamaria isso de sapato, certo? Como é a experiência de um golfinho que se depara com um sapato no oceano? Qual é aparência do mundo para um morcego que se orienta pelo eco do ultrassom ou para um camaleão cujos globos oculares giram sobre dois eixos diferentes? Ou para uma cobra que se orienta pela radiação infravermelha? Estou tentando dizer que não há coisas como o universo, o corpo humano e o cérebro humano. Esses são construtos humanos para explicar as experiências e modos de saber na conscientização humana, que é uma espécie de conscientização. Você e eu somos uma espécie de conscientização que concebe, constrói, governa e se torna a realidade que ela mesma concebe. Antes de sermos programados para a linguagem, que é uma representação simbólica para comunicar as experiências; antes da existência da Matemática, que é outra representação simbólica de uma experiência cognitiva ou mental; antes de tudo que existe, há a conscientização, que é uma experiência específica da nossa espécie, ou seja, ter consciência das sensações, imagens, sentimentos e pensamentos.

Portanto, cérebro e corpo são construtos humanos. Você sente o cérebro da mesma maneira que sente o sapato, ou o que chamamos de sapato. Você sente minha mão da mesma maneira que sente a galáxia ou uma estrela, ou os glúons. Na verdade, nós não sentimos os glúons e as partículas absolutamente da mesma maneira. Em seu livro sobre Física fundamental, Leonard Susskind diz que é impossível visualizar átomos, elétrons, partículas e todas as coisas sobre as quais falamos como entidades reais. Partículas subatômicas são abstrações matemáticas, não entidades físicas, embora possamos criar outro modo de saber e sentir o que chamamos de uma entidade física.

Hoje em dia, as conversas na internet podem viralizar. E no Twitter é preciso expressar algo usando apenas 280 caracteres. Há poucas semanas, eu tuitei: "O universo é uma experiência na consciência. Ele ocorre na consciência, é sabido na consciência e composto de consciência". Então, recebi imediatamente uma resposta do professor Brian Cox, que é um cosmólogo famoso na Grã-Bretanha, pois tem um programa muito popular na BBC. Em seu tuíte, ele disse: "Você acertou duas coisas, mas errou uma". O universo é uma experiência na consciência, é sabido na consciência, mas não é composto de consciência. Ele é feito de glúons, *quarks*, matéria escura, bósons W e X, bóson de Higgs, espaço-tempo e energia. Então perguntei a ele: "Esses não são construtos humanos para modos de saber uma experiência na consciência?". Quem decidiu chamar esse modo de saber o que é um *bóson de Higgs*, um *glúon* ou um *quark*?

Então, acho que se entendermos que o que chamamos de universo é um conceito humano, um construto humano, vamos resolver o problema dificílimo. O corpo é um construto humano. O cérebro é um construto humano. Então, o que acontece com a Ciência quando alguém diz: "Estou estudando o cérebro para entender o comportamento, o trauma e tudo isso?". Acho que isso só expande a Ciência porque, ao admitir que temos essas limitações conceituais, nós percebemos que, para um observador, o cérebro parece uma entidade mental material. A mente é o que é vivenciado como um pensamento. E a Ciência é um sistema muito bom de pensamento, mas que não faz a pergunta ontológica, o que é o pensamento e de onde ele vem?

A Ciência é um sistema muito acurado de pensamento baseado em teorias, observação, validação e experimentação. Mas primeiramente é preciso ter um pensamento para criar um modelo; no entanto, se a fonte do pensamento for desconhecida, o modelo é confundido com a realidade. O mapa é confundido com o território. Agora, o mapa incomum chamado *cérebro, corpo e universo* que temos na consciência é bem útil, pois basta mudá-lo para que a experiência da realidade também mude. Vocês podem dizer que esse é um correlato neural da consciência, mas se interferirem nisso, vocês mudam a experiência. A Ciência não lida com princípios ontológicos. Ela não diz, essa é a ontologia primitiva da consciência do universo ou da matéria do universo. No estágio atual estamos sendo obrigados a entender o que é a matéria e ninguém de fato provou a existência da chamada matéria, que é uma atividade que pode ser reduzida a coisas bem simples. A consciência fica se inspecionando na experiência do mundo, incluindo o que chamamos de nosso corpo físico e nosso cérebro. Então, a mente, o cérebro e o universo são uma atividade unificada.

E esses enigmas existem porque a maioria das pessoas acha que o "eu" fica em algum lugar neste corpo. Mas o eu não pode ser encontrado neste corpo. Na verdade, nenhuma experiência pode ser localizada neste corpo. Se eu perguntar agora: "Onde você está me sentindo? Onde a experiência acontece?", tradicionalmente a pessoa aponta para seus olhos e diz: "Estou tendo a experiência de ver em meus olhos". Mas tudo que seus olhos estão vendo é incolor, fótons sem dimensão. E quando chegar à sua retina, isso passa por uma lente e fica invertido, pois a retina é curva. Seus olhos medem cerca de 2,5 por 2,5 centímetros e ficam separados por nove centímetros. Então, se a experiência de me ver estiver acontecendo em seus olhos, você deveria ver uma imagem minha de cabeça para baixo e outra mais curva separadas por nove centímetros. Bem, isso não está acontecendo, certo? Portanto, a experiência não está acontecendo nos olhos, e sim em seu cérebro. Mas se eu entrar em seu cérebro, não existe esse espaço lá. A experiência não cabe em seu cérebro, que mede dez por quatorze por sete centímetros. Como eu me encaixo em seu cérebro? Como a galáxia da Via Láctea se encaixa em seu cérebro? Rumi diz: "Seus olhos são muito pequenos, mas o ajudam a ver coisas enormes. Esse é o mistério".

Então, onde você está me percebendo agora? Perceptiva e também mentalmente? Se eu lhe pedir agora para pensar em um belo poente no oceano, você vê uma imagem, mas não há uma foto em seu cérebro, certo? Então, as pessoas acham que esse é o grande problema em relação à consciência. Nós tentamos explicar as experiências mediante os construtos que criamos, como glúons, *quarks*, o universo, o corpo e assim por diante. Se entendêssemos isso, compreenderíamos melhor o sofrimento existencial dos seres humanos, algo que outros animais presumivelmente não têm. Eles sentem dor e, de certa forma, uma conexão com a vida. Há algum tempo estava assistindo a um vídeo mostrando Bo, o cachorro de Obama na Casa Branca, então me ocorreu que Bo não tinha ideia de que estava sentado no Salão Oval nem que seu dono é o presidente dos Estados Unidos — um construto humano. Mesmo assim, Bo tem um relacionamento que podemos chamar de *amor, compaixão, empatia* e *alegria*, e uma conexão mais profunda sem palavras com o presidente, mas assim que nomeamos ou descrevemos uma experiência, nós criamos um construto.

Dando início à segunda parte da minha palestra, quero salientar novamente que a Ciência não consegue desvendar o mistério da nossa existência, mas a ioga e a autoconscientização conseguem. No livro clássico sobre o sistema filosófico da ioga *Os Ioga Sutras*, Patanjali diz: *Yogas chitta vritti nirodhah*. *Chitta* significa consciência. *Vritti* são as excitações da consciência em forma de pensamentos, emoções, sentimentos, sensações, como som, textura, gosto e cheiro, que levam à conscientização. E o que é conscientização? Patanjali diz que ela é a fonte do pensamento e que o pensamento é uma forma modificada de consciência, de conscientização, assim como um sentimento, uma sensação e qualquer experiência. Esse é o saber da experiência. O que é consciência? É a fonte do pensamento — agora estou usando essas palavras como sinônimos. Algumas pessoas fazem uma distinção entre elas e dizem que a conscientização é o potencial para a experiência e a consciência é a experiência. Mas é possível usar essas palavras como sinônimos e para quem trabalha com terapia é difícil chegar a definições. Há, porém, algumas definições muito boas, inclusive a de Dan Siegel. Eu reconheço e agradeço a contribuição de Dan para o entendimento de que o elemento do saber em toda experiência é a conscientização. Graças a ele, você sabe que está tendo uma experiência. Depois disso, a experiência naturalmente se transforma em sensações, imagens, sentimentos e pensamentos. E então, como seres humanos, produzimos construtos: espaço, tempo, energia, matéria, emaranhamento, universo, corpo, cérebro etc.

A ioga chega à fonte de toda experiência, que é a conscientização. Portanto, a conscientização também pode ter uma definição citada por muitos professores não duais. Rupert Spira, que é um dos meus favoritos, diz: "Conscientização é aquilo em que toda experiência ocorre, toda experiência é sabida e que compõe toda experiência". Brian Cox, porém, discordou: "Não, a experiência é feita de glúons". Mas se a experiência for feita de glúons, *quarks* e cérebros, resta a pergunta: como? Afinal, esses são construtos que criamos a fim de explicar a experiência. É fundamental lembrar que o cérebro também é uma experiência na consciência. Como vocês sabem que há um cérebro? Bem, isso equivale à experiência do meu sapato, certo? Sensações, imagens, sentimentos e pensamentos. E como algo sentido na conscientização pode ser a fonte da conscientização? Não se pode usar um sonho para explicar um sonho. E a experiência é quase como um sonho. A diferença entre passado, presente e futuro é menor do que um nanossegundo, certo? A experiência no início desta palestra já acabou. A experiência daqui a poucos segundos ainda não aconteceu. E a experiência que está acontecendo agora não pode ser apreendida, pois assim que surge uma sensação, imagem, sentimento e pensamento, outros logo vêm. Como eu disse, a diferença entre passado, presente e futuro é menor do que um nanossegundo.

Ludwig Wittgenstein, o grande filósofo alemão, disse: "Nossa vida é um sonho. Nós estamos dormindo, mas de vez em quando acordamos o suficiente para saber que estamos sonhando". Então, o que é iluminação? É acordar do sonho. E o que é acordar? É acordar para a conscientização, a presença, a consciência de que o sonho está acontecendo agora: *agora* não como um momento no tempo, porque esse momento não pode ser capturado. Agora é a presença na qual a experiência da causalidade do espaço-tempo, o que nós chamamos de corpo-mente e universo, está acontecendo e sumindo em nós. E por que isso é importante para os profissionais dedicados à cura? Eu gosto de usar a palavra *curador*, embora na faculdade de Medicina ela não seja bem aceita. Mas as palavras *healing*, *holy* e *health* em inglês ("cura", "sagrado" e "saúde") são intimamente ligadas. Curar é o retorno da memória da totalidade ou de quem somos de fato, a conscientização que concebe, constrói, governa e se torna a experiência do universo. E a ioga e a iluminação giram em torno disso.

Agora é possível mapear essa experiência no cérebro e isso é muito proveitoso, pois tendo um mapa a pessoa sabe por onde ir até o destino desejado. Se eu quiser ir de Boston para Nova York, um mapa, um GPS ou outro recurso desse tipo me aponta a direção certa e o que posso prever. A Ciência atual é calcada em fazer modelos. Até Leonard Mlodinow e Stephen Hawking, no livro *O Grande Projeto*, dizem que a Ciência é a criação de modelos da realidade. Existe até a expressão "o mapa não é o território, mas é útil".

A maioria das pessoas desconhece, mas Alfred Korzybski era uma pessoa interessante, e foi um estudante de Filosofia que me apresentou as ideias dele por meio das redes sociais. Korzybski era um matemático polonês radicado nos Estados Unidos que desenvolveu a teoria da semântica geral e a teoria da abstração, que Dan Siegel mencionou em sua introdução. Segundo ele, nós não absorvemos sequer um bilionésimo das informações que estão acontecendo no universo e enlouqueceríamos se captássemos todas elas. Então, quando uma informação chega ao cérebro, há cinco níveis de abstração. A interface inicial é a retina; a segunda interface é o potencial de ação; a terceira é a liberação dos neurotransmissores; a quarta, a captação da informação no receptor; e, por fim, repentinamente vem o entendimento que nós não conseguimos explicar. Então, estamos realmente vivenciando a realidade? Não. Nós estamos vivenciando uma forma modificada de conscientização por meio de uma espécie de interface específica que chamamos de *Homo sapiens*. E nos nomeamos de "os sábios" [risos na plateia].

Então a iluminação vai além de todos os construtos — científicos, religiosos, teológicos e outros —, embora sejam úteis. A Ciência é um meio muito bom para desvendar a biologia, mas vale lembrar que a biologia é uma experiência na consciência. Portanto, não é preciso procurar a base biológica da consciência. A biologia é um construto humano útil para explicar uma certa experiência da consciência.

Antes de prosseguir, quero agradecer a Dan Siegel por me oferecer amplo material e, por meio de seu trabalho, me oferecer também perspectivas, e também quero agradecer a Rupert Spira. Pois bem, a neuroplasticidade diz que, ao mudar as experiências na consciência, nós podemos mudar seu mapeamento no cérebro. Afinal, o cérebro é a representação simbólica desse mapeamento. No livro *Super Brain*, Rudy [Rudolph Tanzi] e eu apresentamos detalhadamente as ideias sobre o que o cérebro reptiliano faz e o que o cérebro límbico faz. Cérebro reptiliano: basicamente sobrevivência; cérebro límbico: emoções que são funções biológicas.

Em seu livro *A Expressão das Emoções no Homem e nos Animais*, de 1872, Charles Darwin diz que as emoções têm o mesmo valor na evolução que a seleção natural favorece, que, em suma, é a sobrevivência da espécie. A raiva e o medo são reações a ameaças, mas, ao superar esses instintos básicos de sobrevivência, temos outras emoções. Então aqui estão alguns correlatos neurais que foram mapeados por outros. Nós estamos fazendo parte desse trabalho em nosso centro, mas não é hora de entrar em detalhes. O fato é que agora há tecnologias que mapeiam todas as experiências que temos no cérebro, o que nos ajuda a entender melhor a palavra *iluminação*.

O livro *Sapiens — Uma Breve História da Humanidade*, de Yuval Noah Harari, relata que a linguagem oral existe há 15.000 anos e a linguagem escrita surgiu há 5.000 anos. Trata-se de um livro excelente, pois Harari diz que, por criar construtos e histórias, os humanos superaram todas as outras espécies. Como desenvolvemos a linguagem que consegue criar construtos e histórias, essencialmente nós criamos a história do universo, a história do corpo-mente e a história do que chamamos de *experiência*.

É possível ver o que acontece no neocórtex quando exercemos a intenção consciente e a consciência corporal, monitorando e regulando nossas emoções. Dan Sigel diz: "Você para, observa e desengata a automaticidade (VPODA), então opta pela empatia, pela interocepção e pela modulação emocional". Eu adoro essa frase de Dan e também seu termo "grude de GABA", e basicamente como a intuição liga a conscientização ao coração, aos pulmões, ao intestino e assim por diante.

Aqui estão algumas ideias de Darwin. À medida que nossas emoções evoluem para a experiência da interexistência, ou da Neurobiologia Interpessoal, o amor, a compaixão e a empatia aumentam reforçando os laços com os outros. Nós ficamos à vontade com ideias abstratas e a criatividade, e embarcamos na aventura da descoberta e exploração, como o *Homo sapiens*.

Isso possibilita ver os correlatos neurais para essas emoções e ter experiências marcantes de júbilo espiritual e frêmito com a descoberta científica, os quais podem ser modelados como correlatos neurais no cérebro. Então, à medida que a descoberta do nosso *self* se expande, nosso cérebro muda, pois ele é o modelo pelo qual a consciência se vê como mente-corpo e universo.

Rudy e eu estamos planejando um livro novo chamado *Você é a sua Cura* apontando que a homeostase realmente é autorregulação no nível mais fundamental. A autorregulação no nível de estar presente é homeostase. E estar presente é o nível mais alto de inteligência.

Agora quero propor algo para vocês. Enquanto estão me ouvindo, fiquem cientes de quem está escutando e que sentem uma presença — não um pensamento — que pode estar dizendo: "Eu devia ter ido ao banheiro antes da palestra" [risos na plateia].

Um pensamento é uma modificação que surge e se desvanece na conscientização. Mas estar é presença. E nessa presença a homeostase fica perfeita: sem estresse nem aflição. Eu me lembro bem de quando estive com Maharishi Mahesh Yogi em uma conferência em Boston. Havia professores de Harvard, como Herbert Benson, e todos estavam falando sobre o estresse. Depois que todos foram embora, Maharishi me chamou de lado e cochichou em meu ouvido: "O que é esse tal de estresse?". Ele desconhecia o conceito, então tentei explicar: "Há moléculas que representam isso". E ele disse: "Moléculas? Isso não existe". Nessa época as pessoas estavam começando a dizer que dormiam melhor após meditarem, aí ele disse: "Bem, eu achei que tinha vindo aqui para ensinar as pessoas a acordarem, mas elas querem dormir" [risos na plateia].

Isso depende da visão de mundo de cada um. Mas o importante é que estar presente é o estado mais elevado de inteligência. O segundo estado mais elevado de inteligência é o que as tradições orientais chamam de *sentimentos divinos*: no budismo especialmente, eles são o amor, a bondade, a alegria, a compaixão, a empatia e a equanimidade. O terceiro nível mais elevado de inteligência é a autoindagação reflexiva — não o pensamento dogmático, mas "quem eu sou? O que eu quero? Qual é meu propósito? Por que me sinto grato quando sinto gratidão?". Não é preciso saber as respostas, mas o tipo de autoindagação reflexiva feito por pessoas como Ramana Maharshi e outros grandes mestres foi seu caminho para a iluminação. Maharshi até disse: "A vida inteira faça apenas a pergunta 'quem eu sou?', pois ela pode ser sua passagem para a liberdade". Afinal, você não é seu nome, nem a forma e nem as experiências que está tendo. Você é a conscientização na qual essas experiências surgem e se desvanecem a cada momento na presença do agora.

Quero fazer outro pequeno experimento com vocês, para que esse conceito não pareça estranho. Eu vou fazer só uma pergunta e basta responder "sim", combinado? Eu pergunto, vocês estão cientes?

PLATEIA: Sim.

DEEPAK CHOPRA: Mais uma vez, vocês estão cientes?

PLATEIA: Sim.

DEEPAK CHOPRA: Agora eu vou fazer a mesma pergunta, mas só respondam quando eu levantar a mão, *okay*? Vocês estão cientes [faz uma pausa e ergue a mão]?

PLATEIA: Sim.

DEEPAK CHOPRA: *Vocês estão cientes*? é um pensamento. *Sim* é um pensamento. No entremeio está você: conscientização. Desta vez, quando eu fizer a mesma pergunta, não respondam. Apenas mergulhem na conscientização. Vocês estão cientes [pausa]?

A inteligência mais elevada é estar presente. Tudo o mais, como sentir, pensar, falar, fazer e perceber são modificações de estar. Cada passo é uma pequena experiência diferente da mesma conscientização. Agora mostrei a todos vocês as coisas lindas que Dan Siegel e outros falaram sobre como sentimos o mapa do cérebro e, em última instância, acessamos a intuição, a criatividade e um senso do sagrado.

O ponto que eu quero abordar é a ideia de iluminação. Se vocês quiserem seguir os ensinamentos que estão sendo claramente delineados aqui nesta conferência, adotem as práticas de *mindfulness*, que tem tudo a ver com o ambiente externo. Aliás, externo/interno também é um construto. Mas há um campo ilimitado de possibilidades. Todos os físicos quânticos concordam que não há limites no universo. Todos os limites são fictícios ou se devem a percepções. Não há limites, então não há dentro nem fora.

Não obstante, para nossos propósitos, na refinada Roda da Consciência de Dan Siegel, a *mindfulness* tem a ver com estar consciente dos cinco sentidos, do corpo, dos órgãos viscerais, do espaço mental, do relacionamento. Eu creio que ele fará uma meditação a esse respeito. A *mindfulness* também se aplica à consciência corporal, à conscientização sobre a respiração, o coração e as vísceras, à consciência sobre qualquer outra sensação, imagens, sentimentos e pensamentos. E a *mindfulness* envolve meditações contemplativas como "Quem eu sou?", "O que eu quero?", "Qual é meu propósito?", "Pelo quê sou grato?", "Por que eu existo?". Então, metacognição — uma palavra que Dan usa frequentemente — é se observar tendo uma experiência consciente ou se observar fazendo uma escolha. Metacognição, que é o nível máximo de presenciar a conscientização, é lembrar-se de que tudo está presenciando a conscientização. O sapato está presenciando a conscientização, o corpo está presenciando a conscientização, e o que chamamos de estrelas e galáxias estão presenciando a conscientização. Mas quando ficamos cientes do próprio *self* tendo uma experiência ou fazendo uma escolha, isso pode ser chamado de *metacognição*.

Agora eu quero retomar a questão da ioga como a melhor metodologia para a iluminação. Obviamente, tenho de usar modelos que eu conheço, o que significa que pode haver outros modelos excelentes. Segundo a tradição vedântica da ioga, os humanos têm o chamado sofrimento existencial. Todos os seres sencientes são capazes de sofrer, mas só os humanos querem saber quem são e o significado e propósito de sua existência. E não saber isso gera *sofrimento existencial*.

Esta semana nós estamos aprendendo muito sobre cura. Eu quero falar um pouco sobre cura espiritual por meio das práticas mencionadas, mas, do ponto de vista da ioga, há cinco causas do sofrimento humano, que em sânscrito se chamam *kleshas*. A palavra *klesha* significa "sofrimento humano". O primeiro *klesha* é não saber quem você é, confundindo uma experiência com a realidade, quando a realidade é que dá origem à experiência. O segundo *klesha* é tentar se agarrar à experiência, pois ela não pode ser apreendida. A experiência não é uma coisa, e sim uma atividade que surge e se desvanece constantemente em nós. Não é possível se prender a ela nem ficar dependente dela. Sua ânsia por ela é inútil, pois ela não é uma coisa, só um ir e vir das expressões do seu ser, o que leva ao terceiro *klesha*, que é o medo da impermanência. O quarto *klesha* é se identificar com o ego, confundir sua *selfie* com você mesmo. Afinal, isto é a *selfie*, apenas uma expressão simbólica, certo? Se eu tirar uma foto sua e disser para meus filhos: "Este é o Rudy com quem me encontrei". Na verdade, não é o Rudy, é só uma foto dele. Então em todo ato perceptivo você tira uma foto. Eu vou ao oceano e tiro uma foto dele, do sol nascendo ou de uma gaivota, uma baleia-azul ou de um busardo, e depois mostro para você. Aí você diz: "Vou lá conferir", mas chegando lá, tudo mudou. Portanto, a cada momento de percepção, nós queremos congelar uma atividade, peneirar a conscientização na experiência, pois não podemos mantê-la e tememos que ela suma antes de termos a chance de vê-la. E nós ideamos essa identidade do ego, que é outro construto e a quarta causa do sofrimento humano. A quinta causa é o medo da morte, que é um conceito humano que provém dos outros construtos — nós temos um corpo e uma mente e há um universo, quando tudo que há é vivenciar todas essas cores lindas, sensações, sons, texturas, amor e compaixão. E quando isso não é permitido por causa do construto chamado estresse — a percepção de que de certa maneira você está sendo ameaçado —, obviamente todos os medos afloram, inclusive o medo da morte.

Existem cinco *kleshas* e a Vedanta diz que... em última instância, há um *klesha* que é não saber a verdadeira realidade, confundindo a experiência com aquilo em que ela ocorre. A experiência está no tempo, mas a conscientização não. Você está tendo essa experiência e depois outra, mas a conscientização é a mesma. A conscientização nunca se move, apenas a experiência se move, a experiência do corpo, da mente, do universo, nossos construtos. Todas elas estão ocorrendo no tempo, mas aquilo que as cerca não está no tempo. Portanto, ao nos livrar desses construtos, nós nos livramos de todos os outros construtos, como nascimento, morte e tudo que se passa no entremeio.

Qual é a técnica para isso? A ioga. Aliás, a ioga tem oito passos bem semelhantes ao que vocês estão aprendendo aqui com esses cientistas maravilhosos. O primeiro passo é Yama (prescrições morais) e o segundo é Niyama (prescrições éticas), que são princípios da conduta pessoal e social em prol do amor, compaixão, alegria, equanimidade, bondade e paz. Qualquer um pode fazer essas escolhas: tornar-se um ser consciente, escolher conscientemente as experiências, interpretá-las como seus construtos acerca de uma experiência bem básica e escrever a própria história.

O terceiro passo é Pranayama, que consiste em mais de cem exercícios respiratórios e é a fronteira entre o material e o espiritual. Agora muitas pesquisas estão mostrando que esses exercícios têm efeitos profundos sobre o nervo vago, o microbioma, a variabilidade da frequência cardíaca e até produzem homeostase biológica. Mas até coisas simples, como a saudação ao Sol, têm efeitos bem profundos sobre os nervos viscerais no corpo. O quarto é Pratyahara, a abstração dos sentidos externos e o desligamento do mundo exterior. Dan Siegel chama isso de interocepção. O quinto é Dhyana, uma meditação diária para estar no aqui e agora, que inclui práticas como a consciência plena e a Roda da Consciência. E todos os mantras de meditação usam a repetição a fim de transcender e atingir a conscientização plena. O sexto é Dharana, a concentração focal da consciência, a concentração mental. O sétimo é Samadhi, um estado de hiperconsciência e iluminação. Por fim, há as *asanas*, posições psicofísicas que trabalham a força, o equilíbrio e a flexibilidade, e que todo mundo faz em um estúdio de ioga. São esses os oito passos da ioga e seu propósito é fazer que as pessoas voltem a ser o que realmente são nesta realidade fundamental na qual toda experiência surge.

Mas o que é essa realidade fundamental? A realidade fundamental é a consciência pura como um campo de todas as possibilidades que está em uma jornada evolucionária por meio da criatividade, algo que Menas chama de *interatividade criativa*, complementaridade e experiência como espaço-tempo e causalidade. Aliás, acabei de receber o novo manuscrito de Don Hoffman, que acho que será publicado em junho. Ele é cientista cognitivo na Universidade de Califórnia em Irvine e o título dessa obra instigante é *The Case Against Reality*. O processo contra a realidade se deve ao fato de que o que chamamos de realidade é apenas uma experiência. Mas a realidade mais fundamental envolve conscientização ou consciência, o campo de possibilidades que mediante a própria interatividade criativa dá origem à experiência mental e perceptiva de corpo-mente e universo como uma atividade unificada.

Eu vou encerrar com quatro ideias que podem ser muito desafiadoras, mas sugiro que vocês brinquem com elas. Essas ideias provêm dos ensinamentos de grandes mestres, como Ramana Maharshi, sobre a não dualidade. Vejam se conseguem chegar a um nível no qual possam sentir o quanto elas são verdadeiras.

O primeiro princípio é que todo momento em sua vida é uma projeção de sua consciência condicionada. Eu sugiro o exercício de olhar o próprio rosto no espelho. O rosto é muito interessante pois é o molde que revela as experiências vividas: seus anseios, suas aspirações, seus desejos, sua imaginação, sua agonia, seu sofrimento. Tudo isso está em seu rosto, o qual é uma projeção dinâmica de uma realidade invisível, não empírica e mais profunda — pensamentos, sentimentos, emoções, desejos, instintos, pulsões, anseios, imaginação. Todas as coisas que nos conectam estão em seu rosto. Então, se você estiver cansado na manhã seguinte, olhe seu rosto novamente e verá que ele está diferente. Se você estiver apaixonado, observe como seu rosto fica diferente. O rosto é a "*selfie*" do *self*, assim como tudo mais. Então, olhe para ele e você verá seu chamado mundo interno não empírico, pois todo o universo é não empírico. Esse é o princípio número um. Todo momento é um reflexo da mente condicionada, mas não da mente inteira — pois ela vive não localmente no campo de todas as possibilidades.

Número dois, reconheça que o universo não tem ego. O ego é apenas uma alucinação socialmente induzida. Então, acabe de uma vez por todas com isso e até com o conceito. Número três, viva e saiba como se você nunca tivesse nascido. Isso é bem difícil, certo? Viva e saiba como se você nunca tivesse nascido, pois seu verdadeiro *self* não está no tempo. Apenas a experiência nasce e morre a cada momento. Então, livre-se desses conceitos de nascimento, morte e outros inúteis, pois ser não está no tempo, apenas tornar-se está no tempo. E o quarto e último princípio é se você puder ver uma coisa, tocá-la, cheirá-la, sentir seu gosto, pensar nela, imaginá-la, conceituá-la de alguma forma, inclusive Matemática, ela é real. Caso contrário, não é real. O que é real é o ser informe sem o qual todas essas experiências não existiriam. Quando estive em Israel, vi gravações do encontro do grande poeta, músico e sábio indiano Rabindranath Tagore com Einstein, no qual o primeiro desafiou o outro sobre o realismo local. E Tagore diz: "Neste palco de formas infinitas que é o mundo, eu vislumbrei o informe e desempenhei o meu papel, então minha vida foi abençoada". Você é um ser informe que não está no espaço-tempo e que se sente como forma e fenômenos. Toda forma é um fenômeno e todo fenômeno é o ir e vir das modulações do seu *self* no tempo infinito. O tempo infinito não é uma duração longa do tempo — simplesmente ele não está no tempo. Esses são os quatro princípios da Filosofia Vedanta que nos permitem estar e não estar no mundo ao mesmo tempo.

Muito obrigado.

13

LIÇÕES DA DOENÇA DE ALZHEIMER SOBRE O CÉREBRO, A MENTE E O *SELF*

com Rudolph Tanzi

Bem, obrigado, Dan, por me receber aqui e agradeço a todos vocês por estarem aqui. É difícil me apresentar após meu bom amigo Deepak, mas me esforçarei ao máximo. Eu vou falar sobre a mente e o cérebro e sobre quem somos, com base na análise do cérebro afetado pela doença de Alzheimer. Como a doença de Alzheimer afeta o cérebro? Como ela afeta a essência das pessoas? E então vamos refletir como o estilo de vida e os hábitos cotidianos podem protelar a doença de Alzheimer, e o que ela nos ensina sobre o rumo da nossa evolução. E realmente gostei da ideia do topo para a base e da base para o topo apresentada pelo Dan. Em relação aos instintos inatos, Deepak estava dizendo que um bebê não sabe o que é uma mão, mas vê um seio e sabe imediatamente, por instinto, que é ali que vai conseguir leite. E o bebê não precisa ser condicionado nem aprender várias coisas, pois há aspectos do topo para a base na genética que são instintivos: a memória genética, que é programada na parte posterior do cérebro reptiliano, nos impulsiona a fazer o que for preciso em prol da sobrevivência e existência, sem requerer qualquer condicionamento nem aprendizagem.

Mais tarde vou falar sobre algo importante para vocês, um grupo tão esclarecido para se encarregar da própria vida, mente, corpo e alma. Conforme tantos livros apontam, o que nossa espécie está fazendo agora é opcional, mas pode se tornar instintivo e ser essencial para nossa existência no futuro. Imaginem se algum dia as pessoas nascessem em uma célula e soubessem instintivamente pegar apenas o que precisam e nada mais? Isso poderá acontecer. Estamos direcionando nossa evolução com a neuroplasticidade e dinâmica do nosso cérebro e das nossas redes neurais, mas também com a flexibilidade e dinamismo de nossos genes. Conforme abordamos em *Super Genes*, nós afetamos nossa atividade gênica diariamente com nosso jeito de viver e de reagir às coisas e às experiências. E, à medida que influenciamos nossos genes e nossa epigenética, novas mutações no futuro determinando quem nós somos não serão necessariamente aleatórias como Darwin achava. Muitas evidências confirmam isso.

Acho que o painel posterior também irá abordar que, já que o próprio DNA muda sua estrutura em reação ao nosso jeito de viver, isso pode afetar onde ocorrerão as mutações seguintes nas próximas gerações. Portanto, é preciso ter responsabilidade, pois podemos transmitir as alterações em nossas redes neurais e em nossa programação genética para as futuras gerações, que terão novos instintos além de lutar, fugir, procurar comida e se reproduzir. Vamos torcer para que as futuras gerações vivam de maneira mais esclarecida, assim como todos vocês nesta sala. É por isso que vocês estão aqui hoje.

Para começar, vou citar alguns números referentes à doença de Alzheimer. Há 5,4 milhões de pessoas com essa doença nos Estados Unidos. Atualmente, o país gasta US$ 259 bilhões, um quarto de um trilhão de dólares, para tratar essa doença. E a situação está piorando, pois as doenças cardíacas tiveram uma queda de 14% nos últimos dez anos, ao passo que a doença de Alzheimer teve uma alta de 89%. Tudo contribui para que vivamos por mais tempo, a expectativa de vida é mais longa, mas nossa saúde não melhorou. A saúde cerebral inclusive está bem defasada em relação à expectativa de vida. A expectativa de vida atual é 80 anos, mas, aos 85, 40% da população têm os sintomas da doença de Alzheimer.

Para atualizá-los a respeito da doença de Alzheimer, devo dizer que ela começa 15 anos antes dos sintomas, mas só é diagnosticada após eles surgirem. Se isso acontecesse com o câncer, ninguém sobreviveria. Imaginem se os médicos esperassem uma pessoa ter um tumor de cinco centímetros em um órgão e outros sintomas, para então dizer: "Agora vimos que você tem câncer e vamos tratá-la com medicamentos para parar a divisão incontrolável de células anormais". No entanto, esse atraso ocorre em relação à doença de Alzheimer. Tratar a causa de uma doença que surgiu 15 anos antes, quando o paciente já tem o cérebro em degeneração e demência, é uma falha incomensurável.

Outra informação importante é que agora há 71 milhões de *baby boomers*, como eu, entrando em idade de risco. Nós vamos levar os planos de saúde à bancarrota. Um entre cinco dólares agora é destinado à doença de Alzheimer; mas isso vai aumentar para um entre três ou um entre dois. Portanto, se as devidas providências não forem tomadas, a doença de Alzheimer pode levar os planos de saúde e todo o sistema de saúde nos Estados Unidos ao colapso. O governo não banca devidamente a doença de Alzheimer. Felizmente, o câncer, a AIDS e as doenças cardíacas são contemplados com muitos milhões e até bilhões de dólares. Apesar da epidemia, por muito tempo o governo só destinava meio bilhão para a doença de Alzheimer. E no ano passado, finalmente aumentou a verba para US$ 1 bilhão, mas acabamos de saber que o governo atual vai fazer um corte radical e voltar a destinar apenas meio bilhão para essa doença. E se o presidente for bem-sucedido em seu intento, haverá um corte de 20% no orçamento dos Institutos Nacionais de Saúde, o que resultará em US$ 400 milhões para a doença. Então, comparem 400 milhões com o que é preciso gastar com uma epidemia como a da doença de Alzheimer. Os mandachuvas em Washington D.C., precisam acordar para essa realidade.

Então o que é a doença de Alzheimer? É a forma mais comum de demência nos idosos, embora *demência* seja um termo bem amplo. Essa patologia, que começa a se manifestar após os 40 anos de idade, tem três partes principais. Todos começam a tê-la; resta saber com que rapidez, dependendo da genética e estilo de vida de cada pessoa. Provavelmente, todos os que estão aqui nesta palestra têm um estilo de vida que os protege muito mais contra essa doença do que uma pessoa comum. A genética, porém, também tem um papel-chave e, obviamente, os maiores fatores de risco são a idade e o histórico de saúde da família.

O terceiro maior fator de risco é o gênero. Segundo a etiqueta politicamente correta, não se deve mais falar *gênero*, e sim *sexo*. Mas eu não quero que as pessoas achem que o sexo é um fator de risco para a doença de Alzheimer, pois provavelmente ele faz bem a elas e as deixa felizes. Então, peço desculpas, mas continuo falando *gênero*, pois dois terços dos pacientes são mulheres, o que aponta que essa é realmente uma doença que afeta mais as mulheres, mesmo levando em conta a expectativa de vida. Traumatismo craniano, derrame, doenças metabólicas como diabetes e até trauma emocional são outros fatores de risco para essa doença.

O fato é que as mulheres perfazem dois terços dos pacientes da doença de Alzheimer. Uma mulher de 65 anos tem quase o dobro de risco, 1 em 6, de ter a doença de Alzheimer do que um homem de 65 anos, cujo risco é de 1 em 11. Como não se sabe a razão disso, em meu laboratório nós estamos analisando fatores genéticos específicos, como as mudanças hormonais ao longo da vida das mulheres e o que acontece durante a menopausa. Mas já existe uma certeza. Ao observar as fêmeas de diversas espécies, seja a humana ou ouriços-do-mar, nematoides e moscas-das-frutas, em todos os casos elas são mais propensas e suscetíveis a inflamação do que os machos. A razão disso continua sendo um grande mistério, mas precisamos desvendá-lo, especialmente devido a essa quantidade desproporcional de mulheres com doença de Alzheimer.

O primeiro caso de doença de Alzheimer foi descrito em 1906 por Alois Alzheimer. A mulher doente se chamava Auguste Deter e desde 1902 estava no sanatório de Irrenschloss ("Castelo dos Insanos") na Bavária. Naquela época, o pessoal não era muito sutil para nomear instituições de saúde: "Desculpe, mas você vai para o Castelo dos Insanos". O marido de Auguste já havia notado várias coisas estranhas, mas quando ela se tornou muita paranoica e ciumenta, resolveu interná-la no sanatório de Irrenschloss. E de fato ela tinha problemas sérios. Alzheimer anotou o seguinte após um contato com ela. Ele perguntou: "Qual é o seu nome?". Ela respondeu: "Auguste". Ele então perguntou: "Qual é o nome do seu marido?". E ela disse: "Acho que é Auguste". Isso ilustra bem essa doença e vou retomar o que Deepak disse sobre um bebê e olhar um sapato e uma mão. Alzheimer então perguntou: "Onde você está agora?". E a resposta dela foi: "Aqui e em todo lugar. Aqui e agora". Então, essa doença tira o tempo e o espaço de contexto, pois a pessoa não consegue saber onde nem quando está, nem entender as novas informações sensoriais que está tendo. A doença invade sua memória de curto prazo e é preciso associá-la a tudo que você já aprendeu, a exemplo do que é um sapato, além de sua cor e formato, e do que é uma mão. Você entra em uma sala como esta e não consegue acessar o contexto que diz: "Ah, é um auditório ou uma sala grande, na qual se pode ver concertos e palestras". Em vez disso, você entra e fica confusa, sem saber que lugar é esse.

Vale a pena tentar viver no aqui e agora, certo? Nós meditamos, tentamos ter abertura... ter relances da não localidade e viver no momento presente. E isso é ótimo porque nós temos uma grande tira de borracha que nos traz de volta para contextualizar o tempo e o espaço. Nós podemos fazer uma pequena jornada no não local e vivenciar o aqui e agora, mas depois voltar para toda a aprendizagem e condicionamento de quem somos e que as pessoas reconhecem. A personalidade é uma tapeçaria na qual cem bilhões de neurônios fazem trilhões de conexões para criar nosso mapa de aprendizagem e condicionamento ao longo da vida. E as pessoas nos conhecem por sermos assim, por nossa personalidade baseada nas experiências que nos formam. Mas quando a doença de Alzheimer se instala nas redes neurais, que são como uma tapeçaria, esta se esgarça fio por fio. E quanto mais a doença progride, mais rápido a tapeçaria se desfaz e a pessoa perde sua essência.

Essa doença leva à perda do *self* — não do *self* não vocal, não do *self* profundo que tentamos acessar quando meditamos, mas do *self* que vive neste mundo e o coloca em contexto. E não recuperar o próprio *self* é uma coisa terrível para o paciente, que chega a um ponto em que nem sequer sabe disso, e também para o cuidador que vê o ente querido desaparecendo a cada dia. Frequentemente, Auguste era encontrada chorando tarde da noite no sanatório: "Ah, Deus, estou perdida". Essa doença deixa a pessoa perdida, pois não consegue mais entender o mundo e relacioná-lo com tudo que já aprendeu. Não importa onde a pessoa esteja, as informações não são processadas e a situação é desesperadora.

Em consequência, inicialmente os pacientes se tornam incapazes de falar com coerência, de acompanhar uma conversa, de fazer tarefas complexas, de localizar as coisas, de ter noção de tempo e espaço, e vivem agitados ou deprimidos, depois têm delírios paranoicos e, por fim, entram em estado vegetativo. Isso é bem diferente de apenas esquecer um nome e depois onde você deixou as chaves, pois trata-se de um estado patológico.

Aqui vocês estão vendo o hipocampo de um camundongo [aponta para um *slide*]. O hipocampo fica neste ponto em seu cérebro. Dan, você inventou o cérebro na palma da mão, não é? Então, no cérebro na palma da mão proposto por Dan, esse é o polegar dobrado para dentro, aqui fica o tronco cerebral e o córtex frontal. É aqui que fica a memória de curto prazo, todos esses corpos celulares e terminações nervosas. Essa pequena área é o hipocampo, que é a primeira estação de captação de todas as informações sensoriais e que as coloca em contexto para que a pessoa possa acompanhar o que vai acontecer daqui a um, dois ou cinco minutos. Ele está acessando tudo o que a pessoa já sabe em seus bancos de dados de longo prazo, que ficam bem aqui. E é bem aqui que tudo dá errado na doença de Alzheimer.

É para cá que as informações vêm e, com a doença de Alzheimer, é aqui que essas conexões, sinapses e células nervosas estão morrendo. Em consequência, quando novas informações entram, a pessoa não consegue mais colocá-las no contexto do que já sabia. Isso leva à perda do senso do *self* e da autoconsciência. Antes se acreditava que quando as informações sensoriais entravam no hipocampo tentando ser gravadas, ele não as gravava, como se o gravador estivesse quebrado. Uma informação sensacional é que em 2019 foi descoberto que é possível pesquisar a doença de Alzheimer usando camundongos. Genes da doença de Alzheimer são inoculados neles para afetar o hipocampo e fazer com que se esqueçam de como fazer uma tarefa ou como percorrer um labirinto. Mas, mesmo com a doença de Alzheimer, as informações que os camundongos não conseguem se lembrar nem acessar estão sendo gravadas. Isso é muito importante, pois acende uma esperança. O gravador está funcionando, mas o *playback* não. Nesse experimento com camundongos, a optogenética é usada para estimular artificialmente as células nervosas e fazer com que eles voltem a ter acesso às informações. Se nós conseguirmos descobrir como fazer isso em humanos, seria um grande avanço...

Ao que parece, uma maneira de fazer isso em humanos é usando música. Aqui vemos como a doença de Alzheimer se espalha pelo cérebro [aponta para um *slide*], mas essa pequena parte do cérebro aqui, que é a área da memória musical, é poupada. Aliás, estou notando agora que ela parece a Itália, o que combina com esse país de óperas sublimes. Bem, quantos de vocês já estiveram em uma casa de repouso ou outro lugar e viram um paciente com Alzheimer em estágio avançado que vai até o piano, toca alguma canção e se lembra da letra? Por favor, ergam as mãos. Vejo que muita gente. E vale a pena citar Glenn Campbell, que até no estágio final da doença fazia concertos e ainda levou um ano para ficar sob cuidados paliativos. Até sua morte, aos 81 anos, ele se lembrava das letras de todas as canções que compôs, como *Galveston* e *Wichita Lineman*.

Deepak mostrou o sistema límbico, onde fica o hipocampo e, ao lado dele, a amígdala, a qual sedia muitas emoções. Então, se você ouvir uma música que o emocione, há uma porta dos fundos nessa área do cérebro para acessar alguns neurônios que você gravou, mas não consegue reproduzir. O ex-baterista da banda Boston está trabalhando com um médico especialista na doença de Alzheimer. Os dois vão a casas de repouso, levam grandes palestrantes e tocam músicas que os pacientes conhecem. E estão constatando que, após cerca de meia hora, é possível conversar com um paciente que normalmente esquece o que foi dito há cinco segundos, mas que então consegue responder e manter uma conversa de verdade. Essa, porém, é uma área muito nova.

Por isso, nós desenvolvemos o SPARK Memories Radio para iPhone e Android, que, em suma, é um aplicativo que visa despertar emocionalmente os pacientes com músicas que os estimulem. A partir de que idade vocês acham que a música passou a estimulá-los emocionalmente? Na adolescência, certo? Entre 13 e 25 anos, no Ensino Médio, na faculdade, com o primeiro beijo, na festa de formatura, no meio do semestre, nas provas finais, a música é a melhor amiga, o respiro e o retiro de um jovem. Ele associa tudo às músicas. Então, quando consegue o primeiro emprego, ele chega ao local de trabalho e de repente volta no tempo ao ouvir a emissora de rádio com músicas dos velhos tempos. A pessoa pode ouvir músicas atuais, mas prefere aquelas de quando tinha entre 13 e 25 anos.

Se o cuidador ou um ente querido sabe o tipo de música preferido da pessoa doente, pode preparar uma *playlist* e tocá-la no aniversário dela e ver o que acontece. Aí nota o que desagradou ou emocionou a pessoa doente. Nós lançamos esse aplicativo recentemente e estamos recebendo um *feedback* excelente. Uma mulher me enviou um *e-mail* contando que seu pai não falava há seis meses, mas que após ouvir cinco canções no programa, de repente começou a falar sobre uma caminhonete e sua primeira namorada dando detalhes que deixaram sua família meio constrangida [risos na plateia]. E ele não parava de falar. Mas a família ficou muito grata por finalmente vê-lo falando e se lembrando de algumas coisas. Então veremos até que ponto isso funciona.

Bem, vou falar um pouco mais sobre a doença de Alzheimer. Décadas após Alois Alzheimer ter descrito o caso de Auguste Deter no sanatório, só se sabia que essa doença era definida pela patologia no cérebro que ela tinha. Fora das células nervosas havia placas senis grandes feitas de um material viscoso chamado *beta-amiloide*. Dentro das células nervosas havia umas coisinhas pretas retorcidas chamadas emaranhados neurofibrilares que acabavam matando-as. As placas senis ficavam fora e os *emaranhados neurofibrilares* ficavam dentro. Então, ao redor dessa zona de batalha de placas senis, emaranhados neurofibrilares e células nervosas moribundas, havia inflamação nas células gliais no cérebro. Eu creio que *glia* significa "cola" em grego. Você confirma, Menas? "Cola" em grego? Obrigado. Portanto, achava-se que as células gliais colavam as células nervosas. As células gliais são os soldados que dão apoio ao cérebro e começam a reagir contra as células nervosas porque as consideram como sendo prejudiciais e querem exterminá-las. É como se a equipe da SWAT entrasse em campo para desobstruir toda a área. E agora com a inflamação, muito mais células nervosas morrem por isso do que por causa das placas e emaranhados neurofibrilares originais. Então são essas as três patologias.

Ninguém sabia por que isso acontecia e havia apenas descrições desses processos. Então, nas décadas de 1980 e 1990, eu estudava em Harvard e fiz um trabalho sobre o gene que nomeei de APP, ou proteína precursora de amiloide, a qual faz a amiloide. E até hoje o gene APP, ou gene da amiloidose, é o alvo principal na doença de Alzheimer. Aí em 1995, no Massachusetts General Hospital, nós descobrimos as proteínas chamadas presenilinas [aponta para um *slide*]. E cito aqui o Massachusetts General Hospital porque usei esse *slide* para a palestra de um doador do MGH na Flórida e ainda não o devolvi, mas o pessoal do hospital é muito compreensivo.

As presenilinas e o gene APP têm mutações genéticas que determinam a doença de Alzheimer de início precoce. Há cerca de trezentas mutações nesses três fatores, em sua maioria na presenilina 1. Agora se sabe que Auguste Deter tinha uma mutação na presenilina 1. E se vocês viram o filme *Para Sempre Alice* ou leram o livro *Still Alice*, devo dizer que a autora Lisa Genova era minha condiscípula e eu a ajudei na parte sobre a doença de Alzheimer. Nós demos a Alice a mesma mutação que Auguste Deter tinha, mas a maioria das pessoas não sabe disso. E eu até tentei explicar isso para Julianne Moore, mas ela não deu muita importância ao fato. De qualquer modo, essas mutações garantem a doença de Alzheimer aos 60 anos de idade e não há escapatória. Quando você tem mutações genéticas, geralmente a doença começa na casa dos 40 ou 50 anos, seja qual for seu estilo de vida, e será preciso tomar medicamentos para tentar protelar sua progressão. Há quinze anos meu laboratório está desenvolvendo um medicamento que finalmente vai passar por ensaios clínicos, e esperamos que sua eficácia seja comprovada no combate à doença de Alzheimer em geral. É para isso que estamos trabalhando.

Felizmente, essas mutações de início precoce perfazem apenas 1% da doença de Alzheimer; 99% das pessoas têm fatores de risco que se aliam ao estilo de vida e aumentam o risco. Isso é frequente em casos de câncer, diabetes, doenças cardíacas e mutações raras: 1 a 5% podem causar a doença com certeza, mas em 95% da genética da maioria das doenças relacionadas à idade, o estilo de vida influi. Isso significa que seu estilo de vida pode ajudar a contrabalançar seu risco. Assim como o colesterol é o alvo principal em doenças cardíacas, está comprovado que é a proteína beta-amiloide que forma as placas senis e também pode bloquear a sinalização entre as células nas sinapses, como se vê na doença de Alzheimer. Da mesma forma que o colesterol se acumula quinze anos antes de qualquer insuficiência cardíaca congestiva ou ataque cardíaco, a amiloide também vai se acumulando ao longo dos anos.

Então aqui estão os emaranhados neurofibrilares e aqui estão as placas senis, e é assim que a doença estava se espelhando pelo cérebro. O estresse causa doença de Alzheimer. Então, após descobrirmos esses genes que fazem amiloide, nossa principal hipótese era que as placas fora das células nervosas causavam os emaranhados neurofibrilares dentro delas; e que se os emaranhados se espalhassem pelo cérebro, a pessoa teria a doença de Alzheimer. Durante duas décadas esses genes eram postos em camundongos e faziam muitas placas. E a ideia era que se as placas fossem realmente a causa da doença de Alzheimer, o portador também teria os emaranhados neurofibrilares.

Esse camundongo aqui vai contar o que aconteceu [aponta para um *slide*]: "Meu cérebro tem muitas placas amiloides, mas não tem emaranhados neurofibrilares!" Quando esses genes da doença de Alzheimer são postos em camundongos, eles produzem amiloide, como nos casos com início precoce, mas os animais não têm os emaranhados neurofibrilares. Isso gerou vinte anos de controvérsias e debates entre cientistas irados uns com os outros, que diziam "são as placas!", "são os emaranhados!". A proteína beta-amiloide que forma as placas era "BAP" em inglês, então seus defensores eram os baptistas e a corrente contrária que punha a culpa na proteína tau era denominada tauístas [risos na plateia]. Como não conseguiam explicar o que estava acontecendo com os camundongos, os baptistas e os tauístas acabaram apelando para a religião.

Alguns pesquisadores tentaram se manter mais imparciais do topo para a base, como Dan costuma dizer. Mas observando o que ocorria com os camundongos, dizíamos que, apesar da genética, a amiloide não estava causando os emaranhados neurofibrilares. Então o talentoso aluno de pós-doutorado que trabalha em meu laboratório, Doo Yeon Kim, que é o tipo de cara que só raciocina da base para o topo, disse: "Bem, nós não somos camundongos de 68 quilos, certo? É preciso levar em conta que somos humanos". Daí eu tentei usar esse *slide* em um TED Talk recentemente, mas me disseram: "Você não pode usar o Mickey Mouse porque ele é propriedade exclusiva da Disney". Então, tive que usar este no TED Talk [aponta para um *slide*], o que é meio perturbador [risos na plateia]... Mas o ponto fundamental é que não somos como os camundongos, certo?

Então restava descobrir como fazer isso em humanos. E Doo Yeon Kim sugeriu o seguinte: "Nós precisamos desenvolver minicérebros humanos em um prato no laboratório. Podemos pegar células-tronco nas células cutâneas de humanos, programá-las para que se transformem em neurônios, cultivá-los em um prato e tentar fazer que a doença se forme em um prato". Nós fizemos isso e não deu certo, assim como outros grupos que tentaram e não tiveram êxito. Afinal, cientistas reconhecem que cometem erros. O erro estava na placa de Petri, pois estávamos desenvolvendo as células em um meio líquido, mas o cérebro não é feito de líquido. Se vocês girarem a cabeça não vão ouvir um ruído de água chapinhando, certo [risos na plateia]?

Então decidimos refazer tudo com a substância apropriada. Como o cérebro é feito de gel, que é como uma gelatina, fizemos uma cultura celular tridimensional para desenvolver minicérebros em um gel. Esta é uma imagem dos neurônios em um gel [aponta para um *slide*]. Esse aqui ao meu lado é o Doo Yeon Kim. O *New York Times* então lançou a expressão "Doença de Alzheimer em um Prato" e ela se disseminou. E é assim que ela se parece. Aqui dá para ver uns pontinhos [aponta para um *slide*] que são células nervosas humanas crescendo em um gel e fazendo uma conexão. Vocês estão vendo os corpos celulares e todos os axônios e dendritos? Eles estão fazendo conexões entre redes neurais no prato.

Então pudemos ir além e ver essas células nervosas interagindo em um prato, certo? Mas sobre o que elas estão falando? Afinal, não há um corpo ali [risos na plateia]. Mas isso não importa, pois elas estão tagarelando e fazendo uma festa. Seja como for, isso prova que as redes neurais entram em ignição se houver alguém ali... Conforme abordamos no livro *Super Brain*, elas são ferramentas, gente, não quem nós somos.

No meio desses painéis também dá para ver como a ignição é robusta. Vejam aqui o que está acontecendo [aponta para um *slide*]. Alguns *flashes* e muita substância viscosa se formando. Essas são células de controle comuns da doença de Alzheimer após três semanas em um prato, então elas ficam assim após sete semanas no prato. Fica evidente que as células não estão se comunicando bem quando esses genes fazem amiloide no prato. Após seis semanas no prato, surgem placas perfeitamente formadas — vocês estão vendo? Então, Doo veio correndo ao meu consultório e disse: "Finalmente, conseguimos as placas em um prato!". Então, como qualquer pesquisador pergunta ao seu *trainee*, eu perguntei: "E surgiram emaranhados neurofibrilares?". E Doo respondeu: "Eu voltarei em breve". Duas semanas depois, ele reapareceu confirmando a presença de emaranhados neurofibrilares. Placas surgiram após seis semanas em um prato; duas semanas depois havia emaranhados neurofibrilares. Ao usar diversas manipulações para deter as placas, os emaranhados neurofibrilares não se formam. Então o debate acabou. Baptistas e tauístas não precisam mais brigar. Se é possível fazer isso em um minicérebro humano em um prato, como nós inventamos, certamente as placas não causam emaranhados neurofibrilares e os experimentos com camundongos não eram um bom caminho.

Portanto, basta deter as placas para deter a doença de Alzheimer? Infelizmente não. Todos os ensaios clínicos fracassaram. Cada ensaio clínico que tentou interromper a produção de amiloide ou eliminá-la do cérebro fracassou, um após o outro. É preciso trabalhar da base para o topo — conforme a analogia da base para o topo e do topo para a base inventada por Dan. Como muitos aqui provavelmente sabem, só era possível diagnosticar a doença de Alzheimer fazendo uma necropsia, mas agora é possível ver a amiloide no cérebro — e o que nós aprendemos com estudos feitos na Austrália e nos Estados Unidos é surpreendente.

Isso é amiloide se acumulando no decorrer do tempo formando um pico e indo para um platô [aponta para um *slide*], que é quando a demência começa. Os sintomas de Alzheimer começam aqui, mas a placa já estava se formando há dez ou 15 anos. Por isso, tratávamos os pacientes com medicamentos para deter a amiloide aqui, certo? Mas tudo ocorreu há dez ou 15 anos. Este *slide* serve como uma analogia. Esse cara está tendo um ataque cardíaco, e o médico diz: "Não se preocupe, basta baixar seu colesterol". Mas não, isso não vai deixar o coração dele em boa forma. O cara tinha que ter baixado seu colesterol 15 anos antes para não chegar ao ponto de ter um ataque cardíaco. A amiloide também começa a se acumular 15 anos antes.

Por isso, resta saber se a Food and Drug Administration (FDA) finalmente vai perceber que se há um medicamento como o que temos no Massachusetts General Hospital e outros que seguramente reduzem a amiloide... Se a FDA disser que só irá aprovar esse medicamento, mesmo que seja seguro, mediante a comprovação de que ele melhora a cognição dos pacientes, nós jamais teremos medicamento algum. Isso equivale a ter um paciente que já tem um tumor cancerígeno de cinco centímetros em algum órgão, dar um medicamento a ele que supostamente vai deter a divisão incontrolável de células anormais e a FDA dizer: "Façam ele viver por mais tempo!". Não, isso precisava ter sido feito assim que o tumor foi detectado. A amiloidose que leva à doença de Alzheimer começa 15 anos antes e é aí que o tratamento deve começar. E, levando em conta tudo o que já se sabe sobre a genética e a doença de Alzheimer em um prato, nós precisamos ter medicamentos seguros que nos permitam fazer isso. Essa vai ser a próxima meta, pois há diversos tipos de medicamentos. No Massachusetts General Hospital estamos fazendo um determinado tipo, que não vou detalhar, mas há diversas maneiras de combater a amiloide, só que é preciso fazer isso antes que os sintomas apareçam.

E para comprovar isso, seria preciso fazer um ensaio durante 15 anos. Nenhuma empresa farmacêutica vai gastar US$ 10 milhões em um ensaio de 15 anos, pois quando ele terminar, a FDA vai dizer: "Sua patente expirou! O medicamento vai ser genérico". Não é assim que a indústria farmacêutica funciona. Então, é preciso convencer a FDA imediatamente de que é possível deter essa doença mediante a detecção precoce por meio do histórico de saúde da família, exames com imagens e biomarcadores, e a pronta intervenção antes que seus sintomas aflorem.

Eu acho que nós vamos chegar lá e isso será ótimo para nossos filhos e netos. Mas o que fazer com os pacientes que já têm essa doença se o combate à amiloide não é bom o suficiente? E antes de falar sobre outras descobertas, vale a pena perguntar: se houver um medicamento que seguramente combata a amiloide, devemos eliminá-la? Há alguma justificativa para nosso cérebro produzir amiloide? O paradigma científico é que a amiloide só faz mal e o ideal é eliminá-la.

Mas meu colega Rob Moir — que é um cientista australiano que raciocina da base para o topo e fora da caixa — descobriu recentemente que a amiloide é feita no cérebro. Não há tempo para lhes mostrar todos os dados, mas nós publicamos um trabalho grande sobre a doença de Alzheimer no ano passado, com base no trabalho de Moir. Ele descobriu que patógenos microbianos, como bactérias, vírus e fungos, desencadeiam rapidamente as placas para protegerem o cérebro. Então, os peptídeos antimicrobianos no corpo são a primeira linha de defesa contra infecções, pois fazem a imunidade adaptativa e os anticorpos reagirem em pouco tempo. Para manter a pessoa viva nesse ínterim, essas proteínas diminutas se juntam aos vírus, bactérias e ao fungo da candidíase, fazem uma bola e a enterram, para que não cause mais dano.

Na verdade, as placas são micróbios enterrados no cérebro e se formam com essa finalidade. Isso significa que, quando houver medicamentos aprovados para combater a amiloide, assim como aqueles contra o colesterol, a ideia não será eliminá-la, apenas reduzi-la. E que primeiramente é melhor ajustar nosso estilo de vida para evitar a amiloide, fazendo a mesma coisa que ajuda no caso de doenças cardíacas: exercícios. Está comprovado que os exercícios físicos dão um giro na amiloide no cérebro para se livrar dela. Ao mesmo tempo, os exercícios ajudam a dissipar a inflamação no cérebro e ajudam no surgimento de novas células nervosas no hipocampo, a neurogênese. Daqui a pouco vou falar mais sobre intervenções no estilo de vida.

Por exemplo, se a herpes for inoculada em um camundongo que tiver amiloide, ele fica protegido. Se o vírus da herpes for posto em um prato, 60 minutos depois há uma placa. O tempo para a amiloide se formar diminui de seis semanas para 60 minutos, pois há um vírus da herpes ali. E dá para ver a placa se formando em tempo real ao redor do vírus da herpes.

O cérebro humano já pode ser mapeado para vermos que bichinhos vivem lá dentro. Como não são estéreis, nossos cérebros podem abrigar bactérias, fungos e candidíase. Mas a coisa mais comum que nós vimos no cérebro junto com Eric Schadt, que também trabalha conosco em um estudo sobre meditação, foi o vírus da roséola, que é comum em bebês. Essa informação ainda não foi publicada, mas o fato é que todos nós temos o vírus da roséola no genoma e no cérebro, mas ele fica mais ativo em certas pessoas. Então, quando há um vírus ativo no cérebro acontece a mesma coisa que ocorre no prato: placas se formam instantaneamente, o que muda por completo nosso paradigma sobre a formação de placas no cérebro.

A prevenção primária para essa doença vai acabar com a necessidade de haver as placas e talvez os micróbios que dão início a elas. O tratamento será assim que as placas surgem, bem antes dos sintomas. Assim como em casos de câncer e doenças cardíacas, não há tempo a perder. E assim que os sintomas surgirem, é preciso tratar o que está acontecendo no cérebro. Quando há sintomas, placas e emaranhados neurofibrilares, é preciso combatê-los, mas basicamente eles cumpriram sua função. O problema principal é a inflamação que vai matando a maioria dos neurônios no paciente. E uma boa-nova é a origem disso, os chamados cérebros resilientes.

Eventualmente, ao fazer a necropsia de um cérebro com muitas placas senis e emaranhados neurofibrilares, o patologista diz: "Essa pessoa tinha Alzheimer". Mas um parente do falecido retruca: "Não, ele morreu aos 85 anos, estava bem cognitivamente e não tinha problemas". E o patologista discorda: "Placas e emaranhados neurofibrilares nesse nível indicam doença de Alzheimer". Nós analisamos 16 casos desse tipo e todos tinham placas e emaranhados neurofibrilares, mas não apresentavam inflamação. Essa é uma ótima notícia, pois aponta que é possível viver com a cabeça cheia de placas e emaranhados, mas se o cérebro da pessoa não reagir contra eles com uma neuroinflamação, a doença não progride. Isso significa que a prevenção primária — impedir o acúmulo das placas — certamente é importante, mas vamos nos concentrar em impedir que a neuroinflamação ocorra em pacientes mais velhos.

Felizmente, em 2008, nós descobrimos em meu laboratório o gene CD33, que é da doença de Alzheimer. Nós publicamos essa descoberta e a *Time Magazine* a saudou como um dos dez maiores avanços na Medicina naquele ano. Nós começamos a rir, pois nem sequer sabíamos o que esse gene faz. Mas então nos demos conta de que o CD33 é o interruptor. Quando há todas essas placas, emaranhados e células nervosas morrendo, é o gene CD33 que diz às células gliais que parem de faxinar e matem tudo na área. E então o dano colateral acaba com mais células nervosas do que com as placas e emaranhados. Então, para reduzir a neuroinflamação e desligar esse processo, estamos mirando o CD33, que é o interruptor. Uma empresa na Islândia descobriu o TREM-2, que é a chave para desligar, e estão tentando ligá-la. Agora temos alvos: queremos desligar o CD33 e ligar o TREM-2. Após o APP, o segundo medicamento para a doença de Alzheimer mais almejado pela indústria farmacêutica tem como alvo o CD33, e nós também estamos trabalhando nisso.

A situação está no seguinte pé: há 38 medicamentos aprovados com compostos naturais, inclusive ayurvédicos, que combatem placas ou os emaranhados neurofibrilares e, apesar da existência de placas, a autoinflamação. Nós também estamos desenvolvendo medicamentos para combater as placas e pensando em antivirais para deter infecções brandas que desencadeiam as placas. Então, é essa a zona de batalha. E esses medicamentos ressignificados são interessantes, pois nós já podemos fazer ensaios com eles. Estamos descobrindo alguns compostos naturais bem interessantes com os quais já podemos fazer ensaios para combater algumas dessas patologias. Acho que vou precisar de um drinque para dar conta da tarefa de deter as placas, os emaranhados neurofibrilares e a neuroinflamação [risos na plateia].

Mas o que podemos fazer agora? No livro *Super Genes* que Deepak e eu escrevemos, os seis capítulos no meio abordam as categorias principais de dieta, exercícios, sono e diminuição do estresse. Quanto aos exercícios físicos, basta uma caminhada rápida diária de pelo menos uma hora ou, se você tiver um dispositivo, conte pelo menos 10.000 passos por dia. Em relação à dieta, a mediterrânea é a melhor — frutas, legumes, nozes, azeite de oliva e pouca carne vermelha. Como sou vegetariano, eu recomendo às pessoas que parem de consumir carne vermelha mas obviamente sou parcial nisso. Recomendo também probióticos, como *kefir* e iogurte. E é uma boa ideia, a partir dos 40 ou 50 anos, tomar um probiótico com 20 ou 30 bilhões de cepas vivas.

Nós estudamos que bactérias são mais importantes no intestino de camundongos e descobrimos que é possível alterá-las e depois ver os efeitos nas placas. Identificamos então certas bactérias presentes no iogurte e no *kefir*, que se forem colocadas em camundongos, removem 70% das suas placas. Nós já sabíamos que o microbioma intestinal afeta a inflamação no cérebro e também afeta a integridade da barreira cerebral, abrindo espaço para patógenos danosos, então a grande surpresa foi que os probióticos no microbioma intestinal têm um efeito incrível sobre as placas no cérebro. Portanto, o microbioma intestinal também afeta diretamente as placas. Eu não sei como é a empresa que produz o probiótico chamado Ultraflora, mas eu o tomo porque ele tem muitas das bactérias que nós descobrimos. Mas o ideal é um probiótico com vinte bilhões ou trinta bilhões de cepas bacterianas.

Apostem em antioxidantes como vacínio e reduzam o consumo de gorduras e sais. Os ácidos graxos ômega 3 são muito importantes, especialmente o DHA e o EPA, mas eu recomendo fortemente que vocês não os busquem em óleo de peixe, que é sujo e cheio de metais pesados. A Whole Foods vende ácidos graxos ômega 3 que são bem caros e supostamente dupla ou triplamente destilados. Nós fizemos espectrometria de massa com plasma indutivamente acoplado e vimos que ainda há mercúrio, cádmio e césio nesses produtos com óleo de peixe. O ômega 3 vegano, que é feito de alga com muito DHA e EPA e um pouco de vitamina D, é melhor. A planta da floresta tropical peruana chamada unha-de-gato comprovadamente tem um efeito tremendo sobre inflamação, placas e emaranhados neurofibrilares. Dois estudos mostraram que a raiz ayurvédica *ashwagandha* tem uma capacidade tremenda para eliminar a amiloide do cérebro.

Há alguns anos Charlie Brenner descobriu uma nova vitamina chamada ribosídeo de nicotinamida, cujo nome comercial é Niagen. Quantos aqui tomam Niagen? Ergam as mãos. Poucos. O Niagen é feito por uma empresa grande chamada ChromaDex, mas várias outras empresas o vendem e algumas o empacotam caprichadamente e o vendem em quantidades bem maiores. Mas se vocês acharem o Niagen na Amazon, comprem o mais barato, pois todas as versões provêm da mesma empresa. O Niagen, ou ribosídeo de nicotinamida, dá mais trifosfato de adenosina aos neurônios por meio de uma via diferente de energia, que é baseada no chamado NAD [dinucleótido de nicotinamida e adenina dinucleótido]. Em resumo, essa é a niacina ou vitamina B3. Eu acho que o Niagen vai ganhar muito mais popularidade como um suplemento miraculoso, pois é a vitamina que faz falta à medida que envelhecemos, para que as células tenham mais energia quando são atacadas por inflamação e radicais livres. Ao invés de morrer devido ao estresse oxidativo, elas sobrevivem por ter mais trifosfato de adenosina. E se menos células morrerem durante a inflamação, o médico pode intervir e interromper esse ciclo vicioso no qual as células moribundas causam mais inflamação. O Niagen é muito bom nesse sentido. Mas quando dou sugestões com base no já foi descoberto, eu sempre recomendo que as pessoas consultem seu médico antes de tomar qualquer coisa.

A interação social é importante para aprender coisas novas, o que protege contra a doença de Alzheimer. Isso é muito mais importante do que jogos do cérebro e enigmas de palavras cruzadas. Eu gosto de frisar que se uma pessoa fizer enigmas de palavras cruzadas de segunda-feira até quinta no *New York Times*, não há proteção, mas se ela fizer isso de sexta-feira até domingo e tiver que pesquisar coisas, aí fica protegida, pois está aprendendo algo novo. O que importa são as sinapses, pois na doença de Alzheimer a demência se correlaciona mais com a perda de sinapses. Algumas pessoas têm um quatrilhão de sinapses, mas em geral, o ser humano tem centenas de trilhões de sinapses. E quanto mais uma pessoa as fizer, mais tempo irá demorar para perdê-las. Portanto, antes de se aposentar, as pessoas devem continuar investindo na reserva sináptica tanto quanto poupam para ter uma reserva financeira. É absolutamente necessário continuar aprendendo coisas novas para produzir novas sinapses e fortalecer as já existentes. Na prática, isso significa aprender um novo idioma ou a tocar um instrumento, ir a palestras como esta e ler os livros de Dan, Deepak e Menas, já que no processo de aprendizagem, as redes neurais são reforçadas.

Outra coisa importantíssima é dormir oito horas por noite. Conforme mencionamos em *Super Genes*, o sono profundo limpa os detritos no cérebro, o que equivale a uma *higiene mental*. É durante o sono profundo após o estágio REM que o cérebro elimina a amiloide do cérebro. É essencial dormir entre sete e oito horas por noite, mesmo que a pessoa acorde nesse meio-tempo, pois dormir por mais tempo compensa as horas de vigília. Eu sei que é mais fácil dizer do que fazer, mas realmente vocês precisam tentar dormir.

Quanto ao estresse emocional, eu vou lhes mostrar um estudo que nós fizemos sobre meditação e que foi citado no trabalho de Elissa Epel. Conforme abordamos em *Super Brain* e em *Super Genes*, as pessoas devem tirar proveito de sua neuroplasticidade e epigenética. Eu vou resumir agora os conselhos em poucas palavras. Mexam-se mais. Aprendam mais. Durmam mais. Meditem mais. Comam menos e melhor. E escolham bem seus antepassados, *okay* [risos na plateia]? Como não é possível fazer coisa alguma em relação a isso, fiquem atentos a seus antepassados.

Prosseguindo, vamos falar sobre meditação. Nós fizemos um trabalho sobre meditação com Elissa Epel, Eric Schadt e Deepak, que foi publicado. Deepak dirigiu a parte de meditação no Chopra Center, com seu grupo de treinadores dessa prática. Pois bem, um ensaio controlado foi feito com sessenta mulheres: trinta só estavam se divertindo no *resort* e trinta estavam aprendendo a meditar. Havia também trinta meditadoras experientes que estavam ensinando no programa de Deepak. Essas são as pessoas no grupo do *resort* [aponta para *slide*] e havia esse cachorro de óculos escuros. Elas só estavam se divertindo, o que também é bom. E outras estavam aprendendo a meditar, inclusive esse cachorrinho aqui, sob a orientação de Deepak.

Aqui estamos vendo o genoma inteiro e as redes de expressão gênica [aponta para um *slide*]. Esta é a rede de férias e esta é a rede de meditação. Não se preocupem com a quantidade de pontos que aparece; eles mostram que alguns genes que estão sendo revirados foram bem diferentes nos dois grupos. E a conclusão é que é muito bom tirar férias, mas meditar é melhor ainda. Tanto a meditação intensiva quanto o relaxamento geraram mudanças benéficas nas redes dos genes, especialmente naquelas envolvidas nas reações ao estresse e à inflamação. Para as meditadoras regulares, uma semana de meditação gerou outras mudanças benéficas como na atividade da telomerase, conforme Elissa Epel e Liz Blackburn mostraram.

A expressão gênica simplesmente não é observada no grupo em férias. E até as mulheres que aprenderam a meditar naquela semana tiveram mudanças muito salutares em marcadores relacionados à doença de Alzheimer, como a proteína beta-amiloide no sangue, e continuaram menos estressadas até um mês depois. Portanto, o ponto principal é que ambas as atividades são boas, mas a meditação é melhor. Férias podem ser caras e demandar tempo para o planejamento, mas é possível e mais fácil meditar diariamente, inclusive nas férias... Embora não estivessem aprendendo a meditar, as pessoas de férias consumiram a mesma dieta que as meditadoras. Elas ficavam na piscina e se divertiam, mas a dieta e o restante eram iguais. Como Deepak comentou, elas não estavam curtindo noitadas em Las Vegas, então se mantiveram relativamente saudáveis.

Em breve, Deepak e eu iremos anunciar uma novidade oficialmente, mas vou lhes dar uma prévia. Deepak entrou recentemente no Massachusetts General Hospital com um cargo em Neurologia e Psiquiatria, e é lá que estamos implantando o MGH Chopra Mind/Brain Health Institute. O novo instituto será codirigido por Jonathan Rosand, que alguns de vocês devem ter visto em Sages & Scientists, eu serei o diretor de pesquisa e Deepak será o diretor de medicina integrativa. Estamos unindo forças com o objetivo de causar uma autotransformação biológica. Com base nas escolhas feitas todos os dias em relação a seu estilo de vida, vocês estão guiando ativamente sua neuroplasticidade cerebral, expressão gênica e programação genética para uma vida mais saudável. E como eu disse antes, a esperança é que, se um número suficiente de pessoas continuarem fazendo isso enquanto evoluímos como uma espécie, as boas providências quanto ao estilo de vida podem acabar se tornando instintivas. Isso não será do dia para a noite e vai levar muito tempo. Por ora, lemos instintivamente os livros de Deepak, mas daqui a 100.000 anos provavelmente estaremos vivendo em outros planetas [risos na plateia].

Então, essas são as diversas áreas que estamos explorando com várias abordagens multigenômicas para alcançar o que queremos. Não se trata apenas de fazer pesquisa convencional e prática clínica, mas de introduzir a medicina integrativa abrangendo todas essas intervenções no estilo de vida. Assim como mensuramos o resultado da meditação com Elissa, nós vamos fazer isso com toda intervenção no estilo de vida com a medicina integrativa, a medicina alternativa, a medicina complementar e a medicina funcional, quantificá-la e torná-la oficial. As pessoas dizem: "Fique de bico calado e meça". Nós vamos ficar de bico calado, medir e mostrar que essas mudanças no estilo de vida realmente importam — não são apenas conselhos opcionais.

Eu quero contar um pouco a respeito de como tentamos colocar as coisas para a fruição geral em *Super Brain* e em *Super Genes*. Como eu disse, vocês têm bilhões de células nervosas fazendo trilhões de sinapses, graças à neuroplasticidade. Sua rede neural se remodela constantemente em reação a toda sensação, experiência, imagem, pensamento e sentimento que vocês têm. E *Super Brain* significa optar ativamente por moldar sua circuitaria neural e, por conseguinte, sua percepção do mundo, pois seu cérebro lhe traz seu mundo mediante a observação das atividades dele, em vez da identificação com elas.

Portanto, o cérebro é uma ferramenta que lhes traz SISP (sensações, imagens, imaginação, sentimentos e pensamentos), mas quando está com a consciência no topo da montanha, você os observa, aprende com eles e planeja o futuro com base neles, em vez de se identificar com coisas como raiva ou inveja. Como dizemos no livro, ao ver um limão, você não diz "eu sou um limão", pois sabe que seu cérebro está lhe trazendo a imagem de um limão. Alguém espreme um limão em seu olho, seu cérebro lhe dá A) uma sensação de dor; ou B) o sentimento de raiva e a vontade de bater na pessoa que espremeu o limão em seu olho e podia tê-lo deixado cego, certo? Então, você pode ver, continuar comendo, se reproduzindo e tudo o mais que faz. Mas dizemos frequentemente "estou com raiva". Bem, a essa altura dizer "estou com raiva" é tão insano quanto dizer "eu sou um limão". Desta vez, seu cérebro está lhe dando o sentimento de raiva, em vez da sensação visual de um limão, então não se identifique.

A verdade é que você é o observador e o navegador das atividades (SISP) em seu cérebro, e as sente em sua mente. Você não é essas atividades. E em *Super Genes*, apresentamos a ideia de que seus genes perfazem cerca de 2% do seu genoma. Imagino que o resto é como a matéria escura no universo — que ainda não sabemos o que faz. E é aí que entra o epigenoma, que é como sua expressão gênica se remodela de acordo com suas escolhas, experiências e estilo de vida. E com a epigenética, com base em suas escolhas e hábitos diários em termos de dieta, exercícios, sono, gestão do estresse, você está programando sua expressão gênica por meio de modificações químicas em seu DNA. Os dados mais recentes sugerem que, em várias espécies, algumas dessas mudanças podem ser transmitidas para a próxima geração. Assim, em mulheres em idade reprodutiva, algumas mudanças relativas a seu estilo de vida em casa que alteram a expressão gênica para melhor ou para pior podem ser transmitidas para o bebê. Vimos isso em camundongos e é bem mais difícil demonstrar o mesmo em humanos, mas algumas dessas mudanças de fato afetam imediatamente a próxima geração.

Portanto, o ponto crucial é optar por observar SISP e separar o trigo do joio. O trigo significa que você está observando e extraindo o melhor de tudo, em vez de viver no joio. Na verdade, nem sei o que é joio. Alguém sabe o que significa joio e como se soletra essa palavra [risos na plateia]? O que importa é estar presente. Ficar preso no passado ou temer o futuro não faz bem para ninguém. O ideal é aprender com o passado e planejar para o futuro, porém viver no presente e se reprogramar resistindo aos maus hábitos. Deepak me ensinou que a resistência gera persistência.

A consciência no topo da montanha significa que você é o usuário, professor, guia e inventor do seu cérebro, o qual lhe traz seu mundo. Você está encarregado do mundo no qual irá viver. Você não é simplesmente seu cérebro nem seus genes. Então reprograme sua rede neural e modifique sua expressão gênica com cada pensamento, palavra, ação, experiência e escolha que faça e reação que tenha. Mas a chave é a seguinte: quando a reprogramação do cérebro e do genoma se torna necessária para sua sobrevivência e existência, o novo comportamento instintivo nos programas genéticos surgirá na evolução. Isso aponta para o *self* instintivo, certo? Esse é o tronco cerebral instintivo que Deepak mostrou, o cérebro reptiliano que tem três ou quatro centenas de milhões de anos e que não precisa da memória. Ao nascer, um bebê tem o instinto de se alimentar, pois isso está programado em sua genética. Nós sequer sabemos como os genes programam o comportamento instantaneamente, certo?

Mas quanto ao *self* emocional e a memória de curto prazo, a memória adquirida de dor e prazer leva tanto a medos quanto a desejos. Ao ter lembranças adquiridas, seu cérebro fica mapeando — isso foi bom, busque mais: desejo; isso foi ruim, evite: medo, ansiedade. O fato de seu cérebro ficar mapeando o que é bom ou ruim é algo adquirido, não programado.

Então, seu *self* intelectual, o neocórtex, o ajuda a descobrir o que é bom e a evitar o que é ruim. E você mapeia seu mundo usando diversas partes do cérebro. Mas, no decorrer do tempo, se nós começarmos a fazer muitas coisas novas que são necessárias para a existência e a sobrevivência, talvez seguindo muitos conselhos ouvidos nestas palestras, essas coisas adquiridas podem se tornar instintivas se forem necessárias para a sobrevivência no futuro. Com base no que estamos vivendo agora, estamos determinando a próxima rodada de instintos para a nossa espécie. Isso se trata apenas de persistência e repetição. Nós estamos pensando à frente do nosso tempo e planejando como será nossa espécie daqui a milhões de anos. É bom saber que podemos começar a fazer isso agora.

O fato é que as células são muito espertas e sabem o que fazer, pois têm muita sabedoria automaticamente. Conforme escrevemos em *Super Genes*, as células sempre sabem o que é bom para o corpo e se encarregam de evitar o que é ruim para ele. Elas lutam sempre pela sobrevivência do corpo com foco total e monitoram o bem-estar de cada célula e até das células em outros órgãos, certo? Elas são como um perfeito cidadão e ser saudável, que se adapta a tudo sem resistência ou julgamento. Uma célula nunca julga outra célula, tipo "seus cílios são muito chatos" [risos na plateia]. Em suma, elas evoluem constantemente sem que nós percebamos. Nossas células aprendem primeiro e 100.000 anos depois nós entendemos o que elas fizeram. Mas elas podem nos ensinar sua sabedoria agora, a qual vem de sua inteligência nativa, da inteligência da natureza, ou da chamada "intuição".

Eu quero encerrar com duas citações. Einstein, que reconhecia o valor da intuição, disse que "a mente intuitiva é um dom sagrado e a mente racional é uma serva fiel. Nós criamos uma sociedade que honra a serva e se esqueceu do dom". E também vou citar Rumi, cuja filosofia Deepak me apresentou. "Ciscos de poeira dançam na luz e essa dança também é nossa. Nós não ouvimos dentro para escutar a música. Seja como for, a dança da vida continua e um Deus se oculta na alegria do sol". Todos nós esperamos melhorar, mas temos de fazer as escolhas nesse sentido para o nosso próprio bem e para a evolução de nossa espécie.

Então me despeço agora agradecendo sua atenção. Muito obrigado.

14

Viver a Presença Viva

com Menas Kafatos

Eu quero agradecer aos organizadores. E, naturalmente, quero agradecer a Dan Siegel, Bonnie Goldstein, Marion [Solomon] e todos vocês por esse esforço coletivo e pela honra de estar aqui hoje.

Nesta conversa vou apresentar conceitos e ideias da Física Quântica, e provar para vocês que ela não só é relevante para suas vidas, mas que é possível entendê-la em 60 minutos ou menos. Será que vai ser agradável? Juro que não vou escrever a equação de Schrödinger nem $E = mc^2$ ou equações extravagantes da Física. Mas vou falar sobre três leis da natureza, ou princípios fundamentais, que se aplicam a vários níveis.

Então, o título desta conversa é "Viver a presença viva". Fiquei encantado ao ouvir que o assunto deste simpósio — ah, na verdade, é uma conferência! Bem, a palavra *simpósio* remete a estarmos juntos, na presença. Dan me disse novamente que o título da conferência é "Mente, Consciência e o Cultivo do Bem-Estar". Então, para começar, quero apontar que esses três termos são idênticos. *Mente* e *consciência* são idênticos. E bem-estar — na verdade, *estar* sempre é *bem*, pois estar é a estrutura subjacente a tudo. O título da conferência de Dan é uma tautologia dos três termos, o que é ótimo, e Deepak [Chopra] nos forneceu algumas perspectivas sobre a antiga ciência de "estar", que é um legado da tradição Advaita não dual da Filosofia Vedanta.

Como gosto de incluir sempre algum elemento pessoal, a novidade em minha vida é que estou me encaminhando da Ciência para a espiritualidade, embora ainda siga uma abordagem científica expandida. Isso acontece há várias décadas com muita gente. Mas agora minha missão de vida abrange trabalhar com pessoas, inclusive várias que estão aqui, como Deepak Chopra, Rudy Tanzi e Dan Siegel, abordar o conhecimento antigo e mostrar que ele e o conhecimento científico atual não são opostos e sim complementares. Aliás, não há conhecimento novo. Há somente conhecimento antigo derivado da Existência. Nós só estamos redescobrindo o que sempre esteve por aí. No mundo ocidental, nós achamos que estamos fazendo grandes descobertas científicas — e desde já me desculpo com Rudy! Sem dúvida, estamos fazendo descobertas importantes, mas na verdade, isso é conhecimento antigo que circula por aí há muito tempo. Como isso é possível?

Bem, vou demonstrar para vocês algo que estava totalmente "errado" em termos do método usado, mas se mostrou inteiramente correto. Aristarco de Samos foi um antigo astrônomo grego, provavelmente o maior do seu tempo e genial em matemática, que mensurou o tamanho do nosso sistema solar. E, baseado na Lógica pura e na Geometria, conseguiu descobrir a chamada esfera das estrelas fixas usando razões entre a distância entre o Sol e a Terra e entre a Terra e a Lua. Ele fez isso a olho nu observando as fases da Lua, e se vocês conhecem Geometria, sabem o quanto é difícil fazer isso. A seguir, usou razões para descobrir o que chamou de *esfera das estrelas fixas*, ou *aplanis,* que em grego significa "imóvel, que não vagueia", ao passo que *planeta* significa "errante". E tal esfera estava a cerca de um ano-luz, que é mais ou menos a distância até a estrela mais próxima. Como Aristarco conseguiu descobrir a ordem certa de magnitude para a distância das estrelas fixas, pelo menos das mais próximas? Bem, ele usou a Matemática e a lógica.

Na antiguidade, os hindus já estavam descobrindo sofisticadas verdades Matemáticas, e o maior matemático no Ocidente era Arquimedes. Pois bem, no ensaio *O Contador de Areia*, Arquimedes decidiu calcular o número de partículas minúsculas que o universo podia conter, mas logo percebeu que era difícil fazer esse cálculo com o sistema numérico helênico então existente. Naquela época, miríade significava 10.000. Portanto, ter uma miríade de soldados significava um exército grande e, segundo alguns relatos e lendas, o exército de Xerxes tinha um milhão de soldados, ou, seja, 100 miríades, sendo então o maior que já existira. Mas quando o macedônio Alexandre, o Grande, invadiu a Pérsia, o exército do rei Dario III era pelo menos tão grande quanto o de Xerxes.

Portanto, os antigos gregos estavam cientes desses números grandes, mas Arquimedes sabia que tinha de ir bem além disso, então inventou um novo sistema numérico baseado em potências, assim como os números que usamos hoje em dia. Eu acho que, com o ensaio *O Contador de Areia*, ele estava tentando impressionar seu patrocinador, que era o rei de Siracusa antes da invasão dos romanos. O fato é que Arquimedes provou que podia inventar um sistema numérico e o criou só para contar o número de partículas que o universo podia conter. Talvez vocês queiram saber "de que partículas você está falando?". Bem, os antigos gregos e hindus também tinham vários tipos de sistemas filosóficos, incluindo os materialistas, os vedantistas puros da Filosofia Hindu e o idealismo puro de Platão, seguindo seu mestre Sócrates.

Para resumir a história, Arquimedes raciocinou: "Bem, a menor coisa que eu consigo imaginar é um grão de areia". Hoje sabemos que um grão de areia é enorme em comparação com um átomo e até maior se for comparado com o menor comprimento imaginável de Planck, mas naquela época ele considerado bem pequeno. Então, se nós começarmos a pôr isso na esfera das estrelas próximas e fixas de Aristarco, que em unidades modernas está a cerca de um ano-luz... Ele começou a imaginar que talvez pudesse calcular o número de partículas usando grãos de areia e os contando, e acabou sugerindo que o número equivalente de partículas seria seguido por aproximadamente 80 zeros. Eu converti esse número em partículas elementares, em prótons, algo que vocês também podem fazer. E adivinhem que número surge? $(10_8)_8 = 10_{64}$.

Acontece que na Cosmologia moderna, o número de partículas no universo é da ordem de 10_{87}! Então, embora usasse o método "errado", Arquimedes inventou um novo sistema numérico e achou a resposta certa. Isso foi coincidência? Foi pura aleatoriedade? Eu falei com alguns amigos físicos e outro amigo meu e de Deepak sobre esse resultado e também perguntei: "Vocês acham que foi por acaso ou Arquimedes sabia o que estava fazendo?". E todos esses cientistas disseram: "Foi por acaso". Eu perguntei: "Quais são as chances de achar 10_{64} em meio a uma escolha infinita de números infinitos?". Obviamente, as chances são infinitesimais, zero! Então, a questão aqui é que, de alguma maneira, a consciência humana obtém as "respostas certas" para uma determinada época e, às vezes, por meio de seu método próprio.

Os antigos pensadores da Índia, os *rishis*, calculavam o tempo em ciclos e chegaram a um número de cerca de 300 bilhões de anos. E isso é incrível, gente! Eu garanto a todos vocês que tal número não existe na Cosmologia moderna. Atualmente, o maior número é 13,8 bilhões de anos, e se vocês quiserem convertê-lo em anos-luz e ter uma estimativa do tamanho do universo (que na verdade é até maior que isso), nós podemos nos distrair com jogos, mas nunca chegaremos perto de 300 bilhões de anos. Então, fico matutando como foi que os antigos filósofos, ou *rishis,* da Índia chegaram a esse número, 300 bilhões de anos? Afinal, ele ainda não surgiu na Ciência ocidental. Eu acho que os indianos sabiam algo que desconhecemos.

Então, de onde vem esse conhecimento, essa sabedoria? Vem das profundezas da conscientização, não é mesmo? E a moral da história é que essa conscientização é você. Tu és Aquele, ou *tat tvam asi*, afirma a sabedoria das Upanishads. Tu és Aquele. O que é *Aquele*? Aquele é tudo por "aí" e "aqui", ou seja, você. Por isso, o tema do meu livro com Deepak é *Você é o Universo*. Nós também poderíamos ter dito "Você é Aquilo", que seria uma expressão equivalente, mas preferimos o termo *universo*, pois é mais científico. Nós debatemos o título com nosso editor e acho que fizemos a opção certa, pois o livro é voltado para o público ocidental.

Mas voltando à presença viva, por favor, acompanhem meu raciocínio... Se a presença viva for presença e mediante a presença, então ela tem de estar aí o tempo todo. Caso contrário, não é "presença". Nos 30 minutos seguintes vou guiá-los por uma jornada usando a razão pura. Usem o intelecto, o que é habitual para professores e pessoas nas universidades, para não rejeitar a lógica e a razão, mas também em um sentido mais elevado para identificar quem nós somos, nomeadamente que nós somos a conscientização universal. Vocês concordam? A essa altura da minha vida, eu creio que o propósito de qualquer educação é mostrar quem nós somos. Caso contrário, tudo se resume a ler mais um livro, ir a outra palestra etc.

Em primeiro lugar, se isso for verdade, a conscientização universal está viva e tem de estar presente o tempo todo e em todo lugar. Então, ela é uma presença viva. Vocês conseguem sentir essa presença? O "bom" senso declara que desconhecemos esse universo. Conforme Deepak comentou, alguns cosmólogos acreditam que se as pessoas continuaram jogando esse jogo de roleta cósmico ou máquina caça-níquel hão de sair no universo certo. Mas isso é tão improvável que mais parece uma brincadeira. Há um tipo de Senhor do universo que diga: "Eu vou lhes dar o universo que só vocês podem ter, mas ele é tão improvável que vai deixá-los de queixo caído". Então eu pergunto: "É assim que a natureza funciona?". Acho que não. O que acontece por trás disso? Por que os cientistas ignoram a sintonia fina do universo? Aliás, ele é incrivelmente apurado: ele é um seguido por 122 zeros! Esse é o problema cosmológico constante que muitos cosmólogos atuais consideram um dos maiores mistérios do cosmo. Esse número é muito maior do que todas as partículas no universo, 10 a 80ª potência.

Como a Cosmologia moderna e a teoria quântica não conseguem chegar a um consenso, isso causa um constrangimento enorme. Elas não estão fracassando 100%, 1.000% nem 10.000%. Elas simplesmente não entendem esse um seguido por 122 zeros. É por isso que há duas opções. Uma é que o universo é consciente e guiado pela conscientização. Ou então é um "acidente" incrivelmente improvável da natureza. Qual seria o palpite de vocês a esse respeito?

Para ser franco, eu acho que os cientistas resistem à primeira opção porque ela aponta para a consciência universal ou talvez para "Deus". Então, nós não usamos o termo Deus no livro, pois ele evoca emoções controversas, lembranças de antigas guerras, revoluções etc. Mas *consciência universal* é um termo um tanto semelhante que muitos preferem evitar.

Então há duas opções, mas a visão quântica do universo diz que ele sempre é binário, sim ou não, em cima ou em baixo, zero ou um. O universo é extremamente apurado, o que aponta para a consciência universal por trás de tudo, ou ele é um acidente extremamente improvável da natureza. Quão improvável? O multiverso da inflação caótica ao qual nos referimos em *Você é o Universo* pode conter numerosos universos e um deles é o nosso! Embora não seja infinito, o número de universos é tão inacreditavelmente grande que eu não vou nem citá-lo em termos comuns porque ninguém consegue fazer isso. Em outras palavras, nosso universo é o certo para nós em meio a tantos outros. Bem, embora eu seja cientista, isso me deixa confuso, então desisto e vou fazer outra coisa. Diante desse impasse, vamos recuar e aprender algo mais novo do que nossas crenças atuais. Vamos aprender o que as antigas escolas ensinavam, pois o conhecimento nada mais é do que redescobrir o conhecimento.

Eu vou lhes mostrar alguns *slides*. Vocês verão no terceiro um universo newtoniano, o universo mecânico, e uma figurinha ali é Isaac Newton. Mas na verdade Isaac Newton não era newtoniano. Se ainda estivesse vivo, ele diria "o que vocês estão fazendo em meu nome?". Não vou entrar em detalhes, mas se muitos seres admiráveis ainda estivessem vivos, eles não seriam como imaginamos. Talvez Buda não fosse especialmente budista etc. Portanto, Newton não era newtoniano. Afinal, ele escreveu dez vezes mais sobre Metafísica do que sobre Física e dizia ser um *filósofo natural*. Hoje em dia, eu prefiro a expressão *filósofo natural*, pois realmente, tudo é filosofia.

Então o universo mecânico tem um mecanismo perfeito que parece funcionar 99% bem. Ele nos leva à Lua, nos permite dirigir carros sem que nos machuquemos etc. Mas em grande medida, isso é errado porque o universo no qual vivemos é um universo quântico. Ou melhor, à medida que eu prosseguir, vocês verão que o universo não é sequer um universo quântico e sim um universo dos *qualia*. Mas digamos por ora que ele é um universo quântico.

O universo quântico foi desenvolvido por Werner Heisenberg, Niels Bohr, Albert Einstein, Paul Adrien Maurice Dirac, Wolfgang Pauli e outros. Eles inventaram uma visão bem estranha do cosmo, que abriu a porta para a consciência, mas nunca a fechou realmente, pois o problema da consciência não foi resolvido. A teoria quântica afirma que nós vivemos em um universo participativo. Nós participamos. Mas o que isso significa? Vou retomar a questão da sintonia fina que nos deixa de queixo caído. Se você abrir a porta e disser que inexiste uma realidade externa é sinal de que o gênio escapou da garrafa e é impossível engarrafá-lo novamente. Se tentar fazer isso, você cai no universo inflacionário caótico. Aí você diz, esse universo deve ser totalmente aleatório ou então é o certo. E senhoras e senhores, quando nós cientistas dizemos isso, não estamos realmente dizendo grande coisa. Se vocês disserem "acontece que estamos aqui", essa é a conclusão dessa linha de pensamento. Mas eu insisto que isso é anticiência até o caroço. Sinto muito fazer essa afirmação tão chocante, mas alguns dos meus amigos cientistas dizem essas coisas que no fundo não fazem o menor sentido. Nós somos apurados ou estamos aqui. Mas nós dizemos não, não somos apurados, fomos apenas aleatoriamente escolhidos por uma miríade ou três zilhões, ou um *google* ou um zilhão — nós sequer temos nomes para esses números tão grandes. É por acaso que vivemos no universo certo. E daí? Isso é o melhor que conseguimos fazer? Eu acho que nós podemos fazer melhor do que isso.

O universo quântico envolve conceitos como complementaridade onda-partícula, dualidade, emaranhamento e não localidade. Vou me ater apenas a esses. Os biólogos dizem que a Biologia não precisa da Física Quântica, mas isso é totalmente errado, pois a Biologia precisa da Bioquímica. A Química precisa da Física e da Física Quântica. Então, como se pode dizer que a Biologia não precisa da Física Quântica? O que eles querem dizer é que esses microscópicos fenômenos quânticos bem óbvios e estranhos, que envolvem emaranhamento ou não localidade, não são necessariamente Biologia. No entanto, agora já se sabe que a síntese proteica e a fotossíntese são fenômenos quânticos. A fotossíntese, o fundamento da vida na Terra, é um fenômeno quântico. Então como tem gente que diz que ela não é quântica? Porque o estado mental que lamentavelmente nos incutem faz os cientistas continuarem repetindo o que aprendemos — a natureza humana.

Nós continuamos ensinando o que aprendemos, que às vezes é um lixo, certo? Você aprende algo que talvez não seja besteira, mas que também não é acurado, e continua repetindo essa coisa que vira um dogma que se propaga ao longo do tempo. Então alguém ousa dizer que isso é incorreto e aí é condenado à morte. Antigamente, essas pessoas corajosas eram queimadas em fogueiras. Giordano Bruno, meu cosmólogo favorito do Renascimento, foi queimado em uma fogueira em 1600 pois dizia que toda estrela no céu é um sol com planetas ao seu redor. Seu próximo passo foi dizer que se houvesse planetas no espaço, haveria seres vivendo neles. Ele estava 500 anos ou mais à frente de sua época e ousou demais. Pediram que ele negasse o que havia dito, mas ele se recusou e então morreu queimado em uma fogueira em Roma. Chocado com essa lição, Galileu obviamente fingiu se retratar, pois queria se salvar.

Por pura intuição, Giordano Bruno dizia que há muitos planetas no espaço. Hoje se sabe que o número de planetas parecidos com a Terra é enorme. Basta fazer as estatísticas mais ou menos baseadas nas estrelas visíveis mais próximas, e Deepak mencionou uma estrela que tem sete planetas que aparentemente podem abrigar vidas. O número é um seguido por 22 zeros só no universo visível, o que totaliza dez bilhões de trilhões de planetas como a Terra no universo visível!

Então, eu pergunto, vocês acham que não há vida nesses planetas e que estamos sozinhos no universo? O universo é vivo. A presença viva significa que o universo inteiro está vivo. E agora muitos estão começando a dizer que alguns sinais que ouvimos talvez sejam de extraterrestres ou que há extraterrestres por aqui, certo? Biólogos e vários outros cientistas falam sobre o bioma: a maioria das nossas células não são sequer humanas e nosso corpo é um planeta de alienígenas. Então, em vez de procurar alienígenas por aí, nós deveríamos olhar para dentro de nós mesmos. Cada um de nós é um planeta alienígena, mas obviamente também há alienígenas por aí. E daí? Seja como for, o universo está vivo.

Assim como na época de Galileu, isso abre um diálogo entre os dois mundos, certo? O outro lado aparece e diz olá, Menas, Deepak, Rudy, Dan e todos vocês! Vocês estão dizendo que tudo perpassa a consciência. Como? E por que parece haver um universo externo? Por que não realizamos uma reviravolta e viramos a espuma quântica no espaço da probabilidade, no espaço mental de Dan — como vocês sabem, a pletora subjacente. Por que não estamos sentindo essa pletora? Na verdade, ela é sentida em meio às respirações, em meio aos sonhos e em meio aos estados de vigília e de sono. Na verdade, vocês entram nesse estado falso sobre o qual talvez falaremos um pouco mais, pois se realmente acreditarem que as únicas coisas que existem são o universo físico e o corpo físico, vocês nunca chegarão aos *qualia* e não experimentarão as maravilhas do cosmo. Vocês nunca entrarão nas esferas sutis — certamente não nos estados de sono profundo nem nos estados de Samadhi, pois vocês têm esses outros corpos ou níveis de experiência em outros estados possíveis.

No entanto, há uma interface entre o mundo que vemos e o mundo quântico que não vemos. E a pergunta é: onde está essa interface? O *Princípio da Incerteza* de Heisenberg e o gargalo de von Neumann discorrem sobre isso. Onde está a linha de separação entre o mundo quântico e o mundo clássico? No último capítulo de seu livro *The Foundations of Quantum Physics*, von Neumann deu a entender que é impossível achar essa linha, porém não explicitamente, porque isso se deu em 1929 e certas coisas seriam demasiado revolucionárias para aquela época. Nós usamos o olho, mas onde está o resultado sensorial de ver um objeto? Von Neumann disse que o resultado não se encontra nas retinas, mas talvez esteja no cérebro e que provavelmente o limite é arbitrário. Isso significa que ele não existe e pode ser movimentado. Como o limite pode mudar? Isso depende do observador, pois o limite faz parte do observador, que é quem movimenta a linha de separação.

A Física e a Biologia se debruçam sobre o mundo sensorial que vivenciamos em um estado desperto e nada mais. E por que não sobre a totalidade do universo? Afinal, nós temos cinco sentidos e talvez até cinco ou oito, não é mesmo? Dan Siegel pode falar melhor sobre isso. Esses sentidos nos dão uma visão limitada da realidade, mas o que aconteceria se não os tivéssemos? Nós viveríamos em um mundo quântico e todo mundo estaria interconectado. Bem, nós estamos interconectados! Mas estaríamos nos movimentando em uma nuvem de possibilidades. O universo todo seria uma nuvem de potencialidades e não haveria seres humanos nem seres separados. Assim, o propósito dos sentidos é nos dar um entendimento limitado e, por conseguinte, uma experiência limitada no espaço-tempo. É assim que é. Pode-se dizer que o propósito da vida é ter um entendimento limitado, mas ir além. Mas aí nós esquecemos os antigos ensinamentos e achamos que o entendimento limitado é o entendimento total. Vou frisar isso novamente. Nós confundimos o entendimento limitado com o entendimento total e dizemos: "Essa é a verdade". Isso se baseia em *inputs* sensoriais, mas na verdade é algo específico dos humanos. Se tivesse cem olhos, você não veria o mundo como nós o vemos. Se fosse um morcego sem olhos, você voaria por aí, mas não teria a mesma experiência sensorial que os humanos. Se vivesse nas profundezas do oceano e ouvisse que há mais formigas do que humanos e do que todos os animais reunidos, você ficaria espantado, certo? Mas o fato é que o peso conjunto de todas as formigas é muito maior do que o de todos os animais reunidos. Então, quem achamos que somos? As formigas sempre estiveram por aqui, se multiplicaram muito mais do que os demais seres terráqueos e, a uma certa altura, podem até nos dizer: "De agora em diante, vocês terão de nos servir, pois somos a espécie dominante aqui, certo?". E nós achávamos que o *Homo sapiens* era o sábio...

Então, a diferença entre o mundo quântico que não enxergamos e o mundo visto pelos sentidos é arbitrária, pois depende do observador. Em nosso trabalho, chamamos isso de *não localidade velada* e *censura cósmica*. Não vou me ater longamente a isso, mas, em suma, há um véu que cobre nossos olhos e nos dá uma imagem muito limitada do mundo — uma lasca da realidade. Nós nos apegamos a ela e dizemos que essa é a realidade total. Então vêm os idiotas sábios — aliás, não gosto dessa expressão porque eles são extremamente sagazes e chegam a ser sábios... Os sábios podem incluir até pessoas que têm a doença de Alzheimer e os animais, pois eles veem uma realidade diferente, certo? Eles nos mostram que há outra realidade, então os deixamos trancados, isolados em manicômios ou os tratamos muito mal injustamente. Mas eles só estão tentando nos dizer que nossa realidade faz parte, mas não é a coisa total.

Por que estou insistindo nisso? Porque a raça humana inicia guerras e outras barbaridades devido a seu entendimento limitado. E se não tomarmos cuidado, podemos nos autoexplodir e dar fim à nossa espécie, ao passo que as formigas, as baratas e os insetos vão continuar existindo na Terra. E vocês acham que a natureza ou a consciência se importa com isso? Afinal, há no mínimo mais 22 planetas por aí... Bem, esse experimento com os humanos na Terra foi um fracasso. Vamos tentar outro! Mas como um ser humano que tem filhos, eu acho que, para o bem das gerações seguintes, devemos preservar a humanidade e garantir que ela consiga chegar até o final do século 21. Ainda há tempo de parar com esses jogos maléficos que estão em curso agora. Tais jogos miram o poder e o dinheiro, mas não são a realidade, está bem? A realidade é a presença viva.

Então, *não localidade velada* significa que a não localidade apontada pela teoria quântica está velada, o que se chama *Maya* em uma antiga tradição. *Maya* também remete a mensurar, pois toda vez que a realidade é mensurada são impostos limites a ela, certo? De certo modo, a Ciência coloca limitações mediante as medições. Nós achamos que tudo tem que ser mensurado, mas isso coloca limitações, a fim de absorver nosso entendimento limitado e nossa realidade limitada.

Aí vocês podem dizer: "Isso tudo é muito instigante, mas e daí? Não passa de filosofia sem relação com a vida cotidiana". Mas, para começar, a física quântica é muito relevante para suas vidas. Todos vocês têm *smartphones*, certo? E eles funcionam por causa da Física Quântica. Todos vocês recebem a luz do sol, certo? O Sol brilha por causa da Física Quântica. Caso contrário, não haveria radiação solar. Eu disse há pouco que a fotossíntese funciona, pois é um fenômeno quântico. E por aí vai infinitamente no universo quântico, o qual é muito relevante para suas vidas. E agora já se sabe que monges budistas muito treinados conseguem captar ou ver um fóton de cada vez. Um monge budista com anos de experiência em meditação tem um detector quântico muito bom, que é o olho humano, o qual pode captar um fóton isolado. Portanto, o olho pode ser um detector quântico e fenômenos quânticos estão em todo lugar.

Então, a origem disso é irrelevante para a Biologia e para a vida cotidiana? Não, ela é muito relevante. Nós só temos de treinar para pôr toda essa realidade quântica em segundo plano e acompanhar os *inputs* sensoriais do mundo cotidiano. Aliás, ela é um dos quatro corpos com que vivenciamos o mundo e uma das realidades disponíveis para nós. Nós podemos ir um pouco mais fundo: se deixarmos de fora os outros corpos ou os outros estados de conscientização, nomeadamente o corpo sutil, o corpo do sono profundo e o corpo transcendental da meditação, há o problema de não levar em conta a maioria do que existe por aí e é preciso retomar a questão da matéria escura e da energia escura. Só estamos falando sobre uma lasca ínfima da realidade e ignorando a maioria do que existe por aí.

Os antigos mestres e filósofos, como Platão, Sócrates e Arquimedes, alcançaram esse estado com a razão elevada, que Emmanuel Kant denominou de *razão pura*.

A razão não é necessariamente ruim, mas é limitada quando serve apenas para repetir o que já sabemos. Um experimento que foi realizado tem muito a ver com a consciência e a escolha defasada. Trata-se do experimento do apagador quântico. Por favor, acompanhem meu raciocínio. O experimento de dupla fenda envolve fótons passando por duas fendas e nesse lado nós captamos os padrões de interferência e dizemos, "ah, a luz é uma onda, pois sempre que há interferência, entendemos que isso denota um padrão de onda". Mas para saber por qual abertura a luz passou, nós usamos um detector e obtemos a imagem da partícula. Uma versão um pouco mais complicada do experimento de dupla fenda utiliza múltiplos feixes de luz e rastreia a via que eles seguiram. Os pesquisadores só entram em ação após algo acontecer e conferem o registro. Isso demonstra que é possível apagar informações sobre uma determinada via. O experimento do apagador quântico prova que podemos apagar informações. Ele não gera um apagão do passado, mas analisa a mente como se ela estivesse apagando o passado. Isso tem algumas implicações muito interessantes para a psicoterapia no sentido de que talvez haja um modo de apagar o passado sem realmente eliminá-lo. Essa ação consiste apenas em dar uma espiada em uma determinada via em meio a muitas possibilidades, o que dá a impressão de que todas as outras coisas foram apagadas.

Nós analisamos esse experimento do apagador quântico com meu colega Ashok Narasimhan. E descobrimos que há evidências indiretas — não diretas, pois jamais há evidência direta quando se fala sobre a consciência — de um observador universal. Não é a observação que causa o colapso da função de onda — eu sigo Bohr, mas Menas agora diria: "Não é bem assim". É a disponibilidade da informação que causa esse colapso, não uma medição real que o observador consciente faz.

Onde a informação existe? Não no espaço nem no tempo, e sim no campo das possibilidades. Então, a informação ali... apaga algumas vias. Vocês estão acompanhando o raciocínio? Portanto, parece que há um observador universal. No trabalho mais convencional publicado pelo Instituto Americano de Física, nós não dissemos explicitamente qual pode ser a real situação, apenas que há *evidências indiretas* de um observador universal.

O observador local no espaço-tempo acha que está separado do observador universal. Isso parece familiar? Mas o fato é que há somente um observador, o observador universal. E são os observadores locais que se consideram limitados no espaço e no tempo, o que é uma ilusão. Essa é a ilusão de Maya sobre a qual já falamos.

Eu digo aos meus alunos que, nesses experimentos quânticos "não vivos", "o não vivo está dizendo ao vivo o que ele nunca deveria ter esquecido"! Obviamente, não há diferença entre vivo e não vivo, mas basicamente um experimento inerte faz com que nos lembremos de que há um observador universal. E esse experimento só pode fazer sentido se houver um observador universal. Então, os observadores locais são casos especiais. Cada um de nós é um caso especial. Mas, sem dúvida, todos nós somos o observador universal. Não há algo além do observador universal. Existe apenas um observador, que é você.

Como Rudy Tanzi estava dizendo, imaginem como seria a ciência se chegássemos intuitivamente a um novo nível de entendimento no qual essa coerência cósmica fosse considerada natural. Nós teríamos de desaprender a Física clássica e a Biologia clássica — o que é bem difícil quando se tem 25 a 30 anos, mas é fácil esquecer aos 50 ou 60 anos. Ao tentar desaprender o que aprendemos, a sensação é de que: "Isso é errado. O que há de errado comigo?". Então, surgem discórdias, equívocos e desavenças. Mas imaginem um sistema que ensine desde o início que você é o universo. A última parte do vivo na presença viva é viver essa presença, caso contrário de que ela vale se não a vivermos como se estivesse viva? Nós estamos vivos, certo?

Pelo aspecto prático, há três leis fundamentais do universo provenientes da Física Quântica, mas que estão em todo lugar e formam a base da ciência dos *qualia*. Aliás, no livro usamos o termo *mecânica quântica* e também *mecânica dos qualia*, sendo que a sigla para ambas é MQ. Neste ponto estamos nos esgueirando um pouco sob níveis mais profundos. Se dizemos MQ, todo mundo diz: "Ah, eles estão falando sobre mecânica quântica, mas na verdade estamos falando sobre a mecânica dos *qualia*!" O próximo passo da Ciência será a mecânica dos *qualia*, a experiência de entender que somos apenas um fluxo de possibilidades que se torna aparente em nossas vidas. Ou seja, a presença viva.

Sócrates, meu filósofo antigo favorito, dizia: "Só sei que nada sei", o que é equivalente ao que os budistas chamam de *mente vazia* e a Filosofia Vedanta denomina de *Brahman*. De certa forma, Sócrates, os vedantistas e os budistas estavam dizendo a mesma coisa, que nada sabemos. E de fato, nós temos de começar a partir daí, pois achamos que sabemos alguma coisa, mas realmente nada sabemos — e a essa altura já estamos bloqueados.

Outra coisa que Sócrates dizia é "conhece-te a ti mesmo". Embora não saiba coisa alguma, eu ainda tenho de fazer o esforço para me conhecer. E como ele fazia isso? Com o método socrático de discussão binária coletiva, com o qual atinge-se um novo nível de entendimento mediante a conversa. Isso realmente é a essência da Ciência, da atividade científica. Platão obviamente concordou e transformou isso em um grande sistema filosófico. Por sua vez, Heráclito falou sobre o fluxo de tudo. Tudo flui. Ninguém pode entrar duas vezes no mesmo rio, pois quando nele se entra novamente, não se encontra as mesmas águas e o próprio ser já se modificou, disse ele. Pensem sobre isso: quando voltamos a entrar nas águas de um lago ou de um oceano, esse lago ou oceano é diferente da vez anterior. Nosso corpo também muda a cada momento. A cada sete anos, a maioria das células do nosso corpo morreu e foi substituída. O corpo humano é como um computador bem estranho, que a cada sete anos ganha um novo *hardware*. Mas ele se reinventa, algo que os computadores não fazem. Então, na minha opinião, a ideia de que a mente ou o cérebro é um modelo inspirado nos computadores não faz o menor sentido, pois ignora a realidade biológica do que realmente somos.

Nós viemos das estrelas e realmente somos poeira estelar. Então a pergunta é: quais são essas três leis? A primeira lei é a *lei da complementaridade*, a complementaridade universal, correto? Então vamos usá-la para alguma aplicação prática. O que significa *complementaridade*? Bem, significa que os opostos na verdade não são antagônicos. Isso pode ser denominado de *polaridade integrada*, já que os dois polos perfazem o todo. Então, quando dizemos "me dê só a parte boa", a parte boa implica a parte ruim. Conforme o grande Buda dizia, o problema da condição humana é negar que mudanças acontecem o tempo todo. Nós nos apegamos ao *klesha*, à negação.

Há coisas opostas no mundo, mas elas dançam juntas continuamente. A complementaridade mais fundamental são os *qualia* do sujeito/objeto. Pensem sobre isso. Nós devemos querer sentir um "outro" mental, pois tudo começa a partir daí. Eu sou isso. Se não separarmos "eu" e "aquilo", nós não temos espaço, tempo nem a experiência da vida cotidiana. Então, os *qualia* fundamentais são a falsa separação entre o objeto e o sujeito, pois ela é arbitrária. Onde traçamos o limite é algo arbitrário. Mas digamos que eu esteja olhando Deepak ou Dan e fale: "Você é o objeto da minha observação". Se um deles também estiver me olhando, pode dizer "Menas, você é o objeto da minha observação". Isso é binário e há diferentes observadores se olhando. Se a grande polaridade mostrar que os opostos estão em uma relação complementar, ao invés de tentar rejeitar um e aceitar o outro, vamos acolher ambos. Isso não significa aceitar o mal. Mas Heráclito relatou que antigamente também havia guerras e todos os tipos de situações. A terrível Guerra de Troia ocorreu antes da época de Heráclito. E nos mitos homéricos, os gregos oravam para que Zeus e outros deuses eliminassem o sofrimento do mundo. Heráclito disse: "Embora não percebam, vocês estão orando pelo fim do universo", pois, ao eliminar o sofrimento, todo o restante também é eliminado. Tudo faz parte da vida. Isso não significa que não devemos cultivar boas qualidades e evoluir para um entendimento mais elevado e uma existência melhor. Longe disso. Mas nós precisamos ter humildade e reconhecer que o chamado lado obscuro, por assim dizer, é necessário para que vejamos a luz que verdadeiramente brilha. A segunda lei é a *lei de recorrência*, ou universalidade. Seja lá o que você vê aqui se repete em outro lugar. Na realidade, essa é a lei hermética. Não há certeza de que Hermes Trismegisto de fato existiu, mas aparentemente foi um grande polímata e alquimista da antiguidade. Pois bem, ele dizia na Tábua de Esmeralda que "o que está em baixo é como o que está em cima e o que está em cima é como o que está em baixo, para realizar o milagre de uma única coisa". Essa é a segunda lei do universo. O que vemos aqui se repete em padrões — nem sempre iguais —, mas possui estruturas em todos os níveis.

E a terceira lei é a *lei do fluxo*. Tudo flui e interage, pois o fluxo envolve interação. Nós podemos ser separados das outras coisas? Não. Nós sempre precisamos de uma interação. Quanto mais tivermos interatividade, mais nós fluímos com tudo mais. As três leis são tudo que vocês precisam entender em relação ao universo quântico — de fato, ao universo inteiro em todas as escalas. É preciso entender essas três leis, pois, pensando bem, elas constituem a vida cotidiana. Agora nós vamos fazer um exercício aplicando-as, para que vocês entendam melhor o mundo quântico. Na verdade, essas três leis também são o fundamento da mecânica dos *qualia*, pois elas nos dão o que aparenta ser uma existência limitada que surge de um vasto campo subjacente de conscientização. Vocês entendem?

Caso essas três leis não existissem, o universo seria uma nuvem de possibilidades e nós flutuaríamos como uma nuvem de possibilidade sem estrutura. E de fato há essas esferas, porém não no nível físico. Então usamos o corpo físico, a fim de vivenciar uma parte de realidade. Eu não sei por que — talvez só por prazer ou por um capricho. O esquecimento de tudo isso é o que podemos chamar de Maya. E quando nós entendermos que o papel de Maya é criar o universo, essa deusa nos dará a graça de alcançarmos o entendimento de que Nós somos o Universo. De fato, na mitologia hindu e em vários grandes sistemas antigos, a força criativa é sempre feminina e se chama Shakti. Chiti é a realidade consciente — há pelo menos 20 nomes para a consciência em sânscrito. Em inglês temos um, *consciousness*, e ficamos debatendo sobre o significado de consciência. Ela significa consciência individual ou consciência universal? Imaginem que os esquimós têm 20 palavras para neve, pois eles entendem as gradações dela. Para nós, neve é neve e ponto final. O fato é que a consciência tem vários níveis e é o aspecto feminino, que é a força criativa do universo. A realidade subjacente da Vedanta é Brahman e no Xivaísmo a realidade subjacente do ser é Shiva. É preciso ser para se modificar. A modificação do ser são os *qualia*. É assim que denominamos as experiências que temos. E como seres humanos, somos nada mais do que o fluxo de experiências, certo? Mas, para falar a verdade, nós somos o ser sob a aparência.

Vamos então exercitar um pouco esse entendimento, pois talvez isso nos faça lembrar da missão impossível: tornar a Física Quântica relevante para todos nós.

Agora vamos fazer um exercício prático referente à primeira lei, ao fluxo criativo ou à complementaridade. Eu peço que vocês fechem os olhos, sentem-se e deixem o celular de lado. E evoquem em sua consciência alguma experiência negativa. Vejam como se sentem em relação a ela. Agora, ainda de olhos fechados, evoquem uma experiência positiva — talvez a primeira vez que vocês se apaixonaram, quando seu primeiro filho nasceu ou quando vocês conheceram alguém que se tornou um grande amigo — e vivenciem isso de novo plenamente.

Podem abrir os olhos. Claramente há alguma diferença em seu corpo, no modo como ele reage, certo? A experiência negativa incomoda e a experiência positiva faz vocês se abrirem para algo muito agradável. Mas em ambos os casos, uma leva à outra. Quando eu digo positiva, vocês pensam em algo positivo, mas também em algo negativo, certo? Vocês podem dizer "ah, mas algo positivo não é negativo". Mas o positivo sempre implica um negativo e vice-versa, pois os opostos compõem o todo. Na verdade, nós somos o caminho do meio entre os opostos, pois é ele que permite o surgimento do positivo ou do negativo. Ambos vão e vêm, certo? Eles vão e vêm. Essa é a primeira lei.

Segunda lei: nós temos a mesma natureza que tudo mais. O que vemos aqui está em todo lugar. Então, peço que vocês fechem os olhos novamente e evoquem alguma experiência excelente que tiveram. Tragam essa experiência para os olhos, a mente e a conscientização. E agora evoquem o sentido positivo dessa experiência e o projetem carinhosamente para todos na sala. Todo mundo tem esse tipo de experiência. Agora projetem sua experiência positiva para todos na sala e vejam a diferença. Podem abrir os olhos. Há alguma diferença entre as duas? Sim, há uma diferença. Vocês partem do *self* limitado para o *self* universal. Nós gostamos de fazer isso com experiências positivas, mas não com experiências negativas. Mas façam isso com as experiências positivas e vocês verão o efeito multiplicador.

E a terceira lei: é impossível existir sem mudar. Isso é bem trivial, mas vamos tentar entender melhor. Por favor, fechem os olhos, sentem-se confortavelmente e agora apenas observem seus pensamentos. Notem onde um pensamento acaba e o próximo começa. Assim que um pensamento acaba, o próximo começa, então vem mais um e assim por diante. Onde isso tem fim? Agora abram os olhos. Esse fluxo de pensamentos continua o tempo todo. Nenhum deles é especialmente importante ou menos importante. Eles são apenas pensamentos, mas os rotulamos: esse é um pensamento bom, esse é um pensamento ruim.

Observem essas três leis ou princípios fundamentais na vida cotidiana e eu posso garantir que se vocês começarem a vê-las ao seu redor, suas vidas mudarão, pois essas leis são universais. Elas nos tiram de uma existência individual e nos levam para a existência universal. Nós somos seres complementares que aparentam ser opostos. Nós somos a repetição de padrões que continuam se mantendo. Às vezes, esses padrões nos irritam, mas não passam de padrões e não devem nos tirar do prumo. E a terceira lei é que eles vão e vêm, eles vão e vêm.

Muito obrigado.

15

A INTERCONEXÃO DA MENTE, DA CONSCIÊNCIA E DO BEM-ESTAR

com Daniel J. Siegel

O foco agora é a interconexão da mente, da consciência e do bem-estar, e vamos começar com a natureza da mente. Vou me basear nas lições profundas transmitidas por Menas Kafatos, alguns tópicos apresentados por Rudy Tanzi e na visão que Deepak Chopra descortinou hoje mais cedo. Então vou tentar integrar essas perspectivas com as discussões empolgantes dos apresentadores anteriores. Para sintetizar tudo isso, faço uma pergunta prática relativa a essa exploração: "Como vocês poderiam estar vivendo agora de outra maneira no planeta, uma vez que estão a par de tantas informações e experimentaram essas várias práticas? Além disso, vou selecionar aleatoriamente algumas perguntas e comentários que vocês escreveram e lê-las em voz alta, para que possamos refletir a respeito. E veremos como a aleatoriedade — ou, no mínimo, a imprevisibilidade — nos leva para um lugar marcado pela incerteza. Então vou perguntar como vocês, não só como cidadãos, mas também como profissionais, usam isso em seu trabalho. Quem é terapeuta pode usar isso em seu trabalho clínico? Muito bem, podemos começar?

Quando eu tinha 12 anos, meus pais me deixavam pedalar além do nosso bairro aqui em Los Angeles, e eu circulava de bicicleta nas cercanias da cidade. Eu ia ao Coldwater Canyon, onde havia um riacho com água fria. Aí me sentava na beira do riacho e matutava: "eu" era a água daquele riacho? Eu era as plantas? Eu era as pequenas salamandras que via ali? Quem eu era? Essas perguntas podiam se transformar em, bem, sou apenas o Dan ou, naquela época, Danny, em um corpo, certo? Era isso que acontecia.

O fato é que temos esses filtros do topo para a base que definem quem nós somos, e hoje estamos discutindo essa ideia de várias maneiras. Se pensarem sobre as três propriedades do universo citadas por Menas — a ideia da *universalidade* de tudo, a *complementaridade* de tudo e o *fluxo* de tudo —, vocês sentirão a tensão entre o que imaginamos e o que de fato pode ser real. O fluxo é real e há padrões evidentes de complementaridade e de universalidade. Enquanto prosseguimos, vamos manter a mente aberta em relação a esses padrões. As perguntas que uma criança pequena faz sobre si mesma são as mesmas que precisamos fazer aos nossos clientes na terapia, quando eles dizem "sou vítima dessa coisa terrível que me aconteceu". Em relação às aplicações clínicas desse material, eu quero lhes mostrar como essas ideias se baseiam exatamente no que estamos explorando nesse conjunto de discussões.

Vejamos então as perguntas básicas sobre a mente: *quem*, *o que*, *por que*, *onde*, *quando* e *como*. Se você for terapeuta mental e alguém lhe perguntar "o que é a mente?", surge um dado bem estranho: a área de Saúde mental não tem uma definição de mental, o que impossibilita ter uma definição do que é saúde mental. Isso é meio esquisito, certo? Então, nesta conferência, vamos dar uma visão da Neurobiologia Interpessoal sobre o que é a mente. Aliás, muitos campos do conhecimento lidam com a palavra "mente", mas não a definem. Perguntei isso a mais de 100.000 profissionais da saúde mental e a mais de 10.000 professores, mas nenhum deles tem uma definição de mente. Até profissionais no campo da filosofia da mente geralmente afirmam que é melhor não definir esse termo. Por quê? Porque defini-lo limitaria nosso entendimento a respeito.

Ao pensar sobre a situação atual dessas disciplinas, quem é da área da saúde mental se depara com um dilema: é preciso ousar e propor o que significa o "mental" da saúde mental? Um jornalista perguntaria isso e, no final desta conversa, eu espero que tenhamos uma resposta sobre o que é a mente pelo ponto de vista multidisciplinar da Neurobiologia Interpessoal. É aqui que a situação se complica ainda mais. Como não há definição de *mente* nesses vários campos do conhecimento, como podemos propor uma definição confiável, com a qual possamos trabalhar e até transformá-la no decorrer do tempo? Retomaremos essa questão diversas vezes. E espero que pensar sobre isso os ajude como pessoas no planeta, terapeutas ou educadores, enquanto nos encaminhamos para uma síntese nesta conferência.

A seguir, vamos abordar o interessante triângulo do bem-estar [ver Figura 15.1], que é uma ideia que podemos apresentar a um bando de acadêmicos: qual é a relação entre a mente, o cérebro incorporado e os relacionamentos? Uma resposta sobre como esses três componentes da experiência humana são conectados pode ser a ideia do fluxo de energia e informações, que citei na introdução antes do início de todas as apresentações. Conforme Menas Kafatos mencionou, Heráclito disse que tudo muda. Daí vem a noção de *fluxo*. Não diremos a frase *tudo muda no decorrer do tempo*, pois conforme vocês verão quando fizermos em breve a pergunta *quando* nós somos, ficará evidente que de várias maneiras o tempo não é o que imaginamos.

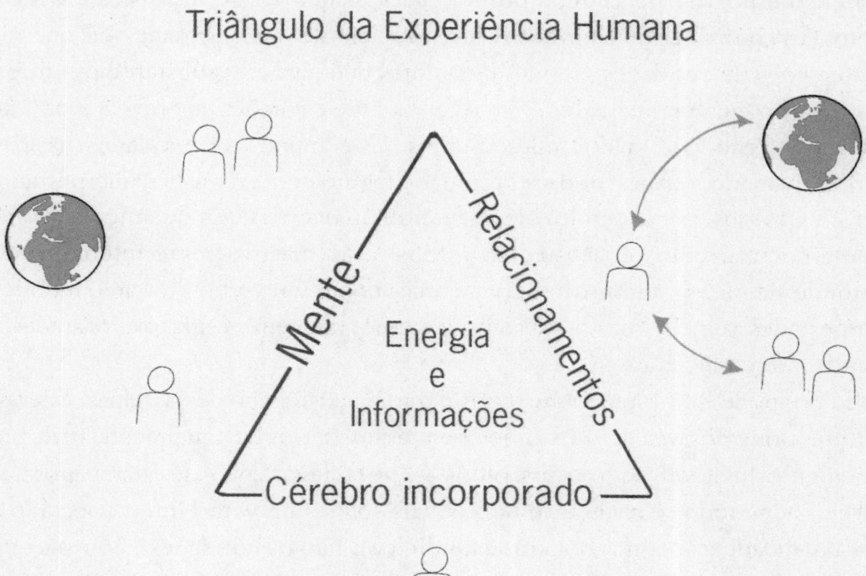

Figura 15.1

Aqui, a noção de fluxo pode significar mudança. Informações podem ser definidas como um padrão de energia com teor simbólico. Outras pessoas diriam que não, que o universo é composto por informações das quais a energia emerge. Ao juntar os dois e ver a perspectiva de cada um, há a descoberta consiliente da noção do fluxo de energia e informações, que é um modo de pensar na realidade básica universal neste mundo em que vivemos. Portanto, esse é o triângulo do *fluxo de energia e informações*. O que acontece em seu corpo é um fluxo constante de energia e informações. Levando em conta perspectivas poderosas proporcionadas pela apresentação de Rudy Tanzi e os diversos estudos citados nas apresentações de Amishi Jha, Judd Brewer e Helen Lavretsky, vocês verão que o fluxo de energia e informações passa do cérebro na cabeça para o corpo todo. Nós podemos usar a palavra *cérebro*, mas eventualmente pode ser mais proveitoso usar o termo expandido *cérebro incorporado* —

para frisar a natureza incorporada do fluxo de energia e informações. Sejam quais forem as palavras utilizadas, elas se referem a um fluxo incorporado de energia e informações que acontece no corpo envolto pela pele. Essa é a localização interna da nossa mente, do nosso *self* e do nosso fluxo interno de energia.

A verdade indiscutível é que nós temos um corpo. A Física moderna fez algumas descobertas profundas e importantes de que há um mundo de objetos grandes, como o corpo, os quais têm propriedades matemáticas da Física clássica ou newtoniana que discutimos brevemente no início de nossa jornada; leis que regem as interações de entidades grandes e distintas que parecem substantivos entre si; e um conjunto igualmente real, porém diferente, de equações que revela uma "esfera" distinta da realidade, a dos microestados. Esse mundo de unidades básicas de energia chamado "quanta" pode ser estudado mediante o exame dos microestados de elétrons e fótons, por exemplo. Nesse mundo do microestado quântico, a realidade emerge como eventos que parecem verbos e são massivamente interconectados. O mundo de microestados de energia é mais como um verbo do que o mundo dos macroestados semelhantes a substantivos, que parecem entidades separadas, não eventos interconectados.

Como pode ser inquietante considerar a existência dessas duas esferas — uma que podemos ver com os olhos bem abertos e outra igualmente real, porém comumente invisível aos nossos olhos —, por favor, não desistam agora. Não pensem, bem, tudo se resume ao fato de que sou só um verbo interconectado com toda a realidade e as coisas podem se fundir, pois não há entidades (tão reais quanto na realidade do microestado de pura energia), aí você entra em seu carro, pronto para dirigir e se juntar com toda a realidade. Quando está ao volante e vê um sinal vermelho, você precisa ter a reação da Física newtoniana clássica de pisar no freio, parar o carro no macroestado e aceitar que você também é uma entidade distinta e parecida com um substantivo. Por quê? Porque se não fizer isso no sinal vermelho em um cruzamento, você se fundirá com tudo.

Esta conferência busca esclarecer os diversos níveis, esferas ou aspectos da nossa realidade, e queremos que vocês estejam seguros. O fato é que vivemos em um corpo, mas a partir de um ponto de vista mental, é preciso começar nossa jornada frisando que o fluxo de energia e informações têm entidades newtonianas distintas que parecem substantivos e interagem e eventos quânticos que parecem verbos e têm uma interconexão profunda. No nível básico dos modos de "você" e "eu" vermos o mundo, compartilhamos esse fluxo de energia e informações bem aqui, enquanto vocês veem ou ouvem estas palavras. O que acontece agora entre vocês e eu, inclusive em forma de palavras escritas, é o compartilhamento do fluxo de energia e informações. Se fecharem os olhos ou tamparem os ouvidos, vocês não podem receber a luz e a energia sonora que são modos básicos de nos comunicarmos ao vivo com os outros ou lendo um livro.

Refletindo sobre o que Deepak Chopra disse, esses modos de nos conectarmos podem ser vistos como vibrações, movimentos de moléculas de ar que formam o *som* ou de fótons que formam a *luz*. A energia pode assumir diversas facetas identificadas pela sigla CLIFF: a energia tem contorno, localização, intensidade, frequência e forma. Há várias formas de energia; a ideia de regulá-las e às suas informações depende da capacidade de variar os contornos, a localização, a intensidade, a frequência e a forma da energia.

Alguns profissionais da área da saúde mental ficam bem nervosos quando a palavra *energia* é usada. Quando perguntei a um acadêmico: "Por que vocês ficam tão nervosos com o foco na energia?", sua resposta foi: "Porque esse não é um conceito científico". Mas se perguntarmos a físicos, químicos ou fisiologistas se a energia é um conceito científico e é considerada "real", a resposta retumbante é "sim!". Portanto, o que eu digo às pessoas ligadas à área da saúde mental é que, se a Física, a Química e a Biologia são ramos da Ciência, a energia é um conceito científico. Em geral, as pessoas que falam sobre atividades mentais, como sentimentos, pensamentos e lembranças e várias outras, não as relacionam à energia como um processo ou conceito. Seja qual for a razão, elas não usam o conceito de energia. Francamente, acho estranho que as propriedades da energia não sejam aproveitadas na área da saúde mental e na educação. Mas se a energia for tomada como um aspecto fundamental da mente, pode-se dizer que um *relacionamento* é o compartilhamento do fluxo de energia e informações.

Como pesquisador do apego, eu estudo como os bebês interagem com os pais. Há décadas está comprovado que as interações com uma criança desde cedo na vida influenciam como essa pessoa será quando tiver 40 anos. É uma abordagem muito proveitosa pensar que a energia e as informações são a base para os relacionamentos, que então moldam os padrões de conexão no sistema nervoso em desenvolvimento e têm impactos de longo prazo sobre o desenvolvimento da mente ao longo da vida.

Assim, o *cérebro incorporado* é o mecanismo incorporado do fluxo de energia e informações, ao passo que os *relacionamentos* são o compartilhamento desse fluxo. Então o que é a mente em nosso triângulo da experiência humana?

A mente tem muitas facetas. Uma é a experiência subjetiva — a textura sentida da vida. Outra é a consciência que nos deixa cientes de nossa experiência subjetiva. E a terceira faceta fundamental é o processamento de informações: a transformação da energia em valor simbólico que não tem de estar na consciência. Essas três facetas da mente geralmente não são consideradas partes do fluxo de energia, mas são comumente discutidas. Porém, quando consideradas como um todo, não se pergunta como elas contribuem para o bem-estar ou o quanto são verdadeiras. O que seria uma experiência subjetiva saudável? O que a consciência pode fazer pelo bem-estar? E qual é o efeito do processamento de informações para a saúde? Nada vem à nossa mente como respostas diretas.

Em nossa visão, é importante identificar e explorar a quarta faceta da mente em geral, a fim de entender o que a mente é e especificamente como pode ser a mente saudável. Essa quarta faceta fica clara quando nós consideramos aquele triângulo como a visualização de um sistema. Em termos matemáticos, um sistema é *complexo* quando tem três características: *é aberto* a influências externas, pode ser *caótico* e *não linear*, o que significa que um pequeno *input* para o sistema irá gerar um resultado grande e difícil de prever. Segundo a Matemática, se o sistema for aberto, passível de caos e não linear, há um sistema complexo nesse universo em que vivemos. Conforme veremos logo mais, essa quarta faceta da mente pode ser a propriedade matemática denominada de "auto-organização", que é fundamental para os sistemas complexos. Dessa maneira, a auto-organização emerge naturalmente do fluxo de energia e informações no sistema complexo. Talvez as outras três facetas — experiência subjetiva, consciência e processamento de informações — também sejam processos oriundos do fluxo de energia e informações.

Onde fica esse sistema do fluxo de energia e informações? Fica em nós — no corpo e em seu cérebro — e entre este corpo em que nascemos e o mundo das outras pessoas e da natureza no qual estamos imersos — nossos mundos relacionais. O triângulo mostra que temos um sistema no qual o crânio e a pele não são limites impermeáveis para o fluxo de energia e informações. Conforme as palestras anteriores enfatizaram, o que achamos que são limites para a consciência e a mente podem ser apenas ilusões — já que nos limitamos pelas categorias que criamos, por conceitos que moldam o que percebemos, por palavras que usamos uns com os outros para moldar nossa *noosfera* — como a cultura molda as informações que nos inundam e aquilo que passamos a acreditar que á a natureza da realidade. Nós podemos ficar aprisionados por nossos pensamentos e limitar o que percebemos pelas camisas de força criadas por nossas crenças. A aprendizagem anterior molda não só como nos lembramos e pensamos nas coisas, mas também como as percebemos. Conforme Anil Seth sugere, a realidade talvez não seja o que aparenta ser.

Uma maneira de descrever essa aprendizagem anterior que molda a percepção se chama *modelo do topo para a base*, o qual funciona como um filtro da percepção, consciência e pensamento. Por exemplo, Hipócrates afirmou há 2.500 anos que a vida mental se origina apenas da nossa cabeça. William James reafirmou essa visão em

1890, por ocasião do início da psicologia moderna. E nós tomamos como um fato essa visão de que "a mente é o que o cérebro faz". Mas essa história do topo para a base pode ser apenas parcialmente verdadeira e, quando aceita com rigidez como abrangente, pode estar errada. No mínimo, a atividade mental limitada ao cérebro não é a história toda. Obviamente, a vida mental envolve o corpo. Obviamente, a mente envolve o cérebro na cabeça (e provavelmente as outras duas redes neurais, os cérebros mais antigos, em termos de evolução, no coração e no intestino). Mas, como estamos afirmando aqui desde o início, a mente não se limita à cabeça e pode ser totalmente incorporada e também totalmente relacional.

E então o que é essa "mente" sobre a qual estamos falando? A mente envolve pelo menos as quatro facetas que mencionamos [Figura 15.2]. A quarta faceta da mente é o aspecto de auto-organização do sistema complexo do fluxo incorporado e relacional de energia e informações — uma proposta apresentada originalmente em 1992 e apontada na introdução desta conferência. Esse fluxo em e entre abrange um sistema complexo que é uma parte fundamental do nosso universo. Sistemas complexos, como as nuvens ou o sistema da mente, têm *propriedades emergentes*: fenômenos que provêm da interação dos elementos do sistema. Uma dessas propriedades emergentes é a auto-organização.

Surgimento e *auto-organização* são termos da matemática dos sistemas complexos. Portanto, quando as moléculas de água e as moléculas de ar de uma nuvem interagem como um sistema, elas têm a auto-organização característica de um sistema complexo. A auto-organização tem a característica não intuitiva de ser recursiva, o que significa que, como uma propriedade emergente, provém das interações dos elementos do sistema. Como um processo que se auto-organiza, ela regula a interação dos elementos do sistema. Além disso, a auto-organização evidentemente molda as próprias interações que a originam — uma parte não intuitiva, ilógica e comprovada dos sistemas complexos em nosso universo. Essa característica ilógica da auto-organização talvez justifique por que é tão difícil definir a mente ou enxergar que ela é incorporada e relacional. Esse processo emerge no sistema geral, que não se limita ao crânio ou à pele — ele está em nós e entre nós.

Por isso, pode-se dizer que o termo "mente" se refere a essas quatro facetas. Os *qualia* que Menas Kafatos e outros mencionam ao discutir a consciência, os *qualia* das nossas vidas subjetivas, são essa textura subjetiva. Ninguém no mundo descobriu ainda como o cérebro cria *qualia* ou experiência subjetiva, sob uma visão *reducionista* de que a atividade mental é igual à atividade cerebral. Talvez essa pergunta se a mente é igual ao cérebro não seja a correta a ser feita nesse modo limitado. Como nós sabemos que estamos tendo uma experiência subjetiva? Bem, por meio do processo de conscientização, o saber da consciência.

Figura 15.2

Conforme Deepak Chopra e outros sugerem, às vezes pode-se usar os termos *conscientização* e *consciência* mais ou menos no mesmo sentido. No mínimo, esses termos podem ser sutilmente distinguidos pelo senso de *saber*, como quando eu digo "olá" e você sabe — está ciente — de que eu disse "olá". *Saber* é uma palavra enganosa, pois não indica que você tem conhecimento factual. Você tem algo um pouco diferente e mais básico: o saber da conscientização. Embora o termo inglês *knowing* seja meio problemático, ele é proveitoso, pois indica a experiência de saber e os conteúdos desse saber.

Estar consciente é distinto daquilo de que você está ciente — os "conhecidos" da consciência como aquilo que você ouve ou vê, o "olá" que eu lhe disse. Isso é o conhecido e há também o *conhecedor*. Portanto nós temos o *saber*, o *conhecedor* e o *conhecido*. E o que realmente é fascinante a esse respeito é que estudos sobre o cérebro social e a consciência se referem a esses três aspectos sem nomeá-los com esses termos. Nós podemos usar o termo *conscientização* para a experiência de saber e *consciência* para a gama toda de saber, ser conhecido e conhecedor. A Neurociência tem alguns modos interessantes de focar nos correlatos neurais desses vários aspectos da consciência ou correlatos neurais da consciência (CNC).

Essa noção de algo sobre a experiência de saber, de algo sobre os conhecidos e de algo sobre o conhecedor, que é um processo autobiográfico, tem vários correlatos funcionais e estruturais no cérebro na cabeça.

No campo multidisciplinar da Neurobiologia Interpessoal (NI), nós utilizamos o que E. O. Wilson chamou de *consiliência* em um livro com esse título. É assim que procuramos pontos em comum em visões independentes. A NI acolhe o campo vasto da Neurociência com suas muitas subdivisões, incluindo a social, a afetiva e a cognitiva, e mescla essas abordagens com a sabedoria e as descobertas de vários outros ramos da Ciência. A busca por consiliência nos incita a explorar como descobertas independentes têm elementos em comum e como elas podem se encaixar para formar um todo coerente — uma imagem do "elefante inteiro", como na lenda indiana. Cada disciplina oferece perspectivas e descobertas singulares que, em conjunto, podem nos ajudar a conceituar e prefigurar uma visão maior da realidade. O ponto de vista do conhecedor, do saber e do conhecido provém das práticas contemplativas e também se encaixa com alguns modos de interpretar as descobertas independentes da Neurociência.

Além da experiência subjetiva e da consciência que nos permitem saber que estamos tendo ambas, nós também temos o processamento de informações. Essas transformações de energia em valor simbólico são incorporadas e exprimidas por nossas sensações somáticas internas e movimentos físicos — que são parte de nosso "*self*" físico. Nosso *self interior* faz uma referência espacial ao interior do corpo em que nascemos. Dessa maneira, o processamento de informações passa pelo corpo, e esse processo da mente incorporada não precisa envolver a consciência. Quando o processamento de informações flui sem que estejamos cientes dele, podemos até dizer que ele não está sendo vivenciado subjetivamente, embora seja a energia fluindo em nossa existência física. A apresentação de Bonnie Goldstein e Pat Ogden explora como o processamento incorporado e expressado de informações — o fluxo de energia com transformações de teor simbólico — molda nosso bem-estar. Como as apresentações de Kristin Neff e Shauna Shapiro frisam, quando nós recorremos à "autocompaixão" — que Kristin chama de *compaixão interna* e praticamos a *atenção bondosa*, que Shauna propõe ser uma atitude de bondade —, moldamos a qualidade da informação fluindo. Na apresentação de Trudy Goodman Kornfield e Jack Kornfield sobre consciência bondosa, vimos também que a compaixão e a bondade mudam a própria natureza do nosso senso de conexão com nossas vidas interiores e relacionais.

Se vocês tiverem um *smartphone*, um computador ou até um livro ou revista, o processamento de informações faz parte de suas vidas, mas não está dentro de seus corpos. Esse processamento de informações fora do corpo é o que cientistas cognitivos chamam de *cognição estendida* e *incrustada*. A ideia é que temos processos mentais coletivos que se estendem além do interior do corpo e certamente além do interior do crânio. Nós não estamos restritos apenas ao próprio processamento de informações. E *incrustada* significa que estamos socialmente imersos em nossa cultura mediante padrões de comunicação direta com as pessoas e por meio da mídia que molda nossa experiência com o fluxo de informações.

Por algum motivo, parece que os filósofos e cientistas cognitivos que usam as quatro características da cognição — ser *incorporada*, *expressada*, *estendida* e *incrustada* — rejeitam a noção do fluxo de energia. Mas as informações podem ser consideradas um padrão de energia com teor simbólico. Independentemente da proveniência da energia primária e das informações primárias (como dizem alguns físicos), o fato é que nós podemos usar a noção do fluxo de energia e informações como nossa unidade mental fundamental. Na visão da NI, esse fluxo acontece no corpo e em seu cérebro como uma *mente interna* ou *incorporada*. E nossa *mente relacional* fica entre o corpo, outros corpos e o mundo maior no qual vivemos — entre nosso *self* incorporado, as pessoas e o planeta.

Já que o elemento fundamental do sistema mental é o fluxo de energia e informações, é evidente que esse sistema se enquadra nos critérios matemáticos relativos a um sistema complexo. Conforme já vimos, os sistemas complexos têm propriedades emergentes. Um desses fenômenos que surgem da interação dos elementos do sistema é a auto-organização. Talvez as primeiras facetas também sejam propriedades emergentes desse fluxo incorporado e relacional. Agora podemos apresentar uma definição mais sólida da quarta faceta da mente da seguinte maneira: *um processo incorporado e relacional emergente que se auto-organiza e regula o fluxo de energia e informações*.

Como um processo emergente, ele simplesmente provém dos elementos do sistema — no caso da mente, do fluxo de energia e informações. Como um processo emergente que se auto-organiza, ele se regula a partir de sua origem: a auto-organização continua surgindo das próprias interações das quais emerge e se regula constantemente. Na superfície, a auto-organização não faz sentido, mas é algo comprovado pela Matemática.

Com essa quarta faceta da mente já definida como a auto-organização, fica evidente que esse fluxo está acontecendo em nosso corpo inteiro, não só na nossa cabeça, e também em nossos relacionamentos com outras pessoas e o mundo ao redor. Nós somos fundamentalmente interconectados uns com os outros e com a natureza. E conforme veremos, o primeiro componente no qual estamos focando — a mente —, é um fenômeno emergente do fluxo interconectado de energia. Interconexão é a natureza fundamental da mente. Nós nascemos em um corpo composto por muitas moléculas e que realmente é grande em comparação, por exemplo, com um elétron. Ele é grande e formado por uma coleção de pequenas coisas que nós podemos chamar de um macroestado. E os tipos de leis mais aparentes que regem como as coisas grandes se comportam são as chamadas *leis da física clássica* ou *newtoniana*. Nós vivemos em um corpo cujas propriedades são principalmente clássicas e perceptíveis com o aparato do próprio corpo. Assim é o corpo.

Vamos fazer de conta que eu estou em um avião que vai para Nova York e repentinamente há uma grande explosão; todos dentro do avião têm uma experiência mental, que não é exatamente newtoniana, de perder a cabeça, então eu me levanto e tiro uma foto dessa cena. Havia um engenheiro fazendo um conserto fora do avião, que deve ter se distraído e puxado a alavanca de desbloqueio no mecanismo de corrediça, que explodiu. O corpo dele efetuou uma ação que estava funcionando em níveis newtonianos. Não havia probabilidade de que ele houvesse puxado o manche, pois, se tivesse feito isso, a porta e o mecanismo de deslizamento iriam saltar. Tal mecanismo e o avião são clássicos newtonianos. Se estivesse nesse avião, você não iria dizer: "Estou viajando com a Quantum Airlines e isso é ótimo, pois o avião *provavelmente* vai para Nova York, mas talvez não". Não, você não quer viajar com a Quantum Airlines, certo? Você quer viajar com a Qantas Airlines. Por quê? Porque esse é um avião newtoniano. E supondo que toda a parte mecânica funcione, o avião irá chegar com pontualidade ao seu destino.

Em contraste com a certeza caraterística desse macroestado da Física clássica newtoniana, a mecânica quântica gira em torno das probabilidades. E por meio de suas equações muito acuradas, ela lida com graus de incerteza. Conforme falamos antes, a Física revela um modo aceito de entender nossa realidade: há o mundo do macroestado onde as coisas acontecem como entidades separadas que parecem substantivos e a esfera do microestado na qual a realidade é como eventos altamente interconectados que parecem verbos. Macroestados são como substantivos; microestados são como verbos. Uma visão interessante da Física é que, no reino newtoniano do macroestado, há uma "seta do tempo" que determina a direcionalidade da mudança: nós não podemos reconstituir um ovo quebrado (macroestado). Pode ser que nossa consciência da direcionalidade da mudança seja o que denominamos de *tempo*. Em contraste, essa visão afirma que a esfera quântica de eventos no microestado que parecem verbos não tem direcionalidade de mudança — não tem seta do tempo — e, portanto, podemos senti-la como atemporal. Retomaremos logo mais esse contraste entre essas duas esferas estabelecidas da mesma realidade.

Quando hipoteticamente puxou o manche, aquele homem fez isso com um braço newtoniano, mas teve uma distração mental — talvez estivesse pensando em sua filha adolescente andando sozinha em Camino ou em algo parecido. Nós também podemos ficar distraídos com questões de probabilidade, pois a mente vive em um corpo que em parte tem aspectos newtonianos, como logo veremos. Mas a mente *também* tem características quânticas — aspectos dos nossos microestados do mundo da energia cuja existência é comprovada pela Física, mesmo que ainda não se saiba se ele existe diretamente na vida mental. Assim, a probabilidade de sua atenção se distrair, conforme a apresentação de Amishi nos revela, realmente é uma questão de *probabilidade*. Quando se vê os estudos incríveis sobre o funcionamento dos neurônios, surge a ideia de que há probabilidades crescentes de que ocorram certos padrões de disparo para esse processo ou menos probabilidade de disparo para outros. Trata-se de um jogo de probabilidades no cérebro. Como a apresentação de Judd Brewer salienta, nós podemos alterar as probabilidades com a conscientização, a fim de mudar nossa experiência de adição — e até a experiência de subjetividade. Mas vale salientar: aquele cara que puxou o manche no avião era um mecânico quântico.

Aqui estão algumas regras fundamentais para aplicar a teoria da complexidade na psicoterapia. *Psique* é uma palavra de origem grega que significa "alma", "intelecto", "espírito" e "mente". E agora é possível definir esse último termo. Já que a auto-organização ideal depende da ligação de partes diferentes de um sistema complexo — um processo que denota *integração* —, alguém, a exemplo de um psicoterapeuta, que ajude a cultivar o bem-estar mental é um "integrador" que ajuda a promover a auto-organização ideal. Onde isso acontece? Onde a mente está: no corpo e em nossos relacionamentos com as pessoas e o planeta. Portanto, a interconexão para o terceiro elemento da nossa conversa, o bem-estar, também pode ser fundamental para a saúde. Integração é a ligação de vários elementos diferentes de um sistema, assim como o processo emergente da interconexão no cerne da saúde.

A harmonia e a saúde surgem com a integração. Como Menas Kafatos aponta, o filósofo grego Heráclito pode ter razão: tudo flui. Nós nunca terminamos o processo de integração, pois ele é um aspecto constante da vida, mas podemos direcionar seu fluxo. Às vezes, a auto-organização de um sistema complexo fica bloqueada devido à limitação da diferenciação, da ligação ou de ambas. Quando esse processo de equilibrar a ligação de partes diferentes está bloqueado, a integração fica bloqueada e o sistema perde o fluxo harmonioso de integração e se torna *caótico* ou *rígido*. A matemática da complexidade revela que a auto-organização ideal que surge com integração tem as características da sigla FACEE: é flexível, adaptativa, coerente, energizada e estável. Essas são as cinco qualidades da harmonia, a qual provém do fluxo sinérgico de integração que propomos ser o mecanismo fundamental subjacente à saúde. Quando nós ligamos e integramos partes diferentes, a harmonia e a saúde afloram. Essa integração pode ocorrer na experiência interna do fluxo de energia e informações e no "interfluxo" em nossos relacionamentos.

Conforme a apresentação de Gary Small revela, quando nos empenhamos para manter nossas mentes ativas e engajadas, nós podemos manter nossos cérebros saudáveis. Pode-se propor que um cérebro saudável é integrado e que a integração pode ser cultivada ao longo de nossas vidas. O trabalho de Helen Lavretsky sobre práticas de ioga comprova que esta — que é consiliente com a integração — pode trazer saúde para a vida mental e bem-estar físico.

Onde fica a mente? Fica "em" e "entre". A mente é interna e entre. Dessa maneira, é preciso ter cautela ao usar termos como *autorregulação*, *autoconsciência* ou *autocompaixão*, pois o termo linguístico *self* se tornou uma prisão do topo para a base que faz crianças, adolescentes e até adultos acreditarem na mentira limitante e letal. Isso é uma mentira, pois não condiz com a verdade; é limitante, pois o *self* é mais amplo do que o cérebro e maior do que o corpo individual; e é letal porque enquanto os seres humanos continuarem acreditando que a mente só provém do cérebro ou que o *self* só provém do corpo envolto pela pele, grande parte da vida neste planeta continuará sendo aniquilada. Devido a esse engodo letal, a pessoa ingênua não percebe que as pessoas diferentes dela na verdade são parte dela, seja lá o que "elas" forem. A interconexão é a realidade de vida na Terra mesmo que não tenhamos tal percepção e fiquemos cientes dessa realidade interconectada. Portanto, o planeta todo dos seres vivos pode ser considerado uma extensão da noção de "*self*".

Conforme o foco de Elisha Goldstein no efeito "antidepressivo" da *mindfulness* demonstrou, nossas interconexões nos relacionamentos com outras pessoas e com "nós mesmos" são fundamentais para manter nosso senso de alegria vivo. Aceitar a diferença e cultivar nossas conexões também são o foco do que Rhonda Magee e eu esmiuçamos a respeito de justiça social e prática de *mindfulness*: nós passamos a aceitar a importância da nossa diferenciação e da nossa ligação. Ou seja, interconexão é integração — materializada como bondade e compaixão. Conforme Shari Geller observou, a presença terapêutica permite que essa integração faça parte do relacionamento na psicoterapia. Tal presença pode ser ensinada e clínicos devem aproveitar o poder de presença para fomentar a cura em seus clientes e a resiliência em suas vidas interiores. Até agora eu tentei ao máximo evitar o termo *self*, substituindo-o por "vidas interiores". *Self* é uma palavra ardilosa que representa um conceito enganosamente poderoso que reforça uma categoria mental potencialmente divisiva e até destrutiva.

Vamos examinar esse termo "*self*", já que é relacionado ao conceito-chave de interconexão e também à grande parte do que vem sendo discutido nesta conferência. A palavra "*self*" é muito usada no sentido de uma identidade baseada no corpo. Minha mãe me chamava inocentemente de "Danny", eu acreditava nisso e, se alguém se referia ao meu "*self*", eu apontava para meu corpo achando que ele era tudo que me constituía. Mas, obviamente, essa é uma verdade parcial. Embora os pais possam ser bem intencionados, inclusive os meus, pode ser injusto e improdutivo ter uma categoria do *self* contra o outro, um conceito de identidade e subjetividade que só é baseado no corpo, e um termo linguístico, *self*, que é delineado como um tipo de substantivo no singular para representar essas categorias e conceitos: "Meu *self* está aqui neste corpo em que nasci".

Conforme veremos, nós podemos postular que a identidade não se resume apenas a um eu, pois também abrange um nós. Isso gera uma identidade integrada, que diferencia a mente incorporada como um "eu" e a mente relacional como um "nós", respeita e mantém esses aspectos distintos do *self* e os liga como *Eu + Nós = EN*. Conforme eu escrevi em publicações anteriores, a ideia de "EN" nos ajuda a integrar a identidade e a admitir a realidade da interconexão usando esse símbolo pequeno e simples. Se a auto-organização nos encaminhar para a harmonia com integração, uma identidade integrada seria *Eu + Nós = EN*. EN giram em torno da realidade da interconexão e da integração da identidade.

Uma vez que a mente é considerada um processo que se auto-organiza, ensinar as pessoas a se monitorarem com mais estabilidade e a se modularem em prol da integração ajuda a fortalecer a mente. Em nosso ponto de vista e conforme pesquisas revelam, isso pode nos tirar prontamente de uma visão individualista de um *self* solo e descortinar a visão mais interdependente de um *self* interconectado. Essa nova perspectiva pode ser moldada por aquilo que aprendemos em casa, na escola e na sociedade. De várias maneiras, aprender a integrar nossas mentes envolve ampliar a percepção sobre a realidade da nossa interconexão. Como nós mudamos essa experiência mental? Fortalecendo a capacidade para monitorar e modificar o fluxo de energia.

A regulação depende de monitoramento e modulação. A auto-organização em prol do bem-estar depende da integração. Portanto, monitorar com mais estabilidade nos permite ver com mais profundidade, foco e detalhes, pois fortalece a atenção. É isso que temos ouvido no decorrer das apresentações de Jack e Trudy, de Shauna, de Kristin, de Amishi e de Judd. Com essa capacidade recém-descoberta de focar a atenção, nós podemos então nos modular mais efetivamente em prol da harmonia da integração. Que sensação isso dá? Pode ser da presença que Shari e Menas nos ajudaram a explorar. É isso que fazem todos os exercícios mencionados e feitos em várias apresentações aqui. O que nós estamos monitorando? O fluxo de energia e informações. Onde fica esse fluxo? No corpo e entre o corpo e o mundo ao redor: "em" e "entre".

As apresentações de Deepak e Menas apresentam perspectivas da Física do quanto essa energia que devemos monitorar é interconectada. Muitas vezes, os exercícios começam monitorando onde os cinco sentidos do corpo estão captando o fluxo de energia e informações para a interocepção. Nós também podemos sentir nossas atividades mentais, como as emoções, lembranças e pensamentos, e ficar cientes das outras pessoas e do planeta no entorno — nosso "senso relacional". Os exercícios na apresentação de Trudy Goodman Kornfield e Jack Kornfield refletem muitos desses elementos que podemos sentir diretamente como "amor". Certa vez, lecionei com Sharon Salzberg e lhe perguntei o que realmente significa "*lovingkindness*". Ela respondeu que esse termo gira em torno de estar ciente da nossa interconectividade. Com base na faceta da mente como um processo regulatório que se auto-organiza, esses treinamentos mentais estabilizam o monitoramento para que as pessoas vejam o fluxo de energia e informações com mais clareza, profundidade e detalhes. Quando nos tornamos presentes, nós podemos abrir o portal no qual a integração aflora. Integração é a tendência natural dos sistemas complexos, mas também pode ser "aquilo" que a bloqueia. Então, nossa tarefa é desfazer esse bloqueio e deixar o processo natural de integração da mente — de se curar e reconhecer a realidade das nossas interconexões — se desenrolar. Com essa presença, conseguimos deixar a mente modular naturalmente o fluxo de energia para a integração, o que fortalece a mente e atua em prol da saúde mental.

Nesta conferência estamos abordando modos comprovados pelo tempo e pela ciência para fortalecer a mente em prol da saúde. Quem é clínico ou professor está aprendendo como fortalecer a capacidade de monitoramento de seus clientes e alunos, para que suas mentes se fortaleçam. Mas essa é apenas a primeira parte do treinamento. Ao ensinar seus clientes e alunos a verem a mente mais claramente — a terem *mindsight* e seus componentes de *insight*, empatia e integração —, vocês lhes dão condições de construir os elementos fundamentais da inteligência emocional e social. Nas várias apresentações nesta conferência, vocês estão aprendendo a cultivar as habilidades de *mindsight* e a ensiná-las a seus clientes. Além do monitoramento, vocês estarão ensinando o processo de modificação, que é a parte seguinte da regulação. Pela perspectiva da integração, monitorar onde há caos ou rigidez permite detectar quando a integração está danificada. Embora o linguajar possa ser diferente, pela perspectiva da *mindsight*, muitos exercícios maravilhosos mostrados nesta conferência basicamente ensinam as pessoas a fortalecerem o monitoramento e a modificarem e libertarem a mente em prol da integração.

Uma perspectiva da NI sobre o sofrimento e transtornos mentais aponta que todos os sintomas descritos no DSM, o Diagnostic and Statistical Manual of Mental Disorders, são exemplos de caos, rigidez ou ambos. Por que esse padrão simples é presente? Pode-se sugerir que esses estados são causados pela integração danificada. Uma descoberta surpreendente e consiliente é que praticamente todos os estudos já realizados sobre o cérebro de pessoas com qualquer transtorno psiquiátrico mostraram danos na integração cerebral (a terceira edição de *A Mente em Desenvolvimento* [2020] faz uma revisão a esse respeito). Isso é fascinante. Stephen Smith e colegas também demonstraram o oposto e revelaram que diversas medições de bem-estar se correlacionavam com o grau de interconexão do conectomo no cérebro.

Conectomo é um termo da Neurociência que se refere à interligação entre muitas áreas diferentes do cérebro. Em nossa terminologia, um conectomo funcionalmente ou estruturalmente interconectado equivale a um cérebro integrado. E quando olhamos a integração pelo ponto de vista relacional, nossas conexões com os outros que não sejam integrativas desde cedo na vida comprometem o crescimento das fibras integrativas no cérebro. Um exemplo extremo de integração relacional danificada inclui o trauma desenvolvimental de abuso ou negligência. No caso de pais abusivos que não respeitam as diversas necessidades de uma criança, não há diferenciação. Em contraste, crianças negligenciadas têm um excesso de diferenciação e carência de ligação. Portanto, um trauma desenvolvimental resulta em um dano relacional à integração. O que Martin Teicher mostrou? A integração danificada do cérebro é uma descoberta em comum de vários estudos sobre trauma desenvolvimental, incluindo impedimentos para o crescimento das redes integrativas envolvendo o corpo caloso, o hipocampo e o córtex pré-frontal. E o conectomo tampouco é interconectado. Até em transtornos não relacionados ao que os pais fazem, como transtorno bipolar ou certas formas de esquizofrenia, pesquisas constataram a integração danificada no cérebro. A meta então seria identificar o caos e a rigidez e ver que esferas precisam ser tratadas para que a integração se desenvolva.

A integração pode se manifestar como um senso de bondade, de amor, de consideração positiva pela própria vida interior e a vida interior de todos os seres. Em sua apresentação, Trudy Goodman Kornfield e Jack Kornfield descreveram o que eles e Ram Dass chamam de *consciência bondosa*. Esse termo remete à ideia de que um estado aberto de conscientização é imbuído de bondade e compaixão. Conforme a palestra e a pesquisa de Shauna Shapiro revelam, as práticas de *mindfulness* criam o que ela chama de *atenção bondosa*, que fortalece a atenção e também a impregna com uma atitude de bondade. A pesquisa de Shapiro mostrou, por exemplo, que o treinamento de *mindfulness* pode aumentar a capacidade de estudantes de Medicina para terem empatia.

Em sua apresentação sobre presença terapêutica, Shari Geller mencionou descobertas científicas sobre a importância do treinamento mental, exemplificada em sua aplicação clínica da ideia de presença cuja amplitude não está só em nós, pois também é relacional. A importância de estar presente para os pacientes na terapia foi descoberta por John Norcross nas meta-análises de pesquisas sobre psicoterapia, revelando que dois "fatores práticos não específicos" têm um papel crucial na psicoterapia: um é a empatia mostrada pelo terapeuta e o outro é a abertura para buscar e receber *feedback*, e mudar o que faz sem ficar na defensiva ao perceber que isso não está funcionando. Norcross conseguiu provar que esses são os aspectos "não específicos" fundamentais para a mudança. Rhonda Magee e eu exploramos algumas sobreposições interessantes da presença com questões ligadas ao cérebro social e a teorias da consciência relacionadas à integração. O estado de presença pode ser considerado um estado de consciência caracterizado pela consciência aberta. Essa presença faz com que superemos o viés racial implícito, os julgamentos e as categorias do próprio grupo/grupo estranho, e tenhamos um modo mais receptivo de perceber as coisas e se comportar.

A apresentação de Judd Brewer explorou a ideia de que é possível colocar uma cunha entre o impulso e a ação, entre a ânsia e o impulso para fazer algo, desde que a pessoa enfoque sua atenção para mudar isso. Portanto, a consciência pode ajudar as pessoas a mudarem sua vida mental e suas ações concretas.

Há muitas esferas de integração (vejam meu livro *Mindsight* [2010] para uma revisão profunda de estudos de casos relativos a essas esferas), mas no decorrer destas apresentações nós enfocamos basicamente a esfera de integração da consciência. Em um exercício reflexivo chamado a Roda da Consciência, nós podemos ver a natureza da mente e fazer uma prática para integrar a consciência. A ideia disso provém de duas noções consilientes. A primeira é que a saúde provém da integração, e a segunda é que a consciência é importante para cultivar a mudança.

Ainda falando sobre interconexão a Neurociência tem uma proposta condizente com a teoria das informações integradas que sugere que, quando áreas diferentes do cérebro se ligam — quando as informações no cérebro se integram —, a consciência surge. Giulio Tononi e colegas propõem que a integração neural facilita a experiência de ficar consciente de alguma coisa, mas não se sabe exatamente como isso acontece. Ninguém realmente explica o que é a consciência, sua origem, nem do que ela é composta.

Seja lá *o que* for a consciência — um dos três itens principais que estamos explorando junto com a mente e o bem-estar —, a interconexão parece ser fundamental para ela. E apesar dessas limitações em nosso entendimento, por uma perspectiva prática, se a consciência for necessária para a mudança e a integração for a base da saúde, o que aconteceria se vocês integrassem a consciência?

Muito antes de todas essas descobertas empíricas serem feitas, já havia uma alusão a isso. Em meu consultório há uma mesa redonda, aí eu pedia a meus pacientes que se levantassem do sofá ou da cadeira para andar em torno dessa mesa e dizia: "Vamos integrar a consciência". Em geral, eles perguntavam: "Do que você está falando?". Aí eu explicava: "Bem, a consciência é necessária para a mudança, assim como a integração pode ser necessária para o bem-estar, então vamos integrar a consciência". E eles diziam: "Está bem, mas como eu faço isso?". E eu respondia: "Pensem sobre o que é a consciência...". E eles me olhavam com a mesma perplexidade vista em muitas pessoas quando você fala sobre a consciência, e indagavam: "Como seria isso?". E eu explicava: "Isso envolve no mínimo duas coisas".

A consciência pode ser considerada a própria experiência de conscientização, o senso de saber. E a coisa da qual você está ciente é o conhecido, que é posto no aro dessa roda. E então no meio da roda, que é a mesa com um centro de vidro, fica o eixo. Como ninguém gostava do nome "Mesa da Conscientização", resolvemos chamá-la de Roda da Consciência. A ideia dessa metáfora para a mente é colocar o saber no eixo, os conhecidos no aro e o raio de atenção são as pernas que sustentam a mesa. Então, nós movimentamos sistematicamente o raio ao redor do aro para distinguir entre os vários conhecidos e entre o saber e os conhecidos.

A prática da Roda da Consciência para integrar a consciência

Aqui está um esboço esquemático da prática da Roda da Consciência (ver Figura 15.3). [Por favor, vejam meu livro *A Sabedoria do Agora: A Ciência e a Prática da Presença* (2018), para uma descrição completa das etapas práticas e princípios científicos da prática da Roda da Consciência. Por favor, vejam também https://www.DrDanSiegel.com/resources/wheel_of_awareness/ para um conjunto grátis de práticas em áudio.] Vamos tentar fazer isso agora. Concentrem-se, sentem-se com as costas e eretas (ou deitem-se retos no chão) e procurem ficar confortáveis. Essa prática reflexiva não busca um relaxamento — talvez vocês relaxem ou não. Hoje vocês ficarão ligados em seja lá o que surgir em sua experiência. Esta prática é para deixar o fluxo de energia e informações entrar em sua conscientização de um modo que diferencie e ligue esse fluxo.

Após vocês se assentarem com uma prática breve de respiração, o foco se volta para a imagem ou ideia da roda, com o eixo representando o saber da conscientização. O aro representa todos os conhecidos e é dividido em quatro segmentos, e o raio representa a atenção focada — direcionada para a conscientização.

Agora imaginem que estão no eixo dessa Roda da Consciência, onde fica o senso de estar ciente, de saber. E deixem a respiração fluir como um foco de atenção e imaginem enviar o raio de atenção para o primeiro segmento do aro. Vamos começar com o sentido da audição e deixar os sons preencherem a conscientização. E agora movimentem o raio para o sentido da visão, deixando a luz preencher a conscientização por meio das pálpebras fechadas ou abrindo-as suavemente. E agora movimentem o raio para o sentido do olfato, deixando os aromas preencherem a conscientização. E agora movimentem o raio para o sentido do paladar, deixando os sabores preencherem a conscientização. E agora movimentem o raio para o sentido do tato, seja onde a pele esteja encostando na roupa ou na cadeira, ou em outro pedaço da pele, como uma mão encostando na outra. Deixem o sentido do tato preencher a conscientização.

Figura 15.3

E agora, fazendo uma respiração mais profunda, imaginem direcionar o raio para o segundo segmento do aro. Esse segmento representa os sinais internos do corpo, as sensações nos músculos, nos ossos e nos órgãos. E iremos passar por cada uma delas. Vamos começar pela região facial, deixando as sensações nos músculos e nos ossos do rosto preencherem a conscientização. E então vamos para a testa e o alto do couro cabeludo, a parte inferior do couro cabeludo, as laterais do couro cabeludo e os ouvidos. E então vamos para as sensações nos músculos e ossos da garganta e do pescoço, e para as sensações nos músculos e ossos dos ombros, então descendo por cada braço até as pontas dos dedos. E agora focando a atenção para o alto das costas e o peito e depois para a parte inferior das costas e os músculos do abdômen. E agora para os quadris, depois para as pernas até as pontas dos dedos dos pés. E agora foquem a atenção na região pélvica. E então se abram para as sensações nos órgãos genitais. E agora penetrem no abdômen até o intestino e sigam essas sensações viscerais subindo pelo abdômen até o estômago. E agora tentem perceber as sensações no estômago fluindo pelo interior do peito, e as sensações no esôfago, o tubo que conecta o estômago ao peito e vai até o interior da garganta e da boca.

E agora indo do sistema digestivo para o sistema respiratório, começando por trás dos ossos malares passando pelos seios paranasais e para as sensações na parte posterior do nariz e dentro da boca, depois para a frente da garganta, onde a traqueia é o tubo que traz ar para o interior do peito, aí o ar se ramifica pelos dois lados dos pulmões que se expandem e se contraem. E agora focando a atenção no meio do coração um pouco à esquerda. E agora deixando os sinais do corpo inteiro — dos músculos, ossos e os órgãos internos, da cabeça aos pés — preencherem a conscientização.

E agora fazendo uma respiração mais profunda, imaginem o raio de atenção indo para o terceiro segmento do aro. A partir do eixo do saber, o terceiro segmento dos conhecidos é aquele das atividades mentais como emoções, sentimentos, humores, lembranças, pensamentos, intenções, crenças, desejos, ânsias e outras. E nós vamos explorar essas atividades mentais em duas partes. Vou descrever a primeira agora, vocês farão um exercício e na próxima vez que ouvirem minha voz, vou descrever a segunda parte.

A primeira parte será assim: a partir do eixo do saber da Roda da Consciência, com o raio de atenção voltado para o terceiro segmento do aro que representa atividades mentais como sentimentos, pensamentos e lembranças, simplesmente evoquem qualquer tipo de atividade mental para a conscientização e sintam qualquer coisa que surgir. Muitas coisas ou uma coisa podem surgir, ou nenhuma. Não há certo ou errado. O que tiver de acontecer acontecerá. Isso é o oposto do que é feito frequentemente com uma prática de respiração, na qual a instrução é "foquem na respiração e se sua mente se distrair com um pensamento ou uma lembrança de alguma coisa, basta retomar o foco na respiração". Esse é o primeiro pilar da atenção focada — que praticamos nos dois primeiros segmentos do aro. Agora é o contrário e vocês dizem "venha!". Convoquem e aceitem qualquer atividade mental proveniente desse terceiro segmento do aro, e vejam o que acontece. Talvez muita coisa ou nada aconteça, e não há com o que se preocupar. Apenas vejam o que acontece. E vamos começar a parte da prática agora. [Pausa de 1,5 a dois minutos.]

E para a segunda parte dessa revisão das atividades mentais que fazem parte do aro, eu peço novamente que vocês evoquem qualquer coisa — pensamentos, sentimentos ou lembranças e prestem muita atenção em como a atividade mental, digamos uma lembrança, se apresenta para a conscientização? É de maneira gradual ou repentina? Como ela entra no saber no eixo? Que sensação isso dá? E após estar na conscientização, como ela permanece lá? Ela vibra, é constante? E como ela sai da conscientização? É substituída por outra atividade mental como um sentimento, um pensamento ou uma lembrança? E se não for substituída por outra atividade mental, como é a lacuna entre as duas atividades mentais? Então, por favor, prestem atenção em como as coisas se apresentam, ficam presentes e saem da conscientização, para que vocês estudem a arquitetura da vida mental. E vamos começar essa prática agora. [Há outra pausa de 1,5 a dois minutos.]

E agora eu peço que vocês façam uma respiração mais profunda. Se vocês quiserem, podemos ir para um passo avançado. Inclinem a cabeça se estiverem dispostos a tentar esse passo. A maioria das pessoas assentiu, então vou passar o próximo passo. Quem não quiser participar, pode focar na respiração e surfar em sua onda. Quem não se sentir à vontade, pode focar nos dedos das mãos ou dos pés, ou na luz que está entrando pela janela. As instruções para essa prática bem curta são as seguintes: a partir do eixo do saber da Roda da Consciência, imaginem que, em vez de enviar o raio de atenção para o aro dos conhecidos, vocês estão curvando o raio em 180 graus de volta para o eixo. Algumas pessoas acham que a metáfora visual de curvar o raio é muito útil; outras acham que é mais útil pensar em enviar o raio e puxá-lo de volta; e há quem prefira não tirar o raio do eixo. Façam como preferirem, pois a roda é uma imagem, mas a ideia é a mesma se vocês curvarem o raio, puxarem-no de volta, deixarem-no no eixo ou até ignorarem-no. A ideia é manter a conscientização no eixo, para que vocês sintam como é a consciência da conscientização. E vamos começar essa prática agora. [Há uma pausa de dois a três minutos.]

E agora eu os convido para acharem a respiração e surfarem na onda da inspiração e da expiração. E agora fazendo uma respiração mais profunda, imaginem endireitar o raio ou enviá-lo para o quarto e último segmento do aro. Esse segmento do aro representa nossos relacionamentos com as pessoas e coisas fora destes corpos nos quais nascemos, ou seja, o senso relacional — que é nosso senso de interconectividade. E vamos começar abrindo a conscientização no eixo, com o raio no quarto segmento do aro. Sintam a conexão com as pessoas sentadas ao seu lado na sala aqui e agora. E agora deixem esse senso de conexão se expandir e incluir todos nós que hoje estamos partilhando a experiência de explorar a mente, a consciência e o bem-estar. Deixem esse senso de conexão preencher a conscientização. E então vejam se conseguem deixar esse senso de conexão se estender para a família e os amigos que não estão aqui conosco. E então para seus colegas de trabalho, seus clientes, seus pacientes, seus alunos, seus professores, seus terapeutas. E então se abram para o senso de conexão com as pessoas que moram em seu bairro e com as pessoas que moram em sua cidade. Abram-se então para o senso de conexão com as pessoas que moram em seu estado ou província. E então ampliem o senso de conexão com todas as pessoas que moram em seu país. Então, tentem estender o senso de conexão com todos os seres humanos, todos nós da família humana que compartilhamos esse lugar precioso e frágil chamado Terra. Agora abram ainda mais o senso de conexão e incluam plantas, fungos, animais e todos os seres vivos na Terra.

Estudos científicos demonstraram recentemente que manifestar desejos positivos de preocupação, bondade, compaixão e cuidado com os outros faz bem para todos e produz várias mudanças positivas no mundo. A ciência comprova o que as tradições de sabedoria vêm ensinando há gerações, então introduzimos essas práticas integrativas na Roda da Consciência na parte final do quarto segmento, que trata do nosso senso de interconexão.

Caso queiram, repitam as frases que eu vou dizer. Vou dizer uma frase, dar uma pausa e vocês a repetem mentalmente usando sua voz interior. Então eu direi outras frases. A primeira é: que todos os seres vivos na Terra possam ser felizes. E vocês repetem silenciosamente: "Que todos os seres vivos possam ser felizes" [pausa]. Que todos os seres vivos possam ser totalmente saudáveis [pausa]. Que todos os seres vivos possam ficar seguros [pausa]. E que todos os seres vivos possam viver em paz [pausa].

Então, fazendo uma respiração mais profunda, agora vamos direcionar esses desejos de uma forma mais elaborada para o senso interno de quem nós somos, um eu ou um mim: que eu possa ser feliz e viver com equanimidade, sentido, conexão e um coração jovial, grato e alegre [pausa]. Que eu possa ser totalmente saudável e meu corpo que me dê energia, flexibilidade, força e estabilidade [pausa]. Que eu possa ficar seguro e protegido contra todos os tipos de males internos e externos [pausa]. E que eu possa ser florescer e viver com a facilidade do bem-estar [pausa].

E agora, fazendo uma respiração mais profunda, nós vamos enviar esses desejos elaborados em prol de um senso integrado da nossa identidade. A cultura atual enfatiza um eu que vive em um corpo que cresce a partir do cérebro e se preocupa acima de tudo consigo mesmo. Esse *self* incorporado é normal e um dos aspectos de quem nós somos. Mas também somos um nós, pois somos profundamente interconectados uns com os outros e com o mundo ao nosso redor. E como se pode integrar essa identidade dupla do nós e do eu? Bem, uma maneira de fazer isso é transformar *Eu* mais *Nós* em *EN*.

Então, nós vamos enviar os mesmos desejos para EN: que EN possam ser felizes e viverem com equanimidade, sentido e conexão, e terem um coração jovial, grato e alegre [pausa]. Que EN possam ser totalmente saudáveis e seus corpos lhes deem energia, flexibilidade, força e estabilidade [pausa]. Que EN possam ficar seguros e protegidos contra todos os tipos de males internos e externos [pausa]. E que EN possam florescer, prosperar e viver com a facilidade do bem-estar [pausa].

E agora eu peço novamente que vocês achem a respiração e surfem na onda da inspiração e da expiração. E agora, fazendo uma respiração mais intencional e talvez mais profunda, preparem-se para abrir os olhos, pois vamos encerrar agora esta prática da Roda da Consciência. Podem se alongar um pouco. E agradeço sua participação.

Descobertas de um levantamento sobre a Roda da Consciência e a integração da consciência

Vou fazer um resumo do levantamento feito junto a 10.000 pessoas na África, na Ásia, na Europa e nos Estados Unidos, que desembocou em algumas descobertas muito interessantes. A primeira é que, independentemente da cultura, formação educacional ou em meditação, gênero e etnia, os resultados foram basicamente os mesmos. Qualquer cientista fica curioso quando se depara com descobertas universais como essas. Aliás, isso me aconteceu na Austrália, quando eu estava dando palestras em cinco cidades. Eu estava tão cansado de mostrar *slides*, que às vezes os exibia na ordem errada. Mas quando fazia a Roda — antes ou no final de uma discussão científica, os resultados eram os mesmos, independentemente do país de origem e da formação dos participantes.

Sempre que focavam em um determinado aspecto do aro, digamos, o primeiro segmento dos sentidos, as pessoas sentiam que ficavam mais ricas e plenas. Os sons ficavam mais claros quando elas focavam na audição, e as visões ficavam mais claras quando elas focavam na visão. E quando focavam no interior do corpo, algumas pessoas ficavam assustadas, o que pode acontecer especialmente para quem tem um trauma como abuso sexual ou físico, ou foi atacado por alguém que tentou sufocá-lo. Quem passou por isso tem dificuldade para se abrir para as sensações do corpo e até para focar na respiração. Qualquer pessoa que esteja facilitando uma prática reflexiva que instigue a exploração da vida interior deve informar aos participantes que experiências negativas podem surgir e que pode haver mais flexibilidade em relação à parte do foco, mas que eles podem voltar a explorá-la posteriormente com apoio profissional.

É importante que um clínico ou alguém à frente de um *workshop* saiba que algumas pessoas podem começar a ficar muito ansiosas, especialmente quando focam no corpo ou se abrem para a conscientização de um modo mais amplo. Embora o corpo esteja sempre ali, a ansiedade pode surgir quando a pessoa foca a atenção nas sensações do corpo — o processo chamado interocepção, a percepção do interior. Esse problema talvez precise ser trabalhado na terapia, escrevendo em um diário ou por outros meios para que a pessoa enfrente as causas da ansiedade. Mas, para pessoas que não têm ansiedade, pode surgir um senso inédito de clareza sobre as partes do corpo, como o esôfago, por exemplo.

A parte das atividades mentais no terceiro segmento do aro é algo bem distinto do que as pessoas estão acostumadas, pois elas estudam os próprios pensamentos e lembranças. E é fascinante quando elas começam a descrever o que acontece com um pensamento com o qual não se identificam. Assim, muitas apresentações nesta conferência exploram que algo no processo de conscientização e de prestar atenção muda a relação com nossas vidas internas, pois nos conectamos com nossos sentimentos, pensamentos e lembranças. Conforme nós vimos, a atenção pode ser definida como o processo que direciona o fluxo de energia pelo cérebro e seu corpo ou em nossos relacionamentos e que nem sempre envolve a conscientização. Portanto, a atenção é diferente da conscientização. Mas, por definição, a atenção focada centraliza a atenção na conscientização. Um dado interessante é que muitas pessoas sentem que, quando prestam atenção em seus pensamentos, estes de alguma maneira perdem a força e às vezes apenas se dissolvem, gerando uma sensação de clareza e amplitude — o que é fascinante. Metaforicamente, as pessoas passam a distinguir entre a experiência de saber representada no eixo dos conhecidos e os elementos do aro. Essa diferenciação entre o eixo e o aro, saber e conhecido, transmite uma espécie de liberdade e clareza mental. Esse senso de clareza se expande ainda mais quando o raio é curvado ou permanece no eixo.

As pessoas relatam — e aqui estão citações diretas — que sentem um tipo de clareza, alegria e expansividade na parte da prática da consciência aberta que fica no eixo. Elas têm um senso do infinito, da eternidade, de Deus, de amor, de paz e que são uma parte fundamental do todo, conectadas com os outros, o mundo e o universo.

Na prática da Roda, as pessoas começam a descrever essas sensações, sem que tenham lido a respeito disso em algum livro. Então a pergunta é: o que está acontecendo aqui? Eu vou tentar esclarecer. Essa experiência não ocorre todas as vezes. Eu faço a Roda diariamente, mas não tenho essa experiência todos os dias. Geralmente só tenho um relance, uma janela que se abre com brevidade para esse estado aberto. É provável que um educador que use a Roda com frequência tenha essa experiência se fizer a Roda em um *workshop*. Então qual é a explicação?

Saiba mais sobre energia e entenda a mente

Se a mente emerge do fluxo de energia, saber mais sobre a energia é relevante para entender a mente? Além da integração da teoria das informações com os correlatos neurais de consciência que foi fascinante e apontada como importante para o processo integrativo na conscientização, eu não consegui achar coisa alguma na Ciência que tivesse correlação com essas descrições dos participantes do *workshop*. Por que eles teriam dito que "era vazio, mas cheio", que o "tempo desapareceu", "eu senti a presença de Deus" ou "me senti conectado com todos e com tudo"? Nada na Ciência ajudou a esclarecer o que podia estar acontecendo. Então me senti compelido a rever as proposições originais dos anos 1990 de que a mente pode ser uma propriedade emergente do fluxo de energia e ver se alguma coisa científica sobre a energia tinha correlação com o levantamento feito junto a 10.000 pessoas.

Se a mente, incluindo a consciência, emerge do fluxo de energia, a pergunta básica é: o que é a energia? Eu tive a chance de passar uma semana com 150 físicos e perguntei incansavelmente a eles: "O que é a energia?". Em última instância, eles disseram que a energia, em suma, é o "movimento da possibilidade para a realidade". Como assim? Esse foi um momento surpreendente. Então, desenhei esse gráfico para alguns estudantes de pós-graduação, o qual mostra basicamente o que alguns físicos chamam de a "curva de distribuição das probabilidades", que é o movimento da possibilidade aberta na base para a realidade no topo (Figura 15.4). E o zero — ou quase zero — nesse gráfico pode ser exemplificado na analogia a seguir. Tentem adivinhar que palavra eu vou dizer entre, digamos, um milhão de palavras possíveis. Qual é sua chance de adivinhar o que eu vou dizer? Uma em um milhão, certo? Portanto, a chance é quase zero nesse gráfico — e nesse momento estaria no ponto A.

Então, na curva de distribuição das probabilidades, o eixo vertical "y" seria onde sua chance de adivinhar é quase zero, uma em um milhão. Muito bem. Mas agora eu digo a palavra "árvore". E fui com o fluxo de energia até este ponto — vocês estão vendo esse pico [aponta para um *slide*]? Esse pico é uma realidade. Entre um milhão de coisas que poderia ter dito, eu escolhi árvore. [Esse é o ponto A-1 na Figura 15.4.] E agora digamos que eu não tenha caído direto no plano, mas fiquei em um platô e só vou dizer coisas relacionadas a plantas. Digamos que existam 10.000 plantas, embora obviamente haja mais. Agora, sua chance de adivinhar é uma em

10.000, de modo que a posição desse platô ao longo da curva de distribuição das probabilidades está bem mais próxima da 100% do que de quase zero. Esse é o ponto B no diagrama (Figura 15.5). Quando eu digo a planta específica, narciso, vamos para o ponto B-1. Da mesma maneira, o jogo de adivinhação poderia ser com um dos cinco oceanos. O agrupamento de cinco itens seria o ponto C no diagrama, e sua chance de acertar é uma em cinco. Aí eu digo oceano Índico e vamos para o ponto C-1. Assim, progredimos da probabilidade de uma em cinco para a realidade de uma em uma. É isso que o fluxo de energia significa: progredir da possibilidade para a realidade.

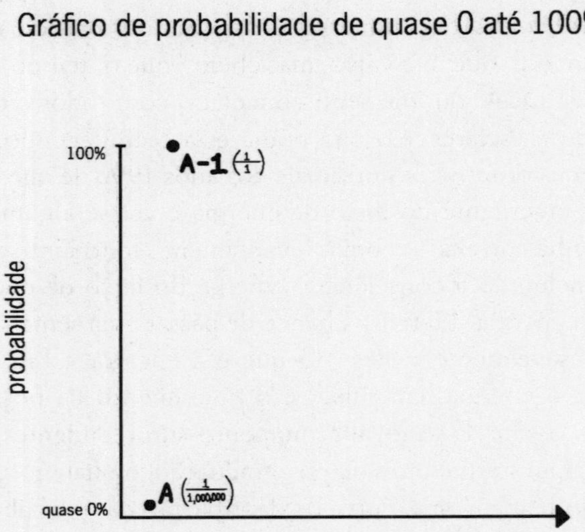

Figura 15.4

Eu acho que a mente envolve o movimento ao longo da curva de distribuição das probabilidades. Nesse levantamento junto a 10.000 pessoas sobre a Roda da Consciência, as pessoas descreviam que as coisas borbulhavam. Os pensamentos, os sentimentos, as lembranças, as sensações e as imagens borbulhavam sem parar. Mas *o que* estava borbulhando e *a partir de quê*? Com 10.000 pessoas, muitos relatos são obtidos e gravados.

Quando dobravam o raio ao redor do eixo, entravam em um estado de conscientização e continuavam no eixo, os participantes em todos os países e continentes diziam a mesma coisa. Nem todos tinham a mesma experiência, mas muitas pessoas tinham basicamente experiências idênticas e diziam coisas como: "Eu tive um senso do infinito. O tempo desapareceu. Eu fiquei conectado com tudo. Eu me tornei o universo. Fiquei repleto de amor, alegria e Deus. Eu tive uma bem-aventurança incrível, um senso de reverência. Foi surpreendente. Preciso voltar para lá". Um participante relatou: "Na parte em que nós dobramos o raio ao redor... tudo se aquietou... ficou calmo, silencioso, pacífico e maravilhoso... Eu não sentia que estava sentado na cadeira, mas senti uma leveza, como uma luz entrando pela janela e refletindo na parede, um senso de plenitude ali [aponta para longe do corpo], como se eu não tivesse uma história nem necessidade de estar em lugar algum, como se o tempo não existisse. Com que frequência sentimos isso? Mas senti tudo isso ali naquele momento e foi maravilhoso".

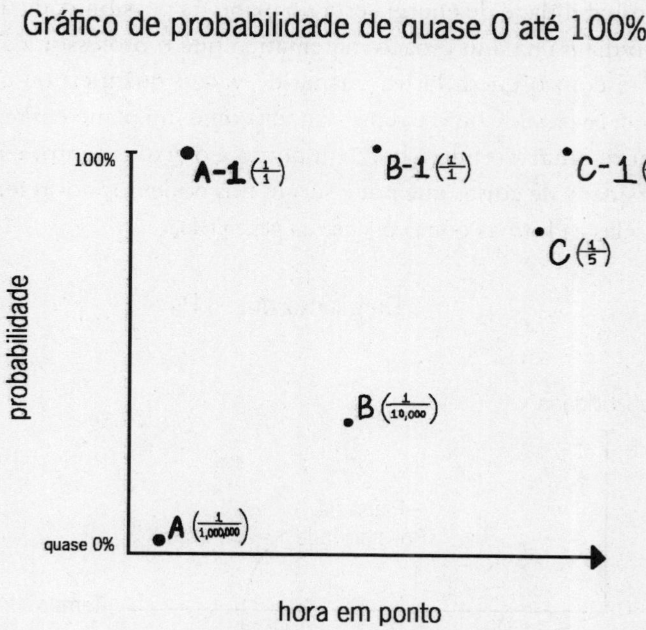

Figura 15.5

O que o eixo poderia ser que refletisse tais descobertas? O que é conscientização? Conforme mencionado, nada específico nesses relatos semelhantes foi descoberto pelas pesquisas de Neurociência. Entre essas abordagens, a teoria das informações integradas da consciência sugeriu que um certo grau de integração seria necessário para a experiência de ficar ciente de alguma coisa, mas não disse nada sobre esse espaço expansivo, atemporal e aberto da conscientização. O eixo poderia estar ciente de que é uma propriedade emergente do fluxo de energia? A prática da Roda é apenas uma metáfora para a mente — um mapa, não o território. De maneira proveitosa, esse mapa coloca os conhecidos no aro e o saber no eixo. Mas o que é o eixo literalmente?

Vou levantar uma hipótese condizente com descobertas feitas pelo grande levantamento e que continua sendo corroborada por relatos de mais dezenas de milhares de indivíduos em grupos maiores. Ela também é condizente com a Física Quântica, conforme afirma Arthur Zajonc, um Físico Quântico e professor de Amherst que foi presidente da organização Mind & Life. Então, o que vou sugerir é condizente com a física quântica, mas não dito por ela. Portanto, embora seja interessante, minha hipótese ainda não foi comprovada, mas merece ser considerada uma *possibilidade*, conforme a explicação a seguir.

Nesse diagrama (Figura 15.6), o saber da consciência pode surgir quando a posição da probabilidade de energia está no plano da possibilidade. Esse é o ponto mais baixo no diagrama, um espaço matemático que o professor Zajonc confirma ser condizente com o que a Física chama de vácuo quântico ou com o que ele chama de *mar de potencial*. Como é representada como um plano em nosso diagrama, com o eixo horizontal x sendo a hora em ponto e o eixo z dentro e fora da página sendo a diversidade de coisas que pode surgir, nós podemos nos referir a essa fonte informe de todas as formas como o *plano da possibilidade*.

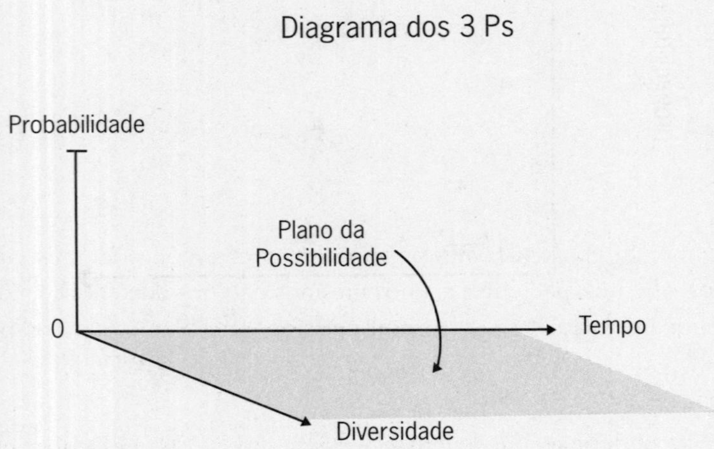

Figura 15.6

A hipótese é bem simples: o plano da possibilidade é a posição da probabilidade de energia da qual a conscientização surge (Figura 15.7). Quando você tem um determinado pensamento, isso é um pico, e quando você está abaixo do pico, está pensando. Quando está tendo uma emoção, isso é um pico. Quando está sendo dramático, está sob o pico. Quando está tendo uma lembrança, isso é um pico. Quando está se lembrando, está sob o pico. Quando tem um certo humor, isso é um platô. Quando você tem uma intenção, isso é um platô. Um platô é um estado mental com atitude e intenção.

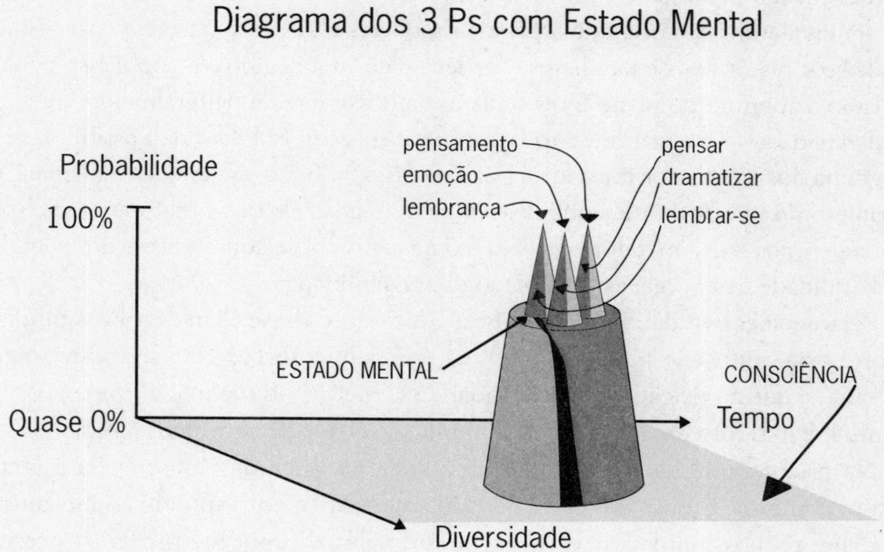

Figura 15.7

Possivelmente, as práticas de *mindfulness* e compaixão e outros exercícios de treinamento mental abordados nessas apresentações e que podemos ensinar aos nossos alunos, clientes, pacientes e a nós mesmos não nos deixem ficar totalmente paralisados por um platô que se tornou aprisionante. Nem todos os platôs são prisões, mas quando ficam rígidos ou caóticos podem criar padrões de picos concretos que geram sofrimento em nossas vidas. Por exemplo, um estado mental, digamos, de vergonha: eu posso ter um platô de vergonha que se incrustou nos vários pensamentos e sentimentos possíveis, gerando um certo conjunto de picos. Se pudessem falar, eles diriam coisas como "eu não presto, não valho nada. Isso é horrível e eu devia me matar". Nesse platô só certos picos surgem. Mas se fosse seu cliente e você me ensinasse literalmente a cair no plano da possibilidade, eu teria essa sensação incrível de liberdade.

Entretanto, algumas pessoas dizem: "Fiquei no eixo e foi o lugar mais apavorante em que já estive. Isso foi tão assustador que entrei em pânico". Digamos que você seja meu terapeuta e eu lhe conte que fiz a prática da Roda da Consciência, virei o raio de atenção para o eixo e aí surtei. O que você diria sobre isso? Bem, você poderia dizer: "Dan, você tem problemas com a incerteza". Com o arcabouço dos três Ps — que tem esse nome devido ao plano, aos platôs e aos picos —, nós podemos ver que a consciência aberta é a posição da probabilidade de energia na *incerteza máxima*. Se ter certeza for um meio para sobreviver após eventos aterrorizantes no passado, como um trauma, a última coisa que a pessoa irá querer é se desapegar de certos estados — de seus platôs fixos e familiares e de seus picos conhecidos — e por isso evita ao máximo a abertura do plano, pois o Plano da Possibilidade é literalmente o gerador de diversidade — o lugar onde todas as coisas surgem. O Plano da Possibilidade no diagrama dos três Ps corresponde à visão da Física sobre o vácuo quântico, que é um sinônimo do que Arthur Zajonc denomina de *mar de potencial*. E na prática da Roda, nós sugerimos que a metáfora do eixo é o mecanismo de conscientização, quando a probabilidade de energia está no plano da possibilidade.

Pela perspectiva da Física Quântica, tudo surge desse Plano da Possibilidade. A proposta aqui, que pode estar errada, parcialmente correta ou possivelmente acurada, é que a posição da probabilidade de energia no plano é a origem de ficar ciente. Se isso for verdade, há várias implicações que discutiremos agora.

Na psicoterapia, ou se você fizer a prática da Roda da Consciência e virar o raio para o eixo, o Eixo do Saber na Roda metafórica corresponde ao mecanismo do plano da possibilidade. Se eu tivesse sido abusado por meus pais, a incerteza infundida por minhas experiências de apego seria associada ao terror. Como a apresentação de Rudy Tanzi explora, a pulsão para nos conectarmos com nossos cuidadores faz parte do nosso DNA como mamíferos. E como primatas, isso é um pouco mais complexo, mas um humano pode ter mais de um cuidador além da própria mãe — seja o pai, um tio ou uma tia — que também se torna uma figura de apego. A *aloparentalidade*, a capacidade de colaborar na criação de uma criança, formou nossa evolução e está em nosso DNA. Aliás, Sarah Hrdy aborda isso em seu livro *Mothers and Others*, de 2009. O fato é que os seres humanos são programados para se conectarem, e as boas conexões dão uma sensação de certeza. Mas se os pais fazem coisas apavorantes para os filhos, estes acham a incerteza aterrorizante, pois ela evoca o que passaram na infância.

Quando nós trabalhamos com pessoas que têm esse tipo de trauma e fazemos a Roda, é uma experiência incrível acompanhá-las em sua descoberta do que significa se tornarem empoderadas para se livrar de um platô aprisionante de vergonha ou de um platô repleto de lembranças do trauma, de desespero e bloqueio. Mas sair dessas prisões pode demandar a passagem para o Plano da Possibilidade, que pode ser algo apavorante para pessoas traumatizadas, então elas se recusam a fazer isso.

Raramente se vê a remissão espontânea de um trauma desenvolvimental. Portanto, é preciso recorrer a terapeutas e outros profissionais que deem o apoio necessário. Basta pensar sobre a Psicoterapia Sensoriomotora tão potente de Pat Ogden, que Pat e Bonnie demonstraram tão bem, e sobre a ideia de estar presente com alguém e com suas sensações físicas conforme Shari Geller mencionou, para constatar o poder de estar presente para ajudar as pessoas a irem para o plano, onde estão as outras opções. Todas as suas sensações, imagens, sentimentos e pensamentos são basicamente picos oriundos do Plano da Possibilidade. E descobrir outros padrões pode requerer acessar livremente o plano.

Se fosse seu cliente na terapia e tivesse um conjunto de platôs aprisionantes que me impedisse de reconhecer minhas sensações, imagens, sentimentos e pensamentos, em um determinado momento eu ficaria imobilizado nessa prisão. Sua função como terapeuta é me ajudar a enxergar o plano da possibilidade como um santuário, em vez de um lugar apavorante de incerteza. Aliás, a *mindfulness* pode ser tão eficaz porque nos dá uma perspectiva ampla sobre estar presente e ter a capacidade de observar as próprias sensações, em vez de só ficar absorvido por elas.

Na terapia nós podemos ajudar as pessoas a cultivarem a capacidade dupla de entrar e sair do fluxo das sensações como um processo de observação. Por exemplo, uma parte da pessoa pode estar ciente de suas lembranças implícitas do trauma, com sua carga apavorante de sensações, imagens, sentimentos e pensamentos. A pessoa fica peneirando sua mente sem se perder nas sensações, imagens, sentimentos e pensamentos peneirados. Ao mesmo tempo, o terapeuta precisa ter atenção plena para aceitar essa conscientização dupla, para que os clientes não fiquem sozinhos com o que está acontecendo e sejam engolfados pelos platôs e picos danosos. Se eles passarem por isso, o trauma pode se acentuar, o que é um grande erro cometido por terapeutas e clínicos jovens. O correto é seguir a sigla VPODA: você para, observa e desengata a automaticidade.

Ficar apavorado com a conscientização deixa um indivíduo empacado. Parte do desafio na terapia é apoiar nossos clientes a conduzirem o fluxo de energia e informações pelo cérebro de maneiras inéditas. Se a incerteza do plano for evitada, as outras opções existentes no gerador de diversidade, que é o plano da possibilidade, ficam indisponíveis, assim como a formação de novas vias para o crescimento do indivíduo, pois a conscientização não só permite monitorar as coisas, como também permite mudar as coisas que estão sendo monitoradas. Isso é surpreendente e aponta por que a psicoterapia, a educação, a parentalidade e o crescimento pessoal requerem consciência. A conscientização não se resume ao monitoramento, pois também traz mudanças em seu bojo. E, como mecanismo de conscientização, o arcabouço dos três Ps do Plano da Possibilidade serve de base para entender como isso acontece. O ato de ter consciência modifica o funcionamento da probabilidade quando nós vemos a mente pela perspectiva dos três Ps.

Esse arcabouço tem várias outras implicações, que são esmiuçadas em meu livro *A Sabedoria do Agora: A Ciência e a Prática da Presença* (2018). Por ora, quero dizer que, independentemente do que uma pessoa sofreu, nos encontramos em nosso Plano da Possibilidade. Ou seja, nós podemos achar pontos em comum no plano, apesar de nossa natureza distinta nos vários platôs e picos que dão originalidade a cada pessoa. Se o plano for quase infinito — repleto de incerteza, mas também de liberdade e possibilidade —, isso significa nosso encontro e interconexão profunda no Plano da Possibilidade.

EN

A noção de EN implica que nós nascemos em um corpo, mas somos nodos em um sistema interconectado. O corpo tem certas vulnerabilidades, pois seu cérebro tende a achar que o *self* só está no corpo ou que a mente é só o que acontece na cabeça. E devido a essas crenças do topo para a base, basicamente ele diz "ah, esse é o Danny e esse sou eu, e somos separados. Então vou ser feliz consumindo, fazendo muitas coisas inconsequentes e usando a Terra como uma lata de lixo". "Mim" é um trabalho solo — minha identidade inteira que fica alojada neste corpo em que eu nasci.

Conforme E. O. Wilson afirma em seu livro *O Sentido da Existência Humana*, a dependência da nossa espécie nos canais sensoriais da audição e da visão nos dá a falsa impressão de que somos criaturas separadas. Ao combinar essa vulnerabilidade biológica para interpretar mal nossos canais sensoriais limitados como desconexão com as noções da Física sobre as esferas do macroestado de entidade distintas que parecem substantivos e o microestado de eventos que parecem verbos interconectados, fica evidente que somos propensos ao que Albert Einstein chamou de *ilusão de óptica da consciência*, a qual nos faz achar que somos entidades separadas. Como Einstein e Wilson sugerem, essa crença no *self* solo separado não só é errada, como é uma ameaça ao florescimento pessoal e ao bem-estar dos sistemas de vida do planeta. À medida que nos diferenciamos demais das outras espécies na natureza, como as plantas e os animais, geramos caos e rigidez que danificam a integração. Esse é um problema grave e urgente que precisa ser combatido. Achar um meio de transformar nossa consciência e dar fim a essa ilusão de óptica e à ilusão de que somos separados envolve integrar a identidade e aceitar a realidade da interconexão.

Nós temos um corpo que vive no espaço e no tempo, mas também temos outras coisas, inclusive a mente. *Onde fica a mente?* Fica em seu corpo e entre seu corpo e o seu entorno. Seu crânio e sua pele não são um limite impermeável para o fluxo de energia e informações.

O que é a mente? É uma propriedade emergente do fluxo de energia e informações. A consciência, a subjetividade e o fluxo de informações, que é sua terceira faceta, também podem ser isso. Além disso, a mente é o processo emergente que se auto-organiza e regula o fluxo de energia e informações — em e entre. Isso significa que a integração pode ser a fonte do bem-estar — em nós e entre nós.

Quem é você? Bem, você é um *eu* e um *nós*. Em parte, isso significa que você é um construtor e um conduto. Você pode construir coisas do topo para a base, a exemplo de seus pensamentos e sentimentos. Mas você também é um conduto das experiências, do fluxo. Toda experiência é um fluxo de energia e informações.

Quando seu fluxo sensorial se torna integrado, você sente harmonia, a redução nos sintomas de doenças e uma sensação de libertação. Isso é ótimo, mas, em última instância, a bondade e a compaixão irão aflorar. Então, meu apelo a todos vocês é que busquem a integração, pois ela é a base da mente saudável. Quando não estamos integrados, o caos ou a rigidez se instala em nossas vidas interiores individuais e em nossas vidas interpessoais e intranatureza. Mas quando rumamos para a integração, para a ligação de partes diferentes, o fluxo FACEE de flexibilidade, adaptabilidade, coerência, energia e estabilidade emerge. A integração gera saúde e harmonia. E esse modelo aparentemente se aplica a seu cérebro e a seus relacionamentos com as pessoas e com o planeta.

Agora vamos nos debruçar sobre o *quando* da mente. Quando você pensa sobre o tempo, parece que ele é algo que flui como um rio. Muitos físicos discordam e dizem que não existe essa coisa "fluindo" chamada *tempo*. Na verdade, o que chamamos de "tempo" parece ser a conscientização sobre a mudança. Agora existem relógios que marcam as mudanças nos relacionamentos. Mas o ponto interessante é que a mudança tem a chamada "seta do tempo". Assim, mesmo que o tempo não seja algo real, existe uma direcionalidade na mudança. E aqui está uma coisa-chave sobre a direcionalidade da mudança: se quebrar um ovo, você não pode reconstituí-lo. Isso só acontece no nível newtoniano por causa da lei da termodinâmica, que faz parte da Física clássica. Então, quantos de vocês já tiveram um pensamento que vem e vai por conta própria? Alguém já sentiu isso? Sim. Isso acontece porque os platôs e picos são demarcados pela seta do tempo. E vocês têm um senso do tempo que acontece nos pensamentos. Mas no eixo da Roda, naquele Plano da Possibilidade, a proposta sugere que a consciência aberta provém desse nível quântico sem seta do tempo, não do nível newtoniano que está em ação nos platôs e picos. Isso pode explicar literalmente os *qualia*, o sentimento qualitativo da atemporalidade dos estados mentais como a conscientização aberta e a fronteira temporal de atividades mentais como pensamentos e lembranças. Assim, o quanto da mente pode ser considerado atemporal em seu estado de consciência aberta sem seta do tempo e no estado das atividades mentais demarcadas pela seta do tempo.

A pergunta final é o *por quê* da mente: por que todos nós estamos aqui. Por que estamos aqui discutindo essas questões nesta conferência? Por que estamos aqui nesses corpos? Se for verdade que, em parte, a mente é um processo emergente que se auto-organiza, a resposta a essa pergunta é que estamos aqui para promover mais integração no mundo. Estamos aqui para diminuir o caos e a rigidez no mundo. E devemos ter isso em mente ao tomar decisões éticas. É preciso perguntar: isso que você, seu vizinho ou seu presidente está fazendo gera mais ou menos harmonia no mundo? Essa ação respeita as diferenças e promove as ligações? Em caso afirmativo, ela é boa e se enquadra nos critérios de integração que deveriam pautar nossa vida. Mas se for ruim do ponto de vista da integração, ela deve ser descartada.

Interconexão, consciência e EN: integração no mundo

Se seu Plano da Possibilidade, meu Plano da Possibilidade e o Plano da Possibilidade das outras pessoas forem basicamente o mar de potencial, então está confirmada a noção de que o infinito é infinito e que nós compartilhamos em essência o mesmo plano. Nós nos encontramos na consciência aberta, na presença, naquele mar de potencial que é o plano da possibilidade. Assim, a ideia de EN é que o que chamamos literalmente de *self* não é algo ligado apenas ao corpo, conforme apregoa a cultura contemporânea. É óbvio que nós nascemos com corpos nos quais viveremos talvez por cem anos. Nós devemos cuidar bem do corpo dormindo o suficiente, exercitando-o, alimentando-o e desfrutando dele para fazer tantas coisas maravilhosas. Isso é ótimo — e se refere ao símbolo linguístico *eu*.

Mas outra faceta igualmente importante do *self* é que temos um *nós*. Se vocês pensarem sobre o sistema de todos nós, digamos, nesta conferência, constatarão que somos nodos em um sistema no qual o fluxo de energia e informações passa por nós e por nosso entorno. Na atualidade, nós tomamos o nodo como a única fonte de *self*, mas é mais proveitoso considerar todo o sistema como fundamental para o que o *self* de fato é. Isso significa que ampliar o senso de identidade implicaria dizer não sou apenas um eu, uma entidade separada semelhante a um substantivo, nem apenas um nós, no qual eu perco o aspecto singular da minha identidade;

eu sou uma pessoa integrada como *Eu + Nós = EN*. Com base nessa identidade integrativa, é possível perceber que não são apenas esses nodos que estão vivos agora, esses corpos presentes nesta conferência que talvez durem cem anos, mas que daqui a duzentos anos as pessoas poderão pensar sobre essas coisas, quando todos os nodos nos EN de agora já terão sumido. Além do tempo limitado de vida no macroestado newtoniano, nós estamos conectados com essas pessoas no futuro. E se nós começarmos a perceber que uma árvore não é algo para ser abatido e transformado em papel higiênico, mas sim um braço de EN, teremos a oportunidade de adotar um modo de viver profundamente interconectado, compassivo e gentil, não mais tratando a Terra como uma lata de lixo, e sim como parte de EN. E imaginem o poder resultante se todos nós considerássemos essas questões já e decidíssemos viver como um EN, ao invés de apenas como um eu. Esse é o tipo de mudança que EN juntos podem realizar.

A integração da identidade é fundamental para o nosso trabalho como terapeutas e para descobrir quem nós somos, e essas seis perguntas — por que, quando, onde, o que e como definimos a mente — devem inspirar nossa atuação para libertar a mente e integrar nossas vidas. EN podem aceitar a realidade da interconexão. Essa visão nos ajuda a descobrir um meio de promover o bem-estar em e entre, para que o mundo finalmente possa ser o que anseia se tornar. Nós da área da saúde mental dedicamos nossas vidas a isso, talvez sem nomeá-lo com todas as letras. EN se empenham para promover o bem-estar na vida de uma pessoa, mas também para transformar o mundo em um lugar mais gentil, mais compassivo e mais integrado. Juntos, EN podem fazer essa possibilidade se tornar uma realidade em um futuro próximo. Muito obrigado por sua atenção bondosa.

Eu espero que esta e as outras apresentações durante esta conferência permitam que EN aproveitem as diversas abordagens relativas à consciência, à mente e ao bem-estar para ampliar nosso entendimento sobre o processo de transformação em prol da saúde em nossas vidas. A interconexão é uma realidade que a cultura atual parece ter esquecido. Juntos, EN podem expandir e integrar nosso senso de identidade e abrir nossa conscientização para a realidade da interconexão em nossas vidas.

EN podem fazer isso. Bem-vindos à jornada.

LEITURAS COMPLEMENTARES

Livros e escritos mais recentes dos autores de *Mente, Consciência e Bem-estar*

Capítulo 1: Amishi Jha, Ekaterina Denkova, Anthony P. Zanesco, Alexandra B. Morrison, Joshua Rooks, Scott L. Rogers (artigos acadêmicos com outros):

DEMKOVA, E.; JHA, A.; NOMI, J. S.; UDDIN, L. Q. Dynamic brain network configurations during rest and an attention task with frequent occurrence of mind wandering. *Human Brain Mapping*, v. 40, n. 15, p. 4564-4576, 2019.

DOLCOS, F.; KATSUMI, Y.; DENKOVA, E., WEYMAR, M.; DOLCOS, S. Current Issues and Emerging Directions in the Impact of Emotion on Memory: A Review of Evidence from Brain Imaging Investigations. In: TSUKIURA, T.; UMEDA, S. (eds). *Memory in a Social Context*. Springer, Tokyo, 2017.

DEMEO, R.; KING, B. G.; MACLEAN, POWERS, K. A.; POWERS, C.; SARON, C. D.; ZANESCO, A. P. Modulation of Event-related Potentials of Visual Discrimination by Meditation Training and Sustained Attention. *Journal of Cognitive Neuroscience*, v. 31, n. 8, p. 1184-1204, 2019.

JHA, A. P.; MORRISON, A. B.; PARKER, S. C.; STANLEY, E. A. Practice Is Protective: Mindfulness Training Promotes Cognitive Resilience in High-Stress Cohorts. *Mindfulness*, v. 8, p. 46-58, 2017. DOI: https://doi.org/10.1007/s12671-015-0465-9.

JHA, A. P.; ZANESCO, A. P.; DENKOVA, E.; ROOKS, J. D.; MORRISON, A. B.; GOOLSARRAN, M.; ROGERS, S. L. Comparing Mindfulness and Positivity Trainings in High-Demand Cohorts. *Cogn Ther Res*, v. 44, p. 311-326, 2020. DOI: https://doi.org/10.1007/s10608-020-10076-6.6

Capítulo 2: Trudy Goodman Kornfield e Jack Kornfield

KORNFIELD, J. *No Time Like the Present*: Find Freedom Love, and Joy Right Where You Are. Nova York: Atria Books, 2017.

KORNFIELD, J. *Meditation for Beginners*. Boulder: Sounds True, Inc, 2008.

Capítulo 3: Shauna Shapiro

SHAPIRO, S. *Good Morning, I Love You*. Boulder: Sounds True, Inc, 2020.

SHAPIRO, S.; CARLSON, L. E. *The Art and Science of Mindfulness*: Integrating Mindfulness Into Psychology and the Helping Professions. Washington: American Psychological Association, 2017.

Capítulo 4: Kristin Neff

NEFF, K. *Self-Compassion*: The Proven Power of Being Kind to Yourself. Nova York: HarperCollins, 2011.

NEFF, K.; GERMER, C. *The Mindful Self-Compassion Workbook*. Nova York: The Guilford Press, 2018.

Capítulo 5: Judson Brewer

BREWER, J. *The Craving Mind*: From Cigarettes to Smartphones to Love – Why We Get Hooked and How We Can Break Bad Habits. Reino Unido: Yale University Press, 2017.

Capítulo 6: Gary Small

SMALL, G.; VORGAN, G. *The Small Guide to Anxiety*. West Palm Beach: Humanix Books, 2019.

SMALL, G. *SNAP!*: Change Your Personality in 30 Days. West Palm Beach: Humanix Books, 2018.

SMALL, G.; VORGAN, G. *Two Weeks to a Younger Brain*: An Innovative Program for a Better Memory and Shaper Mind. West Palm Beach: Humanix Books, 2017.

Capítulo 7: Helen Lavretsky

LAVRETSKY, H.; SAJATOVIC, M.; REYNOLDS III, C. *Complementary and Integrative Therapies for Mental Health and Aging*. Reino Unido: Oxford University Press, 2016.

LAVRETSKY, H. *Resilience and Aging*: Research and Practice. Baltimore: Johns Hopkins University Press, 2014.

Capítulo 8: Elisha Goldstein

GOLDSTEIN, E.; STAHL, B. *A Mindfulness-Based Stress Reduction Workbook*. Oakland: New Harbinger Publications, Inc., 2019.

GOLDSTEIN, E. *Uncovering Happiness*: Overcoming Depression with Mindfulness and Self-Compassion. Nova York: Atria Books, 2015.

GOLDSTEIN, E. *The Now Effect*: How a Mindful Moment Can Change the Rest of Your Life. Nova York: Atria Books, 2012.

Capítulo 9: Shari Geller

GELLER, S. *A Practical Guide to Cultivating Therapeutic* Presence. Washington: American Psychological Association, 2017.

GELLER, S.; GREENBERG, L. S. *Therapeutic Presence*: A Mindful Approach to Effective Therapy. Washington: American Psychological Association, 2012.

Capítulo 10: Rhonda Magee e Daniel J. Siegel

MAGEE, R. *The Inner Work of Racial Justice*: Healing Ourselves and Transforming Our Communities Through Mindfulness. Nova York: Penguin Random House, 2019.

SIEGEL, D. *A Sabedoria do Agora*: A Ciência e a Prática da Presença. São Paulo: Paidós, 2022.

SIEGEL, D. *A Mente em Desenvolvimento*. 3. ed. São Paulo: nVersos Editora, 2022.

Capítulo 11: Pat Ogden e Bonnie Goldstein

OGDEN, P.; FISHER, J. *Sensorimotor Psychotherapy*: Interventions for Trauma and Attachment. Nova York: W. W. Norton & Company, Inc., 2015.

OGDEN, P.; GOLDSTEIN, B. Sensorimotor Psychotherapy from a Distance Engaging the Body, Creating Presence, and Building Relationship in Videoconferencing. In: WEINBERG, H.; ROLNICK, A. (Orgs.) *Theory and Practice of Online Therapy Internet-delivered Interventions for Individuals, Groups, Families, and Organizations*.

OGDEN, P.; GOLDSTEIN, B.; FISHER, J. Brain-to-brain, body-to-body: a sensorimotor perspective on the treatment of children and adolescents. In: LONGO, R. E. et al (eds.). *Current perspectives and applications in neurobiology*: working with young people who are victims and perpetrators of sexual abuse. Holyoke: Neari Press, 2012.

Capítulo 12: Deepak Chopra

CHOPRA, D. *Unleashing Your Infinite Potential*: Meta Human. Nova York: Harmony Books, 2019.

CHOPRA, D.; TANZI, R. E. *The Healing Self*. Nova York: Harmony Books, 2018.

CHOPRA, D.; KAFATOS, M. *Você é o Universo*: Crie sua Realidade Quântica e Transforme sua Vida. São Paulo: Alaúde, 2017.

CHOPRA, D.; TANZI, R. E. *Super Genes*: Unlock the Astonishing Power for Optimum Health and Well-Being. Nova York: Harmony Books, 2015.

Capítulo 13: Rudy Tanzi

CHOPRA, D.; TANZI, R. E. *The Healing Self*. Nova York: Harmony Books, 2018.

CHOPRA, D.; TANZI, R. E. *Super Genes*: Unlock the Astonishing Power for Optimum Health and Well-Being. Nova York: Harmony Books, 2015.

Capítulo 14: Menas Kafatos

CHOPRA, D.; KAFATOS, M. *Você é o Universo*: Crie sua Realidade Quântica e Transforme sua Vida. São Paulo: Alaúde, 2017.

CHOPRA, D.; KAFATOS, M.; BERLUCCHI, G. et al. *Quantum Physics, Retrocausation, Pre-Cognition, Entanglement, Consciouness, Mental Time Travel*. Cambridge: Cosmology Science Publishers, 2015.

KAFATOS, M.; NADEAU, R. *The Conscious Universe*: Parts and Wholes in Physical Reality. Nova York: Springer Science+Business Media, 2000.